编辑整理
胡 迟 支云秀 李 立 王广宝
宋 煦 冯 晓 徐双双

# 安徽省非物质文化遗产保护实用手册

安徽省非物质文化遗产保护中心 ◎ 编

北京师范大学出版集团
安徽大学出版社

**图书在版编目(CIP)数据**

安徽省非物质文化遗产保护实用手册/安徽省非物质文化遗产保护中心编.
—合肥:安徽大学出版社,2018.9
ISBN 978-7-5664-1406-9

Ⅰ.①安… Ⅱ.①安… Ⅲ.①非物质文化遗产－保护－安徽－手册
Ⅳ.①G127.54-62

中国版本图书馆 CIP 数据核字(2017)第 119694 号

## 安徽省非物质文化遗产保护实用手册
安徽省非物质文化遗产保护中心 编

| | | |
|---|---|---|
| 出版发行: | 北京师范大学出版集团 | |
| | 安 徽 大 学 出 版 社 | |
| | (安徽省合肥市肥西路 3 号 邮编 230039) | |
| | www.bnupg.com.cn | |
| | www.ahupress.com.cn | |
| 印 刷: | 安徽省人民印刷有限公司 | |
| 经 销: | 全国新华书店 | |
| 开 本: | 170mm×240mm | |
| 印 张: | 22.5 | |
| 字 数: | 396 千字 | |
| 版 次: | 2018 年 9 月第 1 版 | |
| 印 次: | 2018 年 9 月第 1 次印刷 | |
| 定 价: | 35.00 元 | |
| ISBN 978-7-5664-1406-9 | | |

| 策划编辑:马晓波 | 装帧设计:孙 爽 |
|---|---|
| 责任编辑:马晓波 杨 帆 李月跃 | 美术编辑:李 军 |
| 责任印制:陈 如 | |

**版权所有　侵权必究**

反盗版、侵权举报电话:0551－65106311
外埠邮购电话:0551－65107716
本书如有印装质量问题,请与印制管理部联系调换。
印制管理部电话:0551－65106311

## □ 非物质文化遗产公约和法规 /1
### 《保护非物质文化遗产公约》/3
### 《中华人民共和国非物质文化遗产法》/14
### 《安徽省非物质文化遗产条例》/21

## □ 安徽省非物质文化遗产名录与传承人 /29
### 安徽省入选"人类口头和非物质文化遗产代表作"简介 /31
### 安徽省国家级名录项目简介 /33
### 安徽省国家级传承人简介 /78

## □ 徽州文化生态保护实验区总体规划 /131

## □ 非物质文化遗产田野调查指南 /175
### 田野调查的人员与设备 /177
### 田野调查的采录方法 /179

## □ 非物质文化遗产名录申报指南 /219
### 项目评审标准与要求 /221
### 申报文本 /222
### 代表性图片 /246
### 申报录像片 /247

## □ 非物质文化遗产传承人申报指南 /251
### 传承人评定标准与要求 /253

# 目录 CONTENTS

申报文本/255
代表性图片/270
申报视频/271

☐ 安徽省非物质文化遗产保护工作大事记/275

☐ 附录/295
中国入选人类口头与非物质文化遗产代表作名录/297
安徽省国家级、省级非遗项目及传承人等分布情况一览表/299
安徽省非遗名录、传承人和传习教育基地分布情况一览表/300
安徽省国家级非遗项目一览表/301
安徽省国家级非遗项目代表性传承人一览表/304
安徽省省级非遗项目一览表/309
安徽省省级非遗项目代表性传承人一览表/328
安徽省非遗传习基地一览表/348
安徽省省级非遗传习所一览表/351
安徽省非遗教育传习基地名单/352
安徽省非遗馆一览表/353
安徽省民俗博物馆一览表/355
安徽省市、县级非遗名录数目表/356

# 非物质文化遗产

## 『公约和法规』

# 保护非物质文化遗产公约

联合国教育、科学及文化组织(以下简称"教科文组织")大会于2003年9月29日至10月17日在巴黎举行的第三十二届会议,参照现有的国际人权文书,尤其是1948年的《世界人权宣言》以及1966年的《经济、社会、文化权利国际盟约》和《公民及政治权利国际盟约》这两个盟约,考虑到1989年的《保护民间创作建议书》、2001年的《教科文组织世界文化多样性宣言》和2002年第三次文化部长圆桌会议通过的《伊斯坦布尔宣言》强调非物质文化遗产的重要性,它是文化多样性的熔炉,又是可持续发展的保证,考虑到非物质文化遗产与物质文化遗产和自然遗产之间的内在相互依存关系,承认全球化和社会变革进程除了为各群体之间开展新的对话创造条件,也与不容忍现象一样,使非物质文化遗产面临损坏、消失和破坏的严重威胁,而这主要是因为缺乏保护这种遗产的资金,意识到保护人类非物质文化遗产是普遍的意愿和共同关心的事项,承认各群体,尤其是土著群体,各团体,有时是个人在非物质文化遗产的创作、保护、保养和创新方面发挥着重要作用,从而为丰富文化多样性和人类的创造性作出贡献,注意到教科文组织在制定保护文化遗产的准则性文件,尤其是1972年的《保护世界文化和自然遗产公约》方面所做的具有深远意义的工作,还注意到迄今尚无有约束力的保护非物质文化遗产的多边文件,考虑到国际上现有的关于文化遗产和自然遗产的协定、建议书和决议需要有非物质文化遗产方面的新规定有效地予以充实和补充,考虑到必须提高人们,尤其是年轻一代对非物质文化遗产及其保护的重要意义的认识,考虑到国际社会应当本着互助合作的精神与本公约缔约国一起为保护此类遗产作出贡献,忆及教科文组织有关非物质文化遗产的各项计划,尤其是"宣布人类口述遗产和非物质遗产代表作"计划,认为非物质文化遗产是密切人与人之间的关系以及他们之间进行交流和了解的要素,它的作用是不可估量的,于2003年10月17日通过本公约。

# Ⅰ. 总　则

**第1条：本公约的宗旨**

本公约的宗旨如下：

(a)保护非物质文化遗产；

(b)尊重有关群体、团体和个人的非物质文化遗产；

(c)在地方、国家和国际一级提高对非物质文化遗产及其相互鉴赏的重要性的意识；

(d)开展国际合作及提供国际援助。

**第2条：定义**

在本公约中：

1. "非物质文化遗产"指被各群体、团体、有时为个人视为其文化遗产的各种实践、表演、表现形式、知识和技能及其有关的工具、实物、工艺品和文化场所。各个群体和团体随着其所处环境、与自然界的相互关系和历史条件的变化不断使这种代代相传的非物质文化遗产得到创新，同时使他们自己具有一种认同感和历史感，从而促进了文化多样性和人类的创造力。在本公约中，只考虑符合现有的国际人权文件，各群体、团体和个人之间相互尊重的需要和顺应可持续发展的非物质文化遗产。

2. 按上述第1段的定义，"非物质文化遗产"包括以下方面：

(a)口头传说和表述，包括作为非物质文化遗产媒介的语言；

(b)表演艺术；

(c)社会风俗、礼仪、节庆；

(d)有关自然界和宇宙的知识和实践；

(e)传统的手工艺技能。

3. "保护"指采取措施，确保非物质文化遗产的生命力，包括这种遗产各个方面的确认、立档、研究、保存、保护、宣传、弘扬、承传（主要通过正规和非正规教育）和振兴。

4. "缔约国"指受本公约约束且本公约在它们之间也通用的国家。

5. 根据本条款所述之条件，本公约经必要修改对成为其缔约方之第33条所指的领土也适用。从这个意义上说，"缔约国"亦指这些领土。

**第3条：与其他国际文书的关系**

本公约的任何条款均不得解释为：

(a)有损被宣布为1972年《保护世界文化和自然遗产公约》的世界遗产、直接涉及非物质文化遗产内容的财产的地位或降低其受保护的程度；或

(b)影响缔约国从其作为缔约方的任何有关知识产权或使用生物和生态资源的国际文书所获得的权利和所负有的义务。

## Ⅱ. 公约的有关机关

**第4条：缔约国大会**

1. 兹建立缔约国大会，下称"大会"。大会为本公约的最高权力机关。

2. 大会每两年举行一次常会。如若它作出此类决定或政府间保护非物质文化遗产委员会或至少三分之一的缔约国提出要求，可举行特别会议。

3. 大会应通过自己的议事规则。

**第5条：政府间保护非物质文化遗产委员会**

1. 兹在教科文组织内设立政府间保护非物质文化遗产委员会，下称"委员会"。在本公约依照第34条的规定生效之后，委员会由参加大会之缔约国选出的18个缔约国的代表组成。

2. 在本公约缔约国的数目达到50个之后，委员会委员国的数目将增至24个。

**第6条：委员会委员国的选举和任期**

1. 委员会委员国的选举应符合公平的地理分配和轮换原则。

2. 委员会委员国由本公约缔约国大会选出，任期四年。

3. 但第一次选举当选的半数委员会委员国的任期为两年。这些国家在第一次选举后抽签指定。

4. 大会每两年对半数委员会委员国进行换届。

5. 大会还应选出填补空缺席位所需的委员会委员国。

6. 委员会委员国不得连选连任两届。

7. 委员会委员国应选派在非物质文化遗产各领域有造诣的人士为其代表。

**第7条：委员会的职能**

在不妨碍本公约赋予委员会的其他职权的情况下，其职能如下：

(a)宣传公约的目标，鼓励并监督其实施情况；

(b)就好的做法和保护非物质文化遗产的措施提出建议;

(c)按照第25条的规定,拟订利用基金资金的计划并提交大会批准;

(d)按照第25条的规定,努力寻求增加其资金的方式方法,并为此采取必要的措施;

(e)拟订实施公约的业务指南并提交大会批准;

(f)根据第29条的规定,审议缔约国的报告并将报告综述提交大会;

(g)根据委员会制定的、大会批准的客观遴选标准,审议缔约国提出的申请并就以下事项作出决定:

(ⅰ)列入第16、第17和第18条述及的名录和提名;

(ⅱ)按照第22条的规定提供国际援助。

### 第8条:委员会的工作方法

1. 委员会对大会负责。它向大会报告自己的所有活动和决定。

2. 委员会以其委员的三分之二多数通过自己的议事规则。

3. 委员会可临时设立它认为对执行其任务所需的咨询机构。

4. 委员会可邀请在非物质文化遗产各领域确有专长的任何公营或私营机构以及任何自然人参加会议,就任何具体的问题向其请教。

### 第9条:咨询组织的认证

1. 委员会应就由在非物质文化遗产领域确有专长的非政府组织做认证向大会提出建议。这类组织的职能是向委员会提供咨询意见。

2. 委员会还应向大会就此认证的标准和方式提出建议。

### 第10条:秘书处

1. 委员会由教科文组织秘书处协助。

2. 秘书处起草大会和委员会文件及其会议的议程草案和确保其决定的执行。

## Ⅲ. 在国家一级保护非物质文化遗产

### 第11条:缔约国的作用

各缔约国应该:

(a)采取必要措施确保其领土上的非物质文化遗产受到保护;

(b)在第2条第3段提及的保护措施内,由各群体、团体和有关非政府组织参与,确认和确定其领土上的各种非物质文化遗产。

**第 12 条：清单**

1. 为了使其领土上的非物质文化遗产得到确认以便加以保护，各缔约国应根据自己的国情拟定一份或数份关于这类遗产的清单，并应定期加以更新。

2. 各缔约国在按第 29 条的规定定期向委员会提交报告时，应提供有关这些清单的情况。

**第 13 条：其他保护措施**

为了确保其领土上的非物质文化遗产得到保护、弘扬和展示，各缔约国应努力做到：

(a)制定一项总的政策，使非物质文化遗产在社会中发挥应有的作用，并将这种遗产的保护纳入规划工作；

(b)指定或建立一个或数个主管保护其领土上的非物质文化遗产的机构；

(c)鼓励开展有效保护非物质文化遗产，特别是濒危非物质文化遗产的科学、技术和艺术研究以及方法研究；

(d)采取适当的法律、技术、行政和财政措施，以便：

(ⅰ)促进建立或加强培训管理非物质文化遗产的机构以及通过为这种遗产提供活动和表现的场所和空间，促进这种遗产的承传；

(ⅱ)确保对非物质文化遗产的享用，同时对享用这种遗产的特殊方面的习俗做法予以尊重；

(ⅲ)建立非物质文化遗产文献机构并创造条件促进对它的利用。

**第 14 条：教育、宣传和能力培养**

各缔约国应竭力采取种种必要的手段，以便：

(a)使非物质文化遗产在社会中得到确认、尊重和弘扬，主要通过：

(ⅰ)向公众，尤其是向青年进行宣传和传播信息的教育计划；

(ⅱ)有关群体和团体的具体的教育和培训计划；

(ⅲ)保护非物质文化遗产，尤其是管理和科研方面的能力培养活动；

(ⅳ)非正规的知识传播手段。

(b)不断向公众宣传对这种遗产造成的威胁以及根据本公约所开展的活动；

(c)促进保护表现非物质文化遗产所需的自然场所和纪念地点的教育。

**第 15 条：群体、团体和个人的参与**

缔约国在开展保护非物质文化遗产活动时，应努力确保创造、保养和承传这种遗产的群体、团体，有时是个人的最大限度的参与，并吸收他们积极地参与有关的管理。

## Ⅳ. 在国际一级保护非物质文化遗产

**第 16 条:人类非物质文化遗产代表作名录**

1. 为了扩大非物质文化遗产的影响,提高对其重要意义的认识和从尊重文化多样性的角度促进对话,委员会应根据有关缔约国的提名编辑、更新和公布人类非物质文化遗产代表作名录。

2. 委员会拟订有关编辑、更新和公布此代表作名录的标准并提交大会批准。

**第 17 条:急需保护的非物质文化遗产名录**

1. 为了采取适当的保护措施,委员会编辑、更新和公布急需保护的非物质文化遗产名录,并根据有关缔约国的要求将此类遗产列入该名录。

2. 委员会拟订有关编辑、更新和公布此名录的标准并提交大会批准。

3. 委员会在极其紧急的情况(其具体标准由大会根据委员会的建议加以批准)下,可与有关缔约国协商将有关的遗产列入第 1 段所提之名录。

**第 18 条:保护非物质文化遗产的计划、项目和活动**

1. 在缔约国提名的基础上,委员会根据其制定的、大会批准的标准,兼顾发展中国家的特殊需要,定期遴选并宣传其认为最能体现本公约原则和目标的国家、分地区或地区保护非物质文化遗产的计划、项目和活动。

2. 为此,委员会接受、审议和批准缔约国提交的关于要求国际援助拟订此类提名的申请。

3. 委员会按照它确定的方式,配合这些计划、项目和活动的实施,随时推广有关经验。

## Ⅴ. 国际合作与援助

**第 19 条:合作**

1. 在本公约中,国际合作主要是交流信息和经验,采取共同的行动,以及建立援助缔约国保护非物质文化遗产工作的机制。

2. 在不违背国家法律规定及其习惯法和习俗的情况下,缔约国承认保护非物质文化遗产符合人类的整体利益,保证为此目的在双边、分地区、地区和国际各级开展合作。

**第 20 条：国际援助的目的**

可为如下目的提供国际援助：

(a) 保护列入《急需保护的非物质文化遗产名录》的遗产；

(b) 按照第 11 和第 12 条的精神编制清单；

(c) 支持在国家、分地区和地区开展的保护非物质文化遗产的计划、项目和活动；

(d) 委员会认为必要的其他一切目的。

**第 21 条：国际援助的形式**

第 7 条的业务指南和第 24 条所指的协定对委员会向缔约国提供援助作了规定，可采取的形式如下：

(a) 对保护这种遗产的各个方面进行研究；

(b) 提供专家和专业人员；

(c) 培训各类所需人员；

(d) 制订准则性措施或其他措施；

(e) 基础设施的建立和营运；

(f) 提供设备和技能；

(g) 其他财政和技术援助形式，包括在必要时提供低息贷款和捐助。

**第 22 条：国际援助的条件**

1. 委员会确定审议国际援助申请的程序和具体规定申请的内容，包括打算采取的措施、必须开展的工作及预计的费用。

2. 如遇紧急情况，委员会应对有关援助申请优先审议。

3. 委员会在作出决定之前，应进行其认为必要的研究和咨询。

**第 23 条：国际援助的申请**

1. 各缔约国可向委员会递交国际援助的申请，保护在其领土上的非物质文化遗产。

2. 此类申请亦可由两个或数个缔约国共同提出。

3. 申请应包含第 22 条第 1 段规定的所有资料和所有必要的文件。

**第 24 条：受援缔约国的任务**

1. 根据本公约的规定，国际援助应依据受援缔约国与委员会之间签署的协定来提供。

2. 受援缔约国通常应在自己力所能及的范围内分担国际所援助的保护措施的费用。

3. 受援缔约国应向委员会报告关于使用所提供的保护非物质文化遗产援助

的情况。

# Ⅵ. 非物质文化遗产基金

**第25条:基金的性质和资金来源**

1. 兹建立一项"保护非物质文化遗产基金",下称"基金"。

2. 根据教科文组织《财务条例》的规定,此项基金为信托基金。

3. 基金的资金来源包括:

(a)缔约国的纳款;

(b)教科文组织大会为此所拨的资金;

(c)以下各方可能提供的捐款、赠款或遗赠:

(ⅰ)其他国家;

(ⅱ)联合国系统各组织和各署(特别是联合国开发计划署)以及其他国际组织;

(ⅲ)公营或私营机构或个人。

(d)基金的资金所得的利息;

(e)为本基金募集的资金和开展活动之所得;

(f)委员会制定的基金条例所许可的所有其他资金。

4. 委员会对资金的使用视大会的方针来决定。

5. 委员会可接受用于某些项目的一般或特定目的的捐款及其他形式的援助,只要这些项目已获委员会的批准。

6. 对基金的捐款不得附带任何与本公约所追求之目标不相符的政治、经济或其他条件。

**第26条:缔约国对基金的纳款**

1. 在不妨碍任何自愿补充捐款的情况下,本公约缔约国至少每两年向基金纳一次款,其金额由大会根据适用于所有国家的统一的纳款额百分比加以确定。缔约国大会关于此问题的决定由出席会议并参加表决,但未作本条第2段中所述声明的缔约国的多数通过。在任何情况下,此纳款都不得超过缔约国对教科文组织正常预算纳款的百分之一。

2. 但是,本公约第32条或第33条中所指的任何国家均可在交存批准书、接受书、赞同书或加入书时声明不受本条第1段规定的约束。

3. 已作本条第2段所述声明的本公约缔约国应努力通知联合国教育、科学及文化组织总干事收回所作声明。但是,收回声明之举不得影响该国在紧接着的下一届大会开幕之日前应缴的纳款。

4. 为使委员会能够有效地规划其工作,已作本条第2段所述声明的本公约缔约国至少应每两年定期纳一次款,纳款额应尽可能接近它们按本条第1段规定应交的数额。

5. 凡拖欠当年和前一日历年的义务纳款或自愿捐款的本公约缔约国不能当选为委员会委员,但此项规定不适用于第一次选举。已当选为委员会委员的缔约国的任期应在本公约第6条规定的选举之时终止。

### 第27条:基金的自愿补充捐款

除了第26条所规定的纳款,希望提供自愿捐款的缔约国应及时通知委员会以使其能对相应的活动作出规划。

### 第28条:国际筹资运动

缔约国应尽力支持在教科文组织领导下为该基金发起的国际筹资运动。

## Ⅶ. 报 告

### 第29条:缔约国的报告

缔约国应按照委员会确定的方式和周期向其报告它们为实施本公约而通过的法律、规章条例或采取的其他措施的情况。

### 第30条:委员会的报告

1. 委员会应在其开展的活动和第29条提及的缔约国报告的基础上,向每届大会提交报告。

2. 该报告应提交教科文组织大会。

## Ⅷ. 过渡条款

### 第31条:与宣布人类口述和非物质遗产代表作的关系

1. 委员会应把在本公约生效前宣布为"人类口述和非物质遗产代表作"的遗产纳入人类非物质文化遗产代表作名录。

2. 把这些遗产纳入人类非物质文化遗产代表作名录绝不是预设按第16条第2段将确定的今后列入遗产的标准。

3. 在本公约生效后,将不再宣布其他任何人类口述和非物质遗产代表作。

## Ⅸ. 最后条款

**第 32 条:批准、接受或赞同**

1. 本公约须由教科文组织会员国根据各自的宪法程序予以批准、接受或赞同。

2. 批准书、接受书或赞同书应交存教科文组织总干事。

**第 33 条:加入**

1. 所有非教科文组织会员国的国家,经本组织大会邀请,均可加入本公约。

2. 没有完全独立,但根据联合国大会第1514(XV)号决议被联合国承认为充分享有内部自治,并且有权处理本公约范围内的事宜,包括有权就这些事宜签署协议的地区也可加入本公约。

3. 加入书应交存教科文组织总干事。

**第 34 条:生效**

本公约在第三十份批准书、接受书、赞同书或加入书交存之日起的三个月后生效,但只涉及在该日或该日之前交存批准书、接受书、赞同书或加入书的国家。对其他缔约国来说,本公约则在这些国家的批准书、接受书、赞同书或加入书交存之日起的三个月之后生效。

**第 35 条:联邦制或非统一立宪制**

对实行联邦制或非统一立宪制的缔约国实行下述规定:

(a)在联邦或中央立法机构的法律管辖下实施本公约各项条款的国家的联邦或中央政府的义务与非联邦国家的缔约国的义务相同;

(b)在构成联邦,但无须按照联邦立宪制采取立法手段的各个国家、地区、省或州的法律管辖下实施本公约的各项条款时,联邦政府应将这些条款连同其关于通过这些条款的建议一并通知各个国家、地区、省或州的主管当局。

**第 36 条:退出**

1. 各缔约国均可宣布退出本公约。

2. 退约应以书面退约书的形式通知教科文组织总干事。

3. 退约在接到退约书十二个月之后生效。在退约生效日之前不得影响退约国承担的财政义务。

**第 37 条：保管人的职责**

教科文组织总干事作为本公约的保管人,应将第 32 条和第 33 条规定交存的所有批准书、接受书、赞同书或加入书和第 36 条规定的退约书的情况通告本组织各会员国、第 33 条提到的非本组织会员国的国家和联合国。

**第 38 条：修订**

1. 任何缔约国均可书面通知总干事,对本公约提出修订建议。总干事应将此通知转发给所有缔约国。如在通知发出之日起六个月之内,至少有一半的缔约国回复赞成此要求,总干事应将此建议提交下一届大会讨论,决定是否通过。

2. 对本公约的修订须经出席并参加表决的缔约国三分之二多数票通过。

3. 对本公约的修订一旦通过,应提交缔约国批准、接受、赞同或加入。

4. 对于那些已批准、接受、赞同或加入修订的缔约国来说,本公约的修订在三分之二的缔约国交存本条第 3 段所提及的文书之日起三个月之后生效。此后,对任何批准、接受、赞同或加入修订的缔约国来说,在其交存批准书、接受书、赞同书或加入书之日起三个月之后,本公约的修订即生效。

5. 第 3 和第 4 段所确定的程序对有关委员会委员国数目的第 5 条的修订不适用。此类修订一经通过即生效。

6. 在修订依照本条第 4 段的规定生效之后成为本公约缔约国的国家如无表示异议,应:

(a) 被视为修订的本公约的缔约方;

(b) 但在与不受这些修订约束的任何缔约国的关系中,仍被视为未经修订之公约的缔约方。

**第 39 条：有效文本**

本公约用英文、阿拉伯文、中文、西班牙文、法文和俄文拟定,六种文本具有同等效力。

**第 40 条：备案**

根据《联合国宪章》第 102 条的规定,本公约应按教科文组织总干事的要求交联合国秘书处备案。

# 中华人民共和国非物质文化遗产法

由中华人民共和国第十一届全国人民代表大会常务委员会第十九次会议于2011年2月25日通过,自2011年6月1日起施行。

## 第一章 总 则

**第一条** 为了继承和弘扬中华民族优秀传统文化,促进社会主义精神文明建设,加强非物质文化遗产保护、保存工作,制定本法。

**第二条** 本法所称"非物质文化遗产",是指各族人民世代相传并视为其文化遗产组成部分的各种传统文化表现形式,以及与传统文化表现形式相关的实物和场所。包括:

（一）传统口头文学以及作为其载体的语言;

（二）传统美术、书法、音乐、舞蹈、戏剧、曲艺和杂技;

（三）传统技艺、医药和历法;

（四）传统礼仪、节庆等民俗;

（五）传统体育和游艺;

（六）其他非物质文化遗产。

属于非物质文化遗产组成部分的实物和场所,凡属文物的,适用《中华人民共和国文物保护法》的有关规定。

**第三条** 国家对非物质文化遗产采取认定、记录、建档等措施予以保存,对体现中华民族优秀传统文化,具有历史、文学、艺术、科学价值的非物质文化遗产采取传承、传播等措施予以保护。

**第四条** 保护非物质文化遗产,应当注重其真实性、整体性和传承性,有利于增强中华民族的文化认同,有利于维护国家统一和民族团结,有利于促进社会和谐和可持续发展。

**第五条** 使用非物质文化遗产,应当尊重其形式和内涵。

禁止以歪曲、贬损等方式使用非物质文化遗产。

第六条　县级以上人民政府应当将非物质文化遗产保护、保存工作纳入本级国民经济和社会发展规划,并将保护、保存经费列入本级财政预算。

国家扶持民族地区、边远地区、贫困地区的非物质文化遗产保护、保存工作。

第七条　国务院文化主管部门负责全国非物质文化遗产的保护、保存工作;县级以上地方人民政府文化主管部门负责本行政区域内非物质文化遗产的保护、保存工作。

县级以上人民政府其他有关部门在各自职责范围内,负责有关非物质文化遗产的保护、保存工作。

第八条　县级以上人民政府应当加强对非物质文化遗产保护工作的宣传,提高全社会保护非物质文化遗产的意识。

第九条　国家鼓励和支持公民、法人和其他组织参与非物质文化遗产保护工作。

第十条　对在非物质文化遗产保护工作中作出显著贡献的组织和个人,按照国家有关规定予以表彰、奖励。

## 第二章　非物质文化遗产的调查

第十一条　县级以上人民政府根据非物质文化遗产保护、保存工作需要,组织非物质文化遗产调查。非物质文化遗产调查由文化主管部门负责进行。

县级以上人民政府其他有关部门可以对其工作领域内的非物质文化遗产进行调查。

第十二条　文化主管部门和其他有关部门进行非物质文化遗产调查,应当对非物质文化遗产予以认定、记录、建档,建立健全调查信息共享机制。

文化主管部门和其他有关部门进行非物质文化遗产调查,应当收集属于非物质文化遗产组成部分的代表性实物,整理调查工作中取得的资料,并妥善保存,防止损毁、流失。其他有关部门取得的实物图片、资料复制件,应当汇交给同级文化主管部门。

第十三条　文化主管部门应当全面了解非物质文化遗产有关情况,建立非物质文化遗产档案及相关数据库。除依法应当保密的外,非物质文化遗产档案及相关数据信息应当公开,便于公众查阅。

第十四条 公民、法人和其他组织可以依法进行非物质文化遗产调查。

第十五条 境外组织或者个人在中华人民共和国境内进行非物质文化遗产调查,应当报经省、自治区、直辖市人民政府文化主管部门批准;调查在两个以上省、自治区、直辖市行政区域进行的,应当报经国务院文化主管部门批准;调查结束后,应当向批准调查的文化主管部门提交调查报告和调查中取得的实物图片、资料复制件。

境外组织在中华人民共和国境内进行非物质文化遗产调查,应当与境内非物质文化遗产学术研究机构合作进行。

第十六条 进行非物质文化遗产调查,应当征得调查对象的同意,尊重其风俗习惯,不得损害其合法权益。

第十七条 对通过调查或者其他途径发现的濒临消失的非物质文化遗产项目,县级人民政府文化主管部门应当立即予以记录并收集有关实物,或者采取其他抢救性保存措施;对需要传承的,应当采取有效措施支持传承。

## 第三章 非物质文化遗产代表性项目名录

第十八条 国务院建立国家级非物质文化遗产代表性项目名录,将体现中华民族优秀传统文化,具有重大历史、文学、艺术、科学价值的非物质文化遗产项目列入名录予以保护。

省、自治区、直辖市人民政府建立地方非物质文化遗产代表性项目名录,将本行政区域内体现中华民族优秀传统文化,具有历史、文学、艺术、科学价值的非物质文化遗产项目列入名录予以保护。

第十九条 省、自治区、直辖市人民政府可以从本省、自治区、直辖市非物质文化遗产代表性项目名录中向国务院文化主管部门推荐列入国家级非物质文化遗产代表性项目名录的项目。推荐时应当提交下列材料:

(一)项目介绍,包括项目的名称、历史、现状和价值;

(二)传承情况介绍,包括传承范围、传承谱系、传承人的技艺水平、传承活动的社会影响;

(三)保护要求,包括保护应当达到的目标和应当采取的措施、步骤、管理制度;

(四)有助于说明项目的视听资料等材料。

第二十条 公民、法人和其他组织认为某项非物质文化遗产体现中华民族优秀传统文化,具有重大历史、文学、艺术、科学价值的,可以向省、自治区、直辖市人民政府或者国务院文化主管部门提出列入国家级非物质文化遗产代表性项目名录的建议。

第二十一条 相同的非物质文化遗产项目,其形式和内涵在两个以上地区均保持完整的,可以同时列入国家级非物质文化遗产代表性项目名录。

第二十二条 国务院文化主管部门应当组织专家评审小组和专家评审委员会,对推荐或者建议列入国家级非物质文化遗产代表性项目名录的非物质文化遗产项目进行初评和审议。

初评意见应当经专家评审小组成员过半数通过。专家评审委员会对初评意见进行审议,提出审议意见。

评审工作应当遵循公开、公平、公正的原则。

第二十三条 国务院文化主管部门应当将拟列入国家级非物质文化遗产代表性项目名录的项目予以公示,征求公众意见。公示时间不得少于二十日。

第二十四条 国务院文化主管部门根据专家评审委员会的审议意见和公示结果,拟订国家级非物质文化遗产代表性项目名录,报国务院批准、公布。

第二十五条 国务院文化主管部门应当组织制定保护规划,对国家级非物质文化遗产代表性项目予以保护。

省、自治区、直辖市人民政府文化主管部门应当组织制定保护规划,对本级人民政府批准公布的地方非物质文化遗产代表性项目予以保护。

制定非物质文化遗产代表性项目保护规划,应当对濒临消失的非物质文化遗产代表性项目予以重点保护。

第二十六条 对非物质文化遗产代表性项目集中、特色鲜明、形式和内涵保持完整的特定区域,当地文化主管部门可以制定专项保护规划,报经本级人民政府批准后,实行区域性整体保护。确定对非物质文化遗产实行区域性整体保护,应当尊重当地居民的意愿,并保护属于非物质文化遗产组成部分的实物和场所,避免遭受破坏。

实行区域性整体保护涉及非物质文化遗产集中地村镇或者街区空间规划的,应当由当地城乡规划主管部门依据相关法规制定专项保护规划。

第二十七条 国务院文化主管部门和省、自治区、直辖市人民政府文化主管部门应当对非物质文化遗产代表性项目保护规划的实施情况进行监督检查;发现保护规划未能有效实施的,应当及时纠正、处理。

## 第四章　非物质文化遗产的传承与传播

**第二十八条**　国家鼓励和支持开展非物质文化遗产代表性项目的传承、传播。

**第二十九条**　国务院文化主管部门和省、自治区、直辖市人民政府文化主管部门对本级人民政府批准公布的非物质文化遗产代表性项目，可以认定代表性传承人。

非物质文化遗产代表性项目的代表性传承人应当符合下列条件：

（一）熟练掌握其传承的非物质文化遗产；

（二）在特定领域内具有代表性，并在一定区域内具有较大影响；

（三）积极开展传承活动。

认定非物质文化遗产代表性项目的代表性传承人，应当参照执行本法有关非物质文化遗产代表性项目评审的规定，并将所认定的代表性传承人名单予以公布。

**第三十条**　县级以上人民政府文化主管部门根据需要，采取下列措施，支持非物质文化遗产代表性项目的代表性传承人开展传承、传播活动：

（一）提供必要的传承场所；

（二）提供必要的经费资助其开展授徒、传艺、交流等活动；

（三）支持其参与社会公益性活动；

（四）支持其开展传承、传播活动的其他措施。

**第三十一条**　非物质文化遗产代表性项目的代表性传承人应当履行下列义务：

（一）开展传承活动，培养后继人才；

（二）妥善保存相关的实物、资料；

（三）配合文化主管部门和其他有关部门进行非物质文化遗产调查；

（四）参与非物质文化遗产公益性宣传。

非物质文化遗产代表性项目的代表性传承人无正当理由不履行前款规定义务的，文化主管部门可以取消其代表性传承人资格，重新认定该项目的代表性传承人；丧失传承能力的，文化主管部门可以重新认定该项目的代表性传承人。

**第三十二条**　县级以上人民政府应当结合实际情况，采取有效措施，组织文化主管部门和其他有关部门宣传、展示非物质文化遗产代表性项目。

第三十三条　国家鼓励开展与非物质文化遗产有关的科学技术研究和非物质文化遗产保护、保存方法研究,鼓励开展非物质文化遗产的记录和非物质文化遗产代表性项目的整理、出版等活动。

第三十四条　学校应当按照国务院教育主管部门的规定,开展相关的非物质文化遗产教育。

新闻媒体应当开展非物质文化遗产代表性项目的宣传,普及非物质文化遗产知识。

第三十五条　图书馆、文化馆、博物馆、科技馆等公共文化机构和非物质文化遗产学术研究机构、保护机构以及利用财政性资金举办的文艺表演团体、演出场所经营单位等,应当根据各自业务范围,开展非物质文化遗产的整理、研究、学术交流和非物质文化遗产代表性项目的宣传、展示。

第三十六条　国家鼓励和支持公民、法人和其他组织依法设立非物质文化遗产展示场所和传承场所,展示和传承非物质文化遗产代表性项目。

第三十七条　国家鼓励和支持发挥非物质文化遗产资源的特殊优势,在有效保护的基础上,合理利用非物质文化遗产代表性项目开发具有地方、民族特色和市场潜力的文化产品和文化服务。

开发利用非物质文化遗产代表性项目的,应当支持代表性传承人开展传承活动,保护属于该项目组成部分的实物和场所。

县级以上地方人民政府应当对合理利用非物质文化遗产代表性项目的单位予以扶持。单位合理利用非物质文化遗产代表性项目的,依法享受国家规定的税收优惠。

## 第五章　法律责任

第三十八条　文化主管部门和其他有关部门的工作人员在非物质文化遗产保护、保存工作中玩忽职守、滥用职权、徇私舞弊的,依法给予处分。

第三十九条　文化主管部门和其他有关部门的工作人员进行非物质文化遗产调查时侵犯调查对象风俗习惯,造成严重后果的,依法给予处分。

第四十条　违反本法规定,破坏属于非物质文化遗产组成部分的实物和场所的,依法承担民事责任;构成违反治安管理行为的,依法给予治安管理处罚。

第四十一条　境外组织违反本法第十五条规定的,由文化主管部门责令改正,给予警告,没收违法所得及调查中取得的实物、资料;情节严重的,并处十万元以上五十万元以下的罚款。

境外个人违反本法第十五条第一款规定的,由文化主管部门责令改正,给予警告,没收违法所得及调查中取得的实物、资料;情节严重的,并处一万元以上五万元以下的罚款。

**第四十二条** 违反本法规定,构成犯罪的,依法追究刑事责任。

## 第六章 附 则

**第四十三条** 建立地方非物质文化遗产代表性项目名录的办法,由省、自治区、直辖市参照本法有关规定制定。

**第四十四条** 使用非物质文化遗产涉及知识产权的,适用有关法律、行政法规的规定。

对传统医药、传统工艺美术等的保护,其他法律、行政法规另有规定的,依照其规定。

**第四十五条** 本法自 2011 年 6 月 1 日起施行。

# 安徽省非物质文化遗产条例

(2014年8月21日安徽省第十二届人民代表大会常务委员会第十三次会议通过)

## 第一章 总 则

**第一条** 为了保护非物质文化遗产,继承和弘扬优秀传统文化,推进文化强省建设,根据《中华人民共和国非物质文化遗产法》和有关法律、行政法规,结合本省实际,制定本条例。

**第二条** 本条例适用于本省行政区域内非物质文化遗产的保护、传承等活动。

**第三条** 本条例所称非物质文化遗产,是指各族人民世代相传并视为其文化遗产组成部分的各种传统文化表现形式,以及与传统文化表现形式相关的实物和场所。包括:

(一)传统口头文学以及作为其载体的语言;

(二)传统美术、书法、音乐、舞蹈、戏剧、曲艺和杂技;

(三)传统技艺、医药和历法;

(四)传统礼仪、节庆等民俗;

(五)传统体育和游艺;

(六)其他非物质文化遗产。

**第四条** 非物质文化遗产工作贯彻保护为主、抢救第一、合理利用、传承发展的方针;坚持政府主导、部门负责、社会参与的原则。

**第五条** 县级以上人民政府应当将非物质文化遗产工作纳入本级国民经济和社会发展规划,将非物质文化遗产保护、发展等经费列入本级财政预算。

**第六条** 县级以上人民政府文化主管部门负责本行政区域内非物质文化遗产工作。县级以上人民政府有关部门,在各自职责范围内做好非物质文化遗产工作。

非物质文化遗产工作涉及两个以上行政区域的,由共同的上一级人民政府及其文化主管部门予以统筹协调。

乡(镇)人民政府应当在其职责范围内做好非物质文化遗产工作。

**第七条** 鼓励和支持公民、法人和其他组织依法开展非物质文化遗产保护的交流与合作活动,以多种方式参与非物质文化遗产保护和传承。

## 第二章 代表性项目

**第八条** 县级以上人民政府应当依法认定本级非物质文化遗产代表性项目(以下简称代表性项目),并建立本级代表性项目名录。

县级以上人民政府可以将本级代表性项目向上一级人民政府文化主管部门推荐列入上一级代表性项目名录。

**第九条** 公民、法人、其他组织可以向县级以上人民政府文化主管部门提出列入代表性项目名录的申请或者建议。

**第十条** 代表性项目的认定,实行专家评审制度。

省和设区的市人民政府文化主管部门应当建立由较高学术水平专家组成的代表性项目评审专家库。专家库资源由各级文化主管部门共享。

**第十一条** 县级以上人民政府文化主管部门应当组织专家评审小组和专家评审委员会,专家评审小组负责对申请、建议或者推荐列入代表性项目名录的项目进行初评,专家评审委员会负责对初评意见进行审议。

**第十二条** 县级以上人民政府文化主管部门应当将经专家评审委员会评审通过、拟列入本级代表性项目名录的项目予以公示。公示时间不得少于二十日。

公示期间,公民、法人或者其他组织可以提出异议。有关人民政府文化主管部门经过调查,认为异议成立的,应当组织专家进行复审;认为异议不成立的,应当自收到异议之日起二十日内书面告知异议人并说明理由。

县级以上人民政府文化主管部门根据专家评审委员会的审议意见和公示情况,拟定本级代表性项目名录,报本级人民政府批准、公布。代表性项目名录公布后,报上一级人民政府文化主管部门备案。

**第十三条** 县级以上人民政府文化主管部门应当在认定代表性项目的同时,明确代表性项目的保护单位(以下简称保护单位)。

保护单位应当具备实施该项目保护的能力,有开展传承、展示活动的人员、场所和相对完整的资料。

第十四条　保护单位应当履行下列职责：

（一）制定并实施该项目保护计划，向本级人民政府文化主管部门定期报告代表性项目保护情况；

（二）培养该项目传承人；

（三）收集、保管该项目的实物、资料，并登记、整理、建档；

（四）保护相关的文化场所；

（五）开展该项目的展示、展演活动；

（六）依法履行的其他职责。

第十五条　县级以上人民政府及其文化主管部门应当采取有效措施，对代表性项目实施分类保护：

（一）对濒危的、活态传承较为困难的项目，将其内容、表演形式、技艺流程等予以记录、整理，编印图书，制作影音资料，建立档案等，进行抢救性保护；

（二）对受众较为广泛、活态传承基础较好的项目，通过培育、扶持传习基地等方式，进行传承性保护；

（三）对具有市场需求和开发潜力的项目，通过合理开发利用，进行生产性保护。

第十六条　符合下列条件的特定区域，所在地人民政府文化主管部门可以制定专项保护规划，报本级人民政府批准，设立文化生态保护区，实施区域性整体保护：

（一）传统文化积淀丰厚、存续状态良好，并为社会广泛认同；

（二）非物质文化遗产资源丰富，分布较为集中，且具有较高的历史、文化、科学价值和鲜明的区域特色；

（三）非物质文化遗产所依存的自然生态环境和人文生态环境良好；

（四）当地居民的文化认同感和参与保护的自觉性较高。

在整体保护区域内修建建筑物，应当尊重该区域的传统文化和历史风貌。建筑物的风格、高度、体量、色调等应当与该区域的传统文化相协调。

## 第三章　传承与传播

第十七条　县级以上人民政府文化主管部门对本级人民政府批准公布的代表性项目，可以认定代表性传承人（以下简称传承人）。

公民、法人或者其他组织可以向县级以上人民政府文化主管部门推荐传承人人选。推荐传承人的,应当征得被推荐人的书面同意。

公民可以自荐作为传承人人选。

第十八条　传承人应当符合法律规定的条件,在特定领域内具有代表性,在一定区域内具有较大影响,熟练掌握其传承的非物质文化遗产。不直接从事代表性项目传承活动的人员不得被认定为传承人。

第十九条　传承人的认定程序,参照本条例关于代表性项目评审程序的规定执行。县级以上人民政府文化主管部门负责将其认定的传承人名单向社会公布。

第二十条　传承人享有下列权利:

(一)传授、展示技艺;

(二)开展讲学、文艺创作和学术研究等活动;

(三)提出非物质文化遗产保护的意见、建议;

(四)申请县级以上人民政府有关部门对传承活动给予支持;

(五)获得县级以上人民政府给予的补助和奖励;

(六)其他与非物质文化遗产保护相关的权利。

第二十一条　传承人应当履行下列义务:

(一)开展传承活动,培养后继人才;

(二)收集、整理和保存相关的实物、资料;

(三)配合进行非物质文化遗产调查;

(四)参与非物质文化遗产公益性宣传;

(五)对政府给予的补助按照规定使用。

第二十二条　县级以上人民政府文化主管部门应当采取下列措施,鼓励、支持传承人开展传承与传播活动:

(一)提供必要的传承、传播场所;

(二)提供必要的经费资助传承人开展授徒、传艺、交流、展示、表演和整理、出版有关技艺资料等活动;

(三)采取助学、奖学等方式,资助传承人的学徒学习技艺;

(四)支持传承人参与非物质文化遗产展示、传播等社会公益性活动;

(五)支持传承人开展传承与传播活动的其他措施。

第二十三条　县级以上人民政府设立非物质文化遗产展示场所,向公众展示代表性项目。

县级以上人民政府可以结合节庆、当地民间习俗等文化活动,组织开展代表性项目的展示、表演等活动。

第二十四条　文化馆、图书馆、博物馆、美术馆、纪念馆、科技馆等公共文化机构,非物质文化遗产学术研究机构和保护工作机构,以及利用财政性资金举办的文艺表演团体等,应当根据各自业务范围,开展非物质文化遗产的传播活动。

第二十五条　报刊、广播电视、互联网等媒体应当加强非物质文化遗产保护的宣传,普及非物质文化遗产及其保护知识。

第二十六条　教育主管部门应当引导中小学校将具有本地特色的非物质文化遗产知识纳入素质教育内容,开展相关教育活动。

鼓励和支持高等院校、中等职业学校、科研机构设置非物质文化遗产相关专业和课程,或者建立教学、研究基地,开展非物质文化遗产科学研究,培养专业人才。

第二十七条　鼓励和支持公民、法人和其他组织通过下列方式,参与非物质文化遗产的传承与传播:

(一)设立非物质文化遗产展示和传承场所,展示和传承代表性项目;

(二)将其持有的非物质文化遗产实物和资料捐赠或者委托给政府设立的公共文化机构收藏、保管、展出;

(三)捐赠或者设立基金会,资助非物质文化遗产的传承与传播。

第二十八条　县级以上人民政府文化主管部门应当建立本级传承人档案。

县级以上人民政府文化主管部门应当每年将本行政区域内上级文化主管部门认定的传承人的传承情况,书面报告上一级人民政府文化主管部门。

## 第四章　利用与发展

第二十九条　县级以上人民政府应当采取有效措施,对与非物质文化遗产直接关联的建筑物、场所、遗迹及其附属物,予以维护、修缮并划定保护范围,作出标志说明,建立专门档案,具备条件的应当向社会开放。

标志说明包括代表性项目的名称、级别、简介和立标机关、立标日期等内容。

第三十条　县级以上人民政府应当合理规划布局,引导扶持代表性项目生产性保护示范中心、示范基地或者示范园区建设,支持和推进非物质文化遗产生产性保护。

第三十一条　鼓励和支持公民、法人和其他组织通过下列方式,参与非物质文化遗产的利用与发展：

（一）采取与经贸、旅游相结合的方式，开发具有地方特色和市场潜力的文化产品和文化服务，发展非物质文化遗产项目产品的文化贸易；

（二）开展代表性项目的交流与合作；

（三）开展以弘扬非物质文化遗产为主题的文学艺术创作；

（四）开展非物质文化遗产原始文献、典籍、资料的整理、翻译、出版和研究工作。

利用非物质文化遗产资源，应当处理好保护、传承和开发、利用的关系，尊重其文化内涵，保持原有风貌，不得歪曲、滥用。

第三十二条　县级以上人民政府应当采取措施，保护与非物质文化遗产代表性项目密切相关的珍稀矿产和植物、动物等原材料。

鼓励种植、养殖与非物质文化遗产代表性项目密切相关的植物、动物等原材料。

第三十三条　公民、法人或者其他组织不得实施下列行为：

（一）侵占、破坏与非物质文化遗产直接关联的建筑物、场所、遗迹及其附属物；

（二）乱采、滥挖、盗猎或者盗卖与代表性项目密切相关的珍稀矿产、植物、动物等原材料。

第三十四条　非物质文化遗产项目涉及国家秘密的，应当依法予以保护；涉及商业秘密的，按照有关法律、法规执行。

## 第五章　保障与监督

第三十五条　县级以上人民政府应当在项目、资金、场地和基础设施建设等方面为非物质文化遗产保护提供保障。

第三十六条　县级以上人民政府非物质文化遗产保护经费应当用于下列事项：

（一）非物质文化遗产的普查；

（二）濒危非物质文化遗产项目的抢救；

（三）非物质文化遗产的传承与传播；

（四）传承人的补助和奖励；

（五）非物质文化遗产重大项目的研究；

（六）非物质文化遗产珍贵资料、实物的征集与收购；

（七）非物质文化遗产区域性整体保护；

（八）非物质文化遗产保护的其他重大事项。

第三十七条 公民、法人或者其他组织合理利用代表性项目的，依法享受国家和省规定的税收、信贷、行政事业性收费等方面的优惠待遇。

第三十八条 县级以上人民政府应当加强非物质文化遗产保护队伍建设，以多种方式培养非物质文化遗产传承、研究等各类专门人才。

第三十九条 县级以上人民政府及其文化主管部门应当定期对非物质文化遗产代表性项目保护情况进行监督检查；发现保护措施未能有效实施的，应当及时处理。

第四十条 县级以上人民政府文化主管部门应当对本行政区域内的保护单位履行保护职责情况进行监督。保护单位不按照本条例规定履行保护职责的，责令改正；拒不改正的，取消其保护单位资格，并重新认定该项目的保护单位。

第四十一条 县级以上人民政府文化主管部门应当对本行政区域内的传承人传承情况进行监督。

第四十二条 县级以上人民政府文化、财政、审计等部门应当加强对非物质文化遗产保护资金的管理和监督，保证资金专款专用。

## 第六章 法律责任

第四十三条 县级以上人民政府文化主管部门、其他有关部门及其工作人员违反本条例规定，有下列情形之一的，对直接负责的主管人员和其他直接责任人员依法给予处分；构成犯罪的，依法追究刑事责任：

（一）不履行保护管理职责的；

（二）在代表性项目和传承人的评审认定过程中徇私舞弊的；

（三）未对濒危的非物质文化遗产及时采取抢救性保护措施的；

（四）截留、挪用、挤占非物质文化遗产保护经费的。

第四十四条 违反本条例第三十三条第一项规定，侵占、破坏与非物质文化遗产直接关联的建筑物、场所、遗迹及其附属物的，由县级以上人民政府文化主管部门责令改正，处一万元以上五万元以下罚款；情节严重的，处五万元以上十万元以下罚款；有违法所得的，没收违法所得；构成犯罪的，依法追究刑事责任。

违反本条例第三十三条第二项规定,乱采、滥挖、盗猎或者盗卖与代表性项目密切相关的珍稀矿产、植物、动物等原材料的,由有关机关依法予以处理。

第四十五条　违反本条例规定,在申报代表性项目的过程中弄虚作假的,由认定机关撤销已认定的代表性项目,并责令退还该项目保护经费。

第四十六条　违反本条例规定,在申报传承人的过程中弄虚作假,或者滥用和过度开发代表性项目的,由认定机关撤销对传承人的认定,并责令退还传承人补助经费。

## 第七章　附　则

第四十七条　本条例自 2014 年 10 月 1 日起施行。

# 安徽省非物质文化遗产

『名录与传承人』

# 安徽省入选"人类口头和非物质文化遗产代表作"简介

## 中国传统木结构营造技艺

（徽州传统建筑营造技艺、北京四合院传统营造技艺、香山帮传统建筑营造技艺、闽南民居营造技艺）

Chinese traditional architectural craftsmanship for timber-framed structures

时间：2009

地区：亚太

国别：中国

中国传统木结构营造技艺是以木材为主要建筑材料，以榫卯为木构件的主要结合方法，以模数制为尺度设计和加工生产手段的建筑营造技术体系。营造技艺以师徒之间言传身教的方式世代相传。这种营造技艺体系延承了7000多年，遍及中国全境，并传播到日本、韩国等东亚各国，是东方古代建筑技术的代表。

## 宣纸传统制作技艺

The traditional handicrafts of making Xuanpaper

时间：2009

地区：亚太

国别：中国

造纸术是中国古代四大发明之一。宣纸是传统手工纸的杰出代表，具有质地绵韧、不蛀不腐等特点。自唐代（公元8世纪初）以来，它一直是书法、绘画及典籍印刷的最佳载体，至今仍不能为机制纸所替代。宣纸传统制作技艺有108道工序，对水质、原料制备、器具制作、工艺把握都有严格要求。这一技艺经口传心授世代相传,不断改进,与多种文化元素结合,对传承中华民族文化产生了深远影响,对促进民族认同和维护文化多样性起到了重要的作用。

## 中国的珠算,用算盘进行数学计算的理论与实践

Chinese Zhusuan, knowledge and practices of mathematical calculation through the abacus

时间:2013

地区:亚太

国别:中国

中国珠算以算盘为工具,以算理算法为理论体系,运用口诀,通过手指拨珠进行数学运算,是历代中国人有关数的知识和实践。使用者可以通过移动沿算盘珠棒根据定义的公式执行加法、减法、乘法、除法、幂乘法、根和更复杂的方程。中国珠算在推动数学理论的研究上起到了至关重要的作用,促进了算法的实践和智能的培养。珠算口诀是简单易学的儿歌,代表进行算术运算的特定计算规则。珠算被广泛应用于中国的生活,是中国传统文化的重要符号,提供了一种强烈的文化认同感。它通过传统的口语教学和自学方法代代相传。今天,它有助于计算技术、认知图式、教育心理学和智力发展的进步。它也对文化创意的各个领域产生了深远的影响,包括民俗、语言、文学、雕塑和建筑。

# 安徽省国家级名录项目简介

## 民间文学

### 桐城歌
(安庆市 桐城市)

桐城歌是起源于安徽桐城的地方民歌,是劳动人民集体创作的一种韵文形式的民间文学,同时又是一种融词、曲、表演为一体的综合艺术。桐城歌由山歌、民谣、小调三大类组成。具体类别可分为传说、风土、时政、劳动、生活、情爱、仪式、事理、趣味、灯歌、儿歌等。早在明代就流布于湖北黄梅一带和江浙吴语地区,乃至刊布成帙(《明代杂曲集》及冯梦龙《明清民歌时调集》均收录桐城歌)。其独创的七言五句体成为湘、鄂、赣以及浙西地区山歌常见的句式,对吴中山歌、扬州清曲、土家族情歌具有重要影响,尤其对黄梅戏的形成和发展,起到基因性孕育与塑造作用。

### 孔雀东南飞
(安庆市怀宁县)

孔雀东南飞传说诞生于东汉末年。故事主要流传于安徽省安庆市潜山县、怀宁县一带民间,是人民群众集体创作,口头传承,后经文人加工润色的合乐民歌,最早见于南朝徐陵所编《玉台新咏》。序文曰:"汉末建安中,庐江府小吏焦仲卿妻刘氏,为仲卿母所遣,自誓不嫁。其家逼之,乃投水而死。仲卿闻之,亦自缢于庭树。时人伤之,为诗云尔。"焦、刘殉情后在当地引起轰动。因逢乱世,人口流动较大,经过众口相传,在故事流传的几百年中衍生了多种版本。直至南朝,文学家徐陵将在社会流传的故事收入《玉台新咏》,到了宋代,郭茂倩又将其编入《乐府诗集》,大大扩大了故事流传的范围。

至今,在怀宁、潜山一带刁难媳妇的婆婆仍被喊作"焦八叉",受折磨的媳妇被叫作"苦芝子",懦弱无能的老好人被称为"糯米官人",趋炎附势的人被称为"刘大",能干要强的小姑娘被称为"能小姑"等。

### 老子传说
(亳州市涡阳县)

老子传说故事流传于安徽省亳州市涡阳县境内,主要分布于老子诞生地闸北镇郑店行政村。

老子传说故事基本上分为两个部分:第一部分是老子的故事,通过《孤苦童年》《合欢树》《信言不美》《上善若水》《师从商容》《官场沉浮》《孔子问礼》等十七个故事,刻画了老子从童年到暮年的成长过程,展现了老子唯物辩证法、为人修身、探索宇宙的博大精深的哲学思想;第二部分是有关老子和天静宫的传说,具有浓厚的神话色彩,使用亲切的地方口语进行叙述,为我们描述了老子传奇的一生。

收集、挖掘和保护这些民间故事,对于考证老子生地、弘扬道家道教文化、传承老子思想有着非常重要的推动作用。

## 传统音乐

### 当涂民歌
(马鞍山市当涂县)

当涂民歌早在清朝就颇为流行。广大劳动人民在长期的生产劳动和生活中,干什么农活就唱什么歌,遇什么场景就唱什么词,口头上创作了大量的民歌。这些民歌贴近生产和生活实际,曲词优美,内容丰富,生动活泼,节奏鲜明,以其清越、悠扬、婉转的风格,深受人们的喜爱。

新中国成立后,当涂民歌逐渐兴旺和繁荣起来,20世纪五六十年代,达到鼎盛。当涂民歌不仅数量多,而且表现形式丰富多彩。其分布较广,地域差异较大,平原、圩区、丘陵、山区,民歌的内容和形式也各不相同。流行于当涂大公圩一带的是号子、牛歌、舞调;流行于博望、湖阳、新市一带的是船歌、渔歌、灯歌;流行于沿江采石、霍里、新桥一带的是秧歌、对歌、门歌等。民歌演唱的场合、时令等条件不同，导致了体裁的多样化。当涂民歌不仅是反映人们生产、生活方式，折射审美观念的载体，对当地文化也产生过许多影响。歌曲内容体现了大量的生产习俗和生活习俗，以特有的叙事抒情风格显示出独特的民间音乐和语言艺术的魅力。代表作有《打麦歌》《勤嫂子》《小妹妹送饭下田冲》等。

## 巢湖民歌
### （巢湖市（现属合肥市））

巢湖市（现属合肥市）位于皖中，襟江环湖，境内有距今三四十万年前的"和县猿人"遗址，证明这里曾经是中华文化的发祥地之一。巢湖民歌伴随着巢湖古老的历史，经历了一个由简而繁、由单一而多样的演变过程，一直传唱至今。

巢湖人爱唱、爱编民歌。"望风采柳"的创作形式使聪慧的歌唱者可以见什么唱什么，走到哪儿唱到哪儿，干什么活唱什么歌。巢湖民歌有号子、山歌、小调三大类，品种齐全，内容丰富。

1949年以后，巢湖民歌得到了更广泛的传播。1955年3月，巢湖民歌《姑嫂对花》被农民歌手胡吉英、刘宏英唱到北京中南海怀仁堂，胡、刘二人受到毛泽东等党和国家领导人的亲切接见。历年来，有关部门共搜集整理了1000多首原生态巢湖民歌，有近200首编入各种歌曲集、教材，或制成唱片。其中，111首被编入《中国民间歌曲集成（安徽卷）》，20首被编入《安徽民歌100首》，30多首被编入中学课本和上海音乐学院、中央音乐学院教材，20多首被上海唱片社录制成唱片在国内外发行，并馈赠联合国教科文组织留存。巢湖民歌代表曲目有《姑嫂对花》《喊秧歌》《刘姐姐》《吓老鹰》等。巢湖民歌创作、演唱活动一直持续不断，在全国、全省演出活动中多次获奖，在安徽民歌中占有重要地位。

研究巢湖民歌史，可以探寻巢湖历史变迁的踪迹，具有深远的历史意义；研究巢湖民歌的题材内容和体裁特征，能在某种程度上促进安徽民歌史和中国民间音乐史的研究。

## 五河民歌
（蚌埠市五河县）

五河，河湖纵横，素有"泽国"之称。五河民歌在明代洪武三年(1370年)就已形成，其种类繁多，曲目丰富，主要艺术表现形式为表演唱和白口，兼有独唱、对唱、说唱、小演唱等多种表演方式，曲调委婉，欢快流畅。五河民歌有劳动号子、秧歌（田歌）、小调三大类，其中以小调类的民歌居多，也最具有五河特色。

经过明清、民国时期的发展，至20世纪七八十年代，以五河、蚌埠为核心，五河民歌播布皖苏两省十几个县市的广大地区，出现了《摘石榴》《打菜薹》《洗白衣》等一批优秀曲目，产生了马流柱、曹新云、张红曼、薛胜友等一批著名民歌手，鼎盛时期"姐在南园摘石榴，哪一个讨债鬼隔墙砸砖头"等风趣歌词伴着优美的旋律随风飘荡，不绝于耳。

五河地处淮北、淮南地区和苏北部地区交界之处，其语言、文化等方面既受到中原文化的影响，也受到吴文化和楚文化的渗透，其民歌风格、旋律，既包含着淮北那种侉腔侉调、粗犷豪迈的元素，又有着节奏平稳的和小波浪式的旋律线条，带有很强的抒情性，是淮河中下游地区优秀的民间音乐。

## 徽州民歌
（黄山市）

徽州不仅拥有美丽神奇的黄山，更有着很多与之相辉映的徽州民歌。

徽州民歌内容丰富，体裁多样，有号子、山歌、小调，还有一些佛教、道教歌曲。其中，号子粗犷有力，山歌节奏自由，小调曲式丰富，既有直爽畅快的《探妹》，也有哀怨凄楚的《寡妇娘》，更有嬉笑逗乐的《小石桥》《十二月花》等。

20世纪80年代初，徽州民歌中屯溪民歌《小石桥》、歙县民歌《牧牛花鼓》《猜谜对歌》《十二月花》等由中国唱片社录制成唱片向国内外发行；1994年，中国国际广播电台向国外播放屯溪民歌《小石桥》、歙县民歌《十二月花》；2005年，屯溪民歌《小石桥》被选入中学生音乐教材。

## 大别山民歌
### （六安市）

在皖西,大别山纵横千里,淮河水穿境而过。皖西大别山民歌依山而生,山水相连,生生不息。

大别山民歌以山歌、茶歌、秧歌、排歌、小调、劳动号子为主,在音乐上,传承了上古时期部落的民谣,曲调豪迈高亢;在内容上,反映了古代时期的社会演化过程,体现了近现代时期的革命、劳动、生活等发展面貌。如有反映皋陶制法、大禹治水、楚汉之争,以及辛亥革命、红军起义等民歌;还有反映社会主义建设时期的生活、生产的民歌,以及反映各个历史时期的六安社会风土、人情、民俗等的民歌。最有影响的是《八月桂花遍地开》《送郎当红军》等革命歌曲,而"挣颈红""慢赶牛"等传统曲调则在当地影响深远。

## 道教音乐·齐云山道场音乐
### （黄山市休宁县）

休宁县齐云山道教文化源远流长,历史悠久。道场音乐作为道教文化的重要组成部分,与道教各类大小斋醮科仪活动相辅相成,同系一脉,沿袭至今。

道乐演奏人员为道场中的"文场",负责器乐和声乐。道场上有说有唱、有音乐有舞蹈,登场者少则七八人,多则十四五人。锣鼓笙箫,经声悠扬,庄严肃穆。

齐云山道乐名目繁多,主要有《绪天科》《小火连度》等 25 种;演奏道乐的民族乐器有鼓、大锣、磬、木鱼、二胡、琵琶、箫、笛、唢呐等。道乐主要曲牌名有《步虚韵》《主云飞》《真香初炷》《大开门》等。

齐云山道场音乐以原始老谱"工尺"谱(工、尺、上、乙、是)五个音符进行演奏,韵律优美,缥缈飞扬。它是徽文化的重要组成部分,是一种极富生命力的民间传统音乐。

## 唢呐艺术·砀山唢呐
### （宿州市砀山县）

砀山县位于安徽省的最北端,苏、鲁、豫、皖四省七县市交界处,有着深厚的文化底蕴,民间艺术种类繁多,其中最具代表性的当属唢呐艺术。据考证,明朝正德年间,唢呐艺术已在砀山县广泛流传。明朝王磐在其《王西楼先生乐府·朝天飞》中写道:"喇叭、唢呐,曲儿小、腔儿大……"

砀山民间对唢呐有独特的称谓,高音唢呐称"尖笛",低音唢呐称"大笛",且吹奏形式有咔腔、闷腔、咔戏,吹奏技巧有单吐、双吐、三吐等。曲牌代表作有《百鸟朝凤》《六字开门》《拜堂》《镐锅》《抬花轿》《欢乐调》《丧调》等。目前唢呐艺术已发展成吹奏各种戏曲、曲艺、曲牌、模仿唱腔。上到国家专业团体,下到平民百姓生活,都有唢呐艺术的出现。

新中国建立初期,砀山民间唢呐艺人张连生、陈玉兰曾参加过中国人民慰问团赴朝鲜慰问志愿军,在华东地区文艺调演中受到周恩来、彭德怀、陈毅等国家领导人的接见。近年来,砀山唢呐艺术发展势头更旺,如火如荼,家家每逢婚丧嫁娶、开业庆典等都要请一班唢呐助兴,全县已发展在册唢呐班110多个,艺人2000多人。

## 凤阳民歌
(滁州市凤阳县)

"凤阳花鼓"中的"凤阳歌",是凤阳民歌的重要组成部分。在明初移民文化的影响下,凤阳民歌得到了历史性的更新和跳跃式的发展,随之闻名中外。最早以文字形式记录凤阳民歌的,见明代周朝俊《红梅记》传奇。

凤阳民歌具有广泛的平民性,它所表达的内容是社会下层民众生活中的喜怒哀乐,是中国不同历史时期社会生活的真实写照。以凤阳花鼓为载体的《打花鼓》等曲目,对我国许多曲种的音乐唱腔有着重大影响。明初以后,凤阳民歌随着移民四处乞讨卖艺而响遍大江南北,尤以江南、北京、山西为多。据史料记载,除新疆、西藏外,我国其他地区都飘荡过凤阳民歌的旋律。

清末以后,时常流传的凤阳民歌达300多首。20世纪初,凤阳民歌是当时录成唱片的民间艺术之一。据不完全统计,当时有10多首曲目被录制成唱片,风靡一时。其中,金嗓子周璇演唱的歌曲《凤阳花鼓》唱遍神州大地。

凤阳民歌除娱民的功能外,在我国不同的历史时期还对时政有着较大影响。抗日战争时期,安娥作词、任光作曲、黎莉莉演唱的《新凤阳歌》传唱一时。1949年前后,凤阳人民创作了大量的为时政服务的新民歌,如《五骂蒋介石》《土改号子》《送郎参军》《五更治淮》等曲目,起到很大的宣传鼓动作用。

## 唢呐艺术·灵璧菠林喇叭
（宿州市灵璧县）

灵璧地处皖北平原区域，经常受水旱蝗灾袭扰，民间多出艺人，他们多以吹唢呐为生计。乾隆《灵璧志略》载：居民"岁岁逃亡，十不存五"。明清时期辗转迁徙的灾民，有的以吹奏唢呐安身立命，唢呐逐渐成为当地婚丧嫁娶必不可少的乐器。清末，周家祖辈在江苏桃园吹奏唢呐，为谋生成立喇叭班。民国初，传至第二代，辗转到安徽灵璧尹集菠林村安家落户，后渐成规模，在当地有了名气，被称为"菠林喇叭"，也叫"周家班"。

周家班自清末创始发展到现在，已传承七代，历经100多年沧桑。菠林喇叭一直以曲牌丰富、音乐独特、彰显礼仪、盛传不衰而著名。其不仅是一个容纳皖北地区音乐作品和音乐信息的宝库，并且在音乐上有许多独创。其中铜唢呐的演奏，音高而不燥，柔而不腻，韵味质朴；咔戏中的"把攥及咔碗"吹奏融合了当地的戏曲、曲艺等，保留了大量的民间戏法绝活。菠林喇叭几乎能演奏所有管乐的技巧声态，如咔戏、闷笛、双管、拔攥子等模拟戏剧人声、鸟的鸣叫等。把唢呐的几个部分拆开吹奏，能分别模仿不同的人物角色，如老生的苍老低沉、花旦的俏皮灵动、武夫的粗鲁莽撞。

菠林喇叭用于日常演奏的曲目达200多首，如明朗欢快的婚嫁、年节喜庆曲调，沉稳悲凉的丧葬哀乐曲调。传统曲牌中融地方戏曲、曲艺、民歌、小调唱腔曲调等。

作为区域文化的一部分，它全面、真实、生动地表现了这一地区民风民俗面貌，具有很高的民俗学研究价值。

## 传统舞蹈

### 花鼓灯
（蚌埠市　淮南市凤台县　阜阳市颍上县）

花鼓灯是汉民族最具代表性的民间舞蹈之一，集舞蹈、灯歌、锣鼓音乐、情节性的双(三)人舞和情绪性集体舞于一体。

花鼓灯源于宋代,经过历代发展,形成了蚌埠、淮南、阜阳等几个流布中心,并逐渐辐射至淮河中游周边20多个县市。

花鼓灯多在农村秋收完毕到第二年春耕以前演出,尤以庙会、春会为最盛。花鼓灯男角称"鼓架子",女角称"兰花"(或"拉花")。演出多在广场举行,一般包括舞蹈、歌唱、后场小戏、锣鼓演奏四部分,主体是舞蹈。舞蹈中又包括"大花场"(或"大场")、"小花场"(或"小场")、"盘鼓"等部分:"大场"是一种集体的情绪舞,由几人到十多人表演;"小场"是双人舞或三人舞,主要表现男女青年谈情说爱、玩乐嬉戏的情景,包括基本程式表演和即兴发挥表演,有简单的情节和人物性格舞,如《抢手巾》《抢板凳》等,是花鼓灯舞蹈的核心部分;"盘鼓"则是舞蹈、武术、技巧表演相结合又具有造型艺术特征的表演形式。后场小戏是一种歌舞结合的小歌舞剧,剧目有《四老爷坐独杆轿》《推小车》《小货郎》等。根据区域的不同,花鼓灯主要分为三个流派:颍上花鼓灯舞蹈结构严谨,风格古老质朴;凤台花鼓灯着重人物情感刻画,动作细腻优美;蚌埠花鼓灯动作轻捷矫健,潇洒倜傥。

## 火老虎
### (淮南市凤台县)

火老虎是流传于凤台境内的一种民间舞蹈形式,主要流行于该县的刘集乡山口村和大山镇淮丰村。

火老虎的形成,来源于五代十国的一个传说:后周与南唐争夺淮南,激战于寿春(今寿县),后周将领赵匡胤率领数万精兵攻打寿春,南唐将领余洪被迫逃到八公山笆笼冲。后周名将刘金定率领精兵追赶,并放火烧山。八公山上的树木和淮河岸边芦苇燃起大火,栖于其中的老虎因被火烧,急跑下山,火老虎就由这个历史传说衍生而来。

火老虎在制作上,采取夸张和写意的手法,把一只威武凶猛的老虎展现在人们面前。火老虎表演角色有老虎、雄狮、雌狮、幼狮、土地神、领狮者。在表演中,老虎以扑、剪、扫等动作与狮子进行打斗。在打斗的过程中,加上音乐锣鼓的烘托,整个场面激烈、惊心动魄、扣人心弦。

火老虎最大的特点就是表现一个"火"字,所以只有在晚上才能看出艺术效果。同时它受季节限制,一般在春节期间演出。表演者穿紧身厚衣服,然后再系上扎制的虎皮。结束时表演者要跳入水塘里,一是表示老虎被狮子打败,二是为了扑灭身上的火,这就要求表演者既要忍耐烟熏火烤,又要抵抗寒冬腊月冰水的寒冷。

火老虎反映了淮河人民吃苦耐劳的精神品质,只有受过专门训练的人才可以表演。这一民间艺术,对研究淮河中段历史文化、社会生活都具有重要意义。

## 傩舞·祁门傩舞
（黄山市祁门县）

流行于祁门的傩舞是中国远古时腊月里驱鬼逐疫的一种祭仪,源于原始巫舞。在徽州,汉代就有"方相舞"和"十二神舞"的名称。后来傩舞逐步向娱人悦众方面演变,加了娱乐成分,内涵也更加丰富,其中包含了祛邪扶正、祭祀祖先、祈福求安、祝祷丰收等内容,出现了表现劳动生活与民间传说故事方面的节目,发展成为傩事。

祁门傩活动历史上一直很普及,明清更为盛行。立春前,祁门县令要率领下属到城东郊占卜水旱,老百姓则扮戏相从;立春日则祭祀太岁行傩,其他县也是如此。如果说春祀傩仪尚带有古傩驱鬼逐疫意义的话,那么在民间迎神赛会中出现的傩,则纯粹是一种娱乐了。如祁门县六月十二至十四日举行游太阳神赛纪念"八灵王"的游行活动,人们在队伍中边歌边舞,即为娱乐性的傩舞。

## 灯舞·东至花灯舞
（池州市东至县）

东至花灯由"六兽灯""磨盘灯""八仙过海灯""五猖太平灯""龙灯""狮子灯""蚌壳灯""旱船"等十余种形式各异的花灯组成。主要灯种源于300多年前,有的根植于本乡本土,有的由异地流入,表演形式各异。东至花灯流传于东至县的石城、张溪、高山、官港、木塔等乡镇20多个大姓家族,以家族为演出单位,以请神祭祖、驱邪纳福、祈求太平为目的。

灯会一般从正月初二开始,正月十五结束。有的要到二月初二圆灯,习俗不一。东至花灯保持着古朴、粗犷的原始风貌,是当地农村最重要的一种民俗活动。玩花灯均伴有民歌、山歌、戏曲、舞蹈等,扎彩灯,唱文南词、黄梅戏,敲十番锣鼓……灯会成为民间艺术的综合展现。

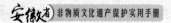

目前,东至花灯仅靠口传心授的方式传承,随着老的花灯艺人的先后故去,精湛的技艺已部分失传。

## 灯舞·无为鱼灯
### (芜湖市无为县)

无为县位于皖中,南临长江、北依巢湖,山环西北,水聚东南,素称鱼米之乡。无为劳动人民祖辈生活在长江边,务农为本。他们凭借800里长江得天独厚的自然条件,既种田又捕鱼,生活无忧。为了庆贺渔业丰收,捕鱼平安,每年正月十五元宵节到正月三十,无为人都要玩"鱼灯"祈福。当时的民间习俗:玩"鱼灯"的第一天叫"开灯",最后一天叫"收灯"。从"开灯"起要摆"供桌",由全村人参加祭礼,请道士做道场,一直到玩灯结束止。如村里有传染病或者有农作物虫害,一律按"许愿还愿"的形式来玩"鱼灯"。劳动人民通过玩"鱼灯"祈求"神灵"驱恶赶魔求平安。他们说:"烧香打醮,抵不上红灯一绕。"(红灯指"鱼灯")他们称"鱼灯"是"吉祥灯""太平灯""幸福灯"。

无为民间舞蹈"鱼灯"历史悠久,源远流长。北宋仁宗时,包公到陈州放粮得胜回朝后,大放花灯,并号召全国各地向朝廷敬贡花灯。当时无为人敬献了八条鱼("鱼灯"),得到朝廷赞扬。

1949年后,无为民间舞蹈"鱼灯"有了长足的发展。1956年到北京怀仁堂参加了全国民间音乐舞蹈会演,获得了好评。我国许多舞蹈家和学者,都对无为鱼灯有高度评价。

## 龙舞·手龙舞
### (宣城市绩溪县)

手龙舞是流传于绩溪民间的传统儿童舞蹈,起源于南宋初期,绩溪县长安镇宋家、中屯两个自然村盛行此舞演出。

据《绩溪县志》记载,绩溪县宋家村西有古村橘树园遗址,传为晋太子隐居栽橘之处。南宋时,宋家、中屯两村百姓安居乐业,人丁兴旺,缅怀祖辈传说中的西晋小太子,村人便用篾和彩绸扎制小龙供小男孩擎舞游玩。其寓意一为纪念小太子,二为家家望子成龙,希望孩子早成大器。手龙舞的雏形便成于此时。明朝初年起,每年元宵节、中秋节,两村百姓每户扎制手龙,组织男孩表演。因每一条龙由一男孩撑嬉,故称"手龙"。

手龙舞为广场、舞台演出的群舞。演员由30名13岁以下的男女儿童组成。其中20名男童擎手龙,10名女童举龙珠。表演动作有"龙聚""龙吟""翻龙""腾龙""盘龙""飞龙""戏珠""争珠"等,其形式活泼、生动,场面大,所蕴含的徽文化韵味极浓,寄托着徽州人望子成龙、光宗耀祖的美好愿望。音乐方面,鼓乐曲牌有传统的套路,还有工尺谱留存。表演时,孩童穿短袄、裤、肚兜,戴银箍,手举篾制小龙。

2006年,该地组建了手龙舞演出队,如今,每逢节庆日皆开展演出活动。

## 傩舞·跳五猖
(宣城市郎溪县)

跳五猖主要分布于安徽省郎溪县北境梅渚镇的胥河南岸,及与之相连的高淳县西南境的胥河北岸。

2000余年来,这里虽有水域的便利,却也一直水患不断。时至西汉,大禹后裔张渤,领众在这里疏浚治水,以期两岸人民,乃至整个太湖流域的人民,都能安居乐业,岁岁丰收。可惜事业未竟,张渤即逝去。人们为了纪念这位为民谋益的治水英雄,对他的祭祀形式颇多,而其中形成于胥河南岸的梅渚镇跳五猖尤为突出。

跳五猖共有十三神身。其中东方、南方、西方、北方、中央五神是正身,各按五行属性配以绿红白黑黄五色。道士、和尚、土地、判官是四副身。音乐伴奏有大、小锣鼓之分。

此仪共分四个阵式。全仪五正身入坛后各身按阴、阳两边,分立于桌上。中央神占正北位,祠山神刹占正南位。东方、南方两神占东位,属阳;西方、北方两神占西位,属阴;判官占东北位(属立春);和尚占东南位(属立夏),属阳;道士占西南位(属立秋);土地占西北位(属立冬),属阴。一年四季均有神属。九身占位后,接着由此仪主持人门司右手挥动竹杖"隔马"跑坛,分别向五正身、四副身祈请临坛。请毕,由族中年长德高者向神逐一敬酒,以示请神虔诚。此仪共有破神场收灾降福阵、双行五谷丰登阵、单行双别龙门阵、拜香位敬上阵四种阵式。

跳五猖运用阴阳五行学说,反映"天人合一"思想,并带有浓厚的宗教多神神秘色彩,融巫、傩、道、释多元文化。五正身——东、西、南、北、中五神,虽按五行归属涂面、着服,但五神入坛后,并未按东西南北中分占各位。看似不合五行,但全部祭典又是在子午连轴的中线上进行,阴阳界别十分清晰。又,按五行相克的原理,"水能克火"。南方天干为甲乙,属火;张渤治水事迹昭著,导水能克制南方属性的火(旱),故置张渤抬刹于南;北方天干为壬癸位,属水;而中央神为戊己,属土。土能克水,防水患于未然。这些观念不仅符合五行配伍原理,而且揭示了五行学说的内涵。

# 传统戏剧

## 徽 剧
(安徽省徽剧团 黄山市)

徽剧是一种重要的地方戏曲声腔,主要流行于安徽省古徽州一带。明末清初,乱弹声腔传入安徽,与地方声腔及民间音乐结合,在安庆府的石牌、枞阳、桐城等地形成"拨子"。乾隆年间,与由拨子与四平腔脱胎而来的吹腔逐渐融合,形成二黄腔。二黄腔又与湖北西皮形成皮黄合奏,奠定了徽剧的基础。

徽剧的音乐唱腔可分徽昆、吹腔、拨子、二黄、西皮、花腔小调等类。徽昆以演武戏为主,多用唢呐、锣鼓,气势宏大;吹腔兼有曲牌体和板腔体形式,以笛和小唢呐为主奏乐器;拨子用枣木梆击节,以唢呐、笛、徽胡伴奏;二黄以徽胡为主奏乐器,有导板、原板、回龙、流水等板式;西皮则有文武导板、散板、摇板、二六等板式,同样以徽胡为主奏乐器;花腔小调多为民间俗曲,生活气息浓郁。徽剧角色行当包括末、生、小生、外、旦、贴、净、丑等类,特别擅长武戏,有翻台子、跳圈、窜火、飞叉、滚灯、变脸等特技。

徽剧传统剧目丰富,其中徽昆剧目以武戏为主,有《七擒孟获》《八阵图》《八达岭》《英雄义》《倒铜旗》《白鹿血》等;昆弋腔剧目有《昭君出塞》《贵妃醉酒》《芦花絮》等;吹腔、拨子剧目有《千里驹》《双合印》《凤凰山》《淤泥河》等;西皮剧目有《战樊城》《让成都》等;皮黄剧目有《龙虎斗》《反昭关》《宇宙锋》《花田错》等;花腔小戏有《李大打更》《探亲相骂》等。

徽剧迄今已有300多年历史,在中国戏曲发展史上曾起过重要作用。它不仅孕育了京剧,而且中国几十个地方戏曲剧种都同它有着密不可分的血缘关系。徽剧还是徽州文化的一个重要组成部分,它以直观的方式反映了徽州文化乃至中国传统文化的许多特点,值得深入研究。

## 黄梅戏
### (安庆市　安徽省黄梅戏剧院)

黄梅戏原名"黄梅调""采茶戏",主要流布于安徽省皖西南广大地区。

清代末期,黄梅调与安庆市怀宁县等地区民间艺术结合,并用安庆方言歌唱和念白,逐渐发展为一个新的戏曲剧种,当时称为"怀腔"或"皖剧",这就是早期的黄梅戏。其后黄梅戏又借鉴、吸收了青阳腔和徽调的音乐、表演和剧目,开始演出"本戏"。后以安庆为中心,经过100多年的发展,黄梅戏成为安徽主要的地方戏曲剧种和中国五大戏曲剧种之一,影响十分深远。

黄梅戏的唱腔属板式变化体,有花腔、彩腔、主调三大腔系。花腔以演小戏为主,曲调健康朴实,优美欢快,具有浓厚的生活气息和民歌小调色彩;彩腔曲调欢畅,曾在花腔小戏中广泛使用;主调是黄梅戏传统正本大戏常用的唱腔,有平词、火攻、二行、三行之分,其中平词是正本戏中最主要的唱腔,曲调严肃庄重,优美大方。

黄梅戏以抒情见长,韵味丰厚,唱腔纯朴清新,细腻动人,具有丰富的表现力,且通俗易懂,易于普及,深受各地群众的喜爱。在音乐伴奏上,早期黄梅戏由三人演奏堂鼓、钹、小锣、大锣等打击乐器,同时参加帮腔,号称"三打七唱"。新中国成立以后,黄梅戏正式确立了以高胡为主奏乐器的伴奏体系。

黄梅戏的角色行当体制是在"二小戏""三小戏"的基础上发展起来的,包括正旦、正生、小旦、小生、花旦、小丑、老旦、老生、花脸、刀马旦、武二花等行。虽有分工,但并无严格限制,演员常可兼扮他行。黄梅戏的表演载歌载舞,质朴细致,真实活泼,富于生活气息,以崇尚情感体验著称,具有清新自然、优美流畅的艺术风格。黄梅戏中有许多为人熟知的优秀剧目,而以《天仙配》《女驸马》《牛郎织女》《夫妻观灯》《打猪草》《纺棉纱》等最具代表性。

## 庐　剧
### (合肥市　六安市　马鞍山市和县)

庐剧原名"倒七戏",是安徽省主要的地方声腔剧种之一。它流行于安徽境内皖中、皖西、沿江和江南的部分地区。庐剧是在皖西大别山一带的山歌、合肥门歌、巢湖民歌、淮河一带的花灯歌舞的基础上，吸收锣鼓书、端公戏、嗨子戏的唱腔发展而成的，因其创作、演出中心在皖中一带，古属庐州管辖，故最后定名为"庐剧"。

庐剧的传统剧目分本戏、折戏和花腔小戏几种，本戏以爱情、公案等为主要内容，折戏是从本戏中抽出的精彩部分，花腔小戏以小喜剧和闹剧为主。较有影响的庐剧剧目包括《彩楼配》《药茶记》《天宝图》《柴斧记》《借罗衣》《打芦花》《讨学钱》《休丁香》《雪梅观画》《放鹦哥》《卖线纱》等。

庐剧在安徽因地域不同而形成了上、中、下三路。上路以六安为中心，音乐粗犷高亢，跌宕起伏，带有山区特色，称为"山腔"；下路以芜湖为中心，音乐清丽婉转，细腻平和，显出水乡风味，称为"水腔"；中路以合肥为中心，音乐兼有上路、下路的特色，明快朴实，自然清新。庐剧唱腔分主调、花腔两大类，主调是本戏和折戏的主要唱腔，既可叙事，也可抒情，适合表现复杂的情感；花腔多为民间小调，轻松活泼，常用于小戏。庐剧唱腔板式丰富，落板常有帮腔，满台齐唱，称为"吆台"。传统的庐剧没有管弦乐伴奏，只用锣鼓进行起奏、间奏和伴奏，俗称"满台锣鼓半台戏"。

早期庐剧的表演比较简单，基本上是地方小调与民间舞蹈相结合，动作一般不配合剧情。演出多为幕表制，基本没有固定的台词，多采用临时串词、套词的方式。新中国成立后，庐剧在表演艺术等方面作了较大的改革。

庐剧具有很强的吸收性、包容性和普及性，它在唱腔上吸收了地方民歌小调、山歌、情歌、麻城"高腔"等的音乐元素，表演上吸收了鄂东的"花鼓戏""端公戏""嗨子戏"等的手法，不少剧目中融进了佛教、道教等宗教文化的观念和内容。从这个意义上来说，庐剧具有一定的历史、文化和艺术价值。

## 泗州戏

（宿州市　蚌埠市）

泗州戏原名"拉魂腔"，流行于安徽淮河两岸，距今已有200多年的历史。它与山东的柳琴戏、江苏的淮海戏同是由"拉魂腔"发展而来，彼此之间存在着一定的血缘关系。泗州戏有传统大戏80多出，小戏和折戏60多出，代表剧目有《三蜷寒桥》《杨八姐救兄》《樊梨花点兵》《皮秀英四告》《大花园》《罗鞋记》《绒花记》《跑窑》《拾棉花》等。泗州戏的唱腔自由多变，演员可以根据自身嗓音条件随意发挥，故名"怡心调"。男腔粗犷豪放，高亢嘹亮；女腔婉转悠扬，结尾处多翻高八度拉腔，明丽泼辣,动人魂魄。其伴奏乐器以土琵琶为主,辅以三弦、笙、二胡、高胡、笛子等,另有板鼓、大锣、铙钹、小锣四大件打击乐器。

泗州戏的行当主要分大生、老生、二头、小头、丑等几类,其表演在说唱基础上大量吸收民间的"压花场""小车舞""旱船舞""花灯舞""跑驴"等舞蹈表演形式,受戏曲程式规范的影响不大,带有明快活泼、质朴爽朗、刚劲泼辣的特点,充满浓郁的皖北乡土气息。演出时有许多独特的身段和步法,如四台角、旋风式、剪子股、仙鹤走、百马大战、抽梁换柱、燕子拨泥、怀中抱月、凤凰双展翅等,演员必须注意手、眼、腰、腿、脚等各部位的协调与配合。

泗州戏与皖北人民的生活、习俗有着密切的联系,显示出强烈的地域文化特征。

## 青阳腔
(池州市青阳县)

青阳腔形成于安徽省池州市青阳县,因青阳属池州府,故又称"池州调"或"徽池雅调"。目前主要存在于安徽省青阳县及江西省湖口县等少部分地区。明代嘉靖年间,弋阳腔流入青阳地区,与当地方言及民歌小曲相结合,形成青阳腔。这一新起的声腔突破曲牌联套体的音乐结构,发展了"滚调",创造出腔、滚结合的歌唱形式,将我国戏曲声腔的演进推向了一个新的高度。

青阳腔的剧目上起元明南戏,下到后世的各种文人传奇,数量众多,历史上曾出现过《词林一枝》《摘锦奇音》《玉谷新簧》《徽池雅调》等一批青阳腔剧目刊本,现在能收集到的青阳腔大小剧目有 94 个。青阳腔演唱时一般只用大鼓、大铙、大锣等伴奏而不用管弦,独唱与帮腔结合,一唱众和,同时在演唱中运用"滚调"的方法,在唱腔中加入"滚白"和"滚唱",形成长于叙事的特点。其唱腔灵活多样,语言通俗易懂,极大地提高了戏曲声腔的可塑性和表现力。青阳腔继承古南戏的角色体制,有生、旦、净、末、丑、外、贴七个行当,后来又增加了小、夫两个角色。其表演讲究"文戏武唱",娱乐性、趣味性强,火爆热闹,常穿插表演窜刀门、盘吊杆、翻高台、跳火圈等技艺。青阳腔中还有各种纸质面具,在舞美上极具特色。

青阳腔从皖南流布到闽、湘、川、豫、晋、鲁等地,成为"天下时尚",直接或间接地影响了徽剧、赣剧、川剧、黄梅戏等剧种的形成与发展,在我国戏曲史上具有显赫的地位。

## 高腔·岳西高腔
（安庆市岳西县）

高腔是明代弋阳腔与后来的青阳腔流变派生形成的诸声腔剧种。在几百年的流变过程中，弋阳腔各分支发生了很大的变化，它们与各地民间音乐有不同程度的结合，由此形成各地高腔不同的音乐风格。

岳西高腔是安徽省岳西县独存的古老稀有剧种，由明代青阳腔沿袭变化而来，有400多年的传承历史。明末清初，文人商贾溯潜水、长河将青阳腔传入岳西，当地文人围鼓习唱，组班结社，岳西高腔初步成型；光绪初期，外来职业高腔艺人系统传授舞台表演艺术，促进了岳西高腔的进一步发展，逐步形成富有自己特点的声腔剧种。

岳西高腔艺术遗产丰厚，其戏曲文学、戏曲音乐、表演艺术及基本活动形式都自成体系，风格独特。通过对岳西境内民间抄本的发掘、搜集、整理，已累积剧目120余种、250多出，可分为"正戏"和"喜曲"两类。其中"正戏"占绝大多数，包括《荆钗记》等南戏五大传奇剧目的精彩折子，具有较高的文化品位和文学价值，其最大特征是继承了"滚调"艺术并发展成"畅滚"。"喜曲"所唱均为吉庆之词，主要用于民俗活动，是岳西民俗文化的重要组成部分。岳西高腔的音乐体制基本属曲牌联套体，一唱众和，锣鼓伴奏，"唱、帮、打"三位一体，风格古朴。艺人以独有的"箍点"标记指导唱腔，传承艺业。

岳西高腔的演唱包括围鼓坐唱、舞台表演和在民俗活动中表演三种形式，有严格而成熟的程序规范。它全面融入境内各民间灯会，成为本土民俗文化的有机组成部分。清末以来，岳西高腔几度兴衰，20世纪50年代后，岳西县政府组建专业高腔剧团，专门对岳西高腔进行传承和研究。

## 目连戏·徽州目连戏
（黄山市祁门县）

目连戏是保存于民俗活动中的戏曲演出，因目连救母的故事而得名。目连救母的故事最早载于佛家经典，主要内容大致为：傅相一生广济孤贫，斋布僧道，升天后受封。傅妻刘氏青提（又叫"刘四娘"）不敬神明，破戒杀牲，死后被打入阴曹地府。其子傅罗卜为救母往西天求佛超度，佛祖为他所感，准其皈依沙门，改名大目犍连，并赐其《佛说盂兰盆经》和锡杖。目连在地狱历尽艰险，最终寻得母亲，一家团圆超升。几百年来，经过无数艺人的锤炼，目连戏以其博大纷繁的戏剧形式、无所不包的表演手段、积淀深厚的音乐素材及情景交融、观演互动的演出排场，在民间盛演不衰，一度广泛流布于安徽、江苏、浙江、江西、湖北、湖南、四川、山西、福建、河南等地。

明万历年间，安徽祁门清溪人郑之珍在过往杂剧、变文及传说等的基础上撰写出《新编目连救母劝善戏文》。郑本目连戏一经产生，便在祁门、休宁、石台、婺源、歙县等地广为流传。

徽州目连戏基本唱腔古朴，为明中叶流行于徽州一带的保留"滚调"特点的"徽池雅调"。表演时以鼓击节，锣钹伴奏，不用管弦，上寿时则用唢呐。角色分生、旦、末、净、杂、襟，脸谱有鬼脸、标脸、花脸等。表演吸收民间武术、杂耍的一些技巧，能走索、跳圈、窜火、窜剑、蹬桌、滚打等，这些表演特技被巧妙地融入到剧情当中，成为表演武戏的特殊招式，为后来徽班的武戏表演奠定了基础。

演出班社大多以宗族为单位组班，即一个班社均由同宗同族的人组成，外姓人不得加入。目连戏演出形式有二：一为演员直接扮演，谓之"大目连"；二为演员操木偶演唱，谓之"托目连"。一般以春、秋两季为盛，有"稻旺戏"（秋收）、"堂会戏"（公堂办，每五年或十年一届）、"庙会戏"（朝九华山）、平安戏、香火戏（还愿）等名目。演唱时间一、四、七、十日不等。

## 傩戏·池州傩戏
（池州市）

池州傩戏又称"傩堂戏""端公戏"，是在民间祭祀仪式基础上吸取民间戏曲而形成的一种戏曲形式，广泛流行于安徽、江西、湖北、湖南、四川、贵州、陕西、河北等省。傩戏源于远古时代，早在先秦时期就有既娱神又娱人的巫歌傩舞。明末清初，各种地方戏曲蓬勃兴起，傩舞吸取戏曲形式，发展成为傩堂戏、端公戏。傩戏于康熙年间在湘西形成后，由沅水进入长江，向各地迅速发展，形成了不同的流派和艺术风格。

池州傩戏源于图腾崇拜意识，主要流传于中国佛教圣地九华山麓方圆百公里的贵池、石台和青阳等县（区），尤其集中于池州市贵池区的刘街、梅街、茅坦等乡镇几十个大姓家族,史载"无傩不成村"。它无职业班社和专业艺人,至今仍以宗族为演出单位,以祭祖、驱邪纳福和娱神娱祖娱人为目的,以戴面具为表演特征。

池州傩戏有"傩仪""傩舞"和"傩戏"等表现形式。整台"正戏",饰演既有戏剧情节、表演程式,又有角色行当和舞台砌末等戏曲特征的"本戏"。是靠口传心授的方式,宗族师承,世代沿袭,每年例行"春祭"和"秋祭","春祭"即每年农历正月初七(人日)至十五择日进行,"秋祭"即农历八月十五进行,平时不演出。

池州傩戏汇蓄和沉淀了上古到近代各个历史时期诸多文化信息,涉及多种学科、多个领域,是中国最古老最重要的民俗仪式之一,是中国最具民族特色的文化象征,是我国现存最古老、最完整的古戏曲之一。

## 文南词
(安庆市宿松县)

文南词是流行于皖、鄂、赣三省交界地区的地方戏曲剧种,已有300多年的历史,早于采茶戏和黄梅戏。文南词,又名"文词腔",剧种名称取其主要声腔——文词、南词首字组成。文南词唱腔分正本戏主腔和小曲两大类。前者近似板腔体,后者属联曲体。正本戏主腔分为文词、南词、平词三类。小曲包括山歌、采茶歌等。

文南词的生成和发展阶段,以宿松为中心,辐射至长江中下游一带。在进入发展和繁荣阶段后,宿松文南词演出正戏和整本大戏,民间戏班多,民间艺人多,借鉴了传统的灯歌和灯舞的表演形式,伴奏加入了断丝弦,作为地方剧种基本形成。文南词的戏剧素材贴近底层民众,音乐底蕴十分丰厚,戏曲风格独特,表现形式灵活。随着内容和表演形式的变化,在借鉴、引进、移植的过程中,文南词不断丰富和发展,并影响了周边的兄弟剧种,许多艺术元素被黄梅戏所吸收,推进了黄梅戏的变革和发展。文南词作为一个剧种已经列入国家戏曲剧种目录,具有较高的学术、艺术和社会价值。

## 坠子戏
(宿州市)

坠子戏亦称"曲艺剧",是安徽的稀有剧种。20世纪40年代初起源于宿州萧县,流行于皖、豫、苏、鲁的接壤地区。它是以民间说唱的单口坠子为基础,经过"大扬琴""道情班"和"曲艺剧"发展而成。坠子戏以其主奏乐器为"坠子"而得名。

坠子戏的表演偏写实,许多表演程式是从当地农民的日常生活中提炼而成的,具有较强的乡土化色彩。坠子戏唱腔丰富多彩:男腔"大口"铿锵有力;女腔"小口"委婉多姿;花腔小调幽默诙谐;衬词衬腔优美华丽;悲苦的"大寒韵"则催人泪下。

坠子戏的剧目大多由单口坠子中的"段子话"(说唱小段)与"蔓子话"(大部书)改编而成。其中传统大戏百余出,小戏、折子戏40余出,大、小现代戏50多出。大戏情节扣人心弦,小戏生活气息浓郁,深受黄淮一带观众的青睐。

## 花鼓戏·淮北花鼓戏
### (宿州市 淮北市)

淮北花鼓戏流行于苏、皖北部边界一带,以及宿州、浍河以北这一较小区域,是极具风格的稀有剧种之一。

淮北花鼓戏源于明初,20世纪50年代初期,淮北及丰、沛、萧、砀地区的民间花鼓班达百余家。淮北花鼓戏主要曲调有宿州调、浍北调、口子调平板、寒板等;舞蹈有"压花场"和"大小武场"两种,有文有武;说唱和咏唱融于一体;角色行当齐全,剧目丰富,计170余出,其中大戏110出、小戏60余出,另有段子72篇。

淮北花鼓戏的唱腔哀婉缠绵,低回流转,尤以"寒调"最具代表性,唱来如泣如诉、如哀如叹,别具一格,极富个性。淮北花鼓戏的舞台表演较完整地保留了传统戏曲"虚拟表演"的原始状态,所有情景纯用虚拟手法表现,男女演员可互扮各种角色行当。

"花鼓大花场"是淮北花鼓戏最具特色的"绝活儿"。表现形式为男角背花鼓(称"鼓架子"),在"盘鼓"和"八句子"中展现丰富多彩的舞姿。女角头扎绣球,手舞长绸,脚绑特制木垫,表演技术难度高,演员需有深厚的基本功和很高的表演技巧。在淮北花鼓戏的发展史上,曾涌现了许多优秀的表演艺术家。

## 花鼓戏·皖南花鼓戏
### (宣城市)

19世纪中叶到20世纪初,湖北花鼓调及河南灯曲随移民传入皖南,与当地民间歌舞合流形成"皖南花鼓戏"。皖南花鼓戏流行于皖南、江苏、浙江相毗邻地区,而以皖南宣州、郎溪、广德、宁国一带最为盛行。

皖南花鼓戏成长过程,大致经历了灯会歌舞、"打五件""地摊子""四季班"与"草台班"等阶段,并吸收了高腔、徽剧、京剧艺术的有益成分,经过百年的演化发展,成为一个具有粗犷、质朴、明快的艺术风格和鲜明乡土色彩的民间剧种。

该剧种语言保存着民歌和民间说唱的特色,以中州音韵系统为基础,融入地方语音;表演艺术保存着灯会时期的民间歌舞和从农村日常生活中提炼、美化的程式动作,并吸收了京剧的表演程式。唱腔分为主腔和花腔两类,有淘腔、北扭子、四平、悲腔四大主腔,花腔多为灯曲和民歌小调。

该剧种实行师徒制传艺授业,艺人师徒谱系有"七大门",即"蓝门"的创始人蓝凤山、"杜门"的创始人杜老幺、"涂门"的创始人涂老五、"耿门"的创始人大老耿、"孙门"的创始人孙大嘴、"张门"的创始人张宗棠、"梅门"的创始人梅凤贻。传统剧目有《扫花堂》《打瓜园》《假报喜》《当茶园》等。

20世纪80年代后涌现出的优秀剧目有《春嫂》《柯老二入党》《姐妹皇后》《湘妃扇》《羯鼓惊天》《老板娘》《水妹子》《王婆卖瓜》《送瓜苗》等。

## 二夹弦

(亳州市)

二夹弦是我国稀有剧种之一,产生于清朝嘉庆年间,起源于河北,流传于皖、苏、鲁、豫、冀,距今已有200余年的历史。因它的主奏乐器四胡,是用四根弦夹着弓上两束马尾进行演奏而得名。

二夹弦的剧目以农村题材居多,乡土气息浓郁。曲调由黄河船歌、渤海沿岸的渔民号子及民间小调融合而成,在发展中又汲取了花鼓、梆子、琴书等民间艺术元素,逐渐形成自己的唱腔。

清朝末年,二夹弦传入亳州后得到较大发展。亳州二夹弦既有山东二夹弦的清新柔美,又有河南二夹弦的高亢明快,具有刚柔相济的艺术特色。

"撕绫罗,打茶盅,不如二夹弦哼一哼";"二夹弦哼一哼,不穿棉袄能过冬";"不吃不穿不过年,也要去听二夹弦"。这些广大人民群众发自肺腑的村言俚语,充分证明了这一稀有剧种的存在价值。

## 嗨子戏
（阜阳市阜南县）

嗨子戏以其起腔多用"嗨"字而得名，大致形成于清嘉庆、道光年间。在嗨子戏形成初期，艺人采取"围鼓坐唱"形式，演唱一些带有故事情节的"花腔小调"，表演简单朴实。

20世纪50年代初期，阜南嗨剧团成立，挖掘整理传统剧目130多出，创作剧目30多出。嗨子戏被搬上舞台后，其自由活泼的表演风格和通俗易懂的唱词深受当地人的欢迎。代表剧目有《打桃花》等。

## 淮北梆子戏
（阜阳市　宿州市）

淮北梆子，又称"梆子戏"，是流传于安徽省淮北地区的艺术个性化较强的地方戏曲剧种，至今有100多年的历史，具有很强的地域特征。关于它的起源大致有两种说法，一种说法是山西、陕西梆子流传到淮北地区后，唱腔受安徽语音的影响而形成的剧种；另一种说法是由河南梆子的一支"沙河调"传入安徽后，结合皖北土语及民间曲调发展而成。安徽省宿州、阜阳、亳州、淮北、蚌埠和淮南等二十多个市县都曾有淮北梆子戏专业剧团，影响较大。

淮北梆子演唱时用枣木梆子击节，唱词多带衬字，曲调中吸收了淮北的灶王戏、坠子翁、鼓书说唱、叫卖，以及劳动号子、船工号子等音调，特点为唱腔高亢激越、朴实大方。对这种演唱形式，人们习惯称它为"高梆"。其不同于其他兄弟梆子剧种的突出特点是花腔多、甩腔多。淮北梆子板式结构与河南豫剧相近，但细品味又有明显的区别，特别是黑、红脸唱腔，韵味独特，变化多端，在唱法上有独特的风格韵味。淮北梆子的剧目，大多以历史题材改编或移植。大戏情节扣人，小戏生活气息浓郁，深受黄淮一带观众的青睐。曾先后涌现出我省著名表演艺术家张福兰、顾锡轩、关仲翔、陈炳欣……并诞生了皖北地区第一个全国梅花奖演员张晓东。近年来，淮北梆子的剧目和演员还多次在国家级和省部级的重大艺术活动中获奖，其在安徽的戏剧史上占有很重要的位置。

## 四平调

（宿州市砀山县）

砀山四平调，起源于安徽省砀山县周寨镇，是优秀稀有的地方剧种，由"砀山花鼓"演变而成。以安徽省砀山县为中心，向四周辐射数百公里。清末民初，砀山周寨镇邹家班领班邹玉振，和砀山境内的燕家班燕玉成、庞士英，王家班王世君、许若海等联合，组成规模较大的花鼓剧团，到山东菏泽、河南商丘、安徽亳州等地巡回演出。此间，他们受京剧、豫剧、评剧、二夹弦等地方剧种启发，丢弃花鼓，穿上戏剧服装，又聘请河南夏邑县"老三班"豫剧琴师杨学智为花鼓曲调配乐，以六棱高胡作为领弦乐器，以梆子戏的打击乐器烘托气氛，取花鼓戏唱腔"四平八稳"之意，形成了独具地方特色、贴近百姓生活的地方剧种——四平调。

四平调唱腔多采用 2、1、6、1 的落音格式。伴奏乐器用高胡，将腰码下移，定弦 bB 调，再配以二胡、琵琶、三弦、竹笛等民族乐器，以高胡为主弦。打击乐器借鉴梆子戏的所有配置，以烘托气氛。四平调的唱腔和节奏的变化灵活，不管多么复杂和不规则的唱词均可布腔排韵。四平调最常用的板式有：2/4 拍节奏的原板，4/4 拍节奏的慢板，1/4 拍节奏的念板，另外还有直板、散板、锣鼓冲等。四平调流行于北方语系，中州音韵，唱词平仄分明，比较通俗易懂，乡土味浓厚，具有民间口头文学的特色。四平调朴实的表演风格、优美动听的唱腔、"四平八稳"的曲调，给受众带来美好的精神享受。

四平调是有着深厚群众基础的地方戏曲剧种，表现的也是群众喜闻乐见的内容，如小戏《小借年》《蓝桥会》和大戏《陈三两》《花为媒》《小包公》以及连台本戏《访昆山》《郑小娇》等等，都是深受群众欢迎的剧目。到了 20 世纪五六十年代，砀山四平调剧团又排演了大量现代戏，如《焦裕禄》《白毛女》《丰收之后》等等，演出范围不断扩大，广受好评。四平调的演变发展过程脉络清晰，有证有据，被业内专家称为"中国戏曲发展的缩影"，在中国戏曲艺术的发展演变过程中有着特殊的地位。

# 曲 艺

## 凤阳花鼓
(滁州市凤阳县)

"凤阳花鼓"又称"花鼓""打花鼓""花鼓小锣"等,是集歌、舞、演奏、表演为一体的民间艺术。主要分布于凤阳县燃灯、小溪河等乡镇。

"花鼓"原是凤阳民间礼乐的领奏乐器,明初以后,凤阳人出门卖艺时,将花鼓众多乐器中的一鼓一锣取出,唱着小曲走四方。流传大江南北的凤阳花鼓由此诞生。清康熙、乾隆年间,许多文人的诗文记录了凤阳花鼓表演时载歌载舞的热闹场面。清中叶以后,舞蹈逐渐从凤阳花鼓中淡出,仅剩下歌唱部分,分为"坐唱""唱门头"两种形式。凤阳花鼓演唱的曲目,为当时的"时调",主要曲目有《凤阳歌》《鲜花调》《王三姐赶集》《秧歌调》等。每一首曲目,都被广泛传唱。随着历史的发展,凤阳花鼓的鼓、鼓条乃至击鼓方法不断变革。20世纪50年代初,文艺工作者对凤阳花鼓采用了一些新的创作、表演手法,并剔除了小锣。

凤阳花鼓是中国民间艺术中"俗""花"的典型代表。它丰富的艺术元素和传播功能催化和影响了一批艺术品种。现在的凤阳花鼓,多为"双条鼓"群体歌舞表演。

## 渔鼓道情
(宿州市萧县)

萧县花腔渔鼓,是萧县艺人薛本信在寒腔渔鼓基础上,吸收了当地民歌号子和徐州梆子戏的艺术元素而创造的渔鼓新腔,自1920年以后,主要流行于徐州、阜阳、商丘三角地带。

萧县花腔渔鼓新创的曲调有花腔、尾音花腔、衬字花腔等。它还打破了简板平直击派的手法,把连板、捋板、花板交相运用,又在一板三眼中加进了多种装饰花板;击鼓时,融抹、挑、弹于一体,使鼓声清脆跳荡,余音袅袅;发声时,气吞丹田,有时也有舌齿音,表白时的方言又带有几分徐州梆子声韵,且吐字清晰。因此,它的演唱或激情澎湃,一唱三叹,或低回婉转,幽咽流泉;表演时还善于模拟各种人物的动作与腔调,形象逼真,声情并茂。20世纪40年代前后,薛本信巡回演出期间,江苏的铜山,河南的夏邑、永城,安徽的界首、亳州等地的青年,纷纷学习他的自创新腔。

薛本信演唱的花腔渔鼓主要有《翻车段》《黑驴段》和《王刚画庙》等。其中《黑驴段》被省、市确定为晋京参加全国曲艺会演的曲目。

萧县花腔渔鼓,又名"薛三派花腔渔鼓",花腔曲折复杂,全靠口传,现在唯有刘永林尚能演唱,亟待保护。

# 传统体育、游艺与杂技

## 马戏·埇桥马戏
（宿州市埇桥区）

马戏是集动物的驯化、表演以及杂技、魔术为一体的综合类民间艺术,具有惊、奇、险和幽默诙谐等艺术特点。

在明末清初,宿州埇桥区蒿沟乡一带农民就盛行杂技和民间曲艺表演。清朝末年,演出已具相当规模。在20世纪20年代,以尹青云、顾传标、吴清云为代表的民间杂技艺人,率先将动物融入杂技演出,取得了很大的成功。

20世纪30年代,以尹清川、李同仁、郑继荣等为代表的驯兽马戏开始出现,埇桥区马戏由此正式亮相。

1956年,宿县(现宿州市)成立了国营动物表演团,演出足迹遍布全国几十个大中城市。

20世纪80年代以来,以埇桥区蒿沟乡为中心的民间马戏艺术得到了快速发展,许多马戏团已经成为职业马戏团,拥有狮、虎、熊、象等大型动物,具备了较高的演出水平。

## 华佗五禽戏
(亳州市)

东汉时期杰出的医学家华佗依据中医学的阴阳五行、脉象、经络、气血运行法则,观察多种禽兽的活动姿态,选以虎、鹿、猿、熊、鸟等代表形象动作创编了华佗五禽戏功法。

早在尧舜时期,人们就已知道模仿某些动物的跳跃、飞翔等活动姿态,用以舒筋壮骨,锻炼身体。到战国初期,在当时舞蹈的基础上发展为二禽戏、六禽戏等,被模仿的动物已达十多种,但不成套路,亦未定型,故影响不大。直到华佗五禽戏问世以后,这古老的仿生运动,才基本定型,并被广泛地用于医疗体育。经过历朝历代的变迁,到现在已发展到20多种不同版本的五禽戏,流传于世。

# 传统美术

## 盆景技艺·徽派盆景技艺
(黄山市歙县)

徽派盆景始于南宋,鼎盛于明、清,久享盛誉,为中国盆景主要传统流派之一。

徽派盆景起源早,历史悠久,造型技艺独特,被誉为"无声的诗,立体的画",具有浓郁的地域特色,是徽文化的重要组成部分,与歙砚、徽墨齐名。徽派盆景的主要特点为"苍古、奇特、自然、刚劲、庄重、幽雅"。徽派盆景构图师法自然,主次分明,巧拙并用,藏露得宜;主干造型突出拙朴、古态的沧桑感;枝叶剪截重在灵巧、秀气,往往以拙求巧,以巧衬拙。每一件作品通过富有匠意的处理,形成上中下、左中右不同的艺术视点,给人以有机、统一、和谐的整体美感。

主要造型有:游龙式、扭旋式、三台式、迎客式、圆台式、疙瘩式、劈干式、枯干式、悬崖式、提根式等。其中游龙式梅桩是徽派盆景的代表式样,讲究整齐美、对称美和庄严美。

## 徽州"三雕"
（黄山市）

徽州"三雕"是古代徽州地区流传的木雕、砖雕和石雕三种工艺的统称，它们均为古代徽州地区明清建筑的装饰性雕刻，具有浓厚的地方文化色彩。

徽州古建筑以民居、官宅、宗祠、庙宇、廊桥、牌坊为主，无论建筑部件还是家居设备，都具有很强的地域风格，十分注重雕刻装饰。一般多在房子的月梁、额枋、斗拱、雀替、梁驼（俗称"元宝"）、平盘头、榫饰、钩挂、隔扇门窗格心、裙板、绦环板、莲花门、窗格、窗栏板、栏杆、轩顶、楼沿护板、挂络等部位以木雕进行装饰，而房内陈设的家具如床、榻、椅、柜、桌、梳妆架、案几等的上面也都有精美的木雕。砖雕主要装饰于民居的门楼、门罩等部位，石雕则主要用作祠堂的石栏板，民居门墙的础石、漏窗及石牌坊的装饰。

徽州"三雕"与建筑整体配合得极为严密稳妥，其布局之工、结构之巧、装饰之美、营造之精、内涵之深，令人叹为观止。无论是木雕、砖雕还是石雕，都将浮雕、透雕、圆雕、线刻等多种技法并用，从中可看出汉唐以来我国建筑装饰雕刻艺术的传承脉络，同时也反映出徽州文化中其他艺术门类如新安画派、徽派版画、徽派篆刻、徽州砚雕、墨模雕刻等艺术样式对徽州建筑装饰雕刻风格的影响。

徽州"三雕"的制作程序因材料、工具和技法的不同而有差异。如砖雕的制作程序包括修砖、放样、打坯、出细、打磨、修补等，传统工具主要有木炭棒、凿、砖刨、撬、木槌、磨石、砂布、弓锯、棕刷、牵钻等；木雕的制作程序包括取料、放样、打粗坯、打中坯、打细坯、打磨、揩油上漆等环节，传统工具主要有小斧头、硬木锤、凿、雕刀、钢丝锯、磨石、砂布等；石雕的制作程序包括石料加工、起稿、打荒、打糙、掏挖空当、打细等环节，传统工具主要有錾子、楔、扁錾、刻刀、锤、斧、剁斧、哈子、剁子、磨头等。

徽州"三雕"的传统制作技艺历来在民间建筑与雕刻行业中广为流传。

## 剪纸·阜阳剪纸
（阜阳市）

剪纸，又称"刻纸""剪花""铰花子"等，是我们古代劳动人民创造的一种乡土艺术。阜阳位于淮河中游，属黄淮流域的中原文化。阜阳剪纸的艺术风格既有南方剪纸的纤巧、秀丽、玲珑剔透，又有北方剪纸的浑厚、稚拙、自然朴实，形成浑厚中见洒脱、刚劲中蕴柔和、淳朴中藏秀润、粗犷中含细微，达到巧与拙、静与动、虚与实的和谐统一。阜阳剪纸以单色(红)为主，也有染色、拼贴、套色等类型。手法有剪、刻、撕，使用的器材有各种实用的剪刀、刻刀(自制和购买)、自制蜡盘(牛油、风蜡、草木灰等调和而成)，纸张多为红色或其他颜色的宣纸或特质色纸，一般较薄，有韧性，色彩纯正均匀。

从现存资料看，阜阳博物馆收藏的《兰桥会》《牧笛》《祭塔》等剪纸，都是清代的阜阳剪纸作品，作鞋花、袜底花之用。作品构图简洁、形象生动，剪口清晰，想象丰富。

1976年起，阜阳对全地区(包括亳州等市县)剪纸作者进行普查，搜集整理作品。1978年起在国内外多次展出，轰动一时，并涌现了如程建礼、王家和等一批在海内外有影响的民间剪纸艺人。

2001年，阜阳市的界首被文化部批准为"全国剪纸艺术之乡"。2002年，农民剪纸家程建礼被中国剪纸研究会评为"中国民间剪纸大师"。2012年，程建礼之子程兴红入选为第四批国家级非遗代表性传承人。

## 挑花·望江挑花

### (安庆市望江县)

望江挑花是流传于望江境内的一种民间手工技艺，它源于唐代，用麻与发为材料，制作祭祀供品，至晚唐始用本地棉花为原料制作，用于生产衣饰及家庭器用装饰制品，并逐渐成为每家每户女性必须精通的手工技艺。其以构图精美、正反成趣、美观实用而为望江人民所喜爱，世代相传，保留至今。

望江挑花在传承发展中逐步形成挑、钻、游、织等四种针法技艺。构图元素取材于生活，除各类几何图形外，常见的植物如梅花、竹、牡丹、金瓜、莲花、菊花、石榴、栀子花等，常见的动物如蝴蝶、蜜蜂、孔雀、喜鹊、鸳鸯、松鹤及十二生肖等。其他如太极、八卦、宫灯、日、月、星、云、山、水、舟、船，及如意、元宝、金钱、寿、福、喜、吉祥、平安等各种文字。还有各类人物的生活、生产、游戏及喜庆、图腾、宗教活动等。皆是通过象形、会意、谐音、单独或组合、花中套花等形式表现。

制品细腻精湛、色泽淡雅，三次被选为人民大会堂的艺术饰品。又多次在各种交易会、博览会上获奖，声名远播。

## 竹编·舒席
(六安市舒城县)

舒席编织在舒城有着悠久的历史。在舒城县柏林乡的战国墓葬中就发现竹编物的痕迹,同地西汉墓的发掘中也发现摆放陪葬品的边厢内底部有竹编物作垫,其纹理及工艺与后期的舒席基本相同。据史籍记载,明代天顺年间的吏部尚书秦民悦(舒城人),为取悦皇帝,将编有龙纹的舒席作为贡品带至京城,深得英宗皇帝赞许,御批为"顶山奇竹,龙舒贡席"。从此,舒席即以"龙舒贡席"著称于世。

舒席从选料、裁料到最后成席有12道工序,即裁料、开竹、破条、切头、划条、起黄、匀撕、蒸煮、刮篾、编织、收边、检验。舒席制作的最关键部分就是编织,它不仅要求经纬编排匀称、篾纹笔直整齐,更主要的是工艺舒席要求每一位编织匠人皆懂画理。无论是山水写意,还是人物工笔,在篾色的搭配上都需要精心构图、合理布局,席面的景物远近相宜,浓淡对比鲜明,空间层次清晰,将竹篾编织的艺术性发挥到极致。

## 柳编·黄岗柳编
(阜阳市阜南县)

黄岗柳编历史悠久、文化底蕴深厚,杞柳种植可上溯千年,编织历史亦达500多年。文献记载,洪淮两岸有滩涂湿地,生长着大片喜湿之柳。柳制品之兴起源于17世纪末。明末清初,柳编业兴旺。明正德《颍州志》记载:"淮濛盛产水荆(当时把杞柳称为'水荆'),采伐加工,洁白如玉,坚韧如藤。"黄岗柳条柔软易弯、粗细匀称、色泽高雅,通过新颖的设计,可以编织成各种朴实自然、造型美观、轻便耐用的实用工艺品。其产品包括:柳条箱(包)、饭篮、菜篮(圆、椭圆)、笊篱、针线笸箩、炕席、苇箔等。黄岗柳编的主要技法有平编、纹编、勒编、砌编、缠边五种。清初,民间编织的柳箱、筐、篮、升、斗、簸箕、筐箩等,编织技术高超,产品样式考究大方、结实耐用,产品远销苏、浙等大商埠。

2001年,阜南县被国家林业局命名为"中国杞柳之乡"。"黄岗""阜南"两个柳编工艺品商标已享誉海内外。

## 柳编·霍邱柳编

(六安市霍邱县)

霍邱柳编,系指安徽省霍邱县的柳编工艺品。其历史悠久,起源于周朝,始兴于明代,再兴于清代。霍邱柳编工艺精美,历代艺人代代相传,是一项宝贵的民间手工技艺资源。霍邱柳编现在有精编、细编、透花编、套色编、染色编、混合编(柳竹混、柳麻混、柳木混、柳草木混)等几十种编织技巧,年年翻新创样,样品达2000多个种类。不但继承了传统手工艺,而且还发扬光大,形成独树一帜的柳编新型工艺技术。其产品通过着色、渲染,显得古朴、高雅,具有很高的艺术价值。霍邱柳编产品坚固耐用,朴素大方,无污染,无公害,为纯天然特色产品,越来越受到海内外人士的青睐。

## 刻铜·杜氏刻铜

(阜阳市)

杜氏刻铜创始于民国时的杜星景(原名杜星显,祖籍阜阳颍东区插花镇),流播区域以安徽省阜阳市颍东区为中心,向外延展至皖北、豫东、江苏一带。

晚清时期,杜星景在北京学习刻铜技艺,师从刻铜大师陈寅生。此后杜氏刻铜第二代传承人杜鸿年(原名杜树修)在传承陈寅生刻铜工艺基础上变革创新,将版画技法融入到刻铜工艺中,形成具有自身特色的刻铜工艺技术——一种雕琢难度大、工艺技巧高超、作品具有沉雄拙朴金石韵味的民间"铜画"工艺。

杜氏刻铜是以白铜、黄铜为主要材料,使用杜氏自制刻刀,通过选料、定稿、刻制、打磨、烤色等多道工序在铜材平面镌刻成图的手工艺技法。其借鉴、吸收了传统竹刻、镶刻、篆刻的技法,主要雕刻墨盒、镇尺、熏炉、茶叶盒、茶壶、水烟袋、酒器、盘等,图案题材以山水、人物、花鸟为主。由于刻铜器物大多为斋房文玩,所刻又多系书画篆印,所以富有书卷气。

杜氏刻铜利用自制刻刀、锤子等简单工具,改进或创新了阴刻、阳刻、深琢、双钩线、麻绳线、游丝毛雕等技法,一幅成型作品往往需多种手法并用。刀刻技法复杂、精度要求高,主要运用阴刻、阳刻、双钩浅刻、直刀深切及挑刀、铲地技法,雕刻出画面的阴阳、虚实、飞白等效果。代表作品有《孔圣论道》《群仙朝拜》《岳阳楼记》《女娲补天》《山水插屏》等。

从杜星景算起,杜氏刻铜工艺迄今已有百余年历史,它在阜阳所在的皖北地区有着重要影响,是安徽地区具有代表性的民间手工艺技艺之一。

### 竹刻·徽州竹雕
(黄山市徽州区)

明清两代,徽州竹雕主要分布于一府六县及周边地区。古徽州曾是明清时期著名的"雕刻艺术之乡",其中徽州竹雕在中国竹雕技艺发展中起到了重要的作用。

徽州竹雕以高浮雕技法(含线刻、浮雕、圆雕、透雕等十余种技法)见长,雕刻十多层,以人文山水为载体,是实用与装饰性统一的艺术品。竹雕工艺繁复,有10道之多。分别为备料:冬季取材并经高温水煮防虫防裂处理;放样:依画稿来确定原料及描画;勾线:用三角刀勾出细部轮廓;钻眼引路:用手拉钻在图形边钻出密集洞眼以防下刀时崩裂;打坯:先分出层次和大致形状,后深入打剔,对人物、山水、枝叶等细化分割成形;修光:对成型的胚进行全面修整和细部雕刻处理;打磨:用由粗至细的砂纸进行打磨;开脸:对人物脸部五官毛发进行细化雕刻,完善形象;细磨:用一千号以上砂纸对作品进行精细磨光;保养:用毛刷把白蜡均匀刷在器物上,再用鬃刷抛刷均匀,然后用绸布摩擦出其宝器之光。

工艺与艺术相结合形成了竹刻的文化趋向。徽州竹雕的传统技艺刀法和主要特点使得它独树一帜,具有明显的地域风格和鲜明的原创性,审美价值远远超过实用价值。

# 传统技艺

### 界首彩陶烧制技艺
(阜阳市界首市)

界首彩陶源于唐代,是淮北手工艺的精华。1999年,淮北柳孜运河发掘出土了大量的界首三彩陶片,成为当时全国十大考古发现之一。

界首彩陶秉承唐三彩遗风,又吸收了剪纸、木版年画的艺术风格,在制陶技艺中自成流派。在胎面的制作上,界首彩陶饰以两层化妆土,在刻画过程中表现出赭、黄或赭、白两种基本对比色;在刻画题材上,界首彩陶除以生活中的花、鸟、鱼、虫为创作对象外,还着重吸取了传统戏曲中的艺术元素,以一幕幕场景的形式加以表现,卢山义的"刀马人"系列是其代表;在烧制方面,界首彩陶制作先除潮,然后素烧,温度一般在700℃～800℃,成品为砖红色的刻画陶。素烧后可以釉烧,即涂以含铅、二氧化硅、粉土的釉料后放入陶制的匣钵内,逐渐提高温度,达到1000℃～1050℃,烧两天两夜,成品为红地白花的界首彩陶。

界首彩陶体现了农民敦厚朴实的性格和大拙大巧的审美意趣,反映了中国民间艺术崇尚自然、追求和谐的审美趋向。这样的艺术品深受国内外市场的欢迎,英国维多利亚博物馆就珍藏有界首三彩刻画陶。

界首彩陶技艺历史上主要分布在界首市颍河南岸的13个村,因每个村的村民都以业陶为生,并且村名均以"陶窑"为名,因此有"十三窑"之说,这些村现属界首市田营镇管辖。1958年,界首在颍河北岸顺河路组建技艺陶瓷厂,现该厂已成为彩陶的主要制作地,界首彩陶烧制技艺在这里得到传延。

## 芜湖铁画锻制技艺
（芜湖市）

芜湖自古冶铁业发达,有"铁到芜湖自成钢"的美誉,芜湖铁画锻制技艺即是在此基础上发展形成的。芜湖铁画以锤为笔,锻铁为画,鬼斧神工,气韵天成,技艺高超。铁画始于清康熙年间,由芜湖铁工汤鹏与芜湖画家萧云从相互砥砺而成,至今已有300多年的历史。据清代《芜湖县志》所录《铁画歌·序》载:"汤天池与画家为邻,日窥其泼墨势,画师叱之。鹏发愤,因锻铁为山水嶂,寒汀孤屿,生趣宛然。"芜湖铁画源于国画,具有新安画派落笔瘦劲简洁、风格冷峭奇倔的艺术特征,纯靠手工锻打完成。它以熟铁为原料,经红炉加热后,用锻、钻、抬、压、焊、锉、凿等技法制成。芜湖铁画既有国画的神韵又具雕塑的立体美,还表现了钢铁的柔韧性和延展性,是一种独具风格的艺术品。

芜湖铁画先后参加过法国巴黎世界博览会和匈牙利布达佩斯造型艺术展,并赴日本、科威特、意大利、尼日利亚、沙特、香港等20多个国家及地区展出。

1959～1960年,老艺人储炎庆及其几位弟子制作了大型铁画《迎客松》《梅山水库》和铁书法《沁园春·雪》,陈设在人民大会堂。

芜湖铁画经 300 多年的承传和发展,除制作传统形式的尺幅小景、画灯、屏风外,还创出了立体铁画、盆景铁画、瓷板铁画和镀金铁画等新品种,形成了座屏、壁画、书法、装饰陈设和礼品五大系列 200 多个品种,以其与众不同的风格和魅力在艺坛独树一帜。

## 万安罗盘制作技艺

(黄山市休宁县)

罗盘是广泛运用于天文、地理、军事、航海和居屋、墓葬选址的重要仪器,是中国古代四大发明之一指南针的延续和发展。万安罗盘是现存的全国唯一以传统技艺手工制作的罗盘,产地在今天的安徽省休宁县万安镇万安老街。

万安罗盘制作业至迟兴起于元末,在明代得到发展,清代中叶达到鼎盛,清末一度衰败,民国初年重振辉煌并延续至 20 世纪 60 年代初,停顿近 20 年后,1982 年又恢复生产。

万安罗盘继承了中国传统的罗盘制作技艺,在长期的生产过程中形成了自己的特点,对技艺流程和技艺手法有严格的要求。制成一具罗盘,一般要经过 6 道工序。首先要精选特等木料"虎骨树"(学名重阳木),锯成罗盘毛坯,然后将毛坯车圆磨光并挖好装磁针的圆孔,随后在上面画格和书写盘面,接着熬炼桐油并往罗盘上上油。安装磁针是最后也是最关键的工序,由店主在密室内单独操作,其工作包括磁化钢针、测定磁针重心、装针等。

万安罗盘按盘式可分三合盘、三元盘和综合盘 3 种,按直径分约有 11 种规格。万安所产罗盘设计独特、选材考究、制作精良、品种齐全,被奉为罗盘正宗,享有"徽罗""徽盘"的美誉。

1915 年,万安罗盘和日晷曾在巴拿马万国博览会上展出,获得金奖。

万安罗盘承载着中国古代天文学、地理学、环境学、哲学、易学、建筑学等方面的文化信息,传承着磁性指南技术及相关技艺,对研究中国古代科技史、社会史、人居环境及古徽州的历史文化具有重要的价值。

## 宣纸制作技艺

(宣城市泾县)

造纸术为中国古代四大发明之一,宣纸是传统手工纸品最杰出的代表,居文房四宝之首,迄今已有1500多年的历史。

宣纸产地在安徽泾县西南方的小岭一带,这里气候温和,雨量充沛,特殊的喀斯特山地适合青檀树的生长,冲积平原则适宜生产长秆水稻,青檀树和水稻秆均为宣纸制造提供了优质的原料。泾县境内有多条河流,尤其是乌溪上游的两条支流,一条属淡碱性,适合原料加工;一条属淡酸性,适合成纸用水。

宣纸以青檀皮为主料,按比例配入沙田稻草浆,整个生产过程由140多道工序组成。宣纸品种繁多,1949年后成功制出了"丈二""二丈"等新品。

宣纸质地纯白细密,纹理清晰,绵软坚韧,百折不损,光而不滑,吸水润墨,宜书宜画,防腐防蛀,故有"纸寿千年""纸中之王"的美称。郭沫若参观泾县宣纸厂时题词说:"宣纸是中国劳动人民所发明的艺术创造,中国的书法和绘画离了它便无从表达艺术的妙味。"宣纸的手工制作和纸质特点体现了传统技艺的长处,这一技艺至今尚不能用机制代替。

自唐代以来,宣纸一直为中国人民所爱好,其生产至清代臻于鼎盛,出现了王六吉、汪同和等著名品牌,在国内外屡得大奖。现宣纸集团公司所制"红星"牌宣纸远销日本等世界许多国家。

## 徽墨制作技艺

(宣城市绩溪县　黄山市歙县、屯溪区)

墨的发明是我国先民对中国文化乃至世界文明的一项重大贡献。徽墨制作技艺是我国制墨技艺中的一朵奇葩,在中国制墨史上占有重要地位。用传统技艺制作的徽墨精品具有多方面的优点,有的"其坚如玉,其纹如犀,写数十幅不耗一二分也";有的"香彻肌骨,磨研至尽而香不衰";有的"取松烟,择良胶,对以杵力……滓不留砚";有的"坚如石,纹如犀,黑如漆,一螺值万钱";有的"光可以鉴,锋可以截,比德于玉,缜密而栗。其雕镂之工、装饰之巧,无不备美"。

从现有史料来看,徽墨生产可追溯到唐代末期,历宋元明清而臻于鼎盛。在清代四大制墨名家中,绩溪县就有汪近圣和胡开文两位,清末民初著名的墨模木雕艺人胡国宾也是绩溪县上庄人。他们是清代与民国时期徽墨制作技艺传人的代表，其后代至今仍在当地传承徽墨制作技艺的精髓。

徽墨制作技艺复杂，不同流派有自己特有的绝技且秘不外传，就是一派中，对不同的制墨原料，也会采用不同的生产工艺。如桐油、胡麻油、生漆均有独特的炼制、点烟、冷却、收集、贮藏方法，松烟窑的建造模式、烧火及松枝添加时间与数量、收烟及选胶、熬胶、配料和剂等也各有秘诀。如此制出的徽墨具有拈来轻、磨来清、嗅来馨、坚如玉、研无声、一点如漆、万载存真的特点。

## 歙砚制作技艺
（黄山市歙县）

歙砚为中国四大名砚之一，其主要制作地和成名地在古徽州歙县，故称"歙砚"。汉、晋时期已有歙砚问世，至唐代名声日盛。开元以后，龙尾砚石被发现，歙砚更为世所珍重。南唐后主李煜视歙砚为"天下冠"，在歙州设置了"砚务"，擢砚工李少微为"砚务官"，歙砚的身价从此扶摇直上。宋代歙砚发展很快，品种增多，精砚不断涌现，其名色之多、质地之细、雕镂之工，为诸砚之冠。1949 年以后，歙砚生产得到发展，金星歙砚重新问世。歙县成立了歙砚厂、工艺厂、文房四宝公司等，从砚石开采、产品制作到装潢工种齐全，还挖掘了"豆斑""绿刷丝""歙红""紫云"等新品种。20 世纪 80 年代中期后，歙砚进入全国制砚行业前列。

歙砚的制作技艺以雕刻为中心，由选石、构思、定型、图案设计、雕刻、打磨、配制砚盒等多道工序构成，按石材纹理分为罗纹、眉纹、金星、金晕、鱼子五大类 100 多个品种。砚材纹理细密，兼具坚、润之质，有涩不留笔、滑不拒墨的特点，被誉为"石冠群山""砚国名珠"。

## 漆器髹饰技艺·徽州漆器髹饰技艺
（黄山市屯溪区）

徽州漆器具有 1000 多年的历史。徽州漆器中的螺甸漆在宋时被誉为"宋嵌"，而菠萝漆在南宋曾作为贡器。明清两代漆器工艺空前发展，这时期徽州漆器中雕漆、漆画、金漆、雕填、戗金、螺甸、百宝镶嵌等形式争奇斗艳，蔚为大观。明代徽州漆工黄成所著《髹饰录》是中国古代唯一流传至今的漆工专著。

徽州漆器早期主要产地在歙县、岩寺（现徽州区）等地。明清时期，随着徽商大量到扬州经商、发展，许多漆器艺人亦来到扬州，后来发展为著名的扬州漆器工艺。民国以后直到现在，由于屯溪逐渐成为徽州地区政治、经济、文化中心，许多店铺及艺人转移到屯溪发展，漆器工艺也不例外，屯溪开始成为漆器工艺制作的中心。

1959年，屯溪工艺厂数位老漆工赴首都，为人民大会堂安徽厅制作漆画屏《百子图》。1978年，徽州漆工俞金海研究复制出久已失传的"漆砂砚"，赖少其称赞其"功同天造"，作家端木蕻良则尊俞金海为"楚漆国手"。

## 纸笺加工技艺

（合肥市（原巢湖市））

纸笺加工技艺是传统造纸工艺在技术上进行延伸和发展后形成的一大工艺门类，即通过染色、施胶、填粉、施蜡、托裱、洒金、挣平、水印、描绘等多道工艺将原手抄原纸（生纸）做成加工纸，目的是更适合书写、印刷或为书法、绘画所需，增加艺术性和观赏性，提高文化内涵。传统加工纸的工艺产品主要有手绘描金粉蜡笺、造金银印花笺、泥金笺、木板套色水印笺以及绢笺、砑花笺等。

巢湖掇英轩近年来致力于对一些失传多年的对现今尚有实用价值的传统加工纸名笺进行恢复性的研究生产，1999年成功地将失传多年的传统加工纸名品——手绘描金粉蜡笺恢复生产，2000年成功地复制了明代"造金银印花笺"，制作工艺被中科院主编的《造纸与印刷》一书收录其中。

## 红茶制作技艺·祁门红茶制作技艺

（黄山市祁门县）

祁门红茶是中国十大名茶中唯一的红茶，产自安徽省祁门县。

祁门产茶历史悠久，可远溯至南北朝时。到了清代光绪初年，因国际茶叶市场绿茶销路不畅，祁门茶区以南乡贵溪人胡元龙为代表的有识之士，于光绪二年（1876年）创制红茶成功。祁红一经问世，即以其超凡出众的品质蜚声中外。1915年，祁红参加巴拿马国际博览会，荣获金奖。1987年，祁红再获第26届世界优质食品评选大会金奖。祁门被命名为"中国红茶之乡"。

传统的祁门红茶，全靠手工制作，上乘的质量，取决于手上功夫，所以祁红又叫祁门功夫。祁红制茶过程分为初制和精制两大部分,其中初制又有萎凋、揉捻、发酵、干燥 4 道工序。精制有筛分、切断、风选、拣剔、复火、匀堆等工序,没有 10 年以上的经验、不下一番苦功,是制不出好茶的。

成品祁红,外表色泽乌润,条索紧细,锋杪秀丽。汤色红艳透明,叶底鲜红明亮。祁红最具魅力的是香气,国内外茶师称之为砂糖香或苹果香,并带有蕴藏的兰花香,清香持久,独树一帜,被誉为"祁门香",祁红也因此名列世界三大高香红茶之首。

## 宣笔制作技艺
(宣城市宣州区、泾县)

宣笔制作已有 2000 多年的历史。据韩愈《毛颖传》记载,公元前 223 年,秦名将蒙恬南下伐楚,途经中山(今宣城市一带),见山中兔肥毫长,又盛产竹子,遂命人逮兔取毫,以竹为管制笔,世称"蒙恬笔",亦称"秦笔"。隋开皇九年(589),宛陵改称"宣州",遂改称"秦笔"为"宣笔"。

隋唐时期,经济发展、文化繁荣,文房四宝的制作进入鼎盛时期。唐时的安徽宣州成为全国的制笔中心,所制"宣笔"十分精良,深为士林称道乐用,并成为朝廷贡品。宣笔选毫精良,毛纯耐用,刚柔适中,"硬软适人手,百管不差一","尖、圆、齐、健"四德兼备。宣笔一般按制作原料和弹性强弱分为软毫、硬毫、兼毫三大类,笔管以竹、木、牛角、瓷、象牙等为主,讲究"心圆管直"。雕刻简洁、清丽,不事繁缛。历代涌现了诸葛高、诸葛元、诸葛渐、诸葛丰及吕道人、吕大渊、汪伯立、张迂等制笔能手。至元代,由于战争频繁,大量宣州笔工南流至湖州,湖笔继起。1949 年以后,宣笔的生产技艺得到恢复和发展。以泾县宣笔厂"三兔牌"宣笔、宣州"张苏制笔"为代表的宣笔深受吴作人、刘海粟、李可染等书画家的喜爱和赞誉,行销全国 20 多个省市及东南亚、西欧、北美等地。

## 桑皮纸制作技艺
(安庆市潜山县、岳西县)

根据史料记载,早在汉代,潜山、岳西地区就生产皮纸,迄今已有 1500 多年的历史,是当地的土特名产。该纸因产生于汉代,故又称为"汉皮纸"。主要产地在龙关、槎水、黄柏、官庄,年产量逾 300 万刀。规格分大汉、中汉、小汉三种,全为手工工艺生产。工艺流程为选料、蒸煮、拣皮、制浆、帘捞、焙烤等。特点是柔嫩、拉力强、不断裂、不褪色、防虫、无毒性、吸水力强。主要用于书画、裱褙、典籍修复、包装、制伞和文化工艺品。古时生产的桑皮书画纸销往印度、日本等国家,俗称"仿宣纸"。该纸可书、可画、可裱,既是书法、美术理想的文房一宝,又是出版复印难能可贵的纸张。20 世纪 80 年代,国家档案局和中国美术家协会对潜山、岳西桑皮纸画纸通过使用和鉴定,予以高度评价。

2004~2005 年故宫大修时,潜山官庄镇和岳西毛尖山生产的桑皮纸在 20 多家纸样中脱颖而出,成为全国仅有的"倦勤斋用纸"纸例。

## 徽派传统民居建筑营造技艺
（黄山市）

徽州建筑传统技艺历史悠久,最早可追溯至秦汉时期。那时流行的是"穿斗式"建筑,发展到宋朝时,建筑技艺已发生了明显的变化,融"穿斗式"与"抬梁式"于一体,建筑技艺有了较大的提升。到了明代,形成了内设"天井"三间五架这种模式的建筑格局,并基本形成固定模式,徽州建筑传统技艺也基本趋于稳定,并按照以师带徒、口传手授的方式,代代相传。

徽州古代工匠以砖、木、石、铁、窑五种匠人组成"徽州帮"。这些工匠凭借锯、凿、尺、刀、板、锤、铲等各式工具开展工作,各工匠均有明确的分工,铁、窑两种工匠为建造房屋提供建筑材料,砖、木、石三种工匠相互配合,负责建造。基本程序如下:

石匠施工程序:挖脚—采石—砌石基—制作安装细料等。

木匠施工程序:出山料—起工架马—画墨接—排料—竖屋请梁—理柱等。

砖匠施工程序:拌制灰泥—砌筑—抹灰—地面施工—屋面铺砖、盖瓦等。

徽州木雕、砖雕、石雕是徽州建筑中最精华的部分,彩画艺术也被很好地应用到了徽州建筑上面。

## 绿茶制作技艺·黄山毛峰
(黄山市徽州区)

清光绪元年(1875年)"谢裕大茶行"创始人谢正安集他多年种、采、制茶之经验,带领家人于清明前后到充头源一带高山名园,选择一些肥壮嫩芽叶,经过"下锅炒(杀青)、轻滚转(揉捻)、焙生胚(毛火)、盖上圆簸复老烘(足火)"的精心制作,制成形似雀嘴,汤色清澈,沁人心脾的新茶叶。由于"白毫披身,芽尖似峰",故先取名"毛峰"。

"毛峰"运到上海被英国茶商称赞,名扬上海,并打通外销渠道,成为"名震欧洲"的佳品。后来"毛峰"产地扩展及整个黄山南北麓,"毛峰"改名为"黄山毛峰"。黄山毛峰的制作工艺对后期烘青类绿茶的研制产生了巨大的影响。

## 绿茶制作技艺·太平猴魁
(黄山市黄山区)

太平猴魁创制于清末,此茶品质为尖茶的魁首,又首创于太平县猴坑,故定名为"太平猴魁"。

太平猴魁采摘之考究、标准之严格,在我国名茶中亦属魁首。清晨朦雾中上山采茶,雾退即收工,一般只采到上午10时。采茶拣尖要做到"四拣八不要"。制作工序分采摘、拣尖、摊青、杀青、整形、烘干等,烘干又分子烘、老烘、打老火。全部手工作业,投叶量极少,手势轻巧,还要适时调整火候,变换手法,使茶叶形成独特扁直状。

太平猴魁色、香、味、形别具一格,有"刀枪云集,龙飞凤舞"的特色。每朵茶都是两叶抱一芽,俗称"两刀一枪"。成茶扁平挺直,魁伟壮实,色苍绿匀润,叶脉绿中隐红,俗称"红丝线";兰香高爽,滋味醇厚回甘,有独特的"猴韵";汤色嫩绿明澈,叶底黄绿匀亮,芽叶成朵肥壮,品饮时能领略到"头泡香高,二泡味浓,三泡四泡幽香犹存"。

## 绿茶制作技艺·六安瓜片
(六安市)

六安瓜片的外形似瓜子壳的单片,自然平展、叶缘微翘,色泽宝绿,大小匀整,不含芽尖、茶梗,是中国十大名茶之一。根据六安史志和清代文人袁枚的《随园食单》,六安瓜片出现在清中叶,是由六安茶中的"绿大茶"演变而来。清朝,六安瓜片列为名品入贡。

六安瓜片制作工序分为采摘、扳片、炒生锅、炒熟锅、拉毛火、拉小火、拉老火等,其中最有特色的是"拉老火"。"拉老火"是最后一次烘,对形成六安瓜片特殊的色、香、味、形影响最大。

## 豆腐传统制作技艺
(淮南市)

寿县八公山乡位于安徽省中部,淮河中游南岸,八公山南麓,西汉时为淮南国都。自古其地盛产大豆,山民就有用山中泉水磨豆、喝豆浆的习惯。淮南王刘安入乡随俗,并在长期的修道炼丹中,发明了豆腐。明朝李时珍《本草纲目》记载:"豆腐之法,始于汉淮南王刘安。"谢绰《拾遗》也记载:"豆腐之术,三代前后未闻,此物至汉淮南王刘安,始传其术于世。"

八公山豆腐制作技艺,经刘安宫廷传入民间后,在长期的生产过程中,经技师们长期摸索、提炼,技艺日臻完善,逐步形成了项目的核心技艺,主要包括,选料:选取产自八公山乡蜘蛛湖、寿西湖的黄大豆和玛瑙泉、大泉泉水为原料。磨浆:将浸泡好的黄大豆,掺兑八公山泉水,人工用石磨研磨成均匀的浆汁。挤浆:将磨好的浆汁放入"布口袋"中,用力挤压出生豆浆。这一工序挤出的生豆浆明显细于使用"晃单"漏出的生豆浆。点膏:在热豆浆中兑入严格计量比的石膏(不是用"卤水"点豆腐,其他地方用"卤水"),并冲浆两次。"石膏点豆腐——一物降一物"的歇后语,即由此而来。制作中,从挤浆到点膏的计量配比,从对气候、气温的准确把握,都十分讲究。这些技术都是以当地百姓的口传心授而世代相传。

八公山豆腐水晶晶、亮晃晃、颤巍巍,棱角分明,不散不碎,含有多种人体所需的矿物质和微量元素。八公山豆腐的制作技艺在悠久的历史长河中,不断得到继承和完善。

## 毛笔制作技艺·徽笔制作技艺
(黄山市屯溪区)

徽笔,又名"汪伯立笔""新安笔",是徽州文房四宝之一,因产于徽州而得名。徽笔始创于北宋年间,据《新安志》记载,北宋年间,汪伯立在歙州府治创办"四宝堂",四宝俱产,尤以毛笔著称。

徽笔制作过程中讲究选料上乘,制作精细,所选取的制笔材料多产自于徽州本地。所需材料均存放三年以上,方能使用。选料大致分两个方面,一是笔头材料的选择,一是笔杆材料的选择。笔头的选料有"千毛选一毫"之说,主要有羊毛、兔毛、马毛、鹿毛、獾毛、狸毛、鼠毛、黄鼠狼尾毛、鸡毛、猪毛、猴子毛、虎毛、狐毛、牛耳毛、胎发等。笔杆的材料则有水竹、斑竹、紫檀木、檀香木、漆器、螺钿、玉、瓷等。

徽笔制作工艺大致可分为水作和干作两个部分。笔头的制作工艺,多在水中进行,即为水作,传统的制作工序有72道;干作工艺流程主要有选笔杆、安装笔头、沾合笔头与笔杆、修笔头与定笔型、刻字等。徽笔以"尖、齐、圆、健"四德著称于世,含墨量多,易开合,控制墨液,宜书宜画,并能充分体现墨色的焦、浓、重、淡、清的效果。

# 传统医药

## 中医诊法·张一帖内科疗法
(黄山市)

在新安医学的世医"家族链"中,以内科为主的"张一帖"家族被认为是历史最悠久、当代影响最大的家族之一。

从明朝嘉靖年间"张一帖"得名算起,"张一帖"家族代代为医,传承至今已有450多年的历史。"张一帖"以其辨证准、剂大力专、治疗内科疑难杂症和急性热病屡获佳绩而享誉皖、浙、赣数省。

"张一帖内科",是新安医学家族链最重要的代表之一。作为著名的新安临床医学,"张一帖"的得名,就是因为急危重症常常一帖(剂)药而愈,民间还有"仙人拐"等神奇传说。著名经学家吴承仕之痼疾经"张一帖内科"第十三代传人张根桂诊治痊愈后，由衷地赞叹："术著岐黄三世业，心涵雨露万家春。"

具有450多年历史的"张一帖内科"流传至今，说明新安医学的事业正得到传承与弘扬，新安医家的家族链在新的时代还在延续。2008年6月14日，时值中国第三个非物质文化遗产日，中央电视台播放了"非物质文化遗产——中国记忆（我们的精神家园）"节目，其中把"张一帖内科"作为祖国传统医学的代表进行了介绍，"张一帖内科"第十五代传人张其成作为唯一的中医医家的代表、也是新安医家唯一的代表，应邀参加节目并进行了有关"张一帖内科"传承与发展的访谈。

## 中医诊法·西园喉科
（黄山市歙县）

郑氏行医始于明嘉靖年间，时以内科蜚声医林。清康熙五十年（1711年），郑氏24世祖郑以显携子于蕃、于丰客商江西南丰，时以显患阴结（喉闭），危在旦夕，经当地名医黄明生一诊而愈。黄为闽人，精于喉科。以显慕其医道精湛，以厚礼相赠，欲其授术于己及子辈。黄以家有训规，医道不得外传为由推托。以显不再言及此事，与黄以挚友相处。日久，黄感郑氏为人诚实，便割爱将《喉科秘诀》上、下两卷让以显父子阅读，并言传身教。三年后，郑氏父子学成归里，悬壶济世，代代相传。

西园喉科，家传治疗咽、喉、口腔疾病，轻以内服药丸，佐以洗、敷、吹、噙诸法；重则刀、针、灸、熏、烙并用。喉科吹药直达病所，药轻力宏，是最主要的外治法。吹药品种繁多，依据郑氏家藏资料考证，郑氏历代自制和选自秘方的吹药，达280余方。郑氏从中筛选，精益求精，从而形成独具疗效的郑氏喉科吹药系统。另有诸多内服秘方，用于喑症（包括声带小结、息肉、肥厚、白斑等），屡见奇效。西园喉科药物研究所坚持以传统秘方为核心技术，先后与多家药厂联合研制喉科药，已上市了西园喉药（散剂）、西园喉宝含片、西园喉宝露和西园咽舒等。

# 民 俗

## 珠算·程大位珠算法
(黄山市屯溪区)

"珠算"之名,最早见于相传为汉徐岳撰、北周甄鸾注的古算书《数术记遗》中。自那以后,在筹算和游珠算盘(古算盘)的基础上,经过长期演进和发展,诞生了珠算。今式算盘,大约出现在商业繁荣的北宋,流行于元代,普及于明代,并东传日本、朝鲜诸国,对那里的数学发展起到了促进作用。

明代出现了多种珠算书籍,其中,程大位《新编直指算法统宗》集珠算之大成,影响最大,流传最广。黄山市屯溪区是珠算宗师程大位的故乡,这里建造了中国第一座国办珠算资料馆——程大位珠算资料馆。珠算文化在徽州,已成为地方文化不可或缺的民俗符号。

## 庙会·九华山庙会
(池州市九华山风景区)

唐开元末(719年),时年25岁的新罗僧金乔觉渡海来到九华山中,苦心修持,一方善信,悉皆宗仰。贞元十年(794年)农历七月三十日,在九华山苦修75年的金乔觉圆寂,尸坐石涵中,三年未腐,骨节发出金锁般声响,众僧徒尊为地藏菩萨示现,建肉身塔供奉。此后,每到农历的七月三十日,佛教僧众和当地山民都要举行隆重的祭祀活动,逐渐形成了庙会的形式。明清时期,在佛诞节(农历四月初八)、自恣日(农历七月十五)、地藏诞日(农历七月三十)都举行"浴佛法会""盂兰盆会""大愿法会",民间和寺院还共同举办"阴骘大会"(农历十月十五)。但凡这样的日子,朝圣和集市贸易蔚然成风,各地信徒组织各种团会,朝山进香、拜塔、守塔等,大的寺庙也组织传戒活动,四众弟子可以求戒并领取戒牒。

九华山庙会以超度亡灵、祈求平安和众生安乐为主要内容,佛教僧众多举办"水陆法会""放焰口""拜忏""放生"等宗教仪式,山民们则利用香客众多的机会做买卖,并表演"舞龙灯""舞狮灯"、演出目连戏《目连救母》《九更天》《刘文龙》等傩戏节目,几日几夜,热闹非凡。

经过千百年的传承,九华山庙会已成为祭祀活动、集市贸易和文化娱乐活动融为一体的文化活动,内容十分丰富,具有很高的民俗价值。

## 界首书会
### (阜阳市界首市)

清嘉庆年间,界首市任寨乡的苗湖村唱坠子嗡的艺人苗本林,发起了苗湖说唱会,当时参加演唱的艺人有苗湖村三人,邻村五人。

1939年,第六代传人苗元普为纪念第一代发起人苗本林诞辰165周年,把闰年的农历六月六定作苗湖书会,一唱就招来四邻八乡的群众,相当热闹。此后,苗湖书会经过不断传承,得到了一定的发展,到"文革"时期,一度沉寂。

1985年,著名艺人苗清臣联络周边市县的多名著名艺人,重新举办苗湖书会。苗湖书会每届5天,方圆几十里的观众都前来观看演出。并且吸引了周边几百里地的曲艺演员参加演出。山东曹县、江苏邳县、湖北大悟县、河南周口、阜阳各县市、宿州的曲艺人均有赴会演出。

目前,书会已创作演出曲目150多个。这些曲目在历届书会上,均获得群众的好评。苗湖书会演唱的曲目,特别是鼓书、评词等道具简单、演唱方便,可就地取材,不受场地和时间的限制,"无时不说,无处不唱,无人不乐",曾有取瓢、盆当鼓之娱。

## 灯会·肥东洋蛇灯
### (合肥市肥东县)

洋蛇灯所在区域为肥东县解集乡大邵村。大邵村位于东山山沿,村风淳厚,民风纯朴。相传元末明初,邵姓婆媳为躲避元兵迫害,在一山洞栖息。正好遇到明兵追赶元兵,元兵也到山洞藏身,元兵见婆媳二人,欲图不轨。这时,山风大作,雷电交加,暴雨倾盆,一条数丈长的白蟒飞下山崖,直扑山洞,口吐蛇珠,直逼元兵,元兵惊散逃遁。婆媳得救,三月后媳妇生下一子,取名"思明"。当邵思明至18岁时,母亲告知其事。邵思明知恩图报,发动全村扎洋蛇灯玩耍,纪念这一逢凶化吉的日子。

蛇身用竹篾扎成圆筒状,外蒙白布,绘鳞,蜡烛插在一个圆形的上下垂直能转的底座上。不论侧旋,还是翻滚,烛心始终朝上,蛇珠亦能随烛转动。出灯时,前面四对牌灯,一对写"风调雨顺",一对写"国泰民安";一对写洋蛇灯的来历,一对写灯艺简介。牌灯后有两个"三眼铳",装置火药,以炮助威。后面紧跟二十管笛子,两个大抬鼓。头出,音乐鼓点平缓。尾出,音乐鼓点轻快、流畅。头尾双出,音乐节奏急促、铿锵有力,给人以超乎寻常、振奋人心之感。舞蛇时队员们齐心协力,上下翻腾,大有金蛇狂舞之感。盘起的蛇塔有6米高,洋蛇腹内,烛光闪烁。仪式结束时,在洋蛇大约离村一里处,用三眼铳鸣炮迎接,邵姓人家,张灯结彩,给蛇神洗尘。

洋蛇灯由肥东邵姓代代相传,每18年玩一次,每次增加一节,现洋蛇灯长度已达104米。

## 抬阁·肘阁、抬阁
(淮南市寿县　阜阳市临泉县)

肘阁、抬阁,是集舞蹈、音乐、戏剧、绘画为一体的综合艺术形式。相传早于明代就有,至今已有500多年历史。

抬阁是由2至8人抬着一些固定在铁支架上、穿着戏服的小演员,按照规定的角色表演一些动作。

肘阁从抬阁演化而来,由表演者和执撑者两部分组成。执撑者多为青壮年,身负一个制好的铁支架,在身上绑牢。身穿道袍遮掩,铁架从一袖筒中露出。根据节目内容,选择以鲜花、瓜果、禽鱼、器皿、兵器等装饰铁架,以假乱真,给人错觉。表演者均选4至6岁少儿,固定在铁支架上、着戏剧服装,扮作戏剧、传说、故事人物。公母榫眼与执撑架相扣。此种艺术形式,上下配合、灵活方便、边走边舞、可行可停、可下架休息。因其新鲜、奇巧与灵活,故"深受"群众的喜爱。

节目多取材于戏剧故事、传说,如《刘全进瓜》《孙悟空盗桃》《天女散花》等,演出时由民族器乐八音班伴奏(包括锣、钗、大鼓、小鼓、笛等),演奏民间小调、地方戏曲音乐,喜庆、欢乐、奔放,具有浓郁的乡土气息和地方特色。

## 徽州祠祭

(黄山市祁门县)

徽州祠祭是流传于徽州境内各宗族祭祀祖先的一项重要礼仪活动。一般徽州宗族祠堂祭祖,有春祭、中元、秋祭、冬祭,先祖诞辰、先祖忌日等,最普遍和最隆重的祠祭是春秋二祭和冬祭。祠祭分族祭和房祭,族祭由族长主持,族长由族中年长辈高、德高望重的人担当,房祭由各房头房长担任主祭。

徽州祠祭按照朱熹《家礼》的规定,要求参祭人员必须整衣肃冠,严格遵循祠规。整个祠祭活动过程有严格的程式,其中由礼生读祭文,其祭文写作也有固定的格式。徽州祠祭自明代以来,曾广泛流传于古徽州的祁门县、歙县、黟县、绩溪等地。祁门县西部的马山、桃源、文堂、黄龙等传统古村落,至今还保留着相对完整的祠祭文化。其中马山村祭祖分春秋二祭和冬祭,其程序严格,仪式隆重。春祭时间为正月初二、初四,祭后每人发一杯米酒。冬祭为每年腊月二十四挂祖容像,三十夜到祠堂拜祖先。

宗祠祭祀一般是奉上十六种供品。祭祀人员分设主祭、启赞、通赞、哑赞、引赞、内务、执事、执鼓、鸣锣各一人,另奏乐队若干人。逢大祭需供上整羊整猪各一只为主供品,同时各户捧上一盏或一对造型各异的接财纳福添丁的彩灯。

徽州宗祠祭祀是与岁时节令相关的庆祝、祭祀习俗,是古徽州劳动人民创造的文化遗产,具有强大的宗族凝聚力作用,也起到了丰富宗族群众文化生活的作用,对于研究徽州宗族的祭祀礼仪和徽州民俗文化具有重要意义。

# 安徽省国家级传承人简介

## 民间文学

### 查月华
（桐城歌）

查月华　女，汉族，1950年12月生，安徽桐城人，第五批国家级非物质文化遗产项目桐城歌代表性传承人。1968年查月华参加毛泽东思想文艺宣传队时向陶龙银和胡列强两位老师学习桐城歌——昙冲山歌。至今，查月华从事民歌事业已50载，会唱桐城歌近百首，主要曲目有《采茶歌》《青竹茅蓝紫竹穿》《十八岁大姐周岁郎》《十二条毛巾》《手扶栏杆》等。

为了传承和发扬桐城歌，她广收弟子，传授技艺。其爱人江守本也是民歌爱好者，他们二人互相学习指导，将桐城歌唱出了自己独特的风格。

### 李智海
（孔雀东南飞传说）

李智海　男，汉族，1938年2月生，安徽怀宁人，第五批国家级非物质文化遗产项目孔雀东南飞传说代表性传承人。李智海1959年参加工作，任语文教师。退休后从事孔雀东南飞传说的收集和整理工作，并对名诗《孔雀东南飞》进行研究。2008年出版《孔雀东南飞故园拾穗》，该书是迄今研究孔雀东南飞传说的第一部公开发行的著作。李智海自小喜欢当地的故事传说，工作之余，他不断地收集孔雀东南飞传说的相关资料。多年来，在各大报刊上发表了数十篇由他记录、整理的孔雀东南飞故事和传说，另外还发表了大量的相关论文。

## 胡　智
### （老子传说）

胡智　男，汉族，1938 年 9 月生，安徽涡阳人，第五批国家级非物质文化遗产项目老子传说代表性传承人。胡智 1952 年参加工作，任小学教师。1998 年退休至今，在老子文化研究办公室工作，后任顾问。胡智 2005 年参与编写《老子故里在涡阳论证文选》，2008 年主编《老子的故事》（又名《老子传说》）。其撰稿拍摄的《老子故里太清宫》在东南亚各国播放后，产生很大影响，为修复天静宫筹款奠定了基础。

# 传统音乐

## 欧家玲
### （凤阳民歌）

欧家玲　女，汉族，1938 年 8 月生，安徽凤阳人，第五批国家级非物质文化遗产项目凤阳民歌代表性传承人。母亲刘跃兰会唱很多凤阳民歌小调，新中国成立前曾打花鼓唱"门歌"讨饭，欧家玲自小耳濡目染，学会了很多民歌。1955 年她参加安徽省赴京演出代表队在怀仁堂演唱凤阳民歌《王三姐赶集》。20 世纪 50 年代中后期在农村演唱如《送公粮》《妇女翻身》等新民歌；60 年代参加县文工团、县剧团开始唱凤阳新歌；调进临淮电影院后常年从事文艺活动，在中小学办宣传队，业余时间创编了大批民歌演唱节目，培养了多人演唱凤阳民歌，同时她还积极在学校、工矿企业等传承发扬凤阳民歌。

## 蒋法杰
### （唢呐艺术·砀山唢呐）

蒋法杰　男，汉族，1948 年 10 月生，安徽砀山人，第五批国家级非物质文化遗产项目唢呐艺术（砀山唢呐）代表性传承人。蒋法杰幼时即跟随父亲学习板胡、笛子、弹唱等。1959 年拜师老艺人陈玉兰学习唢呐吹奏。1965 年成立了自己的唢呐班。1984年起任砀山县唢呐协会会长。

蒋法杰吹、拉、弹、唱样样精通,创造出许多新的吹奏技巧和方法。为了扩大唢呐的演奏区域,他将传统的唢呐揿子(连接唢呐哨片和唢呐木管的小管子)加长加粗,将哨片加宽,以手代管,即现在所说的手管(当地土语叫作"把攥子"),这样就丰富了唢呐的音律,可以表演咔戏、咔腔、琴书、坠子、闷腔、花鼓、歌曲等。

1992年蒋法杰参加"朱载堉杯"全国唢呐邀请赛暨沁阳第二届唢呐节,获得二等奖。

## 李家莲
### （巢湖民歌）

李家莲　女,汉族,1954年12月生,安徽巢湖人,第五批国家级非物质文化遗产项目巢湖民歌代表性传承人。她生于农民家庭,自小喜欢唱歌;1978年起,任中学音乐教师。

除认真教好音乐课程,她还积极参加各类相关文艺汇演。同时,她虚心拜师学艺,取别人之长,在专家们的指导下,形成了自己独特的演唱风格。在呼吸应用上,借鉴戏曲演唱中的"气沉丹田"之法;在共鸣运用上,更多地使用口咽腔与头腔的共鸣,使声音集中靠前。这样,在演唱巢湖民歌时,音域显得高亢宽广,音质纯正圆润,音色清澈甜美。

## 余述凡
### （大别山民歌）

余述凡　男,汉族,1960年7月生,安徽六安人,第五批国家级非物质文化遗产项目大别山民歌代表性传承人。余述凡自幼受母亲廖赤月的影响,不会说话时便会唱歌。10岁时跟着同村的老民歌手汪贤清、马朝珍学唱大别山民歌,初中毕业后在双河、梅山等地演唱大别山民歌。他走访十多位大别山民歌的老艺人,学习并掌握了100多首大别山民歌的唱法,形成自己独特的演唱风格。

余述凡音质高亢浑厚,音域宽广,演唱大别山高腔民歌和小调有得天独厚的先天条件。他演唱的是大别山民歌主体部分——金寨的"西路山歌","西路山歌"得以较好传承。

## 操明花
### （徽州民歌）

操明花　女,汉族,1962年12月生,安徽歙县人,第五批国家级非物质文化遗产项目徽州民歌代表性传承人。操明花自幼生活在文艺氛围浓厚的家庭,从外公那里学到徽州最原始的唱腔"滚声—哈哈腔"。20岁时在歙县总工会业余合唱团任独唱演员;1991年之后,开始从事徽州民歌的演唱、传承、收集及挖掘工作。

不满足于家庭文化的滋养,她深入民间,向一批前辈民歌手学唱徽州老民歌。她的演唱,以真声为主,高亢明亮,纯朴自然,有鲜明的徽州民歌唱腔的韵味。1992~1997年中国国际广播电台为她录制了40多首安徽及徽州民歌,分期分批向海内外播出;在2011年"中国原生态民歌盛典暨中国民间文艺第十届'山花奖'"（民族民间音乐类）系列活动中,她演唱的徽州民歌《十绣鞋》荣获"展演铜奖",同时她荣获"优秀传承人"奖。

## 陶小妹
### （当涂民歌）

陶小妹　女,汉族,1971年8月生,安徽当涂人,第五批国家级非物质文化遗产项目当涂民歌代表性传承人。陶小妹从小就跟着父母到田边、地头,听他们劳作时唱民歌;18岁时,参加当涂县首届农民民歌调演,后跟随民间老艺人潘成志系统学唱当涂民歌;2003年,在马鞍山市文化馆冷红梅老师的辅导下学习科学的发声方法,形成了自己独特的演唱风格;2004年以《打麦歌》参加第二届全国农民歌手电视大赛,荣获二等奖;2008年获批为"当涂民歌"省级代表性传承人,之后在全县建立传习所10多个,教唱3000多人次。

## 詹和平
### （道教音乐·齐云山道场音乐）

詹和平　男,汉族,1974年10月生,安徽休宁人,第五批国家级非物质文化遗产项目道教音乐（齐云山道场音乐）代表性传承人。詹和平出生于齐云山的道士世家,从小就受到道教文化的影响。1992年在齐云山道协学徒;1993年在齐云山太素宫拜老道士詹松海为师入道;1993~1995年在中国道教学院学习。1995年回到齐云山正式投入齐云山道教文化的学习和传承工作,通过山上老道长和婺源请回的老道长,全面系统地学习了各种道场的念唱和配乐使用。多年来一直从事道场和道教音乐的收集和挖掘、整理,在学习积累的同时注重和道友一同探讨,使道场和道乐更好地有机结合。2004年4月起任齐云山道教协会副会长(主持工作)兼秘书长。

# 传统舞蹈

## 冯国佩

（花鼓灯·蚌埠花鼓灯）

冯国佩(1914~2012) 男,汉族,安徽蚌埠人,第二批国家级非物质文化遗产项目花鼓灯(蚌埠花鼓灯)代表性传承人。冯国佩自幼在二叔、三叔的教授下学习花鼓灯,演女角"兰花",16岁即负盛名,艺名"小金莲"。他表演的"兰花"俊俏妩媚,端庄秀丽,活泼典雅,脉脉情深;舞蹈动作舒展,潇洒大方,灵活流畅。冯国佩独创的"斜塔""野鸡溜""大拐弯""雁落沙滩"等一系列舞蹈动作,更是具有热烈奔放、表现力强的特点。他还主张改变旧时花鼓灯男扮女装的表演习惯,推行由女演员来演"兰花"。冯国佩以精湛独特、自成流派的表演艺术和精于借鉴、巧于融合的艺术才华,编导创作了一系列优秀的舞蹈作品,把花鼓灯表演艺术水平提高到一个新阶段。其代表作有花鼓灯歌舞剧《摸花轿》《玩灯人的婚礼》,花鼓灯舞蹈《大花场》《小花场》《新游春》《扑蝴蝶》等。

## 郑九如

（花鼓灯·蚌埠花鼓灯）

郑九如(1920~2011) 男,汉族,安徽怀远人,第二批国家级非物质文化遗产项目花鼓灯(蚌埠花鼓灯)代表性传承人。郑九如14岁跟随父亲郑广发学习花鼓灯,演女角"兰花",艺名"小白鞋"。他能歌善舞,兼长花鼓灯锣鼓演奏和后场小戏。他善于塑造性格刚强高傲的农村姑娘形象。其动作舒展洒脱,敏捷利落,以多变的扇花和各种样式的"风摆柳"博得观众喜爱。他唱的灯歌调式丰富,曲调婉转悠扬,亲切感人,歌词用韵严谨。1958年,郑九如进怀远县文工团任舞蹈教师,将自己的独创动作编成兰花舞,作为教学组合,后被普遍采用。他曾受邀至省内外多个专业歌舞团体传授花鼓灯舞蹈。

## 杨在先

(花鼓灯·蚌埠花鼓灯)

杨在先(1921～2010) 男,汉族,安徽怀远人,第三批国家级非物质文化遗产项目花鼓灯(蚌埠花鼓灯)代表性传承人。杨在先自幼跟随老艺人学习花鼓灯,14岁正式登台表演。他擅演"兰花",艺名"小红鞋"。杨在先的花鼓灯舞蹈技艺以舞步见长,步伐灵巧细碎,身段妖娆,舞蹈粗犷泼辣、热情奔放、情感强烈,具有浓郁的乡土气息。在花鼓灯的唱腔上,他将流行于淮北一带地方小戏中的曲调,自然贴切地糅进花鼓灯灯歌之中,加以创新和发扬。他每次登台,头扎红花,脚穿红色绣花鞋,服饰艳丽,舞姿迷人,技艺精湛,将乡野村姑自然质朴的形象表现得惟妙惟肖、淋漓尽致。1958年,杨在先被怀远县文工团聘为花鼓灯教师,培养了一大批花鼓灯演员。

## 娄 楼

(花鼓灯·蚌埠花鼓灯)

娄楼 女,汉族,1945年11月生,安徽蚌埠人,第五批国家级非物质文化遗产项目花鼓灯(蚌埠花鼓灯)代表性传承人。娄楼1962年进入蚌埠市文工团师从冯国佩学习花鼓灯表演,半个世纪一直跟随冯国佩左右,在他亲自传授下全面掌握了"冯派"花鼓灯艺术。同时也向陈敬芝、郑九如等老一辈花鼓灯艺人学习,准确掌握了"兰花"三大流派风格。

她继承了冯派"脚下溜、韵律强、身姿美、情感真、形态媚"的表演风格,在保持原生态的基础上,能准确展现出拧、倾的体态和溜、闪、旋的律动,突出舞蹈潜在的意味,强化体态律动的雕塑感,形成了自己独特的柔韧、洒脱、灵俏、大气的艺术风格。在传承实践中形成了自己代表性的典型动作,如抹翻扇、跳擦起步、拎盖翻扇、连环翻扇斜塔、双抹扫扇、跳旋坐肩等。

娄楼创作了一大批花鼓灯优秀作品并获得了许多国家级、省部级大奖。

### 冯国好
（花鼓灯·蚌埠花鼓灯）

冯国好　男，汉族，1946年12月生，安徽怀远人，第五批国家级非物质文化遗产项目花鼓灯(蚌埠花鼓灯)代表性传承人。冯国好1951～1963年跟随冯嘴花鼓灯第四代传人冯国佩、冯国亭、冯国冲三位老艺人学习冯嘴锣鼓经的老十翻。他以学锣为主，兼学鼓、钗等打击乐，18岁时已经全面掌握冯嘴花鼓灯锣鼓经的全面打法与技巧。60多年来一直参加冯嘴花鼓灯班子的各种活动；其间一直担任冯嘴花鼓灯班子灯头和编写工作。熟练地掌握了传统的老十翻、小十翻、十八翻的技巧，并创新部分锣鼓经的打法，是淮河流域的著名锣手。

### 陈玉华
（花鼓灯·蚌埠花鼓灯）

陈玉华　女，汉族，1947年7月生，安徽颍上人，第五批国家级非物质文化遗产项目花鼓灯(蚌埠花鼓灯)代表性传承人。陈玉华15岁起就师从花鼓灯艺人张孝顺学习表演，后在著名花鼓灯老艺人"蒋对子"(蒋茂轩)的门下学习。陈玉华擅长花鼓灯"兰花"角色的表演，她在长期琢磨与钻研的基础上，创造了一系列新颖的姿势、动作、扇花和巾花。在花鼓灯小游场"游春"表演中，其步伐和扇法吸收和借鉴了戏剧花旦的特点，把戏剧表演中手、眼、身法等技法的优点融入花鼓灯舞蹈中，使得扇法变化多端，创新使用了叼扇、揉扇和背扇等扇花表演形式。表演中通过戏、乐、逗、玩等传情动作来展现故事情节，动作细腻精彩，特色鲜明，使花鼓灯舞蹈更加抒情、温馨，表现手法令人耳目一新。

### 金　明
（花鼓灯·蚌埠花鼓灯）

金明　男，汉族，1954年4月生，安徽蚌埠人，第五批国家级非物质文化遗产项目花鼓灯(蚌埠花鼓灯)代表性传承人。金明1970年进入蚌埠市歌舞团(现安徽省花鼓灯歌舞剧院),一直担任主要舞蹈演员及编导。20世纪70年代起在花鼓灯老艺人冯国佩、郑九如、杨在先等门下学艺。40多年来致力于花鼓灯的艺术传承、保护、搜集与发展工作。金明全面掌握了花鼓灯中各角色(兰花、鼓架子)的表演特点和技巧,熟练掌握花鼓灯锣鼓曲牌表演技法以及大花场、小花场、灯歌、后场小戏等,并一直传承于民间、团体院校,多次获得国家级奖项,2009年被文化部授予"保护与传承文化遗产先进个人"光荣称号。

## 梅连社
### (花鼓灯·蚌埠花鼓灯)

梅连社　男,汉族,1968年3月生,安徽怀远人,第五批国家级非物质文化遗产项目花鼓灯(蚌埠花鼓灯)代表性传承人。梅连社出生于著名的花鼓灯灯窝子——怀远兰桥吴庙村,其祖上几代都是花鼓灯艺人。受家庭的熏陶,他自幼从父学习花鼓灯锣鼓演奏,15岁已练出一手好鼓,开始上场玩鼓。曾得到"老蛤蟆"常春利、"小白鞋"郑九如等前辈名家的指点和教诲。1984年入怀远县花鼓灯培训班学习,1986年参加演出的《花鼓灯锣鼓》获得全国民间音乐舞蹈比赛大奖。1987年梅连社被招入"华润花鼓灯艺术团",经过努力,成为该艺术团的主鼓,其参加演出的花鼓灯《欢腾的鼓乡》已成为花鼓灯怀远流派的巅峰之作。

梅连社擅长演奏伴奏锣鼓(灯场鼓),还能随情绪变化即兴创作,技巧娴熟,气氛热烈,感染力强。多次获得国家级奖项,是目前怀远花鼓灯艺术领军人物之一。

## 王传先
### (花鼓灯·颍上花鼓灯)

王传先　男,汉族,1923年10月生,安徽颍上人,第二批国家级非物质文化遗产项目花鼓灯(颍上花鼓灯)代表性传承人。王传先1939年拜颍上花鼓灯艺人唐佩金为师,学习花鼓灯,演"兰花",艺名"一条绳",是颍上唐派花鼓灯的代表性人物。他身材细挑,面容俊美,天生一副好嗓子,唱腔优美,被沿淮群众赞誉为"小蜜蜂"。他表演的花鼓灯舞蹈以抖、颤、颠见美,犹如一条抖动的绳,"一条绳"的艺名即源于此。他还擅长弦子灯的"游场"表演,扮"兰花"上场独舞或与鼓架子配对演出时,舞姿优美,善于传情;演唱声音高亮清脆,富有韵味,深受群众的喜爱。他在颍上、蚌埠、淮南等地授徒众多。其代表作有《小放牛》《送郎治淮河》《打徐州》《叹五更》及现代花鼓灯舞蹈《三月三》等。

## 陈敬芝

(花鼓灯·凤台花鼓灯)

陈敬芝(1919~2012) 男,汉族,安徽凤台人,第二批国家级非物质文化遗产项目花鼓灯(凤台花鼓灯)代表性传承人。陈敬芝13岁开始玩花鼓灯,演"兰花",艺名"一条线"。1939年,他和宋庭香、李学洪共同将流行在颍上、霍邱县的弦子灯和凤台县的花鼓灯相结合,形成一种新的唱腔,群众称为"一条线调"。他的表演细腻,动作轻盈,扇花、手巾花丰富多变;无论是身态上的"颤、颠、抖""三道弯",还是"上山步""小起步""秀步"等舞步,都具有极强的艺术魅力。民间有顺口溜赞誉其表演魅力:"看见一条线,三天不吃饭;一条线一走,睡倒九十九;一条线回头看,起来一大半。"陈敬芝毕生从事花鼓灯艺术的表演、教学和研究工作,代表作有《游春》《抢板凳》《野花谣》《黄毛丫头》等。

## 张士根

(花鼓灯·凤台花鼓灯)

张士根 男,汉族,1943年10月生,安徽凤台人,第三批国家级非物质文化遗产项目花鼓灯(凤台花鼓灯)代表性传承人。张士根13岁开始学习花鼓灯,他的鼓架技术受万方启、朱冠香的影响。他与邓虹联合加工整理并表演的《小花场》在1986年全国民间音乐舞蹈比赛中荣获编导三等奖、表演三等奖;在1990年安徽省花鼓灯会上荣获特殊奖,被誉为"安徽首席小花场"。1988年加入中国舞蹈家协会民族民间研究会。1982年至今培养学生400多名。张士根长期致力于花鼓灯艺术表演、普及培训和艺术教学工作,深入基层农村培养花鼓灯幼苗,结合舞台实践探索出一套行之有效的教学方法。现身体健康状况良好,从事着花鼓灯艺术的教学工作。

## 邓 虹
### （花鼓灯·凤台花鼓灯）

邓虹　女，汉族，1944年10月生，安徽怀远人，第三批国家级非物质文化遗产项目花鼓灯（凤台花鼓灯）代表性传承人。邓虹12岁开始学习花鼓灯，她的"兰花"技艺受陈敬芝、李兆叶的影响。她与张士根联合加工整理并表演的《小花场》在1986年全国民间音乐舞蹈比赛中荣获编导三等奖、表演三等奖；在1990年安徽省花鼓灯会上荣获特殊奖，被誉为"安徽首席小花场"。1988年加入中国舞蹈家协会民族民间研究会。1990年至今培养近300名学生。邓虹的表演艺术精湛，在舞台上塑造了不同风格的艺术角色，尤其是在花鼓灯双人舞《小花场》中运用和创造了"大颤步""颤颤步""蝴蝶飞""颤颤拔泥""抱头揉扇""前仰后合"等花鼓灯动作，并表现得出神入化。

## 石春彩
### （花鼓灯）

石春彩(1949～2015)　男，汉族，安徽怀远人，第四批国家级非物质文化遗产项目花鼓灯代表性传承人。石春彩13岁拜花鼓灯一代宗师——"小红鞋"杨在先为师学习花鼓灯，是花鼓灯怀远流派第三代杰出代表。他完美继承了"小红鞋"杨在先的艺术风格，舞蹈粗犷泼辣，热情奔放，时而如急风暴雨，时而如蜻蜓点水，表演情感强烈，自然质朴，带有浓郁的乡土气息。他还巧妙地将"小白鞋"郑九如和"小红鞋"杨在先两种风格迥异的艺术表现形式融汇结合，逐渐形成了秀丽中含端庄、典雅时藏娴静的独特艺术风格。石春彩不仅以舞见长，而且在花鼓灯灯歌演唱上，也具有一定的特色，他演唱的灯歌调式丰富。1987年，石春彩和其他老艺人一起，创办了花鼓灯培训班，他呕心沥血，言传身教，先后三批培育了近百名学员，为花鼓灯艺术的发展和传承作出了卓越的贡献。

## 孙永超
### （火老虎）

孙永超　男，汉族，1923年10月生，安徽凤台人，第三批国家级非物质文化遗产项目火老虎代表性传承人。火老虎是凤台独有的民间舞蹈艺术形式,通过夸张、写意的手法把老虎的威武凶猛作以艺术再现。火老虎只有受过专门训练的人才可以表演。孙永超一生务农,自幼玩灯,主要扮演狮子,是方圆小有名气的玩灯者,也是火老虎道具的主要研制者,其表演套路在原有基础上加以了改进。孙永超曾带队参加全省运动会开幕式作狮舞表演,同时,曾是每年一届的"中国豆腐文化节"表演主要队伍之一。

## 汪宣智
(傩舞·祁门傩舞)

汪宣智(1932～2015) 男,汉族,安徽祁门人,第四批国家级非物质文化遗产项目傩舞(祁门傩舞)代表性传承人。汪宣智18岁开始在傩舞班学习表演,每年都要跟随班社到各地跳傩。他在传承老一辈表演技艺的基础上,有所创新。他表演的《刘海戏金蟾》《跳和合》等节目动作跳跃、轻快、诙谐,充满憨气和稚气。汪宣智在芦溪傩舞班中具有较高的声望,主要进行传授及指导刘海、将军、牵狮、跳和合等角色表演,不仅在当地进行传习活动,还多次参加过市县组织的重大节日庆典、民俗汇演等活动并获嘉奖,并应邀到各地进行表演展示。前几年,连续参加"祁门国际红茶节""民俗汇演""文化遗产日"等大型纪念活动的傩舞表演。

## 汪顺庆
(傩舞·祁门傩舞)

汪顺庆 男,汉族,1939年12月生,安徽祁门人,第五批国家级非物质文化遗产项目傩舞(祁门傩舞)代表性传承人。汪顺庆自小跟随父亲在傩舞班边看边学,逐渐掌握了舞狮的技艺;1961年回家务农传承傩舞至今。

1989年,当地文化部门进行地方传统文化普查时,傩舞被挖掘整理,汪顺庆才知道自己跳的是傩舞。他不但将傩舞再次原汁原味地展现在乡人面前,还先后应邀前往祁门县城、黄山市、景德镇、祁门风景区牯牛降、上海等地多次进行演出。

## 周国平
(傩舞·跳五猖)

周国平 男,汉族,1962年10月生,安徽郎溪人,第五批国家级非物质文化遗产项目傩舞(跳五猖)代表性传承人。周国平出生于郎溪县梅渚镇周家村,自小在家务农,十多岁时随伯伯周际奎学习跳五猖的各个角色并熟练掌握,尤其擅长祖传的跳五猖的和尚角色,并精通"大小锣鼓锤"的演奏方式。至今已参加演跳场数300多次,曾多次代表跳五猖参加各类民俗文化活动,屡受好评。

## 曹武根
(龙舞·手龙舞)

曹武根 男,汉族,1940年11月生,安徽绩溪人,第五批国家级非物质文化遗产项目龙舞(手龙舞)代表性传承人。曹武根1951年开始学习、参加徽剧表演和其他民俗表演活动,并学习各种民俗表演道具的制作。

1956年,曹武根师从胡松泰学习扎制手龙,1988年为上源、瑞川等村庄扎制纸手龙、草手龙,并为手龙舞班传授舞蹈。2006年,为绩溪县文化馆制作20条布手龙,其精美制作给观众带来"奇""美""特"的艺术享受。2007年,曹武根为绩溪县徽菜美食文化节扎制了手龙和一条117米长的金色巨龙,在"盛世徽韵"民间艺术汇演中巨龙、手龙共舞,震撼了全场观众。2012年,手龙舞荣获安徽省民间舞蹈大赛二等奖。如今,年逾古稀的曹武根仍不懈地为手龙舞班扎制手龙和培训小演员,传授手龙舞的表演技巧。

## 任俊堂
(灯舞·无为鱼灯)

任俊堂 男,汉族,1943年7月生,安徽无为人,第五批国家级非物质文化遗产项目灯舞(无为鱼灯)代表性传承人。任俊堂是无为县八里村鱼灯头灯的传承人,在中学时代,他便开始参加鱼灯表演,对鱼灯的舞蹈套路十分熟稔。他传承的鱼灯舞蹈动作优美、协调、自如,生动地刻画了"鱼"儿在水中自在游弋的形态。

从20世纪60年代以来,任俊堂不但一直参与历届家族灯会的组织策划,还在传承活动中辅导了一大批中青年人，带动该项目在当地繁荣发展、传承，并较为完整地整理了鱼灯制作、表演等资料。

### 黄杰海
(灯舞·东至花灯舞)

黄杰海 男，汉族，1963年2月生，安徽东至人，第五批国家级非物质文化遗产项目灯舞(东至花灯舞)代表性传承人。

少年时，黄杰海常常和村子里的伙伴看老人们扎花灯，其中一位叫黄舜南的老人直接点黄杰海的名："杰海，你来学一个吧。"听老人点到自己的名，黄杰海一时兴起，说学就学。就这样，黄杰海就跟着父亲及其他的老辈们学起了花灯的扎制、表糊和表演，并参加了数次灯会活动。最为突出的为2004年、2005年，中央电视台四套、新闻频道来东至采风，为保证表演效果，黄杰海组织组里群众深入学习上代传承下来的舞技，供中央电视台拍摄。

从学制作花灯到舞花灯，黄杰海一直参与其中，精心组织策划，还在传承活动中辅导了一批中青年人，带动该项目在当地的繁荣发展、传承，并较为完整地整理了六兽灯制作、表演等资料。

## 传统戏剧

### 汪正科
(青阳腔)

汪正科 男，汉族，1931年7月生，安徽青阳人，第二批国家级非物质文化遗产项目青阳腔代表性传承人。汪正科14岁便跟随老艺人刘干明学习青阳腔，继承掌握了大量的传统剧目和表演套路。改革开放后，汪正科组建了长垅剧团，集编、导、演和指挥于一身，复排编创青阳腔剧目。其唱腔优美、刚柔相济，彰显出浓郁的青阳腔特色。代表作有《目连戏》《珍珠塔》等。

## 蒋小送

(高腔·岳西高腔)

蒋小送　男,汉族,1935年6月生,安徽岳西人,第二批国家级非物质文化遗产项目高腔(岳西高腔)代表性传承人。蒋小送于新中国成立初期从艺,师从蒋焕南学习高腔,在生行艺术的继承和发展上用力甚勤,是岳西高腔的重要传承人。蒋小送的表演朴实无华、台风稳健,动作规范,举止端庄,刻画人物个性鲜明,唱腔韵味悠长,感染力强,深得观众喜爱。代表作有《锦上花·回宫》等。

## 王琦福

(高腔·岳西高腔)

王琦福　男,汉族,1935年1月生,安徽岳西人,第二批国家级非物质文化遗产项目高腔(岳西高腔)代表性传承人。王琦福1952年师从储遂怀学习高腔,主攻生行。在半个多世纪的演艺生涯中,逐渐成为岳西高腔的重要代表艺人,在当地拥有较为广泛的影响。他长期从事民间高腔演艺和传承活动,为高腔的发展和传承作出了不懈的努力。代表作有《锦上花》等。

## 章其祥

(徽剧)

章其祥　男,汉族,1944年9月生,安徽黄山人,第二批国家级非物质文化遗产项目徽剧代表性传承人,国家一级演员,享受国务院政府特殊津贴,是新中国成立后徽剧第一代主要演员。章其祥13岁开始从艺,从事徽剧事业50余载,工文武老生兼红生。代表剧目有《水淹七军》《淤泥和》《磨坊相会》《快活林》《情义千秋》等。他多次为党和国家领导人演出,受到毛泽东、周恩来、邓小平等党和国家领导人的亲切接见。1959年,徽剧第一次进京演出,以及1961年徽剧在上海的首轮公演,章其祥代表作《水淹七军》广受行家和业内人士的好评,其获得了"小关公"的美誉。1990年在纪念徽班进京200周年的演出中,《水淹七军》再度在北京唱响,受到观众的一致好评,章其祥入选1991年的《中国人物年鉴》。章其祥在徽剧的演唱方面有自己的独特风格,唱腔委婉动听,韵味十足,表演细腻传神,让人享受到徽剧

古朴沉郁、高亢激昂的魅力。

## 谷化民
(徽剧)

谷化民　男,汉族,1945年7月生,安徽休宁人,第三批国家级非物质文化遗产项目徽剧代表性传承人,中国戏剧家协会会员,新中国成立后徽剧第一代主要演员。谷化民12岁开始从艺,工架子花脸兼铜锤,并能兼工生、丑等角色。50多年的徽剧艺术生涯,其戏路广,能演唱徽剧老戏50多出,主要以净行为主。曾得到梅兰芳、马连良、周信芳、李少春、袁世海、杜近芳、叶盛兰等众多老艺术家的赞赏。多次受到毛泽东、朱德、周恩来、刘少奇、邓小平、贺龙等党和国家领导人的接见。1992年,在文化部举办的全国"天下第一团"优秀剧目展演中,谷化民扮演《情义千秋》中的曹操,荣获文化部演员优秀表演奖,文化厅给予记功一次。20世纪90年代以来随团赴法国、日本、澳门、西班牙、澳大利亚、台湾、香港等国家及地区演出,所扮演的各种角色,深受国外戏剧爱好者的喜爱及专家的好评。其取名家之长,学习创新,拥有自己特有的艺术风格及魅力。他功夫扎实、工架完整、感情饱满,表演气宇轩昂,神采夺人,唱腔平雅流畅,刚柔并济,戏路颇广。代表剧目有《水淹七军》《淤泥河》等。

## 李龙斌
(徽剧)

李龙斌　男,汉族,1956年2月生,安徽芜湖人,第二批国家级非物质文化遗产项目徽剧代表性传承人,安徽省徽京剧院副院长、国家一级演员,第11届中国戏剧梅花奖获得者。李龙斌早年曾师从安淑英、金鸿荣、章其祥、徐勤纳、曹尚礼等,较为全面地掌握了徽剧的表演技艺,20世纪90年代起,逐渐成为徽剧领军人物,代表作有《临江会》《吕布与貂蝉》等。其表演能准确地把握徽剧粗犷豪放、大起大落的草台神韵,在唱腔上既继承了传统又有自己的特色,被誉为"徽班传人"。

## 王丹红

（徽剧）

王丹红　女，汉族，1972年10月生，山东兖州人，第四批国家级非物质文化遗产项目徽剧代表性传承人，国家一级演员，梅花奖获得者。她出生于梨园世家，10岁考入安徽省艺术学校徽剧班，自小就有扎实功底的她，文武兼备，唱、念、做、打俱佳，戏路宽，所塑造的人物形象丰富多彩。王丹红表演艺术形神兼备，在舞台技艺上也胜人一等，显现出特点鲜明、温婉细腻、小进大出的创造人物的艺术功力。她作为艺术使者和访问学者曾在瑞典、澳大利亚、莫桑比克、法国、日本等国及我国港澳台地区多次进行文化交流演出和讲学。1999年参加了在斯德哥尔摩举办的世界戏剧研讨大会，参与创作并主演了《东边太阳西边月亮》。代表作有《杨贵妃后传》《白蛇传》《潘金莲》等。

## 孙邦栋

（庐剧·中路庐剧）

孙邦栋　男，汉族，1929年8月生，安徽合肥人，第三批国家级非物质文化遗产项目庐剧（中路庐剧）代表性传承人，国家一级演员，中国戏剧家协会会员，享受安徽省政府特殊津贴，曾多次当选为省、市人大代表和市政协委员。孙邦栋6岁随父学唱京剧，开蒙戏学的是《坐宫》，7岁开始登台演出，15岁学会了30多出京剧老生戏，在当地小有名气。孙邦栋学庐剧没有正式师承，得益于京剧和庐剧经常同台演出，而周边各地观众更爱看庐剧，16岁的孙邦栋由京剧新苗成为庐剧主演，与庐剧结下了不解之缘，成为班社的当家红角。其庐剧作品《十五贯》《海瑞背纤》更是将他的演艺生涯推向高潮。

多年的追求和磨炼，孙邦栋在庐剧编、导、演上综合发展，再加上他本身温厚沉稳的性格，使其塑造的小生形象充满书卷气，形成自身特有的儒雅、淳朴的表演风格。

## 丁玉兰

(庐剧·中路庐剧)

丁玉兰 女,汉族,1929年9月生,安徽肥东人,第三批国家级非物质文化遗产项目庐剧(中路庐剧)代表性传承人,国家一级演员,中国戏剧家协会会员。丁玉兰8岁进戏班,12岁开始在丁友和戏班学习整本大戏,《秦雪梅》便是最具影响的头出戏。后拜庐剧老艺人郭士龙为师,专攻青衣、花旦行当,相继学会了《休丁香》《珍珠塔》等大戏。其主演的《小辞店》《郭华卖胭脂》、现代戏《江姐》等是经常上演的当家戏。1954年,丁玉兰在《借罗衣》中扮演二嫂子,在华东汇演中获得演员一等奖。1957年,安徽省庐剧团赴京汇报演出,丁玉兰扮演《借罗衣》中的二嫂子,受到首都各界的好评,著名京剧大师梅兰芳向丁玉兰道贺时谦虚地说:"你的跑驴舞蹈很好,我要向你学习。"5月6日,进入中南海为毛泽东、朱德、周恩来、刘少奇等党和国家领导人作专场演出。丁玉兰从艺几十年来,曾受毛泽东接见6次、周恩来接见5次,其本人更是将这一荣誉化为对庐剧事业的无私奉献,积极为青年进行传、帮、代,为庐剧艺术发挥着自己的余热。

## 黄 冰

(庐剧·中路庐剧)

黄冰 男,汉族,1959年1月生,安徽芜湖人,第二批国家级非物质文化遗产项目庐剧(中路庐剧)代表性传承人,合肥市庐剧院副院长、国家一级演员、中国戏剧家协会会员、安徽省戏剧家协会理事、安徽省庐剧研究会副主席。黄冰1971年考入合肥市庐剧团任演员,师承庐剧名家孙邦栋,主攻小生。其表演成熟,功底扎实,声腔洪亮圆润,真假声运用自如,既继承了庐剧传统特点,又有新意和突破,在舞台上塑造了多种行当和不同类型的人物形象。代表剧目有《恩仇记》《秦雪梅》《十五贯》《秦香莲》《梁山伯与祝英台》等。其中《奇债情缘》参加中国艺术节获优秀进步奖、优秀演出奖,《魂断赤澜桥》获安徽省小戏折子戏调演一等奖,《好人王科长》获安徽省"五个一工程"奖。黄冰为人谦虚谨慎,他博采众长,融会贯通,形成了自己独特的艺术特色和风格,在现今的庐剧小生行当中独树一帜。

## 武道芳
(庐剧·东路庐剧)

武道芳 女,汉族,1942年6月生,安徽和县人,第五批国家级非物质文化遗产项目庐剧(东路庐剧)代表性传承人。武道芳1957年进和县庐剧团,攻青衣、花旦,师从庐剧老艺人王宗海、曹本余、刘春华等。从艺后一边实践一边学习文化知识,向老一辈艺人学习了传统庐剧及姐妹剧种的精华。武道芳从小热爱民间小调,在演出庐剧的过程中,也尝试在唱腔中糅合进民间小调和民歌元素。

在演出间隙,她搜集整理了一些传统折子戏和民间流传小戏,如《麻风女》《秦香莲》《王三姐抛彩球》等,保留精华去除糟粕,做到了雅俗共赏。

## 武克英
(庐剧·西路庐剧)

武克英 女,汉族,1941年2月生,安徽六安人,第二批国家级非物质文化遗产项目庐剧(西路庐剧)代表性传承人,国家一级演员。武克英1955年进入安徽省皖西庐剧团工作直至退休。她师承孙自婵,专攻花旦。其扮相俊美,嗓音圆润,在继承传统庐剧的基础上,注重表演和唱腔的革新与发展,代表剧目有《妈妈》《林黛玉》《点状元》等。

## 黄新德
(黄梅戏)

黄新德 男,汉族,1947年8月生,安徽怀宁人,第二批国家级非物质文化遗产项目黄梅戏代表性传承人,国家一级演员,第9届中国戏剧梅花奖获得者。黄新德1965年留安徽省艺术学校任教,师承黄梅戏前辈胡暇琳、王健峰和著名京剧名家明亮海。1969年调入黄梅戏剧团后师承黄梅宗师王少舫,成为继严凤英、王少舫之后的黄梅戏第二代代表人物。他的舞台形象具有"亮""醇""异"的特色,其演唱"行腔委婉、吐字清晰、黄味浓郁、情感真切"。代表作品有《天仙配》《梁山伯与祝英台》等。

## 吴亚玲
（黄梅戏）

吴亚玲　女，汉族，1961年10月生，安徽芜湖人，第四批国家级非物质文化遗产项目黄梅戏代表性传承人，国家一级演员，梅花奖获得者。吴亚玲1975～1980年在安徽省艺术学校黄梅戏表演专业学习，在继承传统的基础上不断攀登。她气质温婉，表演细腻含蓄，唱腔委婉动听，每次人物塑造都深入体验，始终把握"情"字，以声传情，以情带声，在舞台上形成了自己的技艺特征，独具一格。她先后参加了"中日韩戏曲节""俄罗斯中国年——安徽周""意大利中国年——安徽周"等活动，多次随团赴美国、意大利、法国、加拿大、日本、俄罗斯、澳大利亚、新加坡、香港、澳门、台湾等国家及地区演出，广获好评，是一位深得海内外观众喜爱的著名黄梅戏演员。代表作有《天仙配》《孤女婴宁》等。

## 赵媛媛
（黄梅戏）

赵媛媛　女，汉族，1966年10月生，安徽安庆人，第二批国家级非物质文化遗产项目黄梅戏代表性传承人，国家一级演员，第21届中国戏剧梅花奖获得者。赵媛媛1979年考入原安庆市黄梅戏一团任演员，1990～1991年在中央戏剧学院进修，2005年12月至今在安庆市黄梅戏剧院一团任党支部书记。她在老一辈艺术家王少舫等的影响下，在丁同、刘广慧等前辈的帮助和指导下，掌握了黄梅戏的精髓，以扮相甜美、唱腔圆润、表演细腻见长。代表剧目有《孔雀东南飞》等。

## 韩再芬
（黄梅戏）

韩再芬　女，汉族，1968年2月生，安徽潜山人，第二批国家级非物质文化遗产项目黄梅戏代表性传承人，安庆市文化局副局长，再芬黄梅艺术剧院院长，国家一级演员，第17届中国戏剧梅花奖获得者。韩再芬曾受教于京剧老艺人花剑萍、马云鹏、张义侠，黄梅戏老师麻彩楼、张文林、万迪汉等，是继严凤英、王少舫之后的新一代黄梅戏领军人物。其扮相俏丽，嗓音圆润，表演细腻，表演具有大家风范,代表作有《徽州女人》《女驸马》等。

## 李宝琴
(泗州戏)

李宝琴(1933~2015) 女,汉族,安徽泗县人,第二批国家级非物质文化遗产项目泗州戏代表性传承人,国家一级演员。李宝琴自幼随父母学艺,1951年加入安徽泗州戏剧团,1969年被下放到安徽省泗县草沟公社,1972年进入安徽省宿县地区(现宿州市)泗州戏剧团,1974年调回安徽泗州戏剧团。她在继承泗州戏传统表演和唱调的基础上,形成了唱词优美、表演细腻的艺术风格。代表作有《小女婿》《拾棉花》等。

## 鹿士彬
(泗州戏)

鹿士彬 男,汉族,1938年9月生,江苏徐州人,第二批国家级非物质文化遗产项目泗州戏代表性传承人。鹿士彬1952年底随父亲到安徽泗州戏剧团拜师学艺,师承著名生角演员魏广云,是泗州戏的著名生角。几十年来,他主演了一大批传统剧目和现代剧目,对泗州戏的唱腔也进行了探索和研究。代表作有《小女婿》《十五贯》等。

## 陈若梅
(泗州戏)

陈若梅 女,汉族,1964年5月生,安徽濉溪人,第二批国家级非物质文化遗产项目泗州戏代表性传承人,安徽省宿州市泗州戏剧团团长,国家一级演员。陈若梅1976年考入淮北市戏曲学校,1979年进入濉溪县泗州剧团,1984年调入宿县地区(现宿州市)泗州戏剧团至今。在父母的授艺下,她成为继杨昌文、陈钦山之后的泗州戏第三代传人。其表演风格在泗州戏界独树一帜,擅长青衣,扮相俊美,唱腔抒情,特别是花腔高音更具魅力与特色。代表作有《四换妻》《八月桂》等。

## 周 斌
(泗州戏)

周斌 男,汉族,1962年8月生,安徽凤阳人,第五批国家级非物质文化遗产项目泗州戏代表性传承人。周斌1982年考入凤阳县泗州戏艺训班,学习戏曲艺术基本功。1983年考入江苏省泗洪县泗州戏剧团,主攻老生和须生。1984年考入蚌埠市泗州戏剧团,师承老艺人吴梓兴。

在吴老的潜心指导下,周斌刻苦学习,出演《淮河魂》中的张雨生,在艺术水平上有了很大的提升,掌握了泗州戏在唱腔、表演等多方面的特色技艺,老艺术家的精湛才艺在周斌的身上得到传承。随后几年在《老王卖瓜》《花狗子离婚》《还牛》等剧演出中,周斌的表演流畅、深沉、精细,有着浑厚的艺术格调,既有深度,又有力度,给广大观众留下了深刻而又难忘的印象。

主要获得奖项有:1989年苏鲁豫皖第二届柳琴泗州淮海戏剧节个人优秀演员奖;1990年安徽省泗州戏青年演员大奖赛"十佳"演员;1997年第五届安徽省艺术节《花狗子离婚》获表演二等奖;2000年第六届安徽省艺术节《家家有本难念的经》获个人表演一等奖。

## 陶万侠
(泗州戏)

陶万侠 女,汉族,1964年7月生,安徽宿州人,第五批国家级非物质文化遗产项目泗州戏代表性传承人。陶万侠出身梨园世家,自幼酷爱泗州戏艺术,边读书,边跟父亲陶克祥、母亲楚华琴学戏,并随团演戏。后经魏胜云的传授以及周凤云、苏婉芹、李莲的教导,全面掌握了泗州戏的唱法和表演技巧。为了丰富泗州戏艺术内涵,在保持泗州戏基调的前提下,她大胆吸纳兄弟剧种精华,对运声、吐字、甩腔的方法及程式化、现代化表演动作进行不断的探索和创新。塑造了刘月英、张万仓、雷宝同等性格各异、栩栩如生的艺术形象。她主攻花旦、彩旦兼演老旦,反串小生、老生,戏路较宽,适应性强。

## 叶养滋

(目连戏·徽州目连戏)

叶养滋 男,汉族,1939年4月生,安徽祁门人,第二批国家级非物质文化遗产项目目连戏(徽州目连戏)代表性传承人。叶养滋1958年跟师傅叶安成,在马山目连戏班学艺,主要扮演目连戏中的傅罗卜、刘氏、观音、金奴等角色,是马山目连戏班中较具声望的传承人之一,在祁门目连戏的发展中起着承前启后的作用。

## 王秋来

(目连戏·徽州目连戏)

王秋来 男,汉族,1939年7月生,安徽祁门人,第五批国家级非物质文化遗产项目目连戏(徽州目连戏)代表性传承人。其父亲王永元善文戏,在戏班中演金奴,大伯王永康则以武场闻名。1957年王秋来进入村文艺表演队,学习并扮演徽州目连戏部分角色,后一直在家务农。2000年历溪目连戏班恢复演出后王秋来开始传习目连戏,并带出一班徒弟,排演的目连戏颇受观众喜爱,并多次赴外地演出。2000年历溪村开发旅游项目,提出将古老的目连戏作为旅游的一项内容进行挖掘,由王秋来等人负责筹备。新的历溪目连戏班成立恢复演出后,王秋来为组织人员、排戏演出、传授技艺等,付出大量的时间和精力。除了祁门本地,他还曾应邀到南京高淳、安徽石台、宣城、繁昌等地演出,为目连戏的演出和传承振兴作出了一定的贡献。

## 王长松

(目连戏·徽州目连戏)

王长松 男,汉族,1956年8月生,安徽祁门人,第二批国家级非物质文化遗产项目目连戏(徽州目连戏)代表性传承人。王长松师从其父王三意,演出目连戏20多年,熟悉目连戏各种角色的扮演,是栗木村目连戏班中最具威望的传承人,并一直从事目连戏的传承工作,带有徒弟王汉民、陈和丽等人。

## 付红伟

(二夹弦)

付红伟　女,汉族,1967年2月生,安徽亳州人,第五批国家级非物质文化遗产项目二夹弦代表性传承人。付红伟1980年考入亳县二夹弦戏校,师从著名老艺人吴志修(艺名金蜜蜂),在校期间先后向孙大鹏、王云谋、李乐义、田爱云等学艺。2009年拜汪志新、田爱云为师,排演二夹弦传统剧目以及一些新编历史剧,进而掌握了二夹弦剧种风格和唱腔技巧,形成了真嗓吐词、小嗓托腔、真假结合、细腻缠绵、委婉动听的演唱风格。2000年第六届安徽省艺术节获个人表演一等奖;2003年全国"国花杯"中青年演员戏曲表演大赛,获个人表演金奖并荣获"十佳"称号;2009年首届中国(亳州)二夹弦戏曲艺术文化周暨皖、鲁、豫二夹弦演唱大赛获个人表演一等奖。

## 刘臣瑜

(傩戏·池州傩戏)

刘臣瑜(1930～2014)　男,汉族,安徽池州人,第二批国家级非物质文化遗产项目傩戏(池州傩戏)代表性传承人。刘臣瑜自幼受宗族长辈影响,参与宗教傩事活动。17岁登台扮演傩戏中的角色,擅长司鼓,并担任宗族傩事活动的"年首"(执事人),熟练掌握本宗族各本傩戏的唱腔与演技。20世纪80年代中期,为恢复中断了近30年的傩戏演出,他凭记忆书写了该宗族所演的傩戏剧本和傩舞喊段词,先后培养了十多位傩戏后继人才。2005年曾参加"中国江西国际傩文化艺术周",并获金奖和踩街表演优秀奖。

## 唐茂华

(傩戏·池州傩戏)

唐茂华　男,汉族,1946年3月生,安徽池州人,第五批国家级非物质文化遗产项目傩戏(池州傩戏)代表性传承人。1988年,唐茂华根据父亲唐明锁遗留的傩戏残本和傩祭祀圈内老人们的口述,整理了举行傩事活动的仪轨、程式、戏文、唱腔、动作和伴奏锣鼓资料。同时,他邀集传统傩祭祀圈内的老屋唐、新屋唐和阳春王三个自然村的傩艺人,成立了山湖村傩戏会。他带头捐款,筹资购置了傩戏、舞所用的面具、道具和服装等,并在长辈们的指导下,恢复了傩戏活动。此后,唐茂华被推举为山湖村傩戏会"年首",组织傩事活动开展至今。

## 姚家伟
### (傩戏·池州傩戏)

姚家伟　男,汉族,1965年8月生,安徽池州人,第二批国家级非物质文化遗产项目傩戏(池州傩戏)代表性传承人。姚家伟20岁在父亲和宗族长辈的影响下,学演傩戏、傩舞。他嗓音纯正、高亢,饱含古韵,动作粗犷、刚健,原始古朴,是贵池区姚街村自20世纪80年代恢复傩戏上演后出现的佼佼者,2005年曾参加"中国江西国际傩文化艺术周"并获金奖。

## 朱月梅
### (坠子戏)

朱月梅　女,汉族,1939年4月生,山东菏泽人,第二批国家级非物质文化遗产项目坠子戏代表性传承人,国家二级演员。朱月梅20世纪50年代师从皖北坠子戏名艺人刘元芝,在继承第一代老艺人唱腔的基础上,博采众长、融会贯通,把传统的坠子戏"大口""小口"唱法融为一体,在遵循坠子戏传统唱腔规律的基础上有所创新发展。其亲传弟子曾多次荣获国家级、省部级奖项。代表作有《小菜园》《包公赶考》《窦娥冤》《公主求情》等。

## 周钦全
### (花鼓戏·淮北花鼓戏)

周钦全　男,汉族,1925年9月生,安徽萧县人,第三批国家级非物质文化遗产项目花鼓戏(淮北花鼓戏)代表性传承人。周钦全11岁时开始跟张茂宣老艺人学唱花鼓戏,练就了一身唱、念、做、打的深厚功底。18岁跟随博严夫继续学唱淮北花鼓戏,并随团赴各地演出。其擅长生、净行当,全面掌握了淮北花鼓戏的各种唱腔、板式和表演技巧,能在多部戏中扮演不同的重要角色,塑造了许多鲜活的人物形象。周钦全在同辈中逐渐崭露头角,21岁就成为剧团的年轻掌班。新中国成立后,周钦全开始授徒传艺并任剧团(民营)团长,他的剧团成为淮北地区最有影响的民营文艺演出团体。周钦全几十年来在传承中创新,在创新中发展,丰富了淮北花鼓戏的表演艺术。其在四处演出中不断改革传统的唱法,形成了自己独到的演唱板式和风格。周钦全调门独特,其九腔十八调、七十二哼哼,是为数不多的原汁原味的淮北地区民间戏曲唱法。特别是唱腔中的寒调,如泣如诉催人泪下,成为淮北花鼓戏中的一大特色。他大胆创新淮北花鼓戏的表演,充分吸收花鼓灯的舞蹈元素,首开淮北花鼓戏戏曲舞蹈表演之先河,形成了独特的淮北花鼓戏表演绝活(三寸金莲)。穿三寸金莲绣花鞋进行唱、念、做、打有很高的技术性和技巧性。其创编的花鼓舞《大走场》,利用"绑垫子"绝活结合花鼓戏十大走、三十六中走、七十二小走、一百单八扑、九十二哆嗦等表演技法,在1990年应邀赴安徽怀远参加电视艺术片《虹》拍摄时,被美国艺术家赞誉为"中国的民间芭蕾"。几十年的艺术生涯,让周钦全积累和创作花鼓戏剧目400多出,培养学生500多名,其中张淑华、杨素华、黄淑荣、王秀梅等已成为淮北花鼓戏表演的骨干,是淮北花鼓戏年轻一辈演员中的突出代表。

## 吕金玲
(花鼓戏·淮北花鼓戏)

吕金玲 女,汉族,1951年5月生,安徽蚌埠人,第三批国家级非物质文化遗产项目花鼓戏(淮北花鼓戏)代表性传承人,安徽省宿州市埇桥区淮北花鼓戏剧团副团长,国家二级演员。吕金玲1968年由蚌埠市一中下放至宿州,1970年选调进入花鼓戏剧团,拜著名演员牛正印、李孔兰为师。多年来在继承传统表演和唱腔的基础上,吕金玲大胆借鉴、创新,形成自己独特的风格。其可塑性强,戏路宽,生、旦、丑俱佳,唱腔高亢圆润、穿透力强,表演细腻,兼顾内外部技巧,创造了数十个栩栩如生的艺术形象。代表作《新人骏马》(扮演赵小莲),三次进京演出并参加国庆26周年献演,由中央电视台播出,中国唱片社灌制唱片,《人民日报》《光明日报》等十几家报纸发表评论文章及演出剧照。《王小赶脚》(扮演二姑娘),获安徽省首届中青年演员大奖赛金奖。《站花墙》(扮演王宝童),被上海唱片社灌制唱片。吕金玲退休后继续留任业务团长,从事教学、演出和传承工作,所教学生均成为剧团骨干力量,并多次获得省市文艺汇演的奖项。

## 周玉玲

(花鼓戏·淮北花鼓戏)

周玉玲 女,汉族,1969年12月生,安徽淮北人,第五批国家级非物质文化遗产项目花鼓戏(淮北花鼓戏)代表性传承人。周玉玲1984年在濉溪县民营花鼓戏剧团拜周钦全为师,一年多的时间里,周团长的悉心指导再加上周玉玲自己的勤学苦练,她所主攻的老旦、小旦、青衣、彩旦演技日益精湛。四年以后她又拓展学习老生、小生、武生、须生、丑角等,在打牢古装戏曲基础的同时,大胆创新,排练农村题材的现代戏剧目,所到之处深受广大人民群众的好评。同时,她还精通锣鼓镲技艺,擅长淮北花鼓戏多种技艺绝活。

## 迟秀云

(花鼓戏·皖南花鼓戏)

迟秀云 女,汉族,1937年9月生,安徽广德人,第三批国家级非物质文化遗产项目花鼓戏(皖南花鼓戏)代表性传承人。迟秀云1954年考入广德县皖南花鼓戏剧团拜师学艺,主攻旦行,兼学其他。1959年选调至芜湖地区皖南花鼓戏剧团,直至退休。现在从事剧种艺术传承工作。迟秀云从事演员工作40余年,先后塑造了近百个不同时代、不同类型、性格迥异的人物形象,如传统剧目《小尼姑下山》中的小尼姑、《拦马》中的杨八姐、《画皮》中的女妖、《嫦娥奔月》中的嫦娥、《梁祝》中的祝英台、《斩皇兄》中的沈秀英、《扫花堂》中的马秀英,以及在《打补丁》《半把剪刀》《打金枝》《三打白骨精》《樊梨花》《刘三姐》和《杜鹃山》《沙家浜》等多部戏中担任女主角,继承和发扬了剧种的传统艺术。1990年,其主演的新编历史剧《羯鼓惊天》获省一等奖,受国家民委邀请进京汇报演出。她的声腔艺术别具一格,嗓音清亮而有韵味,行腔朴实而又委婉,富有浓厚的剧种特色。20世纪50年代,她有7个戏剧唱段被录成唱片,至今仍是剧种传统唱腔教学的珍贵资料。她的表演细致认真、干净利索,注意刻画人物的内心世界,富有节奏感。代表作有《小尼姑下山》《三打白骨精》《斩皇兄》等。

## 杨玉屏
（花鼓戏·皖南花鼓戏）

杨玉屏　女，汉族，1955年4月生，安徽宣城人，第三批国家级非物质文化遗产项目花鼓戏（皖南花鼓戏）代表性传承人，宣城市皖南花鼓戏艺术学校校长，国家二级演员，2005年全国"曹禺杯"小品小戏大赛一等奖获得者。杨玉屏出生于皖南花鼓戏世家，从小跟随爷爷、爸爸常年演出，1976年入安徽省宁国县花鼓戏剧团，1985年入宣城市皖南花鼓戏剧团，师承花鼓戏前辈陈爱香、李相才，主攻小生。其扮相俊美，注重表演和传统唱腔的革新和发展，代表作品有《梁山伯与祝英台》《珍珠塔》《姐妹皇后》等。为了传承，杨玉屏2009年自费创办宣城市皖南花鼓戏艺术学校。

## 余杞敏
（文南词）

余杞敏　女，汉族，1962年12月生，安徽宿松人，第四批国家级非物质文化遗产项目文南词代表性传承人。余杞敏13岁考入宿松黄梅戏剧团，不断突破自我局限，努力拓展表演领域。她嗓音宽亮，演唱有韵味、有特色，表演则朴实生动，形神兼备，善于塑造各种不同类型、群众喜闻乐见的艺术形象。在《苏文表借衣》中余杞敏饰演主角"表嫂"，她克服困难，自我加压，集思广益，严格排练，把一个生动的"表嫂"形象呈现给了观众。在文南词代表作《追舟》中，余杞敏饰妙常，她宽亮的嗓音，朴实生动、形神兼备的表演，赢得了观众和专家的高度赞誉。多年来，她将自己当作文南词的义务传人，不计得失，不畏艰辛，挤出时间到中学教课、到社区宣传、到群众团体中编排节目，还经常接待徒弟到家学习技艺，严谨授业，毫无怨言。代表作有《孟姜女》《蔡鸣凤辞店》《梁祝》等。

## 张晓东
（淮北梆子戏）

张晓东　女，汉族，1959年11月生，江苏泰兴人，第四批国家级非物质文化遗产项目淮北梆子戏代表性传承人。张晓东11岁考入临泉县梆子剧团，24岁考入河南省戏曲学校,毕业后回到现宿州市梆子剧团。张晓东12岁就登台演出,从艺40余年,主攻花旦,兼演青衣、刀马旦、老旦,还能反串小生等行当,技艺娴熟。在戏剧舞台和荧屏上塑造的《穆桂英大破天门阵》中的穆桂英、《大树参天》中的大树婶、《路遇》中的黄桂英、《楚宫恨》(电视剧)中的孟嬴,形似中见神似,虚拟中见真实,栩栩如生的艺术形象,令人难忘,在苏、鲁、豫、皖一带观众心目中颇有影响。她热爱并忠诚于戏曲事业,在艺术的道路上大胆求索,成果丰硕,培养出了营辉、张凤云、李玉萍、杜云等一批淮北梆子戏优秀青年演员。代表作有《三休樊梨花》《射雁比武》《伍子胥告状》等。

## 王永兰
(淮北梆子戏)

王永兰 女,汉族,1963年11月生,安徽阜阳人,第五批国家级非物质文化遗产项目淮北梆子戏代表性传承人。王永兰师承著名梆子戏表演艺术家关大宝、郭金凤、郑连馨,15岁考入阜阳市梆剧团,16岁登台演出,主攻闺门旦,兼修花旦、老旦、青衣。她在继承淮北梆子戏传统表演程式和唱腔技巧的基础上,通过学习,将舞蹈与传统表演程式有机结合;在唱腔技巧方面,既保留了淮北梆子戏高亢、质朴的特点,又在甩腔、拖腔中增添了委婉、细腻的处理,形成自己的艺术风格。

# 曲 艺

## 孙凤城
(凤阳花鼓)

孙凤城 女,汉族,1951年9月生,安徽凤阳人,第二批国家级非物质文化遗产项目凤阳花鼓代表性传承人。孙凤城自幼受母亲和表婶的启蒙,表演凤阳花鼓,1971年考入县文工团,任业务组副组长并承担凤阳花鼓的编导工作。其表演中吸收了花鼓灯、花鼓戏的特点,使凤阳花鼓场面气势宏大,并大大丰富了凤阳花鼓的表演动作。主要作品有《欢送大姐上北京》《凤阳花鼓大合唱》《敲起花鼓唱起歌》《说凤阳》等。编导的《柳岸春晓》1994年获安徽省第三届花鼓灯会创作、演出、组织二等奖。

# 传统体育、游艺与杂技

### 董文焕
(华佗五禽戏)

董文焕(1920～2012) 男,汉族,安徽亳州人,第四批国家级非物质文化遗产项目华佗五禽戏代表性传承人。董文焕15岁拜武术名师、华佗五禽戏第56代传人谭继林为师,随师习武达十年之久,深得真传,为华佗五禽戏第57代传人。1982年,董文焕在安徽省第五届运动会上表演了华佗五禽戏,受到了国家体委的高度评价。他习练五禽戏60余年,门人数万人,尤其在亳州培养了一批以周金钟、马伟财、修海燕等为代表的第58代嫡传弟子,以董超杰、董超群为代表的第59代传人,使华佗五禽戏进一步发扬光大。

### 李正丙
(埇桥马戏)

李正丙 男,汉族,1956年12月生,安徽宿州人,第四批国家级非物质文化遗产项目埇桥马戏代表性传承人。1974～1976年,李正丙跟随父亲(埇桥马戏创始人之一、原宿县动物表演团副团长)李同仁学习驯兽技艺。在父亲的传授下,其马戏表演天赋得到了很好的开发,加上农校三年学习畜牧兽医专业,为其驯化、管理动物提供了科学的方法和技术。他以驯化大型猛兽著称,非常熟悉各种动物的习性、能力和情绪,在几十年的动物驯化和动物演出中,从未发生过动物受虐致死和伤害演员与观众的情况。曾经创造过10分钟驯化狼、狗等跳火圈,8天驯服俄罗斯8只老虎的奇迹,并因俄罗斯驯兽师生病,而接鞭顺利登台演出,从而获得俄罗斯同行"中国最厉害的土专家"的评价,也被国内同行称为"马戏奇人"。30年来,李正丙不仅个人能力突出,还先后培养出张宏伟、李成建等几十位年轻的驯兽大师,为埇桥区马戏艺术的发展壮大作出了突出贡献。

# 传统美术

## 方新中
（徽州三雕·砖雕）

方新中　男，汉族，1949年10月生，安徽歙县人，第一批国家级非物质文化遗产项目徽州三雕（砖雕）代表性传承人。方新中自幼学习绘画及木、竹、石雕技艺，于1985年考入安徽省徽州古典园林建设公司，专门从事木、竹、石雕刻。方新中十分擅长砖雕技艺，在继承传统艺术砖雕技艺的过程中，不断充实、丰富，勇于实践、大胆创新，自行设计制作了各式大小砖雕作品。代表作有《松鹤图》《走进徽州》等。

## 吴正辉
（徽州三雕·砖雕）

吴正辉　男，汉族，1966年7月生，安徽歙县人，第五批国家级非物质文化遗产项目徽州三雕（砖雕）代表性传承人，高级工艺美术师，安徽省工艺美术大师。现任歙县正辉砖雕艺术研究所所长。

其技艺精湛高超，设计制作的砖雕多以典故、风情故事为题材，集诗、书、画、意于一体，具有徽派代表性。其雕刻层次达到九层之多，代表作品有九层《全家福》等。凭借精湛的砖雕技艺，吴正辉曾在中央电视台纪录片《大黄山》和《徽萃六记》中精彩亮相。其作品获国家级金奖数十次，其中《砖雕门楼》获首届中国（黄山）非物质文化遗产传统技艺大展金奖。作品《访友图》入选上海世博会，并参加上海世博会安徽文化活动周展示活动。

多年来，吴正辉坚持传承与实践相结合，与安徽省行知学校成立校企实训基地，成立歙县正辉砖雕艺术研究所并获批为省级非物质文化遗产传习基地。

## 冯有进

(徽州三雕·石雕)

冯有进　男,汉族,1953年5月生,安徽黄山市黎阳镇人,第一批国家级非物质文化遗产项目徽州三雕(石雕)代表性传承人,徽州民间工艺师。冯有进的祖辈一直从事石雕行业,一脉相承,代代相传。受家庭环境的熏陶和影响,冯有进13岁便开始跟随祖父学习石雕技艺。从艺几十年来,其在继承祖传的石雕技艺的基础上不断创新,将安徽石雕技艺发扬壮大,为徽州石雕技艺的发展作出了贡献。1998年,他创办了自己的徽派石雕工艺厂,带领徒弟共同创业。代表作有《母子蛙》《观德亭》等。

## 王金生

(徽州三雕·木雕)

王金生　男,汉族,1928年7月生,安徽歙县人,第三批国家级非物质文化遗产项目徽州三雕(木雕)代表性传承人,中国工艺美术师。王金生16岁跟随师傅汪叙伦学艺,从事木雕事业60余年。他将木雕从传统的木雕小品中解放出来,以名贵木材诠释历史经典绘画作品,变平面作品为主体底浮雕刻作品,开创了徽州木雕的新领域。其作品构思设计完整,构图布局大胆,光影造型巧妙,受到了国内外知名人士的一致好评。2008年,其耗时3年、长9米、高1.7米的巨幅木雕《清明上河图》制作完成,荣获第二届安徽省民间工艺精品展金奖。著名红学家冯其庸亲笔为其题词:"千秋名作上河图,鬼斧神工刻宝株。想见东京繁胜日,王刀张笔共驰骋。"代表作有《黄山大观》《蓬莱仙境》《万寿山五百罗汉图》等。

## 蒯正华

(徽州三雕·木雕)

蒯正华　男,汉族,1962年4月生,安徽肥东人,第四批国家级非物质文化遗产项目徽州三雕(木雕)代表性传承人。蒯正华18岁在浙江东阳木雕二厂学艺,第三年随师吕闪雷去滁州琅琊山寺,从事寺庙木雕修复及复制工作。在长期的传统木雕毁损件的修复、临摹、仿制、创作的实践中,汲取了姐妹雕刻艺术优点,逐渐兼容并包、熔为一炉,而后标新立异,而自成一格。雕刻技法有:浮雕(包括深浮雕、浅浮雕、薄浮雕)、圆雕、半圆雕、透空双面雕、阴雕、自形木雕等。在继承传统技艺的基础上,他敢于突破、不断创新,为徽州木雕的传承和发展而努力,独创了自形木雕。自形木雕区别于徽州木雕的按图施意,将材料的原有形态作山水背景,或将人物、动物与景物融和,巧作安排。1995年,他定居黄山市屯溪区,成立徽派木雕正华工作室,把历年来汲取的各派木雕技法精髓加以总结,并运用到实践教学中。代表作有《兰亭雅集》《八仙遨游图》等。

## 曹永盛
(徽州三雕·木雕)

曹永盛　男,汉族,1969年9月生,安徽黄山人,第四批国家级非物质文化遗产项目徽州三雕(木雕)代表性传承人。他8岁对绘画和雕刻艺术产生浓厚兴趣,后师从姑父学习徽派雕刻艺术。在姑父的精心指导、徽文化的熏陶感染及本人对徽派雕刻理论自学的基础上,他熟练掌握了徽雕技艺。其作品构思设计完整新颖,构图布局大胆出新,光影造型巧妙,画面生动幽雅,意境深邃隽永,材质纹理不拘一格,刀法老辣娴熟,雕刻工艺多元,圆雕、镂空雕、深浮雕、阴刻相互交融。他在传承徽派雕刻技艺的基础上,经过不懈的努力,于2001年创办了"黄山市徽派雕刻研究所"这一专门的雕刻研究机构,带领当地民间艺人及对徽派雕刻兴趣浓厚的徽州青年专门从事徽派木雕、竹雕、古典家具等的研究、开发和生产,以发扬光大徽派雕刻文化,至今授徒传艺共30余人。

## 洪观清
(盆景技艺·徽派盆景技艺)

洪观清　男,汉族,1944年5月生,安徽歙县人,第五批国家级非物质文化遗产项目盆景技艺(徽派盆景技艺)代表性传承人。卖花渔村是徽派盆景的发源地,洪观清家即世代在此以盆景制作为业。他8岁时就在父亲的指导下学习徽派盆景技艺,盆景风格和父亲一脉相承,严谨而富有动势,不松松垮垮,主干很少用大弯大曲,主枝也很少用长直枝,而是直中求曲,乱中求平。他在徽派盆景的制作中还注重创新,将规范单一的传统徽派盆景发展为层次多变的新款徽派盆景。

代表作有梅花盆景《春荡新安》、五针松盆景《步步青云》等。他的作品经常在大赛中获奖,2008年,洪观清还荣获了"安徽省盆景艺术家"称号。他不仅自己制作盆景、研究盆景,还常常帮助其他村民发展盆景,培养了大批徽派盆景制作优秀人才。

## 洪建华

(徽州竹雕)

洪建华 男,1971年2月生,安徽黄山人,第五批国家级非物质文化遗产项目徽州竹雕代表性传承人。洪建华是徽州洪源村人,少习木工,偶读王世襄所著《竹刻》一书,被竹刻艺术震撼,投入了竹刻专业制作。在20多年的实践中洪建华逐渐领悟了竹刻的精髓,学会了多种刻法,作品形成了自己独有的风格,先后获国内外各类大奖。为了更好地弘扬民族文化,传承传统工艺,他成立了竹刻研究中心,收徒数十人,为徽州竹刻走在全国前列作出了贡献。2006年其竹刻《竹林七贤》笔筒被故宫博物院永久性收藏,是自20世纪50年代以来故宫收藏的第一件现代竹刻艺术品。2013年12月,竹根雕《十八罗汉》获第十一届中国民间文艺山花奖。

## 潘同利

(柳编·霍邱柳编)

潘同利 男,汉族,1961年8月生,安徽霍邱人,第五批国家级非物质文化遗产项目柳编(霍邱柳编)代表性传承人,安徽省高级工艺美术师。潘同利自幼生活在淮河岸边,青年时便擅长柳篮工艺编织技术,后拜闻名淮河两岸的柳编老艺人郑德运、美术学院教授刘奕云为师,将书画艺术与柳编工艺融为一体,不断提升柳编工艺水平和品位。他编织的产品,结构严谨,形体圆润,其精细程度令人叫绝,是传统工艺的精品。其研制的"华安达牌"柳编工艺品为霍邱柳编杰出代表,被批准为"国家地理标志保护产品",并获"安徽省人民政府质量奖"。他在长期实践中不断总结经验,经常参与工艺学术交流活动,广受好评。

## 王文忠

（柳编·黄岗柳编）

  王文忠 男，汉族，1962年4月生，安徽阜南人，第四批国家级非物质文化遗产项目柳编（黄岗柳编）代表性传承人。他少年时代受耿寨村柳编传统经编、拧编传承人杨保友的熏陶，酷爱编织，被杨福永收为弟子。利用放学回家、晚间及闲暇时间学习编织技术，中学毕业之前柳编技艺已相当纯熟，特别是熟练掌握了经编和拧编混合编的传统技法。王文忠毕业后先是从事柳编的技术培训、生产及收购工作，后组建公司，开始了柳编生产、加工和销售事业。多年来，经王文忠培训的人员达680多人。他凭借多年柳编生产经验，所编制和开发的产品融实用性、艺术性、观赏性于一体，典雅、大气，给人以回归自然、返璞归真、赏心悦目的视觉效果。在创新方面，他把传统的经编、平编和拧编技法糅进各产品，使用材料多元化，率先开发了柳与苇席混制、柳草混制、柳木混、蒲草混串等产品，在工艺家具方面开创了荆编与实木框架结合、木皮编织等系列产品。主要作品有《荣归故里》《渔家乐》《盼归》等。

## 苏成军

（竹编·舒席）

  苏成军 男，汉族，1969年5月生，安徽舒城人，第五批国家级非物质文化遗产项目竹编（舒席）代表性传承人。1986年，苏成军进舒城县舒席制造厂学习剖篾和织席技术，师从汪守道、张定国。1990年，因厂里效益不好，苏成军回孔集家中自办舒席编织厂。2002年，苏成军荣获舒城县孔集镇"农村致富带头人"称号。他的舒席产品出口东南亚、韩国、日本等地，年销售1500余条。2005年，苏成军兼并了查勇的舒席手工作坊，将舒席的传统工艺完整地保存了下来。

  在继承传统技艺的基础上，苏成军又对舒席工艺进行了新的尝试和探索，不但在选材上摸索出舒席原料——小叶水竹采伐的最佳时期，还在长期的实践中摸索出"等边三角形"的匀撕技法，并制定了独到的蒸煮竹篾感性指标，使这种熟篾编织的器具能永不腐蛀。

## 王世福
（挑花·望江挑花）

王世福　男，汉族，1954年2月生，安徽望江人，第五批国家级非物质文化遗产项目挑花（望江挑花）代表性传承人。

王世福1979年分配至望江县文化部门，从事文化工作。1982年，因工作关系接触望江挑花，出于喜爱更是责任，进行了长期的收集、整理、学习和研究。求教于乡间爱好挑花的老者，通过只言片语寻找失传的记忆，写成《也谈望江挑花》，刊载于1998年5月8日《文化周报》和1998年《望江年鉴》。

1999年，王世福用望江挑花设计并组织生产了一批人民大会堂安徽厅上的沙发扶手靠垫，为装饰一新的人民大会堂安徽厅增光添彩。2006年至今，王世福为望江挑花项目的申遗作出了突出贡献，其一直致力于望江挑花的研究与保护工作，多次参加各级别非物质文化遗产技艺展示活动。

## 杜 平
（杜氏刻铜）

杜平　男，汉族，1960年5月生，安徽阜阳人，第五批国家级非物质文化遗产项目杜氏刻铜代表性传承人，安徽省民间工艺大师。其祖父杜星景拜师陈寅生学得刻铜技艺，后又将刻铜技艺传给其子杜鸿年。杜平经其父口授，潜心研究，将此项濒临失传的艺术挖掘继承。他在铜刻艺术上自成一家，工艺刀法清新，线条流畅，造型独特。曾获"中国第五届民间工艺品博览会"金奖、"中国第六届民间工艺品博览会"特等奖、"中国首届非物质文化遗产传统技艺大展"金奖等。代表作有《女娲补天》《吕布与貂蝉》《民族魂》等。

## 程兴红
（阜阳剪纸）

程兴红　男，汉族，1971年8月生，安徽阜阳人，第四批国家级非物质文化遗产项目阜阳剪纸代表性传承人。程兴红8岁开始随父亲学剪纸，在向父亲学习的同时，认真刻苦钻研剪纸技艺，进行创作。他的剪纸选材通常以质量较好的红纸、色宣为主,同时兼用其他纸张和绢绫,事先不用画样,只用一把剪刀、几根针,便可剪出生动精美的图案来。在剪的过程中通常采取掏剪、剁剪、剜剪等技术来运用剪刀,作品粗犷中带有细腻,大胆夸张,古拙雄浑。所剪作品用材多样,尺寸大小不一,形式多变,有浑然天成的艺术美感。为弘扬剪纸艺术,他经常在本地周边中小学为学生现场表演并传授剪纸技艺,并定期在阜阳市实验小学传授剪纸艺术,时常和一些喜爱民间艺术人士进行交流并传授剪纸技艺。

## 传统技艺

### 杨光辉
(芜湖铁画锻制技艺)

杨光辉　男,汉族,1932年9月生,安徽芜湖人,第一批国家级非物质文化遗产项目芜湖铁画锻制技艺代表性传承人,中国工艺美术大师。自明末清初汤鹏和萧云从创立铁画以来,到杨光辉已经是第6代。杨光辉于1948年师从芜湖铁画第5代传人、其舅父储炎庆学习铁工锻打技艺。为了提高艺术修养,曾拜安徽师范大学教授、山水画家王石岑为师学习国画。他从艺50余年,参加过人民大会堂铁画《迎客松》及其他六件作品的创作。他在继承传统工艺的基础上不断探索、大胆创新,使得铁画艺术进一步得到了弘扬。杨光辉的铁画风格古朴凝重,讲究写意传神,赋予了铁画隽永的艺术意境。代表作有《奔马》《迎客松》《古凤图》等。他积极授徒,几十名徒弟如今已在铁画行业中成为技术骨干。

### 杨舜天
(豆腐传统制作技艺)

杨舜天　男,汉族,1947年2月生,安徽淮南人,第五批国家级非物质文化遗产项目豆腐传统制作技艺代表性传承人。杨舜天1972年进入八公山豆制品厂从事业务、宣传,同时任厂科技小组组长,其间广泛向老师傅及厂聘请的民间技师学习传统的点膏制作技术,并对豆制品行业产生了浓厚的兴趣。经过多年不断的实验,研制出了八公山豆腐自控生产线。1983年和大连食品研究所合作,研制内酯豆腐成功,引起巨大的社会反响。工艺上首先在全国行业中提出二磨三甩、三浆水回磨头做法,煮浆上采用微压密封汽自搅拌煮浆罐,悬臂式熟浆过滤,并在生产设备上有一个发明专利、三个实用专利。

## 邢春荣
(宣纸制作技艺)

邢春荣 男,汉族,1954年5月生,安徽宣城人,第一批国家级非物质文化遗产项目宣纸制作技艺代表性传承人。邢春荣师从宣纸主要传承人第26代曹氏族人,在曹氏传人第25～28代其他工种的技术人员指导下,掌握了宣纸生产的大部分技艺,在从事操作工期间,曾培训过20余名晒纸学徒工。现在仍以技术带头人的身份,积极推进宣纸传统生产技艺传承人才的培训工作。邢春荣是宣纸古法生产的主要倡导者与实施者,其晒制的"红星"牌净皮四尺单于1979、1984、1989年三次荣获国家质量金奖;主持生产的香港回归、澳门回归、建国五十周年纪念宣纸在市场上供不应求;研制的千禧宣,于2000年作为最大的手工纸创造了吉尼斯世界纪录。作为主要撰稿人之一,起草了宣纸国家标准。是全国造纸工业标准化技术委员会文化办公用纸和纸板分技术委员会委员。

## 曹光华
(宣纸制作技艺)

曹光华 男,汉族,1954年9月生,安徽泾县人,第五批国家级非物质文化遗产项目宣纸制作技艺代表性传承人。

曹光华曾任小岭宣纸厂厂长、党总支书记。在小岭宣纸厂期间,曹光华主持了"宣纸燎草制作革新"生产性试验,获得"安徽省科学技术成果奖"。2006年,他创办泾县光华宣纸工艺厂,随即以自己姓名注册了"曹光华"牌宣纸,成为真名真姓宣纸商标第一人。其主持生产的国务院办公厅办公专用宣纸,荣获亚太地区"国际博览会金奖";为全国人大常委会办公厅特制生产的"中华九龙宝纸",为目前我国层数最多的宣纸;研制开发的"光华宣"宣纸名牌产品,在第18届全国文房四宝艺术博览会上,荣获中国文房四宝行业优质产品金奖,并被认定为"中国十大名纸"。

## 王京胜
(界首彩陶烧制技艺)

王京胜　男,汉族,1944年9月生,安徽界首人,第一批国家级非物质文化遗产项目界首彩陶烧制技艺代表性传承人。王京胜于1960年开始从艺,在老一代制陶艺人的指导下,他刻苦钻研各项工艺,很快掌握了整套生产工艺流程。从20世纪70年代开始,担任彩陶车间主任;80年代后,担任技术副厂长,负责全厂技术工作和陶瓷科研及新产品开发,成绩显著。手工拉坯技术难度大,是造型的关键,王京胜拉出的坯胎薄厚均匀,器型优美,线条流畅,成品率达到95%以上。他的制陶技术全面精湛,在继承传统风格的同时,又大胆创新、精益求精。代表作有"特型二龙大花瓶""套兽""三彩刻花瓶"。王京胜现虽已退休,但仍在坚持技术的钻研和创新,自创"陶艺碗",积极参与艺术交流,致力于彩陶技艺的传承和新品开发。

## 卢群山
(界首彩陶烧制技艺)

卢群山　男,汉族,1950年3月生,安徽界首人,第一批国家级非物质文化遗产项目界首彩陶烧制技艺代表性传承人,安徽省民间工艺美术大师。卢氏界首彩陶烧制技艺是祖辈相传的,卢群山自幼跟随父亲学习制作彩陶。他在继承传统技艺的基础上,对烧制工艺进行了创新。为了追求更加出色的界首彩陶整体效果,他从1963年开始跟随著名画家韩美林学习绘画。卢群山十分注重塑造作品的线条轮廓,其作品具有协调、均衡和安定的美感。卢群山的许多作品的装饰图样都来源于民间戏曲,在其作品中刻画出一幕幕历史剧,具有很强的艺术性和观赏性。他创作的"刀马人"刻花彩陶坛的造型、装饰、烧制技艺得到了专家的一致好评。多年来,他设计创作的彩陶作品多次荣获国家级、省级大奖,并被国家博物馆等机构收藏。代表作有"刀马人"三彩釉下刻花坛、罐,"四棱玉壶瓶""葫芦瓶"等。

## 汪培坤

(徽墨制作技艺)

汪培坤　男,汉族,1950年4月生,安徽休宁人,第五批国家级非物质文化遗产项目徽墨制作技艺代表性传承人,国家高级工艺美术师、中国制墨艺术大师、安徽省工艺美术大师。

汪培坤16岁拜师学艺,先师从徽州著名歙砚雕刻大师吴水清老艺人学习砚雕技艺,后师从徽墨著名制模大师胡成锦老艺人和胡开文第7代徽墨传承人胡连生学习徽墨制作、墨模雕刻技艺。他勇于开拓、因地取材,将徽州秀丽山水和悠久历史人文等作为主要素材,并将黄山四绝(日出、云海、怪石、温泉)和徽州四雕(砖、木、石、竹)有机融入徽墨创作技艺中,使徽墨产品造型新颖雅致,内涵深刻隽永。他创新研发徽墨"幻彩法"描金技艺和失传已久的特制精细"漆烟墨",具有质地细腻、香味浓郁、色泽黑润、经久不褪、舐纸不胶、入纸不晕的特点,为目前国内制墨业中绝无仅有。代表作有《六贤图》《宾虹宝墨》《徽州人家》《辋川图》等。

## 周美洪

(徽墨制作技艺)

周美洪　男,汉族,1957年6月生,安徽绩溪人,第一批国家级非物质文化遗产项目徽墨制作技艺代表性传承人,徽州民间工艺师。周美洪从小便接触徽墨制作,受其父嫡传,深得墨法真谛,技艺精湛。他1979年进入老胡开文墨厂从事制墨工作,1983年徽墨研究所成立后,开始从理论高度研究、继承徽墨制作技艺,努力达到"拈来轻,磨来清,嗅来馨,坚如玉,研无声,一点如漆,万载求真"的制墨准则。1992年,他亲自指导制作的歙砚、徽墨作为礼品赠送给在上海出席海峡两岸水产加工与流通研讨会暨经贸合作洽谈会的与会代表,受到汪道涵等高级官员的称赞。1993年,主持制定观赏墨、收藏墨行业标准,填补了我国墨业产品标准空白。代表作有"李廷珪牌"超漆烟墨、"李廷珪牌"徽墨、超细油烟松烟墨等。

## 汪爱军
(徽墨制作技艺)

汪爱军　男,汉族,1965年2月生,安徽绩溪人,第三批国家级非物质文化遗产项目徽墨制作技艺代表性传承人,安徽省高级工艺美术师。汪爱军1983年高中毕业后进入绩溪胡开文墨厂,从事徽墨制作(炼烟、制胶、制墨)工作,1993～1997年,先后任车间副主任、主任、副厂长(负责墨模制作、设计、雕刻兼生产管理)。1997年,任厂长兼县书画油烟材料厂厂长。2002年,绩溪胡开文墨厂与书画油烟材料厂合并成立安徽省绩溪胡开文墨业有限公司,汪爱军任董事长兼总经理。2002年以来,汪爱军开发制作的超细油烟墨、超细松烟墨、超顶漆烟墨、桐漆顶烟墨,达到了一点如漆、永不褪色的效果。2005年以来,汪爱军参与了国家"文房四宝邮票墨"的外形、包装设计,制作了"邮票墨"、"中法镇海之役"纪念墨、辛亥革命百年纪念墨等。其作品《苍珮室》在2010年第25届全国文房四宝艺术博览会上被评为"国之宝"和"中国十大名墨"。在2010年举办的上海世博会上,汪爱军制作的《和谐承徽》四锭套徽墨被指定为安徽省政府世博会礼品墨。

## 曹阶铭
(歙砚制作技艺)

曹阶铭　男,汉族,1954年12月生,安徽歙县人,第一批国家级非物质文化遗产项目歙砚制作技艺代表性传承人,徽州民间工艺师。曹阶铭自幼喜欢书画艺术,1973年在安徽省歙县工艺厂从事歙砚雕刻工作,师从砚雕大家汪律森。砚雕主要靠手劲,持刀要稳,下刀要准,推刀要狠;刀法轻重徐疾,刚柔相济;图案应变化得当,疏密相间,气韵生动,多样而统一。其作品已经形成了独特的艺术风格,设计布局得体,造型高雅别致,刀法刚劲,线条流畅,无论山水、人物、龙凤、花鸟、虫鱼均各具特色。曹阶铭从艺30多年,培养了数十名砚雕新秀,如今还兼任安徽省行知中学工艺美术班(歙砚理论和制作)老师,其代表作有《东坡赤壁游》《唐模小西湖砚》《歙州竹砚》等。

## 郑 寒
（歙砚制作技艺）

郑寒 男，汉族，1963年6月生，安徽歙县人，第三批国家级非物质文化遗产项目歙砚制作技艺代表性传承人，安徽省高级工艺美术师，国家级砚雕大师。郑寒1979年踏上专业砚雕之路，2005年创办黄山市郑寒砚雕艺术中心。其擅长山水、人物、花鸟砚的制作，刀法遒劲、老辣、简练，雕刻上深、透、镂、点、线、面相结合，构思巧妙，擅用石色纹理。郑寒作品师古不拘古，创作中崇尚来源于自然的法则，认为"外师造化，中得心源"。1997年，其作品《黄山胜迹印痕砚》被选作李鹏总理赠送日本明仁天皇的国礼，2004年，其作品《中国龙砚》被选作胡锦涛主席赠送法国总统希拉克的国礼，创造了"两件国礼，出自同一位砚雕家之手"的奇迹，郑寒被誉为"中国第一国礼砚雕家"。2008年，其作品《天圆地方罗盘砚》被选作黄山市政府赠送国际奥委会终身名誉主席萨马兰奇的礼品。同年，出版《郑寒砚集》。2010年，参加以"盛世徽韵"为主题的中国2010年上海世博会安徽活动周非物质文化遗产展演活动。

## 王祖伟
（歙砚制作技艺）

王祖伟 男，汉族，1964年11月生，安徽歙县人，第四批国家级非物质文化遗产项目歙砚制作技艺代表性传承人。王祖伟青年时已跻身原安徽歙砚厂高档创研室，曾与胡震龙、胡和春前辈共同切磋，影响甚大。后多秉承家学并倚重实践与理论的完善，吸取众家砚雕艺术养分，创作了一批歙砚扛鼎之作。他善书画、工砚雕，作品提倡器道交融、神妙绝伦、内涵沉雄、天人合一，讲究传统与现代的兼容并蓄、先天与后天的和谐统一，注重诗、书、画、印、雕的五位一炉和文学、艺术、美学、哲学的相得益彰，强调集实用性与观赏性于一体。所作独具匠心、灵变洒脱、丰满常新、精湛脱俗。砚中所透露出的"自然、抽象、古典、文气、灵动"为砚艺界所共称。代表作有《日破云涛万里红》《红楼梦》等。

## 蔡永江
（歙砚制作技艺）

蔡永江 男，汉族，1969年10月生，江苏淮安人，第五批国家级非物质文化遗产项目歙砚制作技艺代表性传承人，高级工艺美术师，中国文房四宝制砚艺术大师。

蔡永江自幼随父习书，稍长即涉绘事，2008年结业于清华大学美术学院高研班。1988年底在徽州始习歙砚雕刻，对传统歙砚雕刻有较深研究。他将书画篆刻艺术融入歙砚雕刻，作品既圆浑饱满又充满画意。花鸟类题材作品宋元风格明显；立体造型类作品简约而灵动；海岳神兽类作品，在动物造型上融入寿山石印纽动物表现特征；人物类作品唐宋特征明显，神态高古，表现手法极为明显。他将寿山石的薄意艺术和白描艺术相结合，成功创作出《兰亭雅集砚》等一大批具有鲜明个性的歙砚艺术品，从而弥补了历史上歙砚无"兰亭"的遗憾，被业界誉为"开兰亭砚之先河"者。代表作品有《兰亭雅集砚》《蓬莱道山砚》《赤壁夜游砚》《禅宗六代祖师砚》等。

## 杨 文
（徽笔制作技艺）

杨文 男，汉族，1969年10月生，安徽黄山人，第五批国家级非物质文化遗产项目徽笔制作技艺代表性传承人，高级工艺美术师，安徽省民间工艺美术大师，黄山市徽笔工艺研究所所长。

杨文祖辈所制之笔曾为贡品。他自幼随祖父学习制作毛笔，对此道甚是喜爱，少年时便走南闯北，对全国各地毛笔制作工艺和原材料选择进行学习和研究。1994年创办杨文笔庄，2006年成立黄山市徽笔工艺研究所。至今已接触了国内外众多书画大家，对制笔亦有了新的感悟。他认为徽笔制作应根据书画家的要求量身定制不同的毛笔，甚至于专门为其创新制作专用的毛笔。他在家传基础上，结合自己的经历和诸位书画大家的建议，对传统的羊毫、狼毫、鼠毫等几十个常用品种进行了改良，创新出诸多新型品种，对徽笔的技艺传承和发扬光大作出了重要贡献。代表作品有《微刻金刚经徽笔》《滋龄妙笔》《画龙点睛徽笔》《桃园三结义徽笔》等。

## 吴水森
(万安罗盘制作技艺)

吴水森　男，汉族，1949年6月生，安徽休宁人，第三批国家级非物质文化遗产项目万安罗盘制作技艺代表性传承人，罗经大师吴鲁衡的第7代脉系传人，中国高级工艺美术师、安徽民间文化杰出传承人、安徽民间工艺大师。现任休宁县万安吴鲁衡罗经科技研究所所长、休宁县万安吴鲁衡罗经老店有限公司总经理。吴水森自小便学习罗盘制作，1992年，创办万安吴氏嫡传罗经老店；2006年，成立万安吴鲁衡罗经老店有限公司。2008年，万安礼品罗盘在第二届安徽省民间工艺精品展上获银奖。同年，参与创作的《徽州木雕祥云罗盘》，作为北京奥运会礼品馈赠给国际奥委会终身名誉主席萨马兰奇。2009年11月，"吴鲁衡"商标被评为"中国十大最具历史文化价值百年品牌"。2010年，参加以"盛世徽韵"为主题的中国2010年上海世博会安徽活动周非物质文化遗产展演活动。2010年，"吴鲁衡"商标被国家商务部认定为"中华老字号"。

## 刘同烟
(桑皮纸制作技艺)

刘同烟　男，汉族，1964年11月生，安徽潜山人，第四批国家级非物质文化遗产项目桑皮纸制作技艺代表性传承人。刘同烟初中毕业后从事纯手工桑皮纸生产，2001年到泾县学习宣纸制作技术，2002年为北京档案馆和图书馆生产古书、档案修复用的特薄桑皮纸。刘同烟采用古式一人捞法，配料为100%的纯桑皮，经专家检测达到技术要求。刘同烟生产的桑皮纸原料加工采取晒、洗、煮、漂、锻、烘等手工制作法，没有具体的理化指标，全靠经验，把握火候，教学也都是口传心授，靠悟性学习。他所生产的桑皮纸走进了故宫，获得了中外专家的一致好评，并接受了美国、日本、韩国等专家来访，产品远销许多国家。

## 王柏林
(桑皮纸制作技艺)

王柏林 男,汉族,1965年10月生,安徽岳西人,第三批国家级非物质文化遗产项目桑皮纸制作技艺代表性传承人。王柏林祖上七代造纸,历经200余年。2005年,故宫博物院倦勤斋修缮需要特需纸张,王柏林制作的手工桑皮纸以地道的传统工艺和令人信服的质量中标,成为故宫大修和国家图书馆珍本、善本修复特选材料。2001年,在主管部门及保护单位岳西县文化馆的领导下,王柏林肩负着国家级传承人的使命与责任,不计得失,全心全意地投入到保护桑皮纸制作技艺的系列工作中,为保护桑皮纸制作技艺作出了重要贡献。

## 刘 靖
(纸笺加工技艺)

刘靖 男,汉族,1972年12月生,安徽合肥人,第五批国家级非物质文化遗产项目纸笺加工技艺代表性传承人。刘靖中学时利用课余时间在家里向父母学习纸笺的加工方法,父母手把手教会了他施胶、染色、刷纸、裁纸,以及制作木板水印笺等技艺。大学毕业后,在父亲的激励下,他致力于手绘描金粉蜡笺加工技艺的恢复,在总结前人经验的基础上,历时四个半月的实验攻关,经过数百次的失败,终于成功地将失传近百年的手绘描金粉蜡笺加工技艺恢复。2000年同中国科学技术大学合作,成功复原明代造金银印花笺。2009年6月,荣获"全国非物质文化遗产保护工作先进个人"荣誉称号。

## 甘而可
(漆器髹饰技艺·徽州漆器髹饰技艺)

甘而可 男,汉族,1955年3月生,祖籍江西丰城,第三批国家级非物质文化遗产项目漆器髹饰技艺(徽州漆器髹饰技艺)代表性传承人。甘而可少年拜师学习书法、绘画、木工、雕刻技艺,1979年通过美术专业考试招工到屯溪工艺厂,从事刻漆工作。1985年调到屯溪市工艺美术研究所,进行漆器艺术开发研究。1986年任屯溪市特种工艺厂副厂长。长期以来,甘而可对徽州漆器的各种髹饰技艺进行了深入研究,如雕漆、螺钿、彩绘描金、刻漆、脱胎漆、红黑推光漆等,特别是能将各类变涂髹饰技法做到极致。其髹饰技艺特点表现为:传承正统徽派漆艺文脉,在原料与工艺上恪守天然大漆制作古法原则;重视时代性,坚持创新与精益求精的追求,秉持"此生只做最好的漆器"的信念;创作风格崇尚宋元之美,在漆器作品中始终保持传统的中正儒雅气息。其产品注重原创性,每件作品都具有新的创意,尤其是创作的菠萝漆、漆砂砚作品,在髹饰技艺和艺术水准的层面上得到社会名流和专家学者的一致首肯,被评价为"工超乾隆","在你的作品上真正看到古代徽州漆器的灿烂辉煌"。2011年,其作品《红斑菠萝漆大圆盒》被故宫博物院永久收藏。

## 张 苏
(宣笔制作技艺)

张苏(1942~2009) 原名张祥圣,男,汉族,江苏江都人,第三批国家级非物质文化遗产项目宣笔制作技艺代表性传承人,安徽省民间文化杰出传承人,安徽省民间工艺大师,宣笔制作专家。张苏13岁时随宣笔制作大家朱炳生学艺,十五六岁即成为江都当地的制笔能手,先后在多家毛笔厂任技术指导。20世纪60年代,泾县政府"以物换人",聘请张苏任技术指导,创办泾县宣笔厂。1983年,张苏携妻、子创办宣州宣笔厂(张苏笔庄)。张苏从13岁学艺到逝世,终生与笔为伴,为宣笔制作技艺的挖掘、恢复和创新、发展作出了不可磨灭的贡献。经过不断探索研究,张苏还独创了皮毛脱脂技法,不仅除去了油脂,还增加了毫毛的硬度,使制作出的笔既易着力,又便掌握,刚柔并济。张苏制作的宣笔柔韧相宜,笔匀基固,书写流畅,收发自如,既能蓄墨又不肥滞,可以说已将传统宣笔的制作工艺推向极致。他先后开发了近300个宣笔新品种,还挖掘出早已失传的古代宣笔制作工艺,整理制作了"仿唐鸡矩笔""仿宋瓷笔"等古法宣笔。他开发的长锋羊毫笔"玉骨冰心""玉竹明珠""长颈鹿""云鹤""飞鹤"以及紫毫笔"雪山青玉""宣州紫毫"和兼毫笔"兼毫书画"等优秀产品深受林散之、吴作人、陈大羽、亚明、萧娴、欧阳中石、武中奇等大家的赞誉。欧阳中石赞扬其"得心应手,助我挥洒";武中奇评价其"刚柔相济,大小由之"。康有为的女弟子萧娴,在用了张苏的宣笔后,曾当场写下评语:"万毫齐力,四德俱全。"所谓"四德","尖、齐、圆、健"是也。这是所有制笔者的最高追求,也正是对张苏毕生努力的最好评价。

## 佘征军
(宣笔制作技艺)

佘征军　男,汉族,1962年4月生,安徽泾县人,第五批国家级非物质文化遗产项目宣笔制作技艺代表性传承人,安徽省工艺美术大师,安徽省文房四宝协会毛笔专业委员会主任。

1982年,佘征军进入泾县宣笔厂开始从事毛笔制作,先后师从陈翠花、余凤鸣、任中一、汤良骥等宣笔制作名师,系统地学习装套、配料等技艺,在师傅们的悉心传授下,掌握了宣笔传统制作技艺的真谛。佘征军自1996年担任泾县宣笔厂生产技术厂长、宣笔工艺研究所所长以来,带领企业一班技艺骨干,积极以市场为导向,研究恢复了一些失传的珍品,同时精心研发新产品,使宣笔的品种由原来的200来个发展为今天的600余个,基本上能满足不同书画艺术市场的使用要求。他还与化工研究所合作,研创制笔用焊接用胶,彻底解决了笔管、笔杆开裂的技术难题,解决了宣笔长期因无防水功能而掉头、掉毛的问题;使"三兔牌"宣笔两次被中国文房四宝协会授予"国之宝"荣誉称号,并使之成为中国三大名笔之一,多次在全国文博会上荣获金奖。

## 张文年
(宣笔制作技艺)

张文年　男,汉族,1968年2月生,江苏江都人,第四批国家级非物质文化遗产项目宣笔制作技艺代表性传承人。张文年出生于宣笔制作世家,自幼受家庭熏陶,与宣笔结下不解之缘。他先后任宣州宣笔厂车间主任、业务副厂长、厂长等职。1988年起,应邀赴泾县茂林宣笔厂等多家宣笔厂任技术指导,授徒传艺,与同行相互交流,取长补短。其利用皖南出产的野兔毫,开发了"雪山青玉""鼠须画线笔""宣州紫毫"等紫毫笔品种;利用多种材料开发了"长锋牛耳毫""兼毫书画"等兼毫笔品种,其中,"迎宾兼毫"为中国书协专用。尤其是在笔毫的脱脂、成形方面有独到建树,所制宣笔均能达到笔锋整齐,拢抱不散;无虚尖,无秃锋,无弯毛;笔头平顺,盖毛均匀;装套牢固,紧密无间,不破套;镶头套装光滑,不析缝,不破裂,杆正毫圆。

## 谢四十
(绿茶制作技艺·黄山毛峰)

谢四十　男,汉族,1956年10月生,安徽黄山人,第三批国家级非物质文化遗产项目绿茶制作技艺(黄山毛峰)代表性传承人。

1974年,高中毕业的谢四十回家当了茶农,开始向父辈学习传统的黄山毛峰制作工艺。经过几年的学习锻炼,他掌握了划火棒拨灰调温和初烘足烘所需的温度调控及含水率手势的测试,之后完整地掌握了黄山毛峰的传统制作工艺。

1987年,为恢复"老谢家茶"品牌生产销售,他在徽州区首家创办黄山光明茶厂,在继承黄山毛峰传统技艺的同时,把传统工艺制成的黄山毛峰毛茶,再通过圆筛、抖筛、风选、机拣等工艺加工成精制黄山毛峰茶,并推向市场销售。他创办的黄山光明茶业有限公司是安徽省农业产业化龙头企业、安徽省民营科技企业、全国乡镇企业创名牌重点企业和中国茶叶行业百强企业,老谢家茶"千秋泉"牌黄山毛峰是安徽名牌产品,"千秋泉"被评为省著名商标。

2011~2012年,谢四十又新建了老谢家茶国家级非物质文化遗产黄山毛峰传承示范基地和黄山徽茶文化博物馆,为竭力打造"老谢家茶"品牌,弘扬徽茶文化搭建了一个宽广的平台。

## 储昭伟
(绿茶制作技艺·六安瓜片)

储昭伟　男,汉族,1966年11月生,安徽霍山人,第四批国家级非物质文化遗产项目绿茶制作技艺(六安瓜片)代表性传承人。储昭伟自小生活在茶区,跟随祖父、叔父等从事六安瓜片的生产制作,得以吸取六安瓜片传统制作工艺精髓。他对采制有严格的标准,要求根据鲜叶状况决定鲜叶摊晾时间,对炒生锅时的时间温度、炒熟锅中的抛压做形,以及在拉老火时的烘制节奏及时间掌控,都有一套自身独到的手工技艺。储昭伟不但主持了六安瓜片传统生产工艺的恢复研究及推广工作,还主持制定了多项六安瓜片生产、加工、营销标准。他研制的"徽六"牌六安瓜片曾荣获中国国际农业博览会金奖等多项荣誉。

## 方继凡
（绿茶制作技艺·太平猴魁）

方继凡　男，汉族，1965年1月生，安徽黄山人，第四批国家级非物质文化遗产项目绿茶制作技艺（太平猴魁）代表性传承人。方继凡自幼学习植茶与制茶，对太平猴魁的制作、培育有着丰富的经验和较高的造诣。一直以来，他坚持祖先的传统技艺手法，坚持采用鲜叶的"四拣八不要"、炭火锅式杀青、竹制烘笼足干等核心技艺，确保了猴魁的传统品质，产品多次荣获"茶王""金芽奖"等国家级大奖。"猴坑牌"太平猴魁2004年在中国（芜湖）国际茶博会上首次荣登"茶王"宝座。2007年"猴坑牌"太平猴魁被选作国礼，由胡锦涛主席赠送给俄罗斯总统普京。

## 王　昶
（红茶制作技艺·祁门红茶制作技艺）

王昶　男，汉族，1966年1月生，安徽祁门人，第五批国家级非物质文化遗产项目红茶制作技艺（祁门红茶制作技艺）代表性传承人。

1982至1985年期间，王昶师承业界大师陈季良先生学习祁门红茶制作技艺。30多年来，他实行以品牌、市场和技术为核心的发展模式，探索重拾并发扬百年祁红之荣耀。旗下的"天之红"商标先后被认定为安徽省著名商标、安徽名牌、安徽老字号等。主持制定祁门红茶安徽地方标准，创建祁门红茶制作技艺传习基地，成立技能大师王昶工作室，倾心致力于祁门红茶制作技艺的保护传承与创新。他研发的"祁红皇茶"获国家发明专利，广受业内专家的好评。多年来，他创制的"祁红皇茶""祁红香茶""国礼红""米兰红"多次荣获金奖，并多次被甄选为国礼赠送国际友人。

## 储金霞
（芜湖铁画锻制技艺）

储金霞　女，汉族，1945年11月生，安徽枞阳人，第四批国家级非物质文化遗产项目芜湖铁画锻制技艺代表性传承人。储金霞自1959年从其父(铁画大师储炎庆)学艺后,参加了国庆十周年北京人民大会堂著名巨型铁画六大件(《迎客松》《梅山水库》《牛郎织女笑开颜》《沁园春》等)的制作,接受了铁画技艺的系统训练和承传。她对人物、花鸟、山水的铁画表现形式颇下功夫,在千锤百炼中不断提高技艺,扬长避短,融会贯通,"外师造化,中得心源"。20世纪80年代初期开始收徒传艺,先后培养了几十人。代表作有《长征诗》《蔡文姬》《白石对虾》等。

## 胡公敏
(徽派传统民居建筑营造技艺)

胡公敏　男,汉族,1957年12月生,安徽歙县人,第四批国家级非物质文化遗产项目徽派传统民居建筑营造技艺代表性传承人。胡公敏1978年起在苏州学习古建木作技艺,1981年进入安徽省徽州古典园林建设有限公司从事古建木作技艺工作。他自创"杖板画线法",对于所有木构件上的复杂多变的、尺寸要求相当严格的榫卯等加工部位的画线,不需要一次次地借助于尺子一处处地画线,只需将图纸上的尺寸事先画在杖板上,再将杖板置于待画线的木料上,即能轻松而准确地画上所有需要的线条。对于诸多形制相同的构件的画线来说,只需一根杖板,就可以迅速画出多件构件的线,这不但大大提高了效率,而且增加了准确度,大大减轻了工作强度。此外,他的斗拱技艺也十分高超,曾在香港志莲净苑修复中作过高达九层、包括外转角与内转角的超高超大型仿唐斗拱。1996年,获得中国首批"中国园林古建名师"荣誉称号。

# 传统医药

## 李济仁
(张一帖内科疗法)

李济仁　男,汉族,1931年1月生,安徽歙县人,第四批国家级非物质文化遗产项目张一帖内科疗法代表性传承人。李济仁祖辈一直从事中医行业,一脉相承,代代相传。其少随新安名医张根桂等临床应诊,后到安徽中医进修学校(安徽中医药大学前身)师资班学习。他先后任歙县街口区大联合诊所所长、安徽中医学院(现名安徽中医药大学)大教研室主任、安徽医科大学内科医疗组组长、皖南医学院中医教研室主任、中医科主任。1991年获国务院政府特殊津贴。他主持的科研成果获得省、部级奖励5项。1995年作为全国首批500名老中医的代表之一,在人民大会堂受到中央领导亲切接见。李济仁行医60余载,在内、妇、儿科众多疑难杂症的临床治疗上积累了丰富的经验,尤擅痹证、痿病、肿瘤、肾病等顽疾的治疗。

## 张舜华
### (张一帖内科疗法)

张舜华　女,汉族,1934年1月生,安徽歙县人,第四批国家级非物质文化疗法遗产项目张一帖内科疗法代表性传承人。她从医60年,自幼跟随父亲——张一帖内科疗法第13代传人张根桂习医,是张根桂确定的张一帖内科家族传人。张舜华临床经验丰富,尤擅伤寒、肾病、肝胆病、癫狂、妇科等疾病的诊治;对中医治则、治法多有发挥,在辨证用药上制定了择时施治等原则,具有重要临床价值,并于1999年创办"世医张一帖诊所"。张舜华在继承"张一帖内科"家族医学的同时,还通过不懈的实践与钻研,努力发展家族医学,她作为主要研究人员完成的临床研究成果曾获安徽省科技进步奖二等奖、安徽省自然科学奖三等奖等奖励。1990年至今,张舜华每年春季均返回家乡歙县进行义诊,连续20年,坚持不懈,获得乡民的高度赞扬。2011年,张舜华的临床经验与诊疗技术由李艳等传承人整理成《张舜华临证医案传真》一书,由人民军医出版社出版。

## 郑　铎
### (西园喉科)

郑铎　男,汉族,1936年10月生,安徽歙县人,第五批国家级非物质文化遗产项目西园喉科代表性传承人。郑铎中学毕业后,随祖父学习中医及中医喉科,打下了扎实的中医专科基础。在几十年的行医历程中,他吸收各流派的治疗方法,不断充实完善自身的治疗体系;使诸多口腔咽喉的疑难病得到有效的治疗,特别在音哑一症的治疗上独树一帜,沿用了上辈的"养阴清肺"法并加上多年的临床体会独创了"轻可祛实"法,在声带小结、声带息肉、声带肥厚等症中疗效斐然。

# 民　俗

## 邵传富
（灯会·肥东洋蛇灯）

　　邵传富　男,汉族,1946年2月生,安徽肥东人,第三批国家级非物质文化遗产项目灯会(肥东洋蛇灯)代表性传承人。洋蛇灯是民间舞蹈的综合艺术,它囊括了民间美术、民间音乐、民间手工技艺、民间信仰、民间口头文学等民间艺术形式。洋蛇灯舞蹈形式独特,把"蛇"的各种形体动作提炼成特有的舞蹈形式,惟妙惟肖,活灵活现,给人以耳目一新之感。洋蛇灯工艺独特,其他形式的扎灯方法无法替代。邵传富少时跟前辈艺人邵华德学习编扎洋蛇灯技术及玩灯的各项技艺,此后,邵传富组织洋蛇灯参加了1984年合肥市庐州灯会、1992年安徽省第七届省运会开幕式演出、1993年中国相声节开幕式演出和2004年省暨合肥市"万众欢腾闹元宵"大型民间文艺踩街活动等。

## 吴守琳
（肘阁·抬阁）

　　吴守琳　男,汉族,1937年10月生,安徽寿县人,第五批国家级非物质文化遗产项目抬阁(肘阁·抬阁)代表性传承人。

　　在父母的熏陶下,吴守琳儿时就喜爱民间艺术,5岁时曾出演"小抬阁",6岁出演"高跷抬花轿"。青年时期拜师宋家班锣鼓传人,钻研"十八番"演出技巧。改革开放后,他遍访正阳关80岁以上的老人,搜集整理"肘阁""抬阁"的有关资料,和杨金声、杨金玉俩兄弟钻研"芯子"的设计,画出了图样。通过多年的研究和试演,在正阳关镇党委、政府的大力支持下,挖掘出正阳关"抬阁",在1999年农历二月十九玄帝庙会上与阔别已久的人们重新见面。后又多次参加省、市、县大型庆祝踩街活动。2008年参加第七届中国民间艺术节暨"山花奖"中国民间飘色(抬阁)艺术展演与评奖活动,荣获"山花奖"金奖。

## 刘文昌
### (临泉肘阁、抬阁)

刘文昌　男,汉族,1951年8月生,安徽临泉人,第三批国家级非物质文化遗产项目临泉肘阁、抬阁代表性传承人,抬阁表演艺术家。刘文昌4岁时,便随其叔父参加抬阁班演出——上抬阁,在抬阁上他时而扮孙悟空,时而扮《水浒传》等戏剧中的人物,表演得惟妙惟肖。初中毕业后,刘文昌回乡务农,成了抬阁班年轻的成员,跟随老艺人刘玉、陈景新、牛侠斋学习扎彩、绑架。他和他的团队借鉴文艺作品,如报告文学《高山下的花环》、现代戏剧《柳河湾》等创作出一批节目。刘文昌从4岁参与,十多岁入班,如今他已成了师傅,培育了一批又一批新人。随着政府和文化单位的大力支持、扶持,加上团队自身的发展创新,刘文昌带领杨桥抬阁队除在周边县市演出外,已经多次受邀到兄弟省市演出。

## 汪素秋
### (程大位珠算法)

汪素秋　女,汉族,1979年10月生,安徽黄山人,第四批国家级非物质文化遗产项目程大位珠算法代表性传承人。汪素秋从小受外祖父影响,喜欢珠算,后在徽州师范学习珠算教学方法,1998年开始跟随程大位第11代后人程庆圻学习程大位珠算法。她多次"走出去"学习外面的丰富经验,坚持边工作边钻研。她认真备课,做到因材施教:幼儿以激发兴趣、开发智力为主,抓好基本功训练;小学阶段有机地将珠心算融入到数学中,充分发挥珠心算启智功能,学生运算速度与准确率显著提高。汪素秋教授学生已有800余人,所带班级数学成绩在全校乃至全区名列前茅。其培养的第一批省珠算能手胡勃、戴铭等以优异成绩分别被中国科学技术大学、南京农业大学录取。

## 陈敦和
### (徽州祠祭)

陈敦和　男,汉族,1943年3月生,安徽祁门人,第五批国家级非物质文化遗产项目徽州祠祭(祁门)代表性传承人。

1952年正月初二陈氏家族举行春祭活动,陈敦和被族人推荐为祭祖队伍中最小的一名"童生"参与祭祀活动。1986年陈敦和正式跟父亲学习祠祭仪式,30多年来一直主导陈氏家族的祠祭活动,担任仪式主持人。

1999年始,陈敦和全身心投入徽州祠祭的资料收集、整理和研究,走访市县内祠祭极有影响的几大姓氏村庄,向前辈和祠祭水平较高人士交流取经,收集和整理出徽州祠祭的第一手资料,为其主持祠祭活动打下了良好的基础。另外,他还积极主持集资活动,将现存的大经堂、慎徽堂、持敬堂、保极堂、叙五祠五座陈氏宗祠修缮完好,为祭祀活动提供了场地。2013年2月16日,由其主持桃源村徽州祠祭仪式,安徽公共频道直播春祭活动,全国20多家媒体参加。由于陈敦和对祭祀文化有所爱好和钻研,以祭祀文化经典去关心教育下一代,因此被闪里镇任命为关工委委员,2014年被评为"黄山市关工委先进个人"。

# 徽州文化生态保护实验区

『总体规划』

# 徽州文化生态保护实验区总体规划

(2011~2025)

## 总　则

**第1条**　为科学、有效保护徽州地域性文化遗产,维护文化多样性,促进徽州文化与经济、社会协调发展,根据中华人民共和国文化部的部署和省委、省政府的要求,依照《国家"十一五"时期文化发展规划纲要》《文化部关于加强国家级文化生态保护区建设的指导意见》,编制《徽州文化生态保护实验区总体规划(2011~2025)》(以下简称"本规划")。

**第2条**　规划编制依据

(1)联合国教科文组织《保护非物质文化遗产公约》2003

(2)联合国教科文组织《保护世界自然和文化遗产公约》1972

(3)《中华人民共和国城乡保护法》2007

(4)《中华人民共和国文物保护法》2002

(5)《中华人民共和国环境法》2002

(6)建设部《历史文化名城保护规划规范》2005

(7)《国家"十一五"时期文化发展规划纲要》2006

(8)《国务院关于加强文化遗产保护的通知》2005

(9)《国务院办公厅关于加强我国非物质文化遗产保护工作的意见》2005

(10)文化部《文化建设"十一五"规划》2006

(11)《文化部关于加强国家级文化生态保护区建设的指导意见》2010

(12)《安徽省皖南古民居保护条例》2004

(13)《安徽省实施〈中华人民共和国文物保护法〉办法》2005

(14)安徽省人民政府《关于做好第一批国家级非物质文化遗产保护工作的通知》2006

(15)《徽州文化生态保护实验区规划纲要》2008
(16)《黄山市国民经济和社会发展第十一个五年规划纲要》2005
(17)《宣城市国民经济和社会发展第十一个五年规划纲要》2005

**第3条　规划指导思想**

以科学发展观为统领,以非物质文化遗产为核心,构建科学、有效的地域文化遗产保护体系,最大限度地保存民族文化记忆,维护文化生态系统的平衡和完整,充分发挥文化遗产在增强民族自信心和凝聚力、建设中华民族共有精神家园中的作用,从而促进当地经济、政治、文化、社会全面协调和可持续发展。

**第4条　规划目标**

通过规划的制订与实施,突出民众的文化主体地位,维护文化生态平衡,营造一个有利于保护、传承传统文化,实现文化可持续发展的生态空间;有效促进徽州文化生态保护区经济、政治、文化、社会的协调发展,将徽州建设成为资源节约型、环境友好型、优秀传统文化与现代生活有机融合,人与人、人与社会、人与自然和谐共生的空间范例。

**第5条　规划重点**

规划编制和具体实施以国家级和省级非物质文化遗产项目及其代表性传承人为保护重点。完善非物质文化遗产保护名录体系,建设一系列非物质文化遗产传习基地,保护非物质文化遗产项目代表性传承人,创建国家级和省级传统节庆保护示范基地,设立徽州文化博物(展示)馆群,建立非物质文化遗产保护利用示范区,实施一批依托徽州非物质文化遗产资源的生产性保护项目,形成徽州非物质文化遗产整理、研究系列成果。根据不同阶段的工作目标,不同类型的非物质文化遗产项目特点,提出相应的保护、传承模式或方法。

**第6条　规划范围**

本规划仅涵盖今安徽省境内的古徽州地区(以下简称"徽州"),即黄山市和宣城市绩溪县。为保证总体规划的完整性、科学性,为原属古徽州的江西省婺源县文化生态保护规划预留接口。

**第7条　规划对象**

本规划主要围绕保护实验区内非物质文化遗产项目和代表性传承人,及非物质文化遗产依托的物质文化遗产和赖以存续的自然环境进行整体性规划。

**第8条　规划期限**

近期:2011年至2015年。

中期:2016 年至 2020 年。

远期:2021 年至 2025 年。

# 第一章  徽州地理与历史文化

## 第一节  徽州地理

**第 9 条  徽州自然条件**

1. 徽州文化生态保护实验区地处安徽省南部山区,位于东经 117°10′~118°55′、北纬 29°24′~30°32′之间,东部和南部分别与浙江省及江西省毗邻。

2. 徽州文化生态保护实验区总面积 10933km²,其中耕地面积 109582 公顷,林地面积 770767 公顷,总人口 174 万人(2007 年)。境内岭谷交错,溪流纵横,少量的平原和盆地错杂其间。

3. 徽州文化生态保护实验区属于北亚热带湿润性季风气候,具有温和多雨、四季分明的特征。年平均气温为 15℃~16℃,无霜期长达 235 天,大部分地区冬无严寒。平均年降水量 1670 毫米,最高达 2708 毫米,适宜多种林木及茶叶、果树等经济作物生长。

4. 黄山、天目山、白际山、五龙山构成徽州最主要的四大山脉,以黄山山脉为界,南坡有流向东南钱塘江的新安江水系和流向西南鄱阳湖的阊江水系,北坡有流向长江的水阳江与青弋江水系。

**第 10 条  徽州自然资源**

1. 徽州文化生态保护实验区内矿产资源丰富,仅探明的矿产即达 30 余种,其中金属矿产资源主要有钨、钼、锑、铅和锌等,非金属矿产主要有煤、硼石、萤石、石灰石、石棉、瓷土、水晶等。

2. 徽州文化生态保护实验区植物资源特别是各种野生植物资源丰富,辖区植物种类达 3000 余种,是华东木材的重要产地和著名的茶叶产区,同时,辖区动物种类也达 200 余种。

## 第二节 徽州历史沿革

**第 11 条 徽州历史沿革**

徽州自秦代以来,先后设置新都郡、新安郡、歙州等,宋宣和三年(公元 1121 年)改设徽州府,历宋、元、明、清,辖歙、黟、休宁、婺源、绩溪、祁门六县。民国元年(公元 1912 年),裁府留县,婺源县于 1934 年划归江西省,抗日战争结束后划回安徽省,1949 年再度划归江西省。1949 年 5 月成立徽州专区,1987 年撤销徽州专区,成立地级黄山市,古徽州府的歙、黟、休宁、祁门四县为其辖区的主体部分,绩溪县划归安徽省宣城地区(现宣城市)。

## 第三节 徽州文化

**第 12 条 徽州文化及特征**

徽州文化是伴随着中华民族文明进程而形成的区域文化体系。徽州文化伴随着中国文化的传播、整合、变异过程,并在由徽商创造的雄厚经济基础之上,得到了全面的发展。特别是自宋以来,徽州"儒风独茂",文化繁荣,教育普及,科举昌隆,因而人文荟萃,名人辈出,形成了许多具有影响力的学术流派。

徽州文化是指以历史上徽州府为中心地带,长期积累形成的具有丰富遗存的特色地域文化。它包含着由物质文化和非物质文化所构成的体系内容,客观存在着纵横交错的层次结构关系。徽州文化是根植于徽州本土,并经由徽州商帮和徽州士人向外传播和辐射的一种区域文化。

徽州文化既是徽州的地域文化,同时又是中华传统文化传承的典型,它以徽商为经济基础、宗族为社会基础、理学为核心价值。

# 第二章 遗产现状

## 第一节 徽州文化生态保护实验区

**第 13 条 徽州文化生态保护实验区**

古徽州"一府六县"与相关的周边地带,是徽州文化孕育和发展的主要空间。随着中国社会历史发展的进程,时至今日,徽州作为一个独立的行政区划的概念已被徽州文化概念所取代。徽州文化生态保护实验区就是在徽州文化产生、发展、传承的区域对其所承载的文化表现形式,开展以非物质文化遗产保护为主的全面的整体性保护工作的徽州文化圈涉及的地缘范围。

## 第二节 徽州非物质文化遗产

**第14条 徽州非物质文化遗产现状**

徽州文化生态保护实验区非物质文化遗产内容丰富,类型繁多,具有很高的学术价值和社会文化价值。截至2010年,徽州文化生态保护实验区已建立非物质文化遗产四级名录体系,共有国家级名录15项,省级名录48项,市级名录106项,县(区)级及以上名录274项。安徽省富有代表性和独特性的非物质文化遗产项目大多来自该实验区。该区非物质文化遗产项目涵盖国家公布的非物质文化遗产名录十大类,各类非物质文化遗产项目均有不同的存在特征。

徽州文化生态保护实验区在传承人和传承基地建设方面已初具规模,黄山市现有国家级代表性传承人11人,省级代表性传承人34人;宣城市绩溪县现有国家级代表性传承人1人,省级代表性传承人3人。辖区目前有安徽省认定的10个非物质文化遗产项目传习基地。

徽州非物质文化遗产普遍存在资料不完善的状况,由于现代人生活生产方式的转变,许多古老的非物质文化遗产,正在逐渐流失。有一些产业价值高的项目现存状况较好,但随着市场需求的增加,产品质量参差不齐。

## 第三节 徽州物质文化遗产

**第15条 物质文化遗产现状**

徽州文化生态保护实验区范围内保存有大量珍贵的物质文化遗产,其中世界文化和自然遗产1处,世界文化遗产1处;国家历史文化名城2座;国家级历史文化名镇2处,历史文化名村8处;省级历史文化名镇3处,省级历史文化名村15处,历史街区1处。逾万座的徽派古建筑使该区域文化遗产地位凸显。

实验区内部分省级历史文化名镇、名村、历史街区没有编制专门的保护规划并有效实施,尚未能形成整体全面的保护。对相关的非物质文化挖掘不够,大多以旅游为目的进行开发,造成徽州物质文化遗产的非物质特性不准确、不明确。

## 第四节　徽州自然遗产

**第 16 条　徽州自然遗产现状**

徽州文化生态保护实验区内现有世界文化和自然遗产——黄山；国家级风景名胜区——黄山、齐云山、花山谜窟—渐江；国家级自然保护区——牯牛降、清凉峰；省级自然保护区——黄山区十里山、休宁县岭南、徽州区天湖、黟县五溪山、黄山区九龙峰、祁门县查湾、休宁县六股尖；世界地质公园——黄山；国家地质公园——齐云山、牯牛降；国家级水利景观、国家湿地公园——太平湖；国家森林公园——黄山、齐云山、徽州。

黄山是徽州文化生态空间的一个重要部分，但其非物质文化遗产的内容仍挖掘不够，其他自然遗产地大多没有独特的非物质文化内涵。部分自然遗产地因为旅游开发过度，生态环境遭到一定程度的破坏。

## 第五节　实验区文化生态分析

**第 17 条　实验区文化生态分析**

文化生态指人类生存发展的文化环境状态，与自然生态共同构成了完整意义上的生态范畴。文化生态包括物质文化环境状态（物质文化生态）和非物质文化环境状态（非物质文化生态），两者相互依存，相互交融。文化生态是一个系统的有机体，有其自身的发展规律，它包含了人赖以生存的物质和精神需求，是生产方式、生活方式和文化方式的共同延续体。

徽州文化生态保护实验区内文化遗产密集且富有特色，许多非物质文化遗产都有特定的物质文化遗产作为载体，徽派传统民居建筑营造技艺就是在徽州建筑的发展中产生，徽州三雕也是徽州非物质文化遗产中最精华的部分，因此，实验区内非物质文化生态与物质文化生态相互依存度较高，有整体性保护的基础。近年来，人民群众保护文化遗产的意识日益增强，初步形成了良好的文化生态氛围。

但由于受到经济浪潮、多元文化和城镇化建设等影响，实验区的文化生态面临着侵蚀。首先，在经济利益驱使下，许多珍贵的文化遗产遭到破坏，威胁着徽州文化的文脉与肌理。其次，传统文化缺乏创新，传统的生产、生活方式缺少传承，造成了文化资源的流失，徽州目连戏、祁门傩舞等非物质文化遗产因为当地居民传统生活方式的改变，已经濒临灭绝。第三，非物质文化遗产保护起步较晚，长期以来对其重视程度不如物质文化遗产保护，造成了文化生态的失衡。第四，一些非物质文化与物质文化结合时,存在张冠李戴的现象,在古村落旅游中出现的"抛绣球"等活动,丧失了文化生态的原真性。最后,文化生态和自然生态未能整体保护,创造徽州文化生态保护实验区的良好生态环境还有很大空间。

# 第三章 徽州非物质文化遗产的特点和评估

## 第一节 徽州非物质文化遗产的特点

**第 18 条 特色鲜明的地域性**

徽州地处皖南山区,境内高山环绕、峰峦叠嶂。其独特的地理位置与相对封闭的山区自然环境,决定了积淀于徽州地区的非物质文化遗产具有鲜明的地域性,也为徽州文化的繁荣与发展提供了天然的屏障。徽派建筑风貌、宗族宗法社会、对程朱理学的固守与普及、对人与自然和谐理念的广泛践行等,都与徽州明显的地域性相关。

**第 19 条 与文人意趣相融的民间性**

徽州非物质文化遗产产生于民间,也主要在民间流传,但是与中国其他地区非物质文化遗产所不同的是,徽州文化中的诸多非物质文化遗产具有显著的文人审美意趣,是乡民文化与士人文化结合的产物。

**第 20 条 生生不息的活态性**

徽州的非物质文化遗产是徽州地区的劳动人民在长期的劳动过程中,经过一代代的积累和改进并以师徒或团体授受的形式流传下来,逐渐形成的技能或习俗。很多至今还存活于当地人们生活之中,和人们的日常生活紧密结合。

**第 21 条 文化积淀的密集性**

在徽州地区,非物质文化遗产的存在密度极高。徽州民歌、徽州民谣、齐云山道场音乐、祁门傩舞、徽剧、徽州目连戏、歙砚制作技艺、徽墨制作技艺、万安罗盘制作技艺、徽派传统民居建筑营造技艺、徽州三雕、新安医学、赛琼碗、安苗节等,几乎涵盖了口头传统、传统文化表演形式、传统技艺、社会风俗、礼仪、节庆等非物质文化遗产所定义的全部类型。

**第 22 条 文化内涵的精粹性**

徽州地区非物质文化的精粹性堪为中国农耕社会的典范,有相当一批非物质文化遗产项目代表国家级的技艺水平,并具有全国性的影响。徽州非物质文化遗产资源中的大批文化样式,代表中华传统文化在某一特定领域的高级形态,独具文化风格和精神内涵。

**第 23 条　文化生态的完整性**

徽州地区自然环境优美,至今仍保存数量较多且较完整的古村落、古城镇和古街区,丰富密集的物质遗存成为非物质文化遗产传承发展的有效载体。辖区非物质文化遗产和物质文化遗产相互依存、相互交融的特性明显,天然构成文化生态的完整性,有利于对其境内的非物质文化遗产进行整体性保护。

## 第二节　价值评估

**第 24 条　评估内容与评估目标**

徽州非物质文化遗产的评估内容主要为综合价值评估。具体为七项价值:文化创造力价值、文化影响力价值、文化代表性价值、地域特色价值、技能水平价值、历史传承价值和生态环境价值。

**第 25 条　徽州非物质文化遗产综合价值评估结果**

本次价值评估只选取了国家级和省级非物质文化遗产共 48 项,根据以上价值体系逐项评判,最终得到综合价值很高与较高两类,与国家级和省级名录基本一致。

综合价值很高的非物质文化遗产按综合评估值得分排序分别是:徽剧、徽州目连戏、徽州三雕、徽墨制作技艺、歙砚制作技艺、万安罗盘制作技艺、祁门傩舞、徽州民歌、齐云山道场音乐、徽派盆景技艺、徽州漆器髹饰技艺、绿茶制作技艺(黄山毛峰、太平猴魁)、祁门红茶制作技艺、徽派传统民居建筑营造技艺和程大位珠算法。

综合价值较高的非物质文化遗产主要是徽州民谣(黄山)、徽州楹联匾额、黎阳仗鼓、徽派版画、徽州篆刻、绿茶制作技艺(屯溪绿茶、松萝茶、顶谷大方)、新安医学、徽菜、徽州祠祭、轩辕车会、徽州民谣(绩溪)、徽剧(徽戏童子班)、抬阁(湖村抬阁、隆阜抬阁)、徽州竹编、舞火狮舞、徽州板凳龙、采茶扑蝶舞、叶村叠罗汉、徽州根雕、徽州竹雕、顶谷大方制作技艺、观音豆腐制作技艺、五城米酒酿制技艺、五城豆腐干制作技艺、皖南火腿腌制技艺、张一帖内科疗法、西园喉科、安苗节、赛琼碗、花车转阁、上九庙会和婆溪河灯。

# 第四章 保护方针、方式

## 第一节 保护方针与原则

**第 26 条 保护方针**

保护为主、抢救第一、合理利用、传承发展。

**第 27 条 保护原则**

保护规划与当地经济社会发展总体规划相结合,非物质文化遗产保护和物质文化遗产保护相结合,文化生态保护和自然生态保护相结合,整体保护和重点保护相结合。

坚持以保护非物质文化遗产为核心的原则,坚持人文环境与自然环境协调、维护文化生态平衡的整体性保护原则,坚持尊重人民群众的文化主体地位的原则,坚持以人为本、活态传承的原则,坚持文化与经济社会协调发展的原则,坚持保护优先、开发服从保护的原则,坚持政府主导、社会参与的原则。

## 第二节 保护方式

对于非物质文化遗产的保护,首先必须明确的是保护工作应该围绕原真性展开。不仅延续发展其物质形态,同时对其赖以存续的文化环境"真实本体"进行保护。在强调"复活"、利用非物质文化遗产的当今社会,对各项遗产的资料保存、建立传习所进行传承,尤其是民间原本存续的各项民俗民事、节庆活动,按照原真状态开展活动并加强真实性的维护,显得尤为重要。原真性保护应该作为首要原则,贯彻于各个项目的各个环节。

**第 28 条 抢救性保护**

针对濒临灭绝的非物质文化遗产项目,或与现代经济衔接困难、难以依靠自身的能力进行再利用保护的项目所进行的保护方式。若没有传承人,收集有关资料与实物在博物馆、图书馆、文化馆、科技馆等公共文化机构作为孤品进行永久性收藏,仅供学术机构、保护机构进行研究,不对外开放展览;若有代表性传承人,对其给予经济上的资助和人员上的调配,以尽快开展对非物质文化遗产项目的保护和传承工作。

**第 29 条 传承性保护**

针对保护意义深远、操作性较强、群众基础较好的非物质文化遗产项目进行的保护方式。依托专门设立的传习所、培训中心、学校、兴趣班、老年大学等机构作为非物质文化遗产普及工作的开展单元，提供必要的经费资助其开展授徒、传艺、交流等活动培养传承人，进行知识普及与传播等社会公益性活动，在民间建立起广泛的非物质文化遗产传播途径和民间保护队伍。

**第 30 条 生产性保护**

针对生产、制作类非物质文化遗产项目进行的保护方式。以保护为目的，关注传统技艺、民俗等项目的制作材料、制作方式、制作工艺及生产过程，使非物质文化遗产在生产过程中得到积极保护，并通过合理利用非物质文化遗产代表性项目挖掘具有地方、民族特色和市场潜力的文化产品和文化服务。

**第 31 条 整体性保护**

对非物质文化遗产代表性项目集中、特色鲜明、形式和内涵保持完整的特定区域，当地文化主管部门可以制定专项保护规划，报经本级人民政府批准后，实行区域性整体保护。确定对非物质文化遗产实行区域性整体保护，应当尊重当地居民的意愿，并保护属于非物质文化遗产组成部分的实物和场所，避免遭受破坏。

**国家级、省级各类各项非物质文化遗产项目的保护方式及模式**

| 序号 | 项目名称 | 申报地区或单位 | 名录级别 | 保护方式及模式 | | | |
|---|---|---|---|---|---|---|---|
| | | | | 抢救性 | 传承性 | 生产性 | 整体性 |
| 01 | 徽州民谣 | 黄山市 | 省级 | | √ | | √ |
| 02 | 徽州民谣 | 绩溪县 | 省级 | | √ | | √ |
| 03 | 徽州楹联匾额 | 黟县 | 省级 | | | √ | |
| 04 | 徽州民歌 | 黄山市 | 国家级 | | √ | | |
| 05 | 齐云山道场音乐 | 休宁县 | 国家级 | √ | | | |
| 06 | 祁门傩舞 | 祁门县 | 国家级 | √ | | | |
| 07 | 黎阳仗鼓 | 屯溪区 | 省级 | | √ | | √ |
| 08 | 舞狮 | 绩溪县 | 省级 | | | | √ |
| 09 | 火狮舞 | 绩溪县 | 省级 | | | | √ |

续表

| 序号 | 名称 | 地点 | 级别 | | | | |
|---|---|---|---|---|---|---|---|
| 10 | 徽州板凳龙 | 徽州区潜口镇、休宁县 | 省级 | | | | √ |
| 11 | 采茶扑蝶舞 | 祁门县渚口乡 | 省级 | | √ | | √ |
| 12 | 徽剧 | 黄山市 | 国家级 | | √ | | |
| 13 | 徽州目连戏 | 祁门县 | 国家级 | √ | | | |
| 14 | 徽剧（徽戏童子班） | 绩溪县 | 省级 | | √ | | |
| 15 | 叶村叠罗汉 | 歙县 | 省级 | | √ | | |
| 16 | 徽州三雕 | 黄山市 | 国家级 | | √ | √ | √ |
| 17 | 徽派盆景技艺 | 歙县 | 国家级 | | √ | √ | |
| 18 | 徽派版画 | 歙县 | 省级 | | √ | √ | |
| 19 | 徽州篆刻 | 黟县 | 省级 | | √ | √ | |
| 20 | 徽州竹编 | 屯溪区 | 省级 | | √ | √ | |
| 21 | 徽州竹雕 | 徽州区 | 省级 | | √ | √ | |
| 22 | 徽州根雕 | 黄山市 | 省级 | | √ | √ | √ |
| 23 | 万安罗盘制作技艺 | 休宁县 | 国家级 | | √ | | |
| 24 | 徽墨制作技艺 | 歙县、屯溪区、绩溪县 | 国家级 | | √ | √ | |
| 25 | 歙砚制作技艺 | 歙县 | 国家级 | | √ | √ | √ |
| 26 | 徽州漆器髹饰技艺 | 屯溪区 | 国家级 | | √ | √ | |
| 27 | 绿茶制作技艺（黄山毛峰、太平猴魁） | 徽州区、黄山区 | 国家级 | | √ | √ | |
| 28 | 祁门红茶制作技艺 | 黄山市祁门县 | 国家级 | | √ | √ | √ |
| 29 | 徽派传统民居建筑营造技艺 | 黄山市 | 国家级 | | √ | √ | |
| 30 | 绿茶制作技艺（屯溪绿茶、松萝茶） | 屯溪区、休宁县 | 省级 | | √ | √ | √ |
| 31 | 顶谷大方制作技艺 | 歙县 | 省级 | | | √ | √ |
| 32 | 观音豆腐制作技艺 | 歙县 | 省级 | | √ | √ | |

续表

| | | | | | | |
|---|---|---|---|---|---|---|
| 33 | 皖南火腿腌制技艺（兰花火腿腌制技艺、汤口火腿腌制技艺） | 休宁县、黄山区 | 省级 | | √ | √ |
| 34 | 五城豆腐干制作技艺 | 休宁县 | 省级 | √ | √ | √ |
| 35 | 五城米酒制作技艺 | 休宁县 | 省级 | √ | √ | √ |
| 36 | 新安医学 | 黄山市 | 省级 | √ | √ | √ |
| 37 | 张一帖内科疗法 | 黄山市 | 省级 | √ | √ | √ |
| 38 | 西园喉科 | 歙县 | 省级 | √ | √ | √ |
| 39 | 程大位珠算法 | 屯溪区 | 国家级 | | | |
| 40 | 徽菜 | 绩溪县、黄山市 | 省级 | √ | √ | √ |
| 41 | 轩辕车会 | 黄山区 | 省级 | √ | | |
| 42 | 徽州祠祭 | 祁门县、黟县 | 省级 | √ | | |
| 43 | 抬阁（湖村抬阁、隆阜抬阁） | 绩溪县、屯溪区 | 省级 | | | √ |
| 44 | 安苗节 | 绩溪县 | 省级 | | | √ |
| 45 | 赛琼碗 | 绩溪县 | 省级 | | | √ |
| 46 | 花车转阁 | 绩溪县 | 省级 | | | √ |
| 47 | 上九庙会 | 徽州区 | 省级 | | | √ |
| 48 | 婆溪河灯 | 黄山区 | 省级 | √ | | √ |

# 第五章 保护格局

## 第一节 整体保护

**第32条 两条文化生态发展轴**

徽州对外交通主要依循新安江水系和古徽道，徽州非物质文化遗产亦主要依托这些水陆通道传播。由此本规划确定两条文化生态发展轴：祁门—黟县—休宁县—徽州区—歙县文化生态发展轴向东至浙江，向西通向江西；绩溪县—徽州区—歙县—屯溪区—休宁县文化生态发展轴向北至江苏，向南至江西。

**第 33 条　九个文化遗产密集区**

综合考虑徽州非物质文化遗产的密集程度、级别高低、濒危状况,结合黄山市"百村千幢"古民居保护利用工程和绩溪县"三区一廊"建设,划定九个文化遗产密集区,分别为屯溪密集区、歙县密集区、岩寺密集区、呈坎—潜口密集区、万安密集区、甘棠—仙源密集区、西递—宏村密集区、上庄—华阳—伏岭密集区、祁山—历口—渚口密集区。

**第 34 条　引导措施**

文化生态发展轴和文化遗产密集区优先加大资金投入,完善非物质文化遗产四级名录并进行动态管理;加强对代表性传承人的保护,加快传承基地和教育基地的建设,营造非物质文化遗产进行传承与发展的环境,使其成为徽州非物质文化遗产保护的核心区并进行有效辐射。

## 第二节　保护计划

**第 35 条　完善徽州非物质文化遗产保护名录体系**

深入挖掘和梳理徽州非物质文化遗产资源,及时更新完善保护名录,利用科技手段实现保护的科学化,将相关资源信息进行科学、系统的数字化动态管理。

**第 36 条　建设徽州非物质文化遗产传习基地**

保留现有徽州非物质文化遗产传习基地共 22 个,规划传习基地 14 个,包括民间文学 1 个,传统音乐 1 个,传统舞蹈 2 个,传统体育、游艺与杂技 1 个,传统美术 3 个,传统技艺 3 个,传统医药 3 个。

**徽州非物质文化遗产传习基地一览表**

| 序号 | 传习基地 | 现状 | 地区 | 相关保护项目 | | |
| --- | --- | --- | --- | --- | --- | --- |
| | | | | 名称 | 类别 | 级别 |
| 01 | 歙县老胡开文墨厂 | 已有 | 歙县 | 徽墨制作技艺 | 传统技艺 | 国家级 |
| 02 | 歙县安徽省行知中学 | 已有 | 歙县 | 歙砚制作技艺 | 传统技艺 | 国家级 |
| 03 | 休宁县万安老吴鲁衡罗盘店 | 已有 | 休宁县 | 万安罗盘制作技艺 | 传统技艺 | 国家级 |
| 04 | 休宁县德胜—鲁班木工学校 | 已有 | 休宁县 | 徽州木雕技艺 | 传统技艺 | 国家级 |
| 05 | 屯溪区大位小学 | 已有 | 屯溪区 | 程大位珠算法 | 民俗 | 国家级 |
| 06 | 绩溪县徽厨技师学院 | 已有 | 绩溪县 | 徽菜 | 民俗 | 省级 |

续表

| | | | | | | |
|---|---|---|---|---|---|---|
| 07 | 绩溪县徽戏童子班 | 已有 | 绩溪县 | 徽剧 | 传统戏剧 | 国家级 |
| 08 | 绩溪县胡开文墨厂 | 已有 | 绩溪县 | 徽墨制作技艺 | 传统技艺 | 国家级 |
| 09 | 绩溪县曹素功墨厂 | 已有 | 绩溪县 | 徽墨制作技艺 | 传统技艺 | 国家级 |
| 10 | 歙砚博物馆 | 已有 | 歙县 | 歙砚制作技艺 | 传统技艺 | 国家级 |
| 11 | 祁门县徽州目连戏表演队 | 已有 | 祁门县 | 徽州目连戏 | 传统戏剧 | 国家级 |
| 12 | 祁门县傩舞表演队 | 已有 | 祁门县 | 祁门傩舞 | 传统舞蹈 | 国家级 |
| 13 | 徽州竹艺轩有限公司 | 已有 | 徽州区 | 徽州竹雕 | 传统美术 | 省级 |
| 14 | 黟县金星工艺有限公司 | 已有 | 黟县 | 徽州楹联匾额 | 民间文学 | 省级 |
| 15 | 黟县小石徽雕研发中心 | 已有 | 黟县 | 徽州篆刻 | 传统美术 | 省级 |
| 16 | 西递石印村王利民腊八豆腐作坊 | 已有 | 黟县 | 腊八豆腐制作工艺 | 传统技艺 | 市级 |
| 17 | 黄山知铭旅游工艺品开发有限公司 | 已有 | 黄山区 | 玉雕制作技艺 | 传统技艺 | 市级 |
| 18 | 新明乡三合太平猴魁专业合作社 | 已有 | 黄山区 | 太平猴魁制作技艺 | 传统技艺 | 省级 |
| 19 | 仙源镇轩辕车会民俗表演队 | 已有 | 黄山区 | 轩辕车会 | 民俗 | 省级 |
| 20 | 黄山市松萝有机茶叶开发有限公司 | 已有 | 休宁县 | 松萝茶制作技艺 | 传统技艺 | 省级 |
| 21 | 休宁科兴名优茶厂 | 已有 | 休宁县 | 松萝茶制作技艺 | 传统技艺 | 省级 |
| 22 | 黄山旅游集团佳龙绿色食品有限公司 | 已有 | 休宁县 | 五城豆腐干制作技艺 | 传统技艺 | 省级 |
| 23 | 徽州民歌传习基地 | 规划 | 黄山市 | 徽州民歌 | 传统音乐 | 国家级 |
| 24 | 徽州砖雕传习基地 | 规划 | 歙县 | 徽州三雕(砖雕) | 传统技艺 | 国家级 |
| 25 | 徽州石雕传习基地 | 规划 | 徽州区 | 徽州三雕(石雕) | 传统技艺 | 国家级 |
| 26 | 徽州漆器髹饰技艺传习基地 | 规划 | 黄山市 | 徽州漆器髹饰技艺 | 传统技艺 | 国家级 |
| 27 | 徽派盆景技艺传习基地 | 规划 | 歙县 | 徽派盆景技艺 | 传统美术 | 国家级 |
| 28 | 徽州民谣传习基地 | 规划 | 黄山市 | 徽州民谣 | 民间文学 | 省级 |
| 29 | 黎阳仗鼓传习基地 | 规划 | 屯溪区 | 黎阳仗鼓 | 传统舞蹈 | 省级 |

续表

| 30 | 徽州板凳龙传习基地 | 规划 | 徽州区、休宁县 | 徽州板凳龙 | 传统舞蹈 | 省级 |
| 31 | 叶村叠罗汉传习基地 | 规划 | 歙县 | 叶村叠罗汉 | 传统体育、游艺与杂技 | 省级 |
| 32 | 徽州根雕传习基地 | 规划 | 黄山市 | 徽州根雕 | 传统美术 | 省级 |
| 33 | 徽州竹编传习基地 | 规划 | 屯溪区 | 徽州竹编 | 传统美术 | 省级 |
| 34 | 新安医学传习基地 | 规划 | 黄山市 | 新安医学 | 传统医药 | 省级 |
| 35 | 张一帖内科疗法传习基地 | 规划 | 黄山市 | 张一帖内科疗法 | 传统医药 | 省级 |
| 36 | 西园喉科传习基地 | 规划 | 歙县 | 西园喉科 | 传统医药 | 省级 |

**第37条 保护徽州非物质文化遗产项目代表性传承人**

继续对徽州文化生态保护实验区内各级非物质文化遗产名录项目代表性传承人进行认定和命名,为其开展传习活动提供必要的场所,资助其开展授徒传艺、教学、交流等活动,对高龄和无固定经济来源的代表性传承人,可发放一定的生活补贴。建立徽州非物质文化遗产项目代表性传承人保护和动态管理机制,建立科学的认定标准和切实的保护措施,对传承工作有突出贡献的代表性传承人给予表彰、奖励。对学艺者采取助学、奖学等方式,鼓励其学习、掌握非物质文化遗产,成为后继人才。

徽州现有国家级、省级非物质文化遗产项目代表性传承人一览表

| 序号 | 代表性传承人 | 级别 | 相关保护项目 ||
| --- | --- | --- | --- | --- |
| | | | 名称 | 类别 |
| 01 | 王长松 | 第二批国家级 | 徽州目连戏 | 传统戏剧 |
| 02 | 叶养滋 | 第二批国家级 | 徽州目连戏 | 传统戏剧 |
| 03 | 方新中 | 第一批国家级 | 徽州三雕(砖雕) | 传统美术 |
| 04 | 冯有进 | 第一批国家级 | 徽州三雕(石雕) | 传统美术 |
| 05 | 王金生 | 第三批国家级 | 徽州三雕(木雕) | 传统美术 |
| 06 | 周美洪 | 第一批国家级 | 徽墨制作技艺 | 传统技艺 |
| 07 | 曹阶铭 | 第一批国家级 | 歙砚制作技艺 | 传统技艺 |

续表

| | | | | |
|---|---|---|---|---|
| 08 | 吴水森 | 第三批国家级 | 万安罗盘制作技艺 | 传统技艺 |
| 09 | 汪爱军 | 第三批国家级 | 徽墨制作技艺 | 传统技艺 |
| 10 | 郑寒 | 第三批国家级 | 歙砚制作技艺 | 传统技艺 |
| 11 | 甘而可 | 第三批国家级 | 徽州漆器髹饰技艺 | 传统技艺 |
| 12 | 谢四十 | 第三批国家级 | 绿茶制作技艺（黄山毛峰） | 传统技艺 |
| 13 | 操明花 | 第二批省级 | 徽州民歌 | 传统音乐 |
| 14 | 凌志远 | 第二批省级 | 徽州民歌 | 传统音乐 |
| 15 | 汪顺庆 | 第二批省级 | 祁门傩舞 | 传统舞蹈 |
| 16 | 汪宣智 | 第二批省级 | 祁门傩舞 | 传统舞蹈 |
| 17 | 江贤琴 | 第二批省级 | 徽剧 | 传统戏剧 |
| 18 | 汪亦平 | 第二批省级 | 徽剧 | 传统戏剧 |
| 19 | 郑尧锦 | 第二批省级 | 徽州三雕（木雕） | 传统美术 |
| 20 | 黄肇祖 | 第二批省级 | 徽派版画 | 传统美术 |
| 21 | 潘荣明 | 第二批省级 | 徽派版画 | 传统美术 |
| 22 | 董建 | 第二批省级 | 徽州篆刻 | 传统美术 |
| 23 | 胡小石 | 第二批省级 | 徽州篆刻 | 传统美术 |
| 24 | 蒋雨金 | 第二批省级 | 徽州篆刻 | 传统美术 |
| 25 | 曹篁生 | 第一批省级 | 徽州三雕（木雕） | 传统美术 |
| 26 | 洪建华 | 第一批省级 | 徽州竹雕 | 传统美术 |
| 27 | 詹运祥 | 第一批省级 | 万安罗盘制作技艺 | 传统技艺 |
| 28 | 项德胜 | 第二批省级 | 徽墨制作技艺 | 传统技艺 |
| 29 | 王祖伟 | 第二批省级 | 歙砚制作技艺 | 传统技艺 |
| 30 | 洪观清 | 第二批省级 | 徽派盆景技艺 | 传统技艺 |
| 31 | 陆国富 | 第二批省级 | 祁门红茶制作技艺 | 传统技艺 |
| 32 | 闵宣文 | 第二批省级 | 祁门红茶制作技艺 | 传统技艺 |
| 33 | 谢一平 | 第二批省级 | 绿茶制作技艺（黄山毛峰） | 传统技艺 |
| 34 | 王锋林 | 第二批省级 | 绿茶制作技艺（太平猴魁） | 传统技艺 |
| 35 | 程福寿 | 第二批省级 | 绿茶制作技艺（屯溪绿茶） | 传统技艺 |
| 36 | 曹恩溥 | 第二批省级 | 新安医学 | 传统医药 |
| 37 | 方敏 | 第二批省级 | 新安医学 | 传统医药 |
| 38 | 黄孝周 | 第二批省级 | 新安医学 | 传统医药 |
| 39 | 汪寿鹏 | 第二批省级 | 新安医学 | 传统医药 |
| 40 | 郑铎 | 第二批省级 | 新安医学 | 传统医药 |

续表

| 41 | 范金平 | 第二批省级 | 徽菜 | 民俗 |
| 42 | 许启东 | 第二批省级 | 徽菜 | 民俗 |
| 43 | 王可喜 | 第二批省级 | 徽菜 | 民俗 |
| 44 | 汪志祥 | 第二批省级 | 徽菜 | 民俗 |
| 45 | 张旺和 | 第二批省级 | 徽菜 | 民俗 |
| 46 | 胡晖生 | 第二批省级 | 徽州祠祭 | 民俗 |
| 47 | 项元林 | 第二批省级 | 轩辕车会 | 民俗 |

**第38条 维护徽州传统节庆的存续环境**

根据与徽州传统节庆有关的非物质文化遗产的现存状况和展示方式，规划确定8个有群众基础的传统节庆进行保护，在相应节令展示相关非物质文化遗产内容，维护徽州传统节庆的存续环境。

**徽州传统节庆保护一览表**

| 序号 | 传统节庆 | 时间 | 代表性地区 | 相关保护项目 | | |
|---|---|---|---|---|---|---|
| | | | | 名称 | 类别 | 级别 |
| 01 | 八月靖阳 | 农历八月十三前后的庙会 | 屯溪区黎阳镇 | 黎阳仗鼓 | 传统舞蹈 | 省级 |
| 02 | 元宵节 | 农历正月十五前后 | 徽州区潜口镇、休宁县右龙村 | 徽州板凳龙 | 传统舞蹈 | 省级 |
| 03 | 安苗节 | 芒种时节 | 绩溪县上庄镇 | 安苗节 | 民俗 | 省级 |
| 04 | 元宵节 | 农历正月十五前后 | 歙县三阳镇 | 叶村叠罗汉 | 传统体育、游艺与杂技 | 省级 |
| 05 | 轩辕车会 | 农历七月十八日至二十四日会期 | 黄山区仙源镇 | 轩辕车会 | 民俗 | 省级 |
| 06 | 上九 | 农历正月初八至初十 | 徽州区岩寺镇 | 上九庙会 | 民俗 | 省级 |
| 07 | 庙会 | | 绩溪县伏岭镇湖村、屯溪区黎阳镇 | 抬阁（湖村抬阁、隆阜抬阁）、花车转阁 | 民俗 | 省级 |
| 08 | 元宵节 | 农历正月十五前后 | 黄山区甘棠镇 | 婆溪河灯 | 民俗 | 省级 |

### 第39条　设立徽州文化博物(展示)馆

根据非物质文化遗产展示方式,规划确定8个徽州文化博物(展示)馆,作为非物质文化集中展示的场所,包括1个在原有博物馆基础上扩充的国有综合性非物质文化遗产博物(展示)馆、3个在已有博物馆基础上扩充的专题博物(展示)馆和4个新建的专题博物(展示)馆。

**徽州文化博物(展示)馆一览表**

| 序号 | 文化博物(展示)馆 | 博物(展示)馆性质 | 现状 | 地区 | 相关保护项目 名称 | 级别 |
|---|---|---|---|---|---|---|
| 01 | 安徽中国徽州文化博物馆 | 国有综合博物(展示)馆 | 已有,扩充非物质文化遗产生态展示内容 | 黄山市 | 徽州民歌、徽州三雕、徽墨制作技艺、歙砚制作技艺、徽州漆器髹饰技艺、徽派盆景技艺、徽州民谣、徽州版画、徽州篆刻、徽州竹雕、徽州根雕 | 国家级、省级 |
| 02 | 程大位珠算博物馆 | 专题博物(展示)馆 | 已有,扩充其生态展示内容 | 屯溪区 | 程大位珠算法 | 国家级 |
| 03 | 绩溪县三雕博物馆 | 专题博物(展示)馆 | 已有,扩充其生态展示内容 | 绩溪县 | 徽州三雕 | 国家级 |
| 04 | 祁门县红茶博物馆 | 专题博物(展示)馆 | 已有,扩充其生态展示内容 | 祁门县 | 祁门红茶制作技艺 | 国家级 |
| 05 | 休宁县万安罗盘博物馆 | 专题博物(展示)馆 | 规划建设 | 休宁县 | 万安罗盘制作技艺 | 国家级 |

续表

| 06 | 徽州民俗展示馆 | 专题博物（展示）馆 | 规划建设 | 徽州区 | 上九庙会、跳钟馗、柳翠娘、花棍舞、舞和合 | 省级、市级、区县级 |
| 07 | 徽州传统技艺展示馆 | 专题博物（展示）馆 | 规划建设 | 歙县 | 徽墨制作技艺、歙砚制作技艺、徽派盆景技艺、顶谷大方制作技艺、观音豆腐制作技艺等 | 国家级、省级 |
| 08 | 绩溪县博物馆 | 专题博物（展示）馆 | 规划建设 | 绩溪县 | 徽剧、徽菜、徽州民谣、徽墨制作技艺、湖村抬阁、花车转阁、舞狮、火狮舞、安苗节、赛琼碗等 | 国家级、省级 |

**第40条 形成徽州非物质文化遗产整理、研究系列成果**

形成徽州非物质文化遗产整理、研究系列成果，包括资料汇编类、普及读本类、课题调研及理论研究类等。

徽州非物质文化遗产整理、研究系列成果一览表

| 序号 | 研究成果 | 相关保护项目 名称 | 级别 |
|---|---|---|---|
| 01 | 汇编徽州民歌，出版一系列相关书目 | 徽州民歌 | 国家级 |
| 02 | 齐云山道场音乐曲牌整理汇编，开研讨会并出版论文集 | 齐云山道场音乐 | 国家级 |
| 03 | 开展祁门傩舞研讨会并出版论文集，录制专题片 | 祁门傩舞 | 国家级 |
| 04 | 整理徽剧文本，录制剧目，撰写调研报告，开展研讨会并出版论文集，录制专题片 | 徽剧 | 国家级 |
| 05 | 开展目连戏研讨会并出版论文集，录制专题片 | 徽州目连戏 | 国家级 |
| 06 | 出版有关徽州三雕的资料汇编 | 徽州三雕 | 国家级 |
| 07 | 整理汇编与程大位珠算有关的文献资料 | 程大位珠算法 | 国家级 |
| 08 | 汇编徽州民谣，出版一系列相关书目 | 徽州民谣 | 省级 |

续表

| 09 | 开展徽州楹联匾额交流会,集成成果汇编 | 徽州楹联匾额 | 省级 |
|---|---|---|---|
| 10 | 开展新安医学研讨会,校勘、诠释、今译及出版古籍,出版新安医学理论研究成果 | 新安医学、张一帖内科疗法、西园喉科 | 省级 |
| 11 | 搜集整理徽州祠祭相关文献资料,录制专题片,并搜集徽州古祠堂资料,共建资料档案 | 徽州祠祭 | 省级 |
| 12 | 挖掘整理徽菜菜谱,深入研究徽菜技艺,汇编成果 | 徽菜 | 省级 |
| 13 | 编写中小学非物质文化遗产普及读本作为乡土教材,出版音像制品 | 徽州民谣等 | 省级 |

## 第三节 重点项目

重点项目的选择以国家级名录为主,挑选最能体现徽州非物质文化遗产特色,或濒临灭绝、亟待保护的项目在近期规划中实施。

**第41条 徽州民歌**

选择黄山市文联为主要研究单位,继续收集、整理、展示徽州民歌。

1. 加强徽州民歌的保护与传承:继续广泛收集、系统整理徽州民歌,以文献和影音资料方式予以保存,保护老艺人,培养年轻传承人。

2. 通过相关载体进行展示:利用音像制品和民歌演唱会等文艺活动进行徽州民歌的宣传和展示,让人们了解徽州民歌,感受徽州民歌的民俗价值。

**第42条 祁门傩舞**

以祁门县芦溪乡、金字牌镇为基地,搜集、整理祁门傩舞相关资料并组织研究、研讨。

1. 加强文献资料搜集整理:不断深入祁门傩舞的演出地区进行田野调查,探访老艺人,挖掘、搜集、整理相关文献资料,对演出过程进行录像保存。

2. 保护祁门傩舞的传承:成立祁门傩舞社班,解决其活动经费及民间老艺人的生活保障问题,培养年轻传承人。

3. 恢复召开"祁门傩舞学术研讨会":撰写相关论文,系统研究祁门傩舞的起源、发展及价值。

**第 43 条　徽剧（徽戏童子班）**

将绩溪县伏岭镇建设为以徽戏童子班为特色的省级民间戏曲保护示范基地。

1. 扩大、完善传习基地建设：吸纳有潜力、有兴趣的少儿进入徽戏童子班学习，聘请徽戏专家教学授课，定期举办汇演。

2. 加大宣传：积极参与各类民俗文化节等，提高传统戏曲的知名度。

3. 加强载体保护：修缮伏岭古戏台，建设徽戏园。

**第 44 条　徽州目连戏**

保护祁门县历溪村，营造目连戏特色文化生态村落。

1. 加强对徽州目连戏的保护：加大对目连戏的资金投入；保护老艺人，进行系统全面的整理，收集制作音像资料；鼓励和奖励学习目连戏的年轻人。

2. 加强载体保护：保护古戏台等目连戏的展演场所。

3. 目连戏与古村落结合展示：逐渐恢复其田野表演的几个固定场地，如嚎嚎殿、戏坦、观音阁、古树林等，使古村落成为目连戏的展示舞台。

**第 45 条　徽州三雕**

选择以西递、宏村为代表的古村镇及历史街区，利用其古民居、博物馆设立一系列集徽州三雕保护、传承、展示的场所，并实现非物质文化遗产与物质文化遗产结合。

1. 以徽州三雕遗存丰富的古民居作为展示、传播三雕文化的主要区域，收集整理有关徽州三雕的文献、书籍、图集进行展示，复原部分作坊进行传统性生产。

2. 加强载体保护：保护村落及历史街区格局、形态、民居、水体和水口园林等承载非物质文化遗产的环境。

3. 承办主题展览和比赛：举办当代三雕展览及徽州三雕雕工比赛，扩大对非物质文化遗产的宣传，选拔优秀代表性传承人。

4. 在现代民居建筑中，适当结合传统三雕工艺进行装饰，使之与现代生活相融合。

**第 46 条　徽派盆景技艺**

在歙县棠樾鲍家花园形成徽派盆景技艺传承、展示区。

1. 将非物质文化遗产与物质文化遗产载体结合展示：在鲍家花园中展示盆景的设计、栽植、制作过程，增加与盆景艺术家的互动交流。

2. 举行盆景制作竞赛：举办竞赛以提高徽派盆景的知名度和影响力。

**第 47 条　万安罗盘制作技艺**

在休宁县万安镇形成以万安罗盘为主体的传统技艺展示区。

1. 增设主题展示馆:在万安镇建立万安罗盘博物馆,请代表性传承人、制作艺人现场展示制作技艺。

2. 恢复历史的记忆:恢复老巷名、恢复老字号遗迹。

3. 加强宣传:打造万安老街的品牌形象,尤其是其非物质文化特色,将其所属休宁县的其他传统技艺类非物质文化遗产,如松萝茶制作技艺、五城豆腐干制作技艺、五城米酒制作技艺、兰花火腿制作技艺在此共同展示,形成综合的展示体系。

**第 48 条　徽墨制作技艺、歙砚制作技艺**

以歙县、屯溪区、绩溪县为核心,为徽墨、歙砚传承、制作和原真性展示积极创造条件。

1. 活态传承和展示:继续营建歙县老胡开文墨厂、绩溪县胡开文墨厂、绩溪县曹素功墨厂等传习基地,增加传统工艺制作过程的展示和互动活动。

2. 加大保护力度:严格按照相关条例管理歙县老城、屯溪老街的建筑、格局、形态。

**第 49 条　徽派传统民居建筑营造技艺**

选择以歙县许村,徽州区呈坎,绩溪县龙川,黟县西递、宏村为代表的徽州典型古村镇及历史街区,利用博物馆布点,传播徽州传统建筑理念,展示徽州传统民居建筑营造技艺。

1. 非物质文化遗产与物质文化遗产载体结合展示:将徽州建筑中代表元素的制作场景进行展示,增加互动体验场所,选择保存完整、代表性强的建筑对外开放,增加体验性。

2. 加强载体保护:保护作为非物质文化遗产载体的相关历史建筑及水口园林。

3. 与黄山市"百村千幢"古民居保护利用工程、绩溪县"三区一廊"建设相衔接:优先展示工程中选择的古村落和古民居。

4. 挖掘传统建筑风水学中的科学合理成分,去芜存菁,促进人与自然的和谐。

**第 50 条　红茶制作技艺、绿茶制作技艺**

形成以祁门县祁门红茶、徽州区黄山毛峰、黄山区太平猴魁为核心的徽州茶制作技艺展示、传习场所。

1. 建设展示馆:利用现有的祁门红茶博物馆和谢裕大茶叶博物馆展示各茶种

的特色、历史与发展、制作工艺流程、功效价值、品茶方法等,设综合展厅和专题展厅,增设品茶厅和制作展示厅等互动体验场馆。

2. 建设传习所:继续营建黄山区太平猴魁制作技艺传习基地(新明乡三合太平猴魁专业合作社)等,从采摘各茶种芽叶到精制等数十道工序,不断培养技艺传承人。

**第51条　新安医学**

以黄山市新安医学研究中心为主体,系统研究新安医学,挖掘其当代价值。

1. 抢救性收集、整理:包括选择底本、影印、校勘、今译、索引、类编等,使新安医学珍本书籍得以保存。

2. 整理古医籍:对古医籍进行注释、今译及研究,并重新出版刊行。

3. 建设数据库:建立新安医学文献数据库,便于资料管理与查找。

4. 继续开展研讨与交流:与各地的中医药专家开展研讨与交流,适应新时期的要求。

5. 加强传习基地的建设:建立新安医学的传习基地,培养新安医学各个学科的代表性传承人。

**第52条　程大位珠算法**

利用屯溪区程大位珠算博物馆、大位小学为基地,加强程大位珠算法相关资料的搜集与研究,促进程大位珠算法在当代社会的运用和在中小学生中的传承。

1. 加强文献资料收集整理:继续向社会征集各类算具和关于珠算的重要文献,力求珠算相关的资料能完整的、全方位的得到展示。

2. 举办珠算表演赛和珠算节:通过举办珠算表演赛和珠算节,提高中国算盘和珠算文化的知名度和影响力。

3. 成立程大位珠算研究会:深入发掘珠算文化的历史、文化、科学价值,探索其传播与发展路径。

4. 在屯溪大位小学等学校将程大位珠算法纳入教学体系,实现珠算文化的传承与弘扬。

**第53条　徽州祠祭**

在黟县文化馆成立徽州祠祭研究会,加强相关资料的搜集和研究。

1. 成立徽州祠祭研究会:继续向社会征集徽州祠祭的文献资料,深入发掘徽州祠祭的历史和文化,力图能完整记录历史上的祠祭过程,并加以保存整理。

2. 保持原真性生存状态:发掘如歙县昌溪乡周邦头、绩溪县荆州乡上湖家等仍进行祠祭仪式的乡村,尊重当地民众的文化选择,保持其原真性的生存状态。

### 第54条　徽菜

传承、弘扬徽菜文化,以绩溪、屯溪为核心区,全面展示徽州特有的饮食习俗。

1. 建立专题博物馆:建立徽州饮食习俗博物馆,将代表性徽菜、食品制作及徽州饮食习俗等集中展示。

2. 非物质文化遗产综合展示:将徽菜与徽戏等民间表演艺术共同展示,形成"品徽菜,听徽戏"的展示方式。

3. 完善传习机制:以绩溪徽厨技师学院作为传习基地,要积极引进名厨授课,挖掘、复活徽州传统菜品。

4. 利用绩溪每年的"赛琼碗"民俗文化节,评选"十大最受欢迎的徽菜""十大知名徽厨"等,并进行表彰。

## 第六章　合理利用

### 第一节　科学利用

在保护徽州非物质文化遗产的基础上,科学利用非物质文化遗产的自身价值,发展生产性的保护利用项目,形成文化价值认同,实现有特色的和谐社会建设。

### 第55条　生产保护性利用

重视依托徽州非物质文化遗产,在保护的基础上加以正确、合理的利用,将其转化为经济效益和经济资源,进一步保护文化遗产当事人的权益,促进当地文化事业和文化产业发展,优化地方产业结构,推动经济社会协调发展。在实现非物质文化遗产的活态传承方面,树立利用文化遗产发展地方经济的典范。

### 第56条　文化价值认同

通过对徽州非物质文化遗产的保护,加深徽州人民对徽文化的普遍认同,建立文化保护和创新的核心价值观,自觉维护文化的多样性。在以徽州非物质文化遗产为主的文化生态保护中,使人民群众形成文化共识,回归传统价值观,凸显地方的文化特色。

### 第57条　和谐社会建设

将非物质文化遗产保护与文化古村镇旅游有机结合。利用非物质文化遗产的保护与宣传,促进徽州地区旅游的发展,同时通过对非物质文化遗产的普查和研究，使旅游成为宣传、体验非物质文化遗产的良好窗口。将非物质文化遗产保护与社会主义新农村建设有机结合。在新农村建设中重视保护农村文化遗产和古村落文化景观。

将非物质文化遗产保护与黄山市"百村千幢"古民居保护利用工程及绩溪县"三区一廊"建设有机结合。在保护非物质文化遗产的基础上，积极创造条件，构建非物质文化遗产保护利用示范区。选择徽州文化生态保护实验区内有代表性的国家级、省级非物质文化遗产，依托黟县宏村、休宁县万安、徽州区呈坎、歙县许村、祁门县历溪、绩溪县龙川、屯溪老街等保存较为完好、代表其周边文化特色的古村镇、历史街区，将各种非物质文化遗产提炼、整理出来，进行有序的活态保护传承、展示和利用。全面系统修复古民居，将业已存在的现代建筑改成徽派风格，对村落布局、街巷、道路、公共建筑等进行恢复整理，并对村镇内部与周边自然环境进行修复，形成活态展示徽州文化生态的示范区。

## 第二节 保护利用计划

**第58条 发展可以进行生产保护性利用的徽州非物质文化遗产项目**

选择能够在生产中创造经济效益的国家级、省级项目，包括歙砚制作技艺、徽墨制作技艺、徽州漆器髹饰技艺、祁门红茶制作技艺、绿茶制作技艺（太平猴魁、黄山毛峰、屯溪绿茶、松萝茶、顶谷大方）、五城米酒制作技艺、五城豆腐干制作技艺、徽州三雕、徽派盆景技艺、徽州竹雕、徽州根雕、徽州竹编、徽州传统民居建筑营造技艺、皖南火腿腌制技艺（兰花火腿腌制技艺、汤口火腿腌制技艺）、徽菜、新安医学，进行生产保护性利用，在保护非物质文化遗产的同时促进地方经济社会发展。

**第59条 建立非物质文化遗产保护利用示范区**

根据非物质文化遗产展示特点和分布地区，规划建立7个非物质文化遗产保护利用示范区，在文化空间上进行非物质文化遗产及其赖以依存的物质文化遗产、赖以存续的自然环境的整体保护。

非物质文化遗产保护利用示范区一览表

| 序号 | 非物质文化遗产保护利用示范区 | 相关保护项目 | |
|---|---|---|---|
| | | 名称 | 级别 |
| 01 | 屯溪老街 | 徽州三雕、徽墨制作技艺、徽州漆器髹饰技艺、徽州根雕、徽州竹编等 | 国家级、省级 |
| 02 | 徽州区呈坎 | 徽州传统民居建筑营造技艺、徽州三雕、徽州板凳龙、徽州竹编、灵山酒酿、徽州毛豆腐等 | 国家级、省级、市级、区县级 |
| 03 | 歙县许村 | 徽州传统民居建筑营造技艺、徽墨制作技艺、歙砚制作技艺、徽派版画、徽州篆刻、大刀灯、徽州板凳龙、唱灯棚、踏梁等 | 国家级、省级、市级 |
| 04 | 休宁县万安镇万安老街 | 万安罗盘制作技艺、松萝茶制作技艺、兰花火腿腌制技艺、五城豆腐干制作技艺、五城米酒制作技艺等 | 国家级、省级 |
| 05 | 黟县西递、宏村 | 徽州楹联匾额、徽州传统民居建筑营造技艺、腊八豆腐制作技艺、宏村水系建筑技艺、竹制艺术、黟县砖雕、闹灯会、地戏等 | 国家级、市级、区县级 |
| 06 | 绩溪县龙川 | 徽州传统民居建筑营造技艺、徽州民谣、徽州民歌、徽菜等 | 国家级、省级、市级 |
| 07 | 祁门县历溪 | 徽剧、徽州目连戏 | 国家级 |

## 第三节 重点项目

重点项目的选择以国家级名录为主，挑选特色鲜明、有良好群众基础、市场价值高的项目，在近期规划中予以重点实施。

**第 60 条 徽州三雕**

在歙县、屯溪区、徽州区分别建立砖雕、石雕、木雕的原料生产基地及加工厂。在西递、宏村等古村镇及历史街区，设立产品营销点。与黄山旅游相结合，对徽州三雕进行推广活动，提倡在现代建筑设计和建造中使用徽州三雕相关产品。

**第 61 条　徽派盆景技艺**

在歙县棠樾建设徽派盆景技艺制作、销售基地,并在鲍家花园内进行盆景的营销、认购,使其成为欣赏、销售盆景为一体的基地。

**第 62 条　徽墨制作技艺、歙砚制作技艺**

在绩溪县、歙县分别建立徽墨、歙砚的原料生产基地,打造屯溪老街、歙县老城成为以徽墨、歙砚为主的徽州文化特色产品的集聚地。

**第 63 条　红茶制作技艺、绿茶制作技艺**

形成以祁门县祁门红茶、徽州区黄山毛峰、黄山区太平猴魁为核心的徽州茶制作技艺生产保护性利用基地,完善茶叶种植、生产、推广、销售的产业链。

**第 64 条　新安医学**

在歙县建立药材生产基地;以黄山市新安医学研究中心为核心,构建新药研发场所,建立新安医学药品生产基地。

**第 65 条　徽菜**

建立若干徽菜原料的生产基地,将绩溪县构筑为徽菜培训基地。与旅游相结合,以屯溪老街为基地,建立一批徽菜品牌示范店,对徽菜进行宣传和推广。

## 第七章　分期实施方案与效益分析

### 第一节　建设目标

**第 66 条　近期目标(2011~2015 年)**

完善非物质文化遗产保护名录体系,构建非物质文化遗产保护机制,完成部分重点项目实施,全面推进徽州文化生态保护实验区建设,使文化生态保护成为实验区内的全民共识和自觉行为。

**第 67 条　中期目标(2016~2020 年)**

完善非物质文化遗产保护机制,建成徽州文化生态保护区,规划中的主要项目取得成果,提高徽州文化生态保护实验区的整体环境质量,社会效益、经济效益显著。

**第 68 条　远期目标(2021~2025 年)**

非物质文化遗产、物质文化遗产、自然遗产融为一体,与社会经济发展紧密结合,徽州文化生态保护区内人与人、人与社会、人与自然和谐相处,成为中国乃至世界经济、政治、文化、社会可持续发展的范例。

## 第二节　建设规划

**第 69 条　近期建设规划（2011～2015 年）**

编制完成《徽州文化生态保护实验区总体规划》及配套法规，建立相应的管理机构和管理协调机制，督促徽州文化生态保护实验区内各市、区县制订行动计划。

加强区县非物质文化遗产中心建设，引进文化专业人才参与非物质文化遗产保护的日常工作，区内各村镇建立起生态保护民间组织。

加大对非物质文化遗产价值与意义的宣传力度，使群众形成自觉保护非物质文化遗产的意识。

加强实验区内非物质文化遗产普查工作，完善四级名录，建立数字档案。

在发展现有传习基地共 22 处的基础上，完成重点项目相关传习基地建设，包括新建徽州民歌、徽州砖雕、徽州石雕、徽派盆景、新安医学传习基地共 5 处。

建立代表性传承人保护和动态管理机制，并定期组织传承人进行交流、宣传活动。

保护有群众基础的徽州传统节庆，由当地文化部门组织民间团体和人民群众在节庆日进行相关民俗活动。

结合已有文化旅游景点和国保单位等物质载体展示非物质文化遗产，完成部分徽州文化博物（展示）馆系列的建设，包括继续营建安徽中国徽州文化博物馆、程大位珠算博物馆、绩溪县三雕博物馆、祁门县红茶博物馆共 4 处，新建休宁县万安罗盘博物馆、绩溪县博物馆 2 处。

选择歙砚制作技艺、徽墨制作技艺、祁门红茶制作技艺、绿茶制作技艺（太平猴魁、黄山毛峰）、徽州三雕、徽菜、徽州传统民居建筑营造技艺 7 项知名度高、发展状况较好的项目，开展生产保护性利用。

逐步建立屯溪老街、万安老街、西递—宏村 3 处徽州非物质文化遗产保护利用示范区，整体保护示范区内非物质文化遗产、物质文化遗产和自然遗产。

**第 70 条　中期建设规划（2016～2020 年）**

在近期建设经验的基础上，在整个生态保护区内全面开展保护和利用工作。

实验区、各市、各县编制完成 2016～2020 年的具体实施规划。

完成规划中所有传习基地的建设，包括新建徽州漆器髹饰技艺、徽州民谣、黎阳仗鼓、徽州板凳龙、叶村叠罗汉、徽州根雕、张一帖内科疗法、西园喉科传习基地共 8 处。

新建徽州民俗展示馆。

全面开展重点项目中整理、研究成果，包括徽州民歌、祁门傩舞、徽剧、徽州目连戏、徽州三雕、程大位珠算法、新安医学、徽州祠祭、徽菜 9 项，编写一系列乡土教材。

近期建设规划中选择的可以进行生产保护性利用的项目取得明显成效，并开展新项目的生产保护性利用，包括徽州漆器髹饰技艺、绿茶制作技艺（屯溪绿茶、松萝茶、顶谷大方）、新安医学、徽州竹编共 4 项。

屯溪老街、万安老街、西递—宏村非物质文化遗产保护利用示范区的建设成效显著，并逐步开展徽州区呈坎、绩溪县龙川示范区建设。

**第 71 条　远期建设规划（2021~2025 年）**

实验区、各市、各区县编制完成 2021~2025 年的具体实施规划。

新建徽州传统技艺展示馆，完成徽州文化博物（展示）馆系列的建设。

继续充实已有的学术成果，完成齐云山道场音乐、徽州楹联匾额、张一帖内科疗法、西园喉科共 4 项整理、研究成果。

继续开展五城米酒、五城豆腐干、徽州竹雕、徽州根雕、皖南火腿腌制技艺（兰花火腿腌制技艺、汤口火腿腌制技艺）的生产保护性利用，非物质文化遗产保护与社会经济发展紧密结合。

建设歙县许村、祁门县历溪非物质文化遗产保护实验区，与屯溪老街、休宁县万安老街、黟县西递—宏村、徽州区呈坎、绩溪县龙川共同形成非物质文化遗产、物质文化遗产、自然遗产整体保护的典范。

## 第三节　效益分析

**第 72 条　保护资金**

近期保护资金估算为 33895 万元，中期保护资金估算为 54195 万元，远期保护资金估算为 67745 万元，三期估算共投入 155835 万元。

保护资金估算表　　　　　　　　　　　　　　　　　　（单位：万元）

| 计划类别 | 地区和单位 | 实施措施 | 执行时间和保护资金（万元） | | | | | | | | | 总计 |
| --- | --- | --- | --- | --- | --- | --- | --- | --- | --- | --- | --- | --- |
| | | | 2011~2015年 | | | 2016~2020年 | | | 2021~2025年 | | | |
| | | | 国家财政 | 地方配套 | 小计 | 国家财政 | 地方配套 | 小计 | 国家财政 | 地方配套 | 小计 | |
| 编制配套法规 | 黄山市绩溪县 | 各市、区县编制总体规划的配套法规，建立管理机构 | 700 | 700 | 1400 | 700 | 700 | 1400 | 700 | 700 | 1400 | 4200 |
| 机构建设 | 黄山市绩溪县 | 各区县设立非物质文化遗产中心，引进相关专业人才，各村镇建立生态保护民间组织 | 875 | 875 | 1750 | 875 | 875 | 1750 | 875 | 875 | 1750 | 5250 |
| 宣传推广 | 黄山市绩溪县 | 媒体宣传，制作音像制品，利用遗产日等节日进行宣传，组织国际交流 | 700 | 700 | 1400 | 1400 | 1400 | 2800 | 2800 | 2800 | 5600 | 9800 |
| 完善徽州非物质文化遗产保护名录体系 | 黄山市绩溪县 | 深入民间，挖掘非物质文化遗产资源及传承人，进行普查、记录和评定 | 500 | 500 | 1000 | 500 | 500 | 1000 | 500 | 500 | 1000 | 3000 |
| | | 各区县将相关信息进行数字化动态管理，建立数据库 | 250 | 250 | 500 | 250 | 250 | 500 | 250 | 250 | 500 | 1500 |
| | | 小计 | 750 | 750 | 1500 | 750 | 750 | 1500 | 750 | 750 | 1500 | 4500 |

续表

| | | | | | | | | | | | |
|---|---|---|---|---|---|---|---|---|---|---|---|
| 建设徽州非物质文化遗产传习基地 | 黄山市绩溪县 | 对现有的传习基地22处(名单见徽州非物质文化遗产传习基地一览表)给予每年30万元补贴,用于培养非物质文化遗产传承人 | 1650 | 1650 | 3300 | 1650 | 1650 | 3300 | 1650 | 1650 | 3300 | 9900 |
| | 黄山市 | 规划徽州民歌传习基地,培养传承人 | 100 | 100 | 200 | 75 | 75 | 150 | 75 | 75 | 150 | 500 |
| | 歙县 | 规划徽州砖雕传习基地,培养传承人 | 100 | 100 | 200 | 75 | 75 | 150 | 75 | 75 | 150 | 500 |
| | 徽州区 | 规划徽州石雕传习基地,培养传承人 | 100 | 100 | 200 | 75 | 75 | 150 | 75 | 75 | 150 | 500 |
| | 黄山市 | 规划徽州漆器髹饰技艺传习基地,培养传承人 | | | | 100 | 100 | 200 | 75 | 75 | 150 | 350 |
| | 歙县 | 规划徽派盆景技艺基地,培养传承人 | 100 | 100 | 200 | 75 | 75 | 150 | 75 | 75 | 150 | 500 |
| | 黄山市 | 规划徽州民谣传习基地,培养传承人 | | | | 100 | 100 | 200 | 75 | 75 | 150 | 350 |
| | 屯溪区 | 规划黎阳仗鼓传习基地,培养传承人 | | | | 100 | 100 | 200 | 75 | 75 | 150 | 350 |
| | 徽州区休宁县 | 规划徽州板凳龙传习基地,培养传承人 | | | | 100 | 100 | 200 | 75 | 75 | 150 | 350 |
| | 歙县 | 规划叶村叠罗汉传习基地,培养传承人 | | | | 100 | 100 | 200 | 75 | 75 | 150 | 350 |
| | 黄山市 | 规划徽州根雕传习基地,培养传承人 | | | | 100 | 100 | 200 | 75 | 75 | 150 | 350 |
| | 屯溪区 | 规划徽州竹编传习基地,培养传承人 | | | | 100 | 100 | 200 | 75 | 75 | 150 | 350 |
| | 黄山市 | 规划新安医学传习基地,培养传承人 | 100 | 100 | 200 | 75 | 75 | 150 | 75 | 75 | 150 | 500 |
| | 黄山市 | 规划张一帖内科疗法传习基地,培养传承人 | | | | 100 | 100 | 200 | 75 | 75 | 150 | 350 |
| | 歙县 | 规划西园喉科传习基地,培养传承人 | | | | 100 | 100 | 200 | 75 | 75 | 150 | 350 |
| | | 小计 | 2150 | 2150 | 4300 | 2925 | 2925 | 5850 | 2700 | 2700 | 5400 | 15550 |

续表

| | | | | | | | | | | |
|---|---|---|---|---|---|---|---|---|---|---|
| 保护徽州非物质文化遗产项目代表性传承人 | 对现有国家级代表性传承人王长松、叶养滋、方新中、冯有进、王金生、周美洪、曹阶铭、吴水森、汪爱军、郑寒、甘而可、谢四十12人给予每年1.5万元补贴,鼓励其教学、交流、创新 | 45 | 45 | 90 | 45 | 45 | 90 | 45 | 45 | 90 | 270 |
| | 对现有省级代表性传承人操明花、凌志远、汪顺庆、汪宣智、江贤琴、汪亦平、郑尧锦、黄肇祖、潘荣明、董建、胡小石、蒋雨金、曹篁生、洪建华、詹运祥、项德胜、王祖伟、洪观清、陆国富、闵宣文、谢一平、王锋林、程福寿、曹恩溥、方敏、黄孝周、汪寿鹏、郑铎、范金平、许启东、王可喜、汪志祥、张旺和、胡晖生、项元林35人给予每年6000元补贴,鼓励其教学、交流、创新 | 52.5 | 52.5 | 105 | 52.5 | 52.5 | 105 | 52.5 | 52.5 | 105 | 315 |
| | 预备经费:用于组织代表性传承人交流,对有突出贡献者进行奖励,以及新入选者的补贴 | 50 | 50 | 100 | 100 | 100 | 200 | 200 | 200 | 400 | 700 |
| | 小计 | 147.5 | 147.5 | 295 | 197.5 | 197.5 | 395 | 297.5 | 297.5 | 595 | 1285 |

续表

| | | | | | | | | | | |
|---|---|---|---|---|---|---|---|---|---|---|
| 维护徽州传统节庆的存续环境 | 屯溪区 | 农历八月十三前后的庙会在黎阳镇开展黎阳仗鼓表演活动 | 125 | 125 | 250 | 200 | 200 | 400 | 300 | 300 | 600 | 1250 |
| | 徽州区 休宁县 | 元宵节在徽州区潜口镇、休宁县右龙村开展徽州板凳龙的表演活动 | 250 | 250 | 500 | 400 | 400 | 800 | 600 | 600 | 1200 | 2500 |
| | 绩溪县 | 芒种时节在上庄镇开展传统安苗节的节庆活动 | 125 | 125 | 250 | 200 | 200 | 400 | 300 | 300 | 600 | 1250 |
| | 歙县 | 元宵节在三阳镇开展叶村叠罗汉表演活动 | 125 | 125 | 250 | 200 | 200 | 400 | 300 | 300 | 600 | 1250 |
| | 黄山区 | 农历七月十八日至二十四日会期在仙源镇开展轩辕车会表演活动 | 125 | 125 | 250 | 200 | 200 | 400 | 300 | 300 | 600 | 1250 |
| | 徽州区 | 农历正月初八至初十在岩寺镇恢复上九庙会传统民俗活动 | 125 | 125 | 250 | 200 | 200 | 400 | 300 | 300 | 600 | 1250 |
| | 绩溪县 屯溪区 | 每年选择几次庙会，在伏岭镇、黎阳镇开展抬阁的表演活动 | 250 | 250 | 500 | 400 | 400 | 800 | 600 | 600 | 1200 | 2500 |
| | 黄山区 | 元宵节在甘棠镇进行婆溪河灯的表演 | 125 | 125 | 250 | 200 | 200 | 400 | 300 | 300 | 600 | 1250 |
| | | 小计 | 1250 | 1250 | 2500 | 2000 | 2000 | 4000 | 3000 | 3000 | 6000 | 12500 |

续表

| | | | | | | | | | | | |
|---|---|---|---|---|---|---|---|---|---|---|---|
| 形成徽州非物质文化遗产整理、研究系列成果 | 黄山市 | 汇编徽州民歌,出版一系列相关书目 | 125 | 125 | 250 | 125 | 125 | 250 | 125 | 125 | 250 | 750 |
| | 休宁县 | 对齐云山道场音乐曲牌整理汇编,开研讨会并出论文集 | | | | 125 | 125 | 250 | 125 | 125 | 250 | 500 |
| | 祁门县 | 开展祁门傩舞研讨会并出版论文集,录制专题片 | 125 | 125 | 250 | 125 | 125 | 250 | 125 | 125 | 250 | 750 |
| | 黄山市绩溪县 | 整理徽剧文本,录制剧目,撰写调研报告,开展研讨会并出版论文集,录制专题片 | 125 | 125 | 250 | 125 | 125 | 250 | 125 | 125 | 250 | 750 |
| | 祁门县 | 开展目连戏研讨会并出版论文集,录制专题片 | 125 | 125 | 250 | 125 | 125 | 250 | 125 | 125 | 250 | 750 |
| | 黄山市 | 出版有关徽州三雕的资料汇编 | 125 | 125 | 250 | 125 | 125 | 250 | 125 | 125 | 250 | 750 |
| | 屯溪区 | 整理汇编与程大位珠算有关的文献资料 | 125 | 125 | 250 | 125 | 125 | 250 | 125 | 125 | 250 | 750 |
| | 黄山市 | 汇编徽州民谣,出版一系列相关书目 | | | | 125 | 125 | 250 | 125 | 125 | 250 | 500 |
| | 黟县 | 开展徽州楹联匾额交流会,集成成果汇编 | | | | 125 | 125 | 250 | 125 | 125 | 250 | 500 |
| | 黄山市 | 开展新安医学研讨会,校勘、诠释、今译及出版古籍,出版新安医学理论研究成果 | 125 | 125 | 250 | 125 | 125 | 250 | 125 | 125 | 250 | 750 |
| | 祁门县黟县 | 搜集整理徽州祠祭相关文献资料,录制专题片,并搜集徽州古祠堂资料,共建资料档案 | 125 | 125 | 250 | 125 | 125 | 250 | 125 | 125 | 250 | 750 |

续表

| 类别 | 地区 | 内容 | | | | | | | | | | 合计 |
|---|---|---|---|---|---|---|---|---|---|---|---|---|
| | 黄山市绩溪县 | 挖掘整理徽菜菜谱,深入研究徽菜技艺,汇编成果 | 125 | 125 | 250 | 125 | 125 | 250 | 125 | 125 | 250 | 750 |
| | 黄山市绩溪县 | 编写中小学非物质文化遗产普及读本作为乡土教材,出版音像制品 | 250 | 250 | 500 | 250 | 250 | 500 | 250 | 250 | 500 | 1500 |
| | | 小计 | 1375 | 1375 | 2750 | 1750 | 1750 | 3500 | 1750 | 1750 | 3500 | 9750 |
| 设立徽州文化博物(展示)馆 | 黄山市 | 继续营建安徽中国徽州文化博物馆 | 2000 | 2000 | 4000 | 2000 | 2000 | 4000 | 2000 | 2000 | 4000 | 12000 |
| | 屯溪区 | 继续营建程大位珠算博物馆 | 1000 | 1000 | 2000 | 1000 | 1000 | 2000 | 1000 | 1000 | 2000 | 6000 |
| | 绩溪县 | 继续营建三雕博物馆 | 2000 | 2000 | 4000 | 2000 | 2000 | 4000 | 2000 | 2000 | 4000 | 12000 |
| | 祁门县 | 继续营建红茶博物馆 | 1000 | 1000 | 2000 | 1000 | 1000 | 2000 | 1000 | 1000 | 2000 | 6000 |
| | 休宁县 | 建设万安罗盘博物馆,建设面积约1500m² | 1000 | 1000 | 2000 | 1000 | 1000 | 2000 | 1000 | 1000 | 2000 | 6000 |
| | 徽州区 | 建设徽州民俗展示馆,建设面积约1500m² | | | | 7500 | 7500 | 15000 | 2000 | 2000 | 4000 | 19000 |
| | 歙县 | 建设徽州传统技艺展示馆,建设面积约2000m² | | | | | | | 10000 | 10000 | 20000 | 20000 |
| | 绩溪县 | 与绩溪县政府合作,共同建设绩溪县博物馆,建设面积约7000m² | 2000 | 2000 | 4000 | 2000 | 2000 | 4000 | 2000 | 2000 | 4000 | 12000 |
| | | 小计 | 9000 | 9000 | 18000 | 16500 | 16500 | 33000 | 21000 | 21000 | 42000 | 93000 |
| | | 总计 | 16947.5 | 16947.5 | 33895 | 27097.5 | 27097.5 | 54195 | 33872.5 | 33872.5 | 67745 | 155835 |

**第73条 社会效益**

第一,徽州文化生态保护实验区按照"经济发达、设施完善、环境优美、富有地方特色的文化生态保护区"的建设要求,有利于地方特色的二、三产业发展和产业结构的优化。

第二,与地方经济社会发展结合,有利于保障社会的稳定、促进民间文化交流。

第三,徽州文化生态保护实验区的建设有利于扩大内需,带动旅游、特色产品加工、餐饮等相关产业的发展,提高居民可支配收入。

第四,将提供更多的有效就业岗位,促进就业。

第五,基础设施相对滞后的状况将得到一定的改善。

### 第74条　环境效益

环境整治有助于非物质文化遗产、物质文化遗产和自然遗产保护的深度整合,营造具有生态示范意义的保护区。

通过项目建设,保护区自然环境将大幅度改善,居民的生活环境也将得到改善和优化。

### 第75条　总效益分析

近期建设项目保护资金估算为33895万元。通过项目建设,使民间文化交流深入开展,带动旅游等相关产业的发展,生态环境初步改善。

中期建设项目保护资金估算为54195万元。通过项目建设,有效促进文化及相关行业的就业,提高居民收入,改善保护区的基础设施,生态环境质量显著提高。

远期建设项目保护资金估算为67745万元。通过项目建设,使徽州文化生态保护实验区物质环境与非物质环境深度融合,形成国内和国际上具有示范作用的文化保护区。

## 第八章　保障措施

### 第76条　加强立法与政策引导

立法是文化生态保护区取得成效的根本保证。依据联合国教科文组织《保护非物质文化遗产公约》《中华人民共和国非物质文化遗产法》,结合《中华人民共和国文物保护法》《安徽省皖南古民居保护条例》《安徽省古民居保护条例实施细则》《黄山市文化大市建设规划》等相关法规和文件,尽快制定相应配套的法规文件。

《徽州文化生态保护实验区保护条例》

《徽州文化生态保护实验区总体规划实施细则》

《徽州文化生态保护实验区非物质文化遗产传承单位(传承人)保护暂行办法》

《徽州文化生态保护实验区专项资金使用管理办法》

《徽州文化生态保护实验区工作人员业务培训管理暂行办法》

政策引导是文化生态保护区取得成效的必要途径。保护区内的各级党委、政府必须高度重视文化生态保护工作,将其列入重要议事日程。除此之外,还需要从以下方面予以引导:

(1)将文化生态保护试验区的规划和其他各相关事业的规划相衔接,使之成为区域经济文化发展总体规划中的一项重要内容。

(2)在考核下级的工作绩效时,将是否重视和完成文化生态保护工作作为评价的重要标准之一,以促使各级干部树立文化生态保护的意识和责任心,并保证本规划的有效实施。

**第 77 条　建立科学的管理机制**

管理机制包括组织机制、区域合作保护和协调机制、监测评估机制和文化生态补偿机制。

1. 组织机制

安徽省政府成立徽州文化生态保护实验区领导小组,统一组织、指导、协调黄山市和宣城市徽州文化生态保护实验区保护工作的开展,办公室设在安徽省文化厅。相关市级人民政府成立徽州文化生态保护实验区工作领导组,全面负责辖区内的徽州文化生态保护实验区的保护工作。领导组由市人民政府主要负责人任组长,市文化局、市发展改革委员会、市建设委员会、市旅游委员会、市财政局、市规划局、市环保局、市教育局、市国土资源局等部门为成员单位。领导组定期召开会议,研究重大决策,处理重大问题。领导组下设办公室,负责处理日常事务,办公室设在市文化局。

凡是承担规划项目的各区、县的文化局,均应确定专人负责保护区工作和项目管理,项目所涉及的村镇一级,也要明确专门的管理者,从而形成一支自上而下的管理队伍和组织系统,以保证保护区规划和保护项目的实施。

成立省、市两级徽州文化生态保护实验区专家委员会,聘请各学科的专家、学者组成。专家委员会主要针对徽州文化生态保护工作提供专业咨询、理论指导和科学论证服务。省级专家委员会为保护区总体规划的制定、规划实施后的检查评估提供咨询;市级专家委员会为本市的分规划以及具体项目的实施方案提供咨询。

区内各县以及各承担保护项目的村镇成立徽州文化生态保护协会,广泛开展民间保护活动,扩大与周边地区的交流,逐步形成政府与民间相互促进、相互支撑的徽州文化生态保护实验区的整体合力。

2. 区域合作和协调机制

对于本省保护区的工作,应该强调统一规划、组织、指导。注意协调各市、各县乃至承担项目村镇之间的工作关系,每年举行一次协调会议,总结工作经验,解决需要协调的问题。

保护区涉及跨省行政辖区,因此必须打破区域界限,建立协调机制。主动及时将规划和实施方案通告对方,及时与对方沟通,尽可能进行资源整合,避免功能交叉、重复建设,使文化生态保护区的保护工作和谐统一。

3．监测评估机制

(1)对规划确定的项目,省、市两级领导小组办公室定期检查实施情况、资金使用及收益情况,对保护效果好的项目予以表彰,并给予经济上的奖励;对于实施进度缓慢、工作不力的项目承担单位和个人给予通报批评、缓拨经费乃至撤销项目承担资格。

(2)在保护代表性传承人方面,黄山市、绩溪县已启动"非物质文化遗产传承人保护工程",其余地区应尽快开展类似的代表性传承人保护工作。定期召开代表性传承人座谈会和经验交流会,听取代表性传承人的意见和建议。对于保护工作出现的问题,要及时研究出对策。

(3)专项资金的管理落实到人,管理人对专项资金使用、收益等情况要向上一级定期汇报,接受上一级的审计。

(4)充分发挥省、市两级徽州文化生态保护实验区专家委员会的作用,每年拨给一定的专家活动经费,委托他们随时考察和监督保护区内各项目实施的情况,向领导小组报告。

4．文化生态保护补偿机制

(1)完善财政转移支付制度,设立国家、省文化生态保护补偿专项基金。

(2)减少徽州文化生态保护实验区内非物质文化遗产项目所在地政府的经济考核指标,增加对非物质文化遗产项目保护考核指标。

(3)对徽州非物质文化遗产项目中的生产保护项目给予税收优惠。

**第78条　加大宣传力度**

通过各种途径,借助各类媒体,广泛宣传建立徽州文化生态保护实验区的意义,使徽州文化生态保护意识深入人心,进一步突出民众文化主体作用。尊重当地民众的文化意愿,使其自觉自愿地进行文化生态保护,充分发挥其主观能动性。

1．编撰徽州文化乡土教材,使徽州文化进入中小学课堂,将国家级、省级以上的非物质文化遗产项目写进中、小学课本,让学生从小就了解徽州文化,树立保护徽州文化和建设徽州文化生态保护实验区的意识。

2．在中、小学开设兴趣、特长班。例如,大位珠心算兴趣班和特长班、戏曲班、篆刻兴趣班、竹编兴趣班、书法兴趣班、茶艺兴趣班等。让学生课余时间提高自身素质,掌握一些基本技能,建立对徽州文化的荣誉感和尊严感。

3. 利用"文化遗产日",举办非物质文化遗产展览或展演。在实验区设立"遗产传承月",利用各种媒体进行持续的、多种形式的宣传。组织管理人员或者邀请专家进镇、进村,普及文化遗产保护知识,培养和提高全社会的保护意识,营造良好的宣传氛围。

4. 结合旅游组织非物质文化遗产展览和展演,让外地游客对保护区内的非物质文化遗产有深入的了解和体验,从而扩大保护区的影响,也让非物质文化遗产代表性传承人以及区内居民增强自豪感,以激发更强的传承和保护意识,充分发挥民众的主观能动性。

**第79条 加强队伍建设**

1. 管理队伍

建设一支熟悉徽州文化生态保护实验区的基本情况、了解非物质文化遗产保护法规、掌握文化生态保护方法以及所涉保护项目基本内容的,并具备热爱文化保护、高度责任心的管理队伍,是实施徽州文化生态保护实验区规划的必要保证。

根据目前的人事编制的限制,以及两级领导小组办公室的设置,省、市两级的管理人员宜由文化厅、局职能处室确定专人负责徽州文化生态保护实验区的工作,或委托下属相关的事业单位负责具体的组织协调任务。保护区内各县、区文化局既是徽州文化生态保护实验区所涉项目的承担单位,也是管理单位,更需要确定专门人员负责此项工作。

承担徽州文化生态保护实验区项目的主体,要确定项目负责人,全权负责项目的实施。如果是综合性项目,还需要按照项目内容分别确立负责人,以保证项目的全面实施。

对于各级管理人员采取"责、权、利"相统一的机制,即工作责任、工作任务、工作目标明确;工作权限清晰;工作成效显著给予奖励,工作无成效给予惩戒。对于非公务员身份的管理人员,应该给予一定的劳务报酬。对于所聘任的管理人员,由各级领导小组办公室与他们签订明确"责、权、利"以及聘任时限的合同。

应在规划实施之前对所有管理人员进行业务培训。培训内容包括:非物质文化遗产的概念与界定、联合国和我国非物质文化遗产保护方针及现状;建立徽州文化生态保护实验区的意义、规划内容、实施步骤、保护思路;非物质文化遗产传承保护方法;徽州历史文化;国内外保护物质文化遗产与非物质文化遗产的经验;文化遗产保护与开发利用;徽州文化生态保护实验区管理工作模式和思路等。

2. 专家队伍

专家队伍是保证徽州文化生态保护实验区建设质量和水平的重要保障。应保持专家的稳定性,发挥专家的主动性,充分依靠专家的学术力量进行研究。专家队伍应分三个层次和三个类别。三个层次是:国家及省级专家组成的省级徽州文化生态保护实验区专家委员会,市、县级专家组成的市级徽州文化生态保护实验区专家委员会;县以下熟悉本地文化遗产情况、对某一类非物质文化遗产有所研究的专家组成的徽州文化生态保护协会。三个类别是:熟悉徽州历史文化的专家,熟悉非物质文化遗产及保护政策和保护方法的专家,在某一学科领域卓有建树的专家。

三个层次和三个类别的专家各有特长。国家和省级专家在非物质文化遗产、文化生态保护区的理论思考上具有国际视野和较高学术造诣,从而能够保证徽州文化生态保护实验区的建设水平。市、县级的专家不仅熟悉本地的文化遗产保存现状,也对其中的非物质文化遗产有一定深度的思考和研究,从而能够保证徽州文化生态保护实验区以及保护项目的文化内涵。地方专家则对保护项目的现状和隐含其中的文化信息更为熟悉,能够保证项目实施的准确性。三个类别的专家也都分别拥有各自的学科学术专长。因此,各级专家委员会必须组合不同类别的专家,共同保障徽州文化生态保护实验区按照规划顺利实施。

3. 传承人队伍

传承人是各种非物质文化的载体,是非物质文化保护的最重要的对象。传承人队伍是徽州文化生态保护实验区能否达到预期目标的关键。参照各国以及国内保护非物质文化遗产的经验,传承人队伍建设工作主要包括以下几个方面:

一是尽快按照非物质文化遗产的类别,对所有传承人进行普查,并分出抢救性保护、政策性保护、扶持性保护三个类别。对年事已高、传承重要价值非物质文化遗产项目的传承人,应该立即录音录像,同时给予生活补贴,并由其指定年轻的传承人及时学习。对于年岁不高、身体尚可的传承人,应该在政策上鼓励其将所承载的非物质文化遗产项目传承给年轻一代,并给予传承人工作津贴。对愿意学习非物质文化遗产的年轻人,应该大加鼓励,给予学习资助,帮助其树立传承文化的责任意识。

二是分门别类制定保护和鼓励传承人的政策。对于能够进行生产性保护的项目传承人,可以授予称号、授牌以鼓励和宣传推广。对于不能进行生产性保护的项目传承人,应给予经济上的补贴,使其承载的非物质文化遗产项目得到延续和保存。

三是规范代表性传承人的认定、保护和监管,定期认定、考核、撤销和变更。非物质文化遗产代表性传承人应当履行义务:开展传承活动、培养后继人才;妥善保存相关实物和资料;配合文化主管部门和其他有关部门进行非物质文化遗产调查。对于代表性传承人无正当理由不履行规定义务的,文化主管部门可以取消其代表性传承人资格,重新认定新的代表性传承人。对于代表性传承人丧失传承能力的,文化主管部门可以重新认定新的代表性传承人。

4. 民间保护队伍

民间保护队伍是徽州文化生态保护实验区非物质文化遗产得以长久保持的基础。承担保护项目的各村镇成立徽州文化生态保护协会,增强村民保护非物质文化遗产的意识,培育热爱民间艺术和工艺的青年人,积极开展传承活动,形成管理人员、传承人和热爱者之间的互动,从而使文化遗产得到全面保护。

**第80条　加大资金投入**

徽州文化生态保护实验区是一项惠及子孙后代的庞大而具持久性的工程,经费投入是成功的保障。经费来源主要可分为政府拨款、企业捐助、民间募捐和商业融资等渠道。在启动阶段建议将政府拨款作为最主要的经费来源,以保证规划近期项目的尽快实施。

1. 国家有关部门每年以专项保护资金的方式拨付保护和建设经费;向国家有关部门争取重大项目资金支持。

2. 安徽省人民政府设立徽州文化生态保护实验区专项保护资金,列入年度财政预算。

3. 徽州文化生态保护实验区所涉及的市、区县人民政府应从旅游收入中划拨相应比例的经费作为专项保护资金,分别列入年度财政预算。

4. 鼓励相关企业承担非物质文化遗产项目,实施生产性保护;广泛吸收社会各界捐助和募捐。

5. 徽州文化生态保护实验区专项保护资金主要用于生态空间的项目建设、非物质文化遗产代表性传承人的培养和补助以及非物质文化遗产的挖掘、收集、整理、保护、传承。

6. 建立徽州文化生态保护实验区专项保护资金审计监督制度,加强管理,严格做到合理使用,专款专用。

7. 徽州文化生态保护实验区专项保护资金实行上位审批制度,即乡镇一级项目由区县审批,区县一级由市审批,市一级由省审批,申请国家专项补助由省文化厅报国家文化部。

8. 徽州文化生态保护实验区专项保护资金优先投入价值高、濒危的项目,以及文化生态发展轴、文化生态密集区的项目。

**第 81 条　开展理论研究**

理论研究主要围绕徽州文化生态保护实验区的主题而展开,通过项目的实施,及时总结经验,借鉴各个学科的已有成果,以及国内外已有的成功保护经验,总结出具有创新意义的保护策略和方法。

各级专家委员会必须承担起理论研究的职责。定期召开学术研讨会,出版论文集,开设论坛等。针对保护区建设中的问题设立研究课题,给予研究经费,促进理论研究的深入。

依靠高校、科研机构以及学术团体。各级专家委员会与有关学术机构建立密切的联系,逐渐壮大研究队伍,推陈出新理论成果。

**第 82 条　开展国际国内文化交流**

开展国际国内文化交流,扩大徽州文化生态保护实验区的影响。

1. 举办全国性、国际性的研讨会和经验交流会,交流保护经验,推动徽州文化生态保护实验区走向全国、走向世界。

2. 积极向全国和世界推介保护区内的非物质文化遗产,组织非物质文化遗产参加国内外各种展示、展演。

# 第九章　附　则

**第 83 条**　本规划成果包括规划文本、图件、说明书,规划文本具有法律效力。

**第 84 条**　本规划是指导徽州文化生态保护实验区进行管理的依据,在徽州文化生态保护实验区进行各项建设活动的一切单位和个人,均应按《徽州文化生态保护实验区总体规划》的规定,执行本规划,任何单位和个人非经履行法定程序都无权变更本规划。

**第 85 条**　在具体实施上,本规划保护对象应为列入国家、省、市、区县四级名录的遗产,保护重点为国家级、省级名录。各市、县应分别在此规划的框架内再制定详细的切合实际的保护规划和实施方案,通过实施对列入市、县级名录的非物质文化遗产进行有效保护和合理利用。

**第 86 条**　本规划由安徽省人民政府组织实施,授权安徽省文化厅作为规划的管理机构,对规划执行和实施情况进行检查、监督,并向安徽省人民政府报告。本规划由安徽省文化厅负责解释。

**第 87 条**　本规划自中华人民共和国文化部批准之日起施行。

# 非物质文化遗产

『田野调查指南』

# 田野调查的人员与设备

**(一)田野调查的人员：**

领队＋相关类别的专家＋技术人员＋地方文化工作者＋志愿者

田野调查人员一定要事先进行一定的培训，并根据普查任务和个人专长对参加普查的人员作出合理的分工，做到各司其职、互相配合。普查时，可临时吸收当地的非物质文化遗产爱好者和志愿者参加。

**(二)设备：**

专业级采录器材一览表

| 型　号 | 简介及备注 |
|---|---|
| **摄影器材方案一（实用方案）** ||
| 佳能 5DMarkⅢ套机<br>（含 EF24－105mmf/4LISUSM） | 特点：5D2 的升级替代产品，拥有 2230 万有效像素的 5D3 在制作大幅的宣传海报、喷绘时可以保留更加细腻的画面质量。套机的 24－105 镜头拥有较大的变焦范围，适用于现场抓拍，避免更换镜头的麻烦，同时 F4 的恒定光圈，可以保证在比较昏暗的场景里能有更稳定的进光亮，保证有闪光限制的环境仍然可以清晰曝光。 |
| 佳能 430EXⅡ（闪光灯） | 说明：因为专业相机都不附带机顶闪光灯，所以一个与相机相匹配的外接闪光灯还是有必要的。 |
| **摄影器材方案二（专业方案）** ||
| 佳能 EOS5DMarkⅢ | 说明：单机另配专业镜头可以提供更多的组合和更专业的画质。 |
| 佳能 EF24－70mmf/2.8LUSM<br>（镜头） | 优点：佳能顶级的中焦变焦镜头，是 5D3 最好的搭档。<br>缺点：缺失了长焦端，如果想要拍摄较远距离的特写就比较困难了，需要拍摄者更接近被摄主体。 |

续表

| | |
|---|---|
| 佳能430EXⅡ（闪光灯） | 说明：因为专业相机都不附带机顶闪光灯，所以一个与相机相匹配的外接闪光灯还是有必要的。 |
| 摄影器材方案三（廉价方案） | |
| 尼康D7000单反套机（含AF－SDX18－105f/3.5－5.6GEDVR） | 优点：价格便宜，具有良好的成像素质，高感性能良好。满足基本需求。<br>缺点：中端相机，套机镜头表现力非常一般。 |
| 摄影器材方案四（高端方案） | |
| 尼康D810 | 优点：尼康D810拥有3635万的有效像素，非常有利于制作大幅的宣传材料。<br>缺点：像素太高，做后期处理需要一台配置高的电脑与之搭配。 |
| 镜头方案一：<br>AFS24－120F4G | 优点：大变焦，适用范围广，有防抖功能，可以更好地手持拍摄。<br>缺点：全幅镜头中的旅游镜，不够专业。 |
| 镜头方案二：<br>AFS24－70F2.8G | 优点：尼康的"镜皇"，可以充分发挥D810的3635万像素优势。<br>缺点：同佳能24－70一样，缺失了长焦端。 |
| 尼康SB－700（闪光灯） | 说明：因为专业相机都不附带机顶闪光灯，所以一个与相机相匹配的外接闪光灯还是有必要的。 |
| 摄像器材方案（专业方案） | |
| 索尼PXW－FS5K<br>（闪存摄像机） | 特点：FS7的功能缩减版本，可更换镜头，支持4K、高清，可以满足大部分的工作。 |
| 录音器材方案（专业方案） | |
| 索尼PCM－D100<br>（录音笔） | 特点：非常专业的录音笔，毫无损失的音质保存。 |

（采录设备方案设计者：罗鹏）

# 田野调查的采录方法

**一、田野调查的指导原则**

在非物质文化遗产的田野调查工作中,每个参加田野调查工作的人员,都应力求做到以马克思主义的唯物史观分析非物质文化遗产的发生、发展以及在漫长的历史进程中出现的种种现象。目前我们所传承和享受的非物质文化遗产,大多是被民众集体创造出来并以口传心授的方式一代代传承、滚雪球似的发展而来的,也有部分是在新的社会条件下被创作出来的,它滋养了一代代民众的心灵和精神世界,给一代代的民众以人生的知识和道德伦理教育,伴随着人类社会的始终,成为稳定社会和群体的重要力量。同时,它也像人类本身一样受到了历史的局限。

在非物质文化遗产田野调查中,要充分尊重民众的创造性,以全面性、代表性、真实性为田野调查的指导原则。所谓全面性,即在田野调查和采集过程中,要避免教条主义和机械主义,以马克思主义历史唯物史观为指导,坚持全面调查和采录。所谓代表性,即在田野调查中,任何人都不可能对一切民间文化现象平均使用力量,要善于发现在一个地区的范围内,哪些形式、哪些作品、哪些类型、哪些民俗现象是有代表性的,抓住了这些形式、作品、类型、民俗现象,就抓住了主流的或主要的东西。因此,代表性在某种程度上具有抽样调查的性质。所谓真实性,即按照民间文化作品和民俗表现形态,真实地、不加修饰、不加歪曲地将其记录和描述下来,更不要以自己的想象或凭自己的知识和爱好去窜改民间文化作品。只有把全面性、代表性、真实性三者结合起来、统一起来,符合这"三性原则"的田野调查和采录成果,才经得起历史的检验。

在田野调查中,对非物质文化遗产的蕴藏情况和采集历史掌握得越清楚,采集或记录当前还在流传的非物质文化遗产(文字、照片、视图、实物)也就越有代表性,对讲述者、传承者或表演者的技艺和背景资料搜集得越完善,对于所采集或记录的非物质文化遗产相关的历史情况、人文背景了解得越细致,得到的相关数据越丰富、多样、翔实,就会对全国或某一地区非物质文化遗产的全貌与流变的掌握,对寻找和确认全国或某一地区非物质文化遗产的代表作及其特点,对制定非物质文化遗产的保护措施,对绘制全国或地方的非物质文化遗产的分布图,提供翔实可靠和科学的依据。

## 二、田野调查的步骤和方法

非物质文化遗产的田野调查,要充分利用冬春农闲时间进行,也要抓住民俗节庆的时机作现场调查,既能观摩体察非物质文化遗产的原生态,又避免过多地影响农业生产。不论任何地区,都应有"抢救优先"的思想。对于那些已经掌握的高龄和病危的非物质文化遗产传人,要优先安排调查采访和抢救搜集,以免造成"人亡艺绝"的遗憾。

田野调查工作的基本步骤,大致可划分为三个阶段:田野调查准备阶段;实地田野调查阶段;田野调查总结阶段。

1. 田野调查准备阶段。制定田野调查计划、拟订田野调查提纲、制作登记表格、绘制田野调查地图(可以地图出版社印制的学生空白地图代用)等。田野调查计划是开展田野调查工作的具体实施方案,包括具体任务、田野调查点(城镇或村落)的确定、人员配备、工作步骤、调查方法、目标、时间等。田野调查提纲是根据田野调查任务制定的,其所规定的项目和内容,是供田野调查者具体调查时参考的,调查者还可根据实际情况在提纲之外发挥和增加调查内容。

2. 实地田野调查阶段。实地田野调查是田野调查的重要阶段。

要根据田野调查计划和提纲进行。要因地制宜、因时制宜。提纲是一份通用的文件,如果现场发现田野调查计划和调查提纲有未尽之处,可根据当地实际情况作适当修改补充。

参加田野调查的人员一律要填写登记表格,并记田野调查日记。每进行一乡(或一村),要在田野调查地图上作出标记。采集到的口头文学、民间艺术品、民俗实物、摄影摄像、仪式的素描,除原件原物外,还要按照表格的要求进行登记。登记的项目,除了文本、实物的名称、内容简介、类别等,还应包括讲述者、传承者、提供者及其年龄、性别,居住地的县名、乡镇名、村名等。

在田野调查时,除了搜集现成的书面简介材料和听取行政负责人的简略介绍,主要的是选择那些承载非物质文化遗产较多、较有才华和独创性的人进行面对面的采访、问答、表演、展示,如故事家、歌手、民间艺人、巫师(师公、萨满)等,为他们创造适宜的环境(场合、听众)。如条件允许,也可有限度地再现实际讲述、演唱、仪式时的环境(类似于电视台的"情景再现"),让他们轻松自如地讲述或演唱(口头文学)、表演展示(民间舞蹈、戏曲、仪式、巫傩等)。调查采访者以笔录、摄影、录音、录像等方式和技术记录其讲述和表演。要抓住当地的民俗节庆(如节令、庙会、歌节等),不失时机地进行现场采访。

在田野调查中,要根据不同情况采用不同的调查方法,在了解了一般情况后,可重点走访,抽样调查,也可以开小型调查会。在面对面的采访讲述者和现场观摩民俗展演时,提倡"参与观察"。所谓"参与观察"的调查方法,简言之,就是一方面要求调查者不要把自己视为、尤其不要被当地人视为"外来人",以免在调查时增加采访者与被采访者之间的疏离感;另一方面,要求调查者要设法参加到讲述或演唱的情境中去,以便使调查者(采访者)与被采访者之间自然地发生感情的交流和情绪的沟通,从而获得真实状态下的讲述内容。在田野调查中,要充分重视当地的文化工作者和爱好者,他们能够起到帮助沟通外来采访者与被采访者、讲述者的作用。

除从口头上搜集记录"活态"的各类非物质文化遗产形态,包括讲述文本和展演现场外,还要注意搜寻民间传抄的过去时代或现在仍在流传的唱本、歌本、长诗、鼓词、皮影脚本、宝卷(宣卷)、经书、图画册页等手抄本。

3. 田野调查总结阶段。主要是撰写调查报告。调查报告应按照田野调查计划和调查提纲逐一叙述,要对各项要求作出分析和统计,各项调查均需写出书面报告,要对田野调查的成果与调查的完善程度作出评估。田野调查中采录的民间作品、搜集的民俗实物和民艺作品、调查采访时随机填写的表格、绘制的田野调查地图、摄制的照片与录音录像,均应登记造册,标明田野调查人员名单、田野调查时间、田野调查地区等。以上材料均应悉数上缴田野调查小组的上一级主管部门归档。

三、田野调查注意事项

1. 田野调查队(小组)成员要尊重当地的风俗习惯,特别是尊重民族地区的风俗习惯。一旦发现个别违反当地民族风俗习惯的严重事件,要立即果断地严肃处理,以取得群众的信任。

2. 田野调查队(小组)要尊重和依靠地方党政机关和文化部门,争取他们的支持与帮助,向他们汇报情况。

3. 田野调查队(小组)要有严格的田野调查工作纪律。内容如下:

(1)认真负责,一丝不苟,不走形式,调查者必须亲自深入现场,直接面对、接触调查对象。做到资料来源清楚,内容真实,数据可靠。

(2)实事求是,尊重他人劳动成果。整理、汇编资料时,引用他人成果必须注明出处。

(3)发扬团结协作精神,成果署名应反映客观实际。

(4)遵守田野调查规则,所有规定上交的资料及成果,必须如实如期上交。

(5)对于违反纪律者,要追究相关责任,按规定予以处罚。

4. 田野调查队(小组)要有严格的工作作风,建立严格的资料交接和保管制度。

5. 注意队员的安全。

**四、各类别田野调查采录方法示例**

(一)调查地的基本情况

Ⅰ. 生态环境

1. 本村是什么山村?是黄土高原山村吗?是黄土丘陵村吗?是土石山村吗?

2. 本村在县、乡的什么位置?方位边界情况如何?

3. 村外有什么河流?村境内有什么河流过?

4. 村落占地有多少?耕地有什么?村民聚落占地多少?林果木占地多少?

5. 村民聚落点的海拔高度分别是多少?聚落点内有多少沟壑峡谷?怎样分布?

6. 全年二十四节气气候如何?雨雪旱涝的正常年景和遭灾年景怎样?

7. 野生动物情况怎样?森林植被情况如何?有价值的古树、大树、树种、花草种有哪些?有什么矿藏吗?

8. 村庄有哪些资源物产?

9. 这一切对本村有什么影响?

10. 古村境内有哪些自然风水说法和遗迹?

Ⅱ. 历史与现状

1. 村落起源有什么说法?村名有什么来历?

2. 历史上与县城有什么特殊的关系?

3. 村内有什么公共设施与标志建筑?如庙宇、场院、村碑等。

4. 村落类型:从历史上看,是祖居村、移民村还是其他?从居住状态来看,是密集型,还是散居型?是单姓村、主姓村还是杂姓村?在生计方式上,是农业村落还是行业村落?

5. 聚落形态呈现什么形状?是狭长形还是方形、圆形?

6. 村庄通向外界的交通要道有哪些?

7. 对村落生活有影响的历史人物、重大的历史事件有哪些?

8. 现在的人口状况,如人数、年龄组、户数、民族、文化水平等。

9. 经济状况,如土地、产业、产值、人均收入等。

10. 有无村史、村志记载?

Ⅲ. 城镇状况

1. 城镇的方位边界。

2. 行政区划的历史沿革。

3. 街区布局。

4. 著名建筑。

5. 河湖体系。

6. 交通要道。

7. 人口职业构成。

8. 商业场所的分布。

9. 社交娱乐场所的分布。

10. 宗教场所的分布。

11. 居住空间分布。

12. 历史记载。

(二)项目信息设问

## 民间文学

调查民间文学应该注意的问题:

全面搜集。全面调查该地区流行的所有民间文学,调查时不要按体裁定义去分别调查。按体裁分类是调查之后的工作。

忠实记录。用讲述者的语言,不要用调查者自己的语言。有些方言用拼音标记,翻译整理后要保存原稿。

重点调查专业传承人或优秀传承人。每到一地调查时,要首先寻找该地区的民间文学的专门传承者(如专门讲唱神话的巫师、专门演唱史诗或长诗的艺人或歌手,专门演唱仪式歌的人),以及优秀传承者,如擅长讲故事的人(记得多、讲得好),擅长演唱歌谣的歌手(唱得好、记得多或会编歌),等等。找到这种人时,要对他们的情况进行各方面的调查,搜集他们掌握的全部民间文学作品。调查他们的年龄、性别、身份、职业、生活经历和生活环境。他们掌握的民间文学作品从何人传授、传授者的情况、传授的方法。要注意妇女在民间故事、儿歌等方面的传承作用。一般传承人掌握的民间文学情况也要调查。

民间文学文本的形成主要是靠录音和文字书写。讲唱者的表情、语气、手势,讲唱现场的环境、气氛以及与听众的互动,特别是一些民间文学作品(如史诗、歌谣等)在劳动或仪式中的现场使用情境(如史诗在祭祀中的使用、号子在劳动中的使用、歌谣在叫魂、驱鬼中的使用等),都是民间文学的重要组成部分。

具体问题:

1. 被采访人的基本情况?(姓名、性别、出生年月、民族、受教育程度、职业等)
2. 被采访人的经历及传承情况?
3. 本地有哪些民间文学形式?
4. 讲述人会讲哪些传说、故事、诗歌、谚语、格言、歇后语和谜语?
5. 有无手抄本资料?有无相关的仪式或风俗?是否有相关书籍出版?
6. 传承人的现状,传承情况如何,有哪些困难和要求?

## 传统美术

传统美术调查应该注意的问题:

1. 美术的种类与名称(绘画、剪纸、泥塑、木雕、石刻、瓷雕、刺绣、印花等)。
2. 创作材料、制作工具及工艺流程。
3. 艺术起源与传承方式。
4. 职业艺人。
5. 关于技艺和艺术品的传说。
6. 使用环境与使用方法。民间美术大都具有实用性,如剪纸用作窗花、鞋样,以及年节、喜庆、祭祀等仪式上。应详细调查什么时候用在什么地方,如何使用等。
7. 有关某一具体工艺或美术门类的信仰与禁忌。
8. 销售方式。民间美术许多情况下作为商品出售。有的是销售作品,有的是现场制售。注意他们赶集、赶会、串乡、长途贩运等销售形式及取酬方式。特别注意现场制作的销售方式。

具体问题:

| 服饰类 | | |
|---|---|---|
| 纺线 | 工艺 | 如何纺线?(纺线的工艺流程)如何染线?用什么染料?如何浆线?如何扽线?如何经线?记录从经线到织布的每一道工序。 |
| | 工具 | 纺车(图片及各部件名称、结构测量图) |
| 织布 | 工艺 | 如何织布?(织布的工艺流程) |
| | 工具 | 织机(图片及各部件名称、结构测量图) |
| | 图案 | 统计当地织布的图案(含图片、图案名称、名称来历、经纬线的结构图、色彩的配置) |
| | 功能 | 不同图案的织布分别有什么用途?(如什么图案做被面,什么图案做床单,什么图案做夏衣,什么图案做冬衣等等) |
| | 民俗资料 | 当地有织布的习俗吗?为什么?女孩子从什么时候开始学织布?如何学?织布的习俗和女孩子的婚嫁有关系吗?为什么当地依然流行着织布的习俗呢? |
| 印染 | 工艺 | 1.如何染单色素布(如各种蓝色布、红色布等)?过去用什么染料?现在用什么染料?谈一谈植物性染料的使用方法(含种植、管理、收割、脱胶、提炼染料、还原、配比等)<br>2.如何做蓝印花布?如何做扎染?如何做蜡染?如何做夹缬?<br>3.当地主要使用印染布做什么服装或做服装的哪些部件?还有其他印染布的方法吗?记录下染料和印染工艺。<br>4.用什么做防染剂?防染剂的配比及制作方法? |
| | 工具 | 记录印染工艺所涉及的各种工具(含图片、名称、结构测量图等) |
| | 图案 | 1.蓝印花布使用什么版?(纸版、塑料版等)是自制版吗?如何制版?使用什么工具?(图片及测量图)<br>2.各种印制工艺的图案来源?是自己新创的还是一代代传下来的?自己创图案时在题材或造型上有没有特点?(如倾向于某一种题材)有没有艺诀或口诀?在图案构成或形象塑造上有程式化的规则吗?(如某种动物往往和某种植物相配、某种形象怎么处理就好看等等)记录图案(图片、名称及相关传说、寓意)<br>3.用这些印染花布做服装时有什么要求?(如裁剪禁忌、常用印花布做什么服装等)记录图案资料(图片、名称及图案的使用) |

续表

| 服饰类 | | |
|---|---|---|
| 印染 | 经营 | 当地印染业的经营形式？有提货凭证吗？ |
| | 工艺传承 | 当地有印染工艺方面的作坊吗？有堂号吗？作坊主跟谁学的手艺？什么时候学的？这门手艺在当地向上可以追溯到什么时候？回顾一下这段历史。什么时候开始从业的？手艺向下打算怎么传？祖师爷是谁？如何供奉？有行会吗？行业规矩是什么？ |
| 刺绣 | | 1. 哪些服饰需要刺绣？刺绣剪纸花样中有哪些形象？他（它）们和历史传说或人类起源有关联吗？<br>2. 刺绣在哪些部位？（如袖口、领角、裤口等）有哪些常见形象？（如文字纹、花鸟纹、动物纹、童子、水果花卉等）有什么寓意？<br>3. 有特殊的用途吗？（如山西女子结婚必备十果绣鞋）谁剪的？<br>4. 记录下制作者的师承情况、个人传略、造型特点、制作工艺等。<br>5. 有哪些刺绣针法？不同的针法用于刺绣什么？<br>6. 有哪些刺绣品种？（如裹物绣、贴补绣等）<br>7. 在配线方面有没有固定的规则？有没有口诀？<br>8. 刺绣的"样子"从哪儿来？有没有夹"样子"的东西？ |
| 剪裁 | 童服 | 1. 当地孩子的服装、帽、马甲、护襟、兜肚、围嘴、鞋有哪些款式、面料、装饰纹样？为什么是这样的？（从使用功能及纹样寓意等各个角度来说）<br>2. 佩饰（如百家锁、长命锁、手镯、项链、耳环等）的造型、装饰及使用？为什么存在？<br>3. 童帽、童鞋（如虎头鞋、虎头帽等）的款式、面料、装饰纹样？有没有什么说法？（从使用功能及纹样寓意等各个角度来说）<br>4. 这些服饰怎么剪裁？孩子的服饰由谁做？有说法吗？有没有节日性的服饰？（如五毒兜肚、五色线等） |

续表

| | 服饰类 | |
|---|---|---|
| 剪裁 | 服装 | 1. 不同季节、不同性别、不同年龄段,人的内衣、常服、礼服、劳动服、帽、鞋、袜、鞋垫的款式、面料、装饰、功能如何?怎么裁剪?<br>2. 当地地理条件对服饰的影响?<br>3. 成年礼在服饰上的体现是什么?男女婚服、寿服的造型、色彩及装饰?有什么说法吗?<br>4. 针线笸箩的材质、造型及来源?如何制作的?笸箩里都有些什么?针插、缠线板、线粉袋子是什么样的?用烙铁或熨斗吗?什么样的?如何装饰的? |
| | 其他 | 1. 当地人不同时代的发式如何?不同年龄段男女的发式如何?装扮如何?<br>2. 首饰的佩戴者是谁?首饰(如簪子、发带、头绳、发套、耳环、耳附、项链、戒指等)的名称、造型、工艺、装饰如何?<br>3. 荷包、绣球、扇子、烟袋、眼镜套、耳套等佩饰的造型、面料、题材(寓意)及功能。 |
| | 饮食类 | |
| 餐饮厨炊用具 | | 1. 当地的炉灶种类有哪些?(材料、造型、尺度、装饰)各炉灶在功能上的不同之处?为什么当地产生出这样的炉灶形式?有风箱吗?<br>2. 当地常用的炊具(锅、勺、铲、刀、药罐等)在材料、造型、尺度上的特点?有装饰吗?与当地风俗、地理环境的关系?<br>3. 当地的餐具(碗、盘、碟、筷、调羹、筷笼等)在材料、造型、装饰及工艺上的特点?有地域特点吗?为什么?<br>4. 有特殊的餐饮厨炊用具吗?<br>5. 街头小吃使用什么样的器具?<br>6. 当地饮具的材料、造型、工艺及装饰特点。有酒令牌之类的席间游戏具吗?<br>7. 这些用具在当地有加工的吗?有作坊吗?有堂号吗?这种工艺与当地环境有关系吗?<br>8. 原料如何选取?制作工艺?经营形式?使用工具?<br>9. 作坊主学艺及从业时间?跟谁学的?记录下师徒传承的历史。<br>10. 对这门手艺的未来有打算吗?该手艺历史及目前的存在形态,为什么? |

续表

| | 饮食类 |
|---|---|
| 食品塑作 | 1. 当地有面塑吗？造型题材？（如西游记、村野人物、十二生肖、各类动物、花鸟等）<br>2. 如何用色？制作工艺流程是什么？使用什么工具？<br>3. 面塑与当地风俗有何关联？在当地节俗中如何使用？<br>4. 面塑的功能？（如馈赠、祭祀、避邪、玩耍等）<br>5. 当地有闻名的面塑艺人吗？当地有与面塑相关的民谣吗？<br>6. 还有没有其他的与食品原料相关的塑作？其制作者、造型、材料、工具、制作工艺、寓意及使用功能是什么？它们与当地风俗有什么关系？<br>7. 制作面塑的模具其材质、造型、雕刻工艺的特点。<br>8. 谁制作的？了解艺人的师承、手艺情况。 |
| | 建筑类 |
| 宅居 | 1. 当地的建筑形式？（四合院、窑洞、天井式建筑等等）宅院内的建筑布局？<br>2. 宅院设计是什么样的？（包括院墙装饰、地面装饰、景观布置等）有影壁吗？其装饰情况如何？有门墩石雕吗？<br>3. 建房时有什么仪式或风俗？安置什么镇宅物？有什么说法？镇宅物的材料、造型、尺度、色彩有什么讲究？<br>4. 建筑外墙的艺术风格？（如彩绘、彩塑、砖雕、木雕、石雕等）记录其装饰形态、色彩、题材等艺术处理手段。<br>5. 房檐、门罩、门檐、门廊、柱梁、窗格等建筑部件是怎么处理的？将其艺术造型形式记录下来。<br>6. 迁入新居时有什么习俗？<br>7. 室内有哪些装饰形式？（如顶棚花、炕围花、糊墙纸、窗花、门窗、门板、隔扇的雕刻、中堂等）其造型、色彩、装饰题材如何？节日期间有特殊的装饰样式吗？室内有楹联、匾牌等文字性的装饰形式吗？记录文字内容。室内有软性装饰形式吗？（如帐、幔、帘、桌围子、墙围子等）记录其制作工艺、图案、材质、造型手段等。<br>8. 当地有牌坊、戏楼、社、神庙、寨门、望楼之类的公共建筑吗？记录其建筑形式、装饰形式。 |

续表

| | | 建筑类 |
|---|---|---|
| 年画 | 门神题材 | 1. 当地有贴年画的习俗吗？<br>2. 大门上的门神是谁？（如神荼、郁垒/秦琼、尉迟恭/赵公明、燃灯道人/关公、关胜/钟馗/将帅门神等）<br>3. 二大门或正房屋门上贴的门神是谁？（如天官赐福、三星门神、五子门神等）<br>4. 厢房门或偏门贴的门神是谁？（如麒麟送子等）<br>5. 有单幅的门神画吗？为什么使用这些人物形象作门神？有什么说法吗？<br>6. 每年贴的都是一样的吗？<br>7. 统计所有的门神种类。这些门神还有其他的称谓吗？（如将神荼、郁垒称作大锤将、小锤将，将秦琼、尉迟恭称作鞭锏将军，将大门、二门、偏门的门神称作大毛、二毛、三毛等）为什么产生这样的称谓？<br>8. 每年何时贴门神？旧的门神画怎么处理？<br>9. 贴门神时有仪式吗？此类年画的作用？ |
| | 吉庆题材 | 1. 当地有庆祝节日和节日祭祀主题的年画吗？（如岁朝图、合家欢、过新年、庆赏元宵、新春大吉、二月二龙抬头、端阳喜庆等）<br>2. 有表示节气的历画吗？（如春牛图、九九消寒图、春夏秋冬图等）<br>3. 历画中形象的称谓？（如春牛图中手执鞭的芒神）形象的含义？（如春牛图中"三人九饼"意为"三壬九丙"，是一个预示丰年的节气）<br>4. 这种历画何时贴？贴于何处？历画如何使用？（如九九消寒梅花图每过一天需用笔点染一片花瓣）这些历画与当地人的生活有什么联系？<br>5. 当地多子多寿主题的年画有哪些？（如瓜瓞绵绵、鹿鹤同春、猫蝶庆春、榴开百子、百子图、婴戏图、母子图等）<br>6. 富贵高升的主题有哪些？（如招财进宝、指日高升、平安富贵、凤凰牡丹、金玉满堂、鲤鱼跳龙门、福字寿字、喜报三元等）<br>7. 当地其他吉庆主题的年画有哪些？（如万象更新、瑞兽图、狮子滚绣球、博古图、仕女图等）<br>8. 每幅吉庆类题材年画名字的来历？画面中形象的意义？<br>9. 何时贴？贴于何处？贴时有仪式吗？此类年画的作用？ |

续表

| | | 建筑类 |
|---|---|---|
| 年画 | 生活题材 | 1.当地表现劳动生产及丰收题材的年画有哪些？（如庄家忙、男十忙、女十忙、纺织图、庆丰收、渔家乐、放牧图、渔樵耕读等）表现现实生活及习俗的题材有哪些？（如行旅图、访友图、进香图、庙会图、九流图、三百六十行图、问卦图、各类改良图等）<br>2.此类年画的内容有何意义？此类年画的作用？何时贴？贴于何处？ |
| | 戏曲、传说题材 | 1.戏曲、传说题材的年画在当地有哪些？（如渭水河、孟姜女、三国演义、西厢记、西游记、杨家将、秦香莲、水浒传、白蛇传、宝莲灯、二十四孝、牛郎织女等）<br>2.画面中的形象是谁？故事情节？<br>3.此类年画贴在哪儿？贴此类年画的作用是什么？<br>4.这类题材的年画在当地年画中所占比重如何？为什么？<br>5.和当地人的生活习俗有何关联？ |
| | 神仙符像题材 | 1.当地有哪些神仙题材的年画？（如三皇圣祖、文武财神、刘海戏金蟾、和合二仙、八仙、东方朔、张仙送子、天女散花、送子观音等）<br>2.有哪些可以起到避邪作用的符像类的年画？（如馗头或奎头、天地全神、观音、天师镇宅、下山虎、太极八卦符等）<br>3.这些符像各自的用途？（如上梁立柱时压上，可镇宅平安等）何时贴？贴于何处？画面中形象的意义及来历？如何使用？<br>4.旧的符像如何处理？<br>5.此类年画以何种方式得来？（如购买、馈赠、请自寺观等）价格多少？<br>6.有对其增加法力的仪式吗？（如开光等） |
| | 杂画题材 | 1.当地有桌围画、灯画、拂尘画(贴在碗橱等地方,用于遮尘)、窗画、包装画纸、书本画纸、各类花纸、棋盘图、纸牌、招幌、条屏、纸扎画等杂画吗？<br>2.画面形象有何含义？贴于何处？何时贴？有何作用？<br>3.有灯画吗？有哪些种类的灯画？（如走马灯、灯笼、照壁灯等）<br>4.有布画吗？有哪些种类的布画？（如门帘画、吊挂、祖容等）<br>5.这些杂画各自的特点是什么？（如体现在造型、色彩、幅式、情节性、内容、文字上的特点）它们与当地人生活有何关联？ |

续表

| | | 建筑类 |
|---|---|---|
| 年画 | 制作年画 | 1. 这些年画购于何地？价格多少？<br>2. 当地有制作年画的作坊吗？有堂号吗？师承谱系？（一代代怎么传下来的、每代艺人的名号及代表作品）艺人传略？（艺人的成长经历）作坊的情况？<br>3. 制作工具？谁制版？有画谱吗？都是老样子吗？有新创的样子吗？怎么刻版？（工艺与工序）<br>4. 有画诀吗？创作形象时需注意什么？<br>5. 每一种年画的形式如何？（如全版印制、半印半绘、手绘等）这种形式的来历？<br>6. 习惯于使用哪几种固定颜色？上色时有色诀吗？配色需要注意什么？ |
| 剪纸 | 窗花 | 1. 窗花有哪些种类？（如窗花、窗旁、窗唇、窗棂花等）该窗花叫什么名字？<br>2. 何时贴？贴于何处？有何作用？（如祈雨、驱灾、镇宅、招魂、送病、止雨、装饰等）有相关的传说吗？<br>3. 主体形象是什么？有什么寓意？辅助性的形象是什么？有什么寓意？<br>4. 形象有变体吗？（如我省的抓髻娃娃变体为坐莲娃娃、等燕娃娃、枣山娃娃、喜娃、抓鸡娃娃、手挂钱、葫芦娃娃、花瓶娃娃、坐笙娃娃、元宝娃娃等）变体后又生发出什么新的寓意？<br>5. 有与窗花形象相关的谚语、歇后语、俗语、谜语吗？<br>6. 造型有性别之分吗？<br>7. 这些形象与当地民俗、民间观念有何关联？（如鱼、鸡、龙等象征男性，莲、桃、兔等象征女性等）其造型特点？<br>8. 哪些剪纸旁有文字？为什么？<br>9. 有些可起到镇符作用的剪纸使用时，还配以什么样的巫术手段？<br>10. 当地剪纸常见的装饰手法是什么？（单色、分色、衬色、染色、勾色、拼色、水印、纸塑等）<br>11. 当地剪纸有哪些常见题材？（如生产场景、生活场景、皮影人物、戏曲人物、神仙、十二生肖等）有哪些神仙形象？（如嬷嬷人儿、八仙、西王圣母等）有哪些戏曲形象？ |

续表

| | | 建筑类 |
|---|---|---|
| 剪纸 | 门笺 | 1. 为什么挂门笺？当地门笺的艺术形式如何？（如单色、复色、挖补套色等）不同的门笺分别张挂在哪儿？何时张挂？一套完整的门笺有几张？一套门笺分成不同的颜色吗？张挂时有顺序要求吗？门笺的幅式大小？门笺的题材？（如十二生肖、动物、花鸟、吉祥文字、二十四孝、万字等）门笺的图案有何寓意？有特殊用途的门笺吗？（如生日门笺、生育门笺、丧葬门笺等）<br>2. 还有哪些其他类型的装饰性剪纸？（如顶棚花、炕围花、斗方花、门帘飘带花、床帐飘带花等）有礼花吗？（如节俗时贴在室内的剪纸、装饰寿楼的剪纸等）贴于何时？何处？有丧葬使用的剪纸礼花吗？（如招魂幡带、守孝窗花、纸扎剪纸等）记录这些剪纸的形象、常见题材、构成形式、色彩及民俗寓意等。礼花有固定使用的形象吗？（如丧葬礼花中的莲花、奈何桥、猫、狗、童子持灯等）<br>3. 参照年画的制作情况记录下剪纸制作的有关情况及艺人的情况。（如艺人姓名、住址、师承、个人简历、造型特点、工艺特点、材料、传播及流布等） |
| 家具 | | 1. 室内有炕吗？在居室的什么位置？占多大面积？<br>2. 内部结构是怎么设计的？<br>3. 炕的功能有哪些？如何装饰？（如炕围画等）<br>4. 炕上放什么家具？家具的装饰？<br>5. 被面、床单是什么样的？有哪些图案？枕头是什么材质的？如何装饰？（工艺、纹样、色彩等）炕上席子的编织纹样有多少种？<br>6. 屋内有哪些家具？（桌、椅、凳、案、几、床、榻、梳妆台、衣架、脸盆架、书橱、衣柜、箱、围屏等）<br>7. 各种家具的造型、材料、工艺、装饰、色彩等。<br>8. 家具如何搭配？有固定的要求吗？家具各部件有名称吗？碗橱、八仙桌等家具有绘画性的装饰形式吗？将其记录下来。 |
| 工艺传承 | | 1. 当地从事建筑构件、家具制作、年画印制的工匠有作坊吗？他们的生产形式是什么样的？<br>2. 他们的手艺跟谁学的？如何拜师和学艺？有拜师仪式吗？如何出徒？有仪式或标志吗？ |

续表

| | 建筑类 |
|---|---|
| 工艺传承 | 3. 各种工匠使用什么工具？关于这些工具有传说吗？工具的功能是什么？<br>4. 有艺诀吗？如何选材？如何制作？<br>5. 所有的装饰纹样或工艺造型都是师传的吗？有没有将它们把握准确的技术要素？<br>6. 谈一谈工艺创新的情况。统计艺人所掌握的造型、题材。<br>7. 有行业规矩吗？怎么入行、入会？有行业信仰吗？ |
| | 交通类 |
| | 1. 当地道路、桥梁有装饰吗？<br>2. 桥的形制？将桥上的雕刻、贴塑或绘画形式记录下来。<br>3. 有路神和桥神吗？什么祭祀形式？<br>4. 当地使用什么样的交通工具？（如畜力牵引的各类车、轿子、滑竿、船、皮筏子等）将交通工具的形制、结构、使用、功能等情况记录下来。<br>5. 交通工具的制造会涉及哪些工种的工匠？对他们的传承谱系、个人传略、学艺从业、工艺制造、制作禁忌等情况加以了解。<br>6. 结婚、出殡各使用什么样的交通工具？如何装饰它们？ |
| | 生活器用类 |
| 生产 | 1. 当地使用什么样的生产工具？（农耕、渔猎、狩猎、畜牧业、副业等）记录其造型、材质、功能。（图片及结构测量图）<br>2. 当地有哪些比较出名的手工业？（木工、铁匠、泥瓦匠、制瓷匠、纺织匠等）<br>3. 使用什么样的手工工具？ |
| 生活 | 1. 当地使用什么样的照明具？（如油灯、烛、灯笼等）将灯具、烛台、灯笼的造型、材质、装饰、功能记录下来。<br>2. 有剪纸或年画类的灯笼花吗？什么图案？有何寓意？和民俗习惯有关系吗？<br>3. 有香炉、香薰吗？（造型、装饰、材质、功能特征）<br>4. 当地有哪些陈设类器具？（如帽筒、镜、花瓶、如意等）记录它们的材质、造型、色彩、纹样、寓意、陈设位置等。<br>5. 当地使用什么样的取暖具、纳凉具、清洁具？按系列将每一种类的各种形式记录下来。(包括造型、装饰、材质、功能、结构等)是自制的还是购买的？制作工艺？ |

续表

| | 生活器用类 |
|---|---|
| 生活 | 6. 当地使用什么样的梳妆具？（梳妆台、梳妆箱、镜子、梳子、篦子、拢子等）将它们的材质、装饰、造型、工艺记录下来。当地有人制作吗？谈一谈制作情况。这些梳妆用品和女孩子的生活、教育有什么关联？<br>7. 当地有什么样的文具？（笔、笔架、笔筒、砚台、镇纸、笔洗、案头小摆设等）其材质、造型、装饰及功能如何？<br>8. 当地使用什么样的容器？（筐、篓、盆、桶、罐、斗等）其材质、造型、装饰、用途如何？怎么制作的？有什么特点？<br>9. 当地摇篮、学步车等和孩子养育相关的器具有什么特点？<br>10. 还有其他的生活器用吗？节日或礼仪期间有没有特殊的装饰形式？（如盖上礼花等形式）怎么制作？描述这种民俗活动的过程。 |
| | 神像类 |
| 绘画形式 | 1. 当地绘画性神像有哪些？（如祖容、灶爷、钟馗、关公、玉皇大帝、黑无常、白无常等）记录它们的种类、材质、描绘人物、色彩、构图、造型等特点。<br>2. 为什么会选择这样的形象？是手绘的还是木版印制的？<br>3. 当地有艺人吗？了解艺人的情况。（师承谱系、个人传略、技艺传播、流传区域、工艺制作、发展现状等）<br>4. 使用什么颜料？什么工具？有画谱吗？神像供奉与生活的关系？<br>5. 有自创的形象吗？怎么创制的？来源或资料是什么？<br>6. 这些神像悬挂在何处？如何供奉？何时悬挂？何时收藏？使用哪些供奉用具？（如香炉、烛台、烛、杯、碗、碟、盏及刀、戟等礼仪用具）记录下它们的造型、色彩、纹样、工艺特征、寓意、用途等。<br>7. 有纸马吗？将它们按祭祀内容（如桥神、轿神、床神、喜神、哭神、厕神、牛神、路神、树神、马神等）记录下来。是手绘的还是版印的？记录它们的色彩及图案形式。 |
| 塑作形式 | 1. 当地有神庙吗？有什么供奉形式？<br>2. 当地塑作式神像有哪些？（如面塑、糖塑、果蔬塑、泥塑、铸铁等）记录它们的材质、种类、人物、色彩、造型、装饰纹样等情况。<br>3. 当地丧葬活动中有哪些祭祀物品？有纸扎吗？记录纸扎的种类及名称。记录纸扎的造型、色彩、图案、材料、制作工具、制作工艺。<br>4. 了解艺人的情况。 |

## 传统音乐

调查传统音乐应注意的问题:

音乐(歌曲与乐曲)的种类与名称;有无曲谱、曲牌;流行的地域范围;有无乐器,乐器的种类与样式;有无著名歌手、歌手的经历与社会地位;民间音乐的传承方式。有无群众性节日性的唱歌活动。

具体问题:

| | |
|---|---|
| 乐器 | 1. 乐器种类:村民会制造或演奏哪几种乐器?乐器的称谓? <br> 2. 乐器制造:制作工具、使用原料、制作工艺、手艺传承及有关制作的信仰与禁忌。有代表性的制造人。 <br> 3. 乐器演奏:演奏方式、信仰与禁忌。演奏技法、演奏术语。有代表性的演奏者。 |
| 乐曲 | 1. 村民们使用哪种乐器?能演奏哪几种曲子? <br> 2. 这些曲子分别在什么场合使用,有什么禁忌? <br> 3. 这些曲子如何传承下来?口传?文字?曲谱? <br> 4. 乐曲的曲调数量、流传范围、历史渊源? <br> 5. 有无相关的传说,有无出土文物? |
| 民歌 | 1. 民歌的种类:如花儿、信天游、酸曲、山歌、小调、仪式歌等。 <br> 2. 主要曲目:名称、数量、代表曲目的演唱。 <br> 3. 歌曲所表现的内容,有无相关的传说或故事。 <br> 4. 歌词的结构,衬词、衬句的运用规律及特点。 <br> 5. 有无特殊的唱法和技巧。 <br> 6. 主要曲目的演唱环境:歌会、恋爱、婚、丧、祭礼或待客仪式,一般场合。 <br> 7. 歌手状况与传承方式。 <br> 8. 有关民歌演唱的信仰与禁忌。 <br> (以上各类音乐需要用录音设备记录曲调和唱词) |

## 传统舞蹈

调查传统舞蹈应该注意的问题:

民间舞蹈的种类与名称、流行的地域范围。有无乐曲歌曲伴舞。有无服装道具和化妆。舞蹈的动作。舞蹈的传承。舞蹈与节日、仪式的关系。

具体问题：

| 1.舞蹈种类(先调查出种类,再分类进行采访) | 节庆类舞蹈:用于节日、喜庆、迎客等场合的舞蹈。各地各民族各具特色。如各种鼓舞、刀舞、芦笙舞、水罐舞、秧歌、高跷、竹马、旱船、龙舞、狮舞、芯子、抬阁等。 |
|---|---|
| | 宗教信仰类舞蹈:用于丧葬、祭祀、祷雨、祈晴、驱邪、治病等场合的巫舞、傩舞等。 |

2. 舞蹈的名称、别称及其流传地区。
3. 舞蹈的源流沿革及其发展现状。
4. 舞蹈的活动时间、活动地点、主要内容、风格特点。
5. 演出形式与使用道具:演出的动作、套路、服装、道具。
6. 有无伴奏音乐？如有,伴奏乐器、乐曲、伴奏方式是什么？
7. 有无相关的传说、故事？有无相关风俗？
8. 有无相关信仰与禁忌？(某种舞蹈行业内的信仰、祖师爷与语言、行为方面的禁忌)
9. 知名演员与传承:村内知名的演员以及该舞的传承方式。拜师的仪式与学员待遇。
10. 演出组织:包括演员参加的行业性的会、社,以及民间为筹集资金、组织演出所结合的会、社等。

**传统戏剧**

调查民间戏曲应该注意的问题：

民间戏曲的种类与名称(如梆子、道情戏、秧歌戏、二人台、小花戏、耍孩儿以及木偶戏与皮影戏等)。各戏种的流行的地域范围。组织者是何人。表演者的年龄、性别、人数与角色。角色的名称(生、旦、丑等)。有哪些剧目。有无剧本,剧本何人编写。表演的环境(室内或室外,有无舞台),舞台的设备。表演的时间与寿诞、婚礼、祭礼等仪式有无关系。关于戏种的起源沿革的传说。道具、服装、乐器的种类、名称、样式。化妆与脸谱的艺术。技艺的传授方式、师徒关系。表演的经济收入情况。

具体问题:

| | |
|---|---|
| 基本情况 | 1. 当地有哪些戏剧流行？是否使用当地语言表演？主要剧目与起源历史，与当地曲艺或民歌的关系。<br>2. 有无自己的剧本？使用什么乐器伴奏和加强音响效果？<br>3. 剧本哪些是由外面移植而来的？哪些是当地自古流传下来或新近创作的？它们各表现什么内容和主题？<br>4. 演员是临时凑集的？还是专业性的？假如有专业剧团，它的组成及人员、收支情况如何？假如有外地剧团来表演，一般情况及何以受到欢迎？<br>5. 请戏习俗：各地在请戏班演戏时，对"请戏"的称呼（如有的地方叫"写戏"）、演出的组织、搭台、请亲戚看戏、维持秩序、请戏与演出时的信仰与禁忌都有不同的规定。<br>6. 村内有哪些知名的演员？戏曲唱腔、表演的传承方式是什么？ |
| 行当组织 | 1. 该行当是本地的还是外地传来的？有什么说法？<br>2. 当地戏剧是否崇拜什么保护神？该行当有祖师爷吗？有什么传说？有怎样的祭拜仪式？在什么时间、地点举行这些仪式？<br>3. 该行当是否有什么组织？何时成立的？行当组织主要有哪些作用？它与官方的关系怎样？<br>4. 该行当组织的领头人是怎样推举出来的？要具备哪些条件？<br>5. 行当中的艺人字辈怎样？<br>6. 该行当有怎样的行规、行话、禁忌？<br>7. 艺人结拜把兄弟吗？怎样结拜？和哪些人结拜？把兄弟之间的关系怎样？对他们的卖艺生涯有怎样的影响？ |
| 表演 | 1. 演出场所怎样？是撂地搭棚还是在小戏园子里？是租借别人的场子演出还是在自家的场子？参加堂会表演吗？进大戏园子表演吗？去乡村或其他城市吗？常去哪里？<br>2. 该行当表演的服饰怎样？有哪些常用的道具？关于这些道具有什么说法？演员的服装、化妆、道具或面具有什么特点及其象征意义？<br>3. 艺人卖艺时怎样做广告？<br>4. 简单描述一下表演过程。一般在什么时间开场、收场？戏剧演出前后要举行什么仪式？ |

续表

| | |
|---|---|
| 表演 | 5. 外来的艺人怎样才能在当地获得卖艺的权利？<br>6. 艺人怎样收取报酬？受哪些外在因素的影响？<br>7. 艺人和观众之间的关系怎样？有什么特别的事情吗？<br>8. 该行当最吸引人的表演是什么？你所知道的最有名的艺人是谁？<br>9. 艺人的艺名或绰号？有什么来历吗？<br>10. 近几十年来，该行当的表演发生了哪些明显变化？<br>11. 关于该行当的表演或者著名的艺人有什么传说、故事以及谚语、俗语等？ |
| 艺人生活 | 1. 从事该行当的人从什么地方来？对从事该行当的艺人的性别有无特殊规定？发生哪些变化？<br>2. 从事该行当后，他们与家人、邻居、亲戚之间的关系怎样？还能参加祭祖吗？<br>3. 该行当的艺人拜师学艺的过程怎样？需要具备哪些条件？有什么样的仪式？写有字据吗？内容是什么？<br>4. 师徒间的关系怎样？<br>5. 学艺的日常生活怎样？一天的时间怎样安排？有哪些固定的安排？<br>6. 该行当艺人有哪些生活嗜好？婚姻状况怎样？有收义子、养女的吗？男艺人的生活与女艺人的生活有哪些不同？为什么？<br>7. 当地演员（无论是专业还是业余的）的社会身份如何？是特别为人看不起还是受到尊敬？社会上对该行当的人有怎样的看法？ |

## 曲 艺

调查民间曲艺应注意的问题：

民间曲艺的种类与名称（如大鼓书、评弹、道情、快书、相声、评书等）。流行的地域范围。表演者的身份、名称、性别、年龄、社会地位、人数与角色、技艺的传授。有无艺人的组织。有无曲本、何人编写。演出的地点、时间、乐器、道具、服装的种类名称和样式；演出的经济收入情况。

（具体问题与民间戏曲基本雷同，可参照民间戏曲调查提纲进行田野访问）

## 传统体育、游艺与杂技

调查传统体育、游艺与杂技应该注意的问题：

娱乐游戏、体育和杂技是群众性的活动。应注意活动的群众范围。杂技的场合、杂技的规则和裁判等。集体性的民间艺术活动和娱乐游戏、体育杂技与其他社会活动的关系。

具体问题：

1. 小孩经常做什么游戏？与谁结伴玩耍？在什么地方玩？（室内、室外、场院、野外）游戏规则怎样？
2. 当地有没有大型游艺活动？（如庙会、社火、灯会、傩戏、赛龙舟等）
3. 农闲时成年人有哪些游戏和比赛的娱乐活动？如何组织？
4. 有哪些传统的棋牌或武术等体育活动？有哪些秧歌活动？有哪些锣鼓活动？有哪些花灯舞？
5. 有哪些"旺火""架火"活动？怎样垒"旺火"？怎样吊挂支架和燃放烟火花炮？其他社火活动还有哪些？
6. 社火是怎样组织开展的？有哪些表演艺人、传人？
7. 村民自制的大小玩具有哪些？使用了什么材质？如何制作？怎么玩？还有人会做泥人、面人、风筝、蝈蝈笼、剪纸、刺绣等手艺活吗？
8. 玩具造型形象、装饰图案、色彩是什么样的？有何寓意？与当地风俗有何关联？
9. 当地有哪些代表性的玩具吗？有历史渊源的说道吗？
10. 玩具的用途有哪些？（如玩耍、摆设、避邪护佑、驱瘟、劝酒具、出售等）
11. 当地玩具有哪些制作手法？（塑作、编结、缝纫、雕刻、削斫、裱扎、陶瓷等）
12. 当地泥玩具是模制的还是捏制的？制作工艺？上色特点？当地土质特点？
13. 当地闻名的艺人？师承情况？玩具的传播情况？
14. 当地有拴娃娃的习俗吗？与拴娃娃相关的民俗资料？谁制作？如何制作？拴娃娃的材质与形象？
15. 当地有制作比较精致、雅致的玩具吗？艺人师承系谱？技艺流传？造型题材？捏制技法？用色特点？制作工艺？
16. 有泥哨玩具吗？什么造型？泥哨在当地的民俗意义？怎么制作？
17. 当地和玩具相关的艺诀、俗语、民谣有哪些？
18. 有糖玩具吗？怎么制作？材料？工具？常见题材？功能？其民俗意义？

续表

19. 有编结玩具吗？有益智玩具吗？（如九连环等）有缝纫玩具吗？（如荷包、香包、布老虎、布鸡、布人等）有骨、铜、锡、石等雕刻玩具吗？有蝈蝈葫芦吗？有旋木玩具吗？（如棒棒人、哗啦棒槌、颜车等）有陶瓷玩具吗？有裱扎玩具吗？（如风筝、风车、纸人、纸蛇等）记录其作品造型、色彩、装饰、寓意、材料、制作工艺及艺人的情况。
20. 本地有哪些杂技表演活动？是本地固有的还是由外地传入的？
21. 有哪些杂技艺术传承人？各有哪些绝活？传承路线是家族传承还是师傅传承？
22. 演出场所通常在哪里？
23. 有无歌诀？传说？
24. 有无历史文献资料或实物？
25. 有无杂技团体和机构，目前的生存状况如何？

## 传统技艺

调查传统技艺应该注意的问题：

个人劳动还是作坊劳动，作坊的生产关系。手工业的种类，原材料的种类（木、石、铁等）和来源。工匠的种类，各种工匠的技术、师徒关系，技术的传授和婚姻关系。工匠的组织、信仰、仪式和禁忌。有关手工业和工匠的传说故事。

具体问题：

1. 本地有什么工匠行当？（木匠、泥瓦匠、铁匠、石匠、皮匠、镟匠、锁匠、钉锅匠、锯缸匠、磨刀匠、井匠、绳匠、编匠、鞋匠、毡匠、画匠、裱糊匠、泥塑匠、窑工等）从业的时间和地域范围怎样？使用哪些工具？有什么特别技艺？
2. 村里各家存有各种工匠使用的工具吗？有哪些工具？各种缸坊的遗址以及使用的传统设备、工具、机械现在还有吗？
3. 本村的庙宇和住房是本村工匠建造的吗？本村房屋的砖瓦都是当地砖瓦窑烧的吗？如果不是，是从哪里运来的？村里各家的农具和用具都是村里的工匠制作的吗？有什么特别工匠？使用什么工具和器械？
4. 产品与制作过程：制作技术是新近学会的，还是代代相传的？有无关于工匠及其制作技艺的传说故事？
5. 村里过去和现在有哪些手工业作坊？

续表

| |
|---|
| 6. 各种缸坊的酿酒师傅、榨油师傅、淋醋师傅、豆腐匠、粉匠、染匠都是本村的还是外地雇来的？外村镇的流动工匠经常进村做活计吗？本村有农民兼会多种工匠手艺吗？<br>7. 工匠手艺有什么制造成物？都能找到吗？<br>8. 外出打工的农民都从事什么工种？外出打工有什么原因？有学手艺的吗？<br>9. 现在有哪些工匠传人？工匠手艺的师徒怎样传承？（如家传、带徒、办学等）<br>10. 行业信仰与禁忌：行业神、行规、行话、行业禁忌？ |

## 民　俗

### 生产商贸习俗

生产商贸活动是人类最基本的实践活动，是人类社会生活中最重要的组成部分。它不仅是社会文化中最伟大的文化，而且是社会文化的其他方面的基础和决定因素。民俗的各个部分最终都和生产商贸发生密切的关系，按照传统观念我们将生产商贸习俗分解成两大方面：

Ⅰ. 生产习俗

ⅰ. 农业生产习俗

调查农业生产习俗应该注意的问题：

农业的调查包括土地的自然条件、土地所有权、粮食作物以及经济作物的生产。应掌握从春耕到收获的全部生产过程。作物的种类。作业的方法。农具的使用和制作情况。共同作业的情况。全部的农业仪式和信仰。

具体问题：

| |
|---|
| 1. 本村主要种些什么庄稼？本村古老传统是以种植五谷杂粮（特别是谷子、黍子、糜子、荞麦、杂豆之类）为主吗？种植薯类、油料和经济作物吗？<br>2. 本村耕地土质适合种什么？<br>3. 什么时候开始备耕？春耕开始有哪些农活？打春备耕都准备哪些农具？<br>4. 整地、选种、试犁、施肥、平田整地、扶耧点种、压土保墒、锄地间苗等所有工序都是怎样进行的？<br>5. 夏天锄地间苗、保苗都有哪些农活？使用哪些农具？护青驱害都有哪些做法？<br>6. 各种农作物的灌溉有什么不同？ |

续表

| |
|---|
| 7. 不同庄稼施肥有什么不同？肥料的种类、来源怎样？如何加工使用？<br>8. 秋收都有哪些农活？割庄稼、取谷穗都用什么工具？打场、摊场、扬场、扇谷、囤粮等所有工序细节都用什么传统技术方法？<br>9. 农产品加工有什么习俗？（晒、碾、磨等）<br>10. 农业生产的各个环节有什么仪式活动吗？如何进行？有什么传说、故事吗？<br>11. 男人和女人参加农活有什么不同的分工？男孩和女孩参加哪些农活？<br>12. 一年四季中每道细小的农事工序还有哪些农具和用具？哪些农具还在用？哪些已经不再用了？各种用具原物都在哪里存放？大型木器具、石器具都放置或丢弃在哪里？各种农具都是哪儿制造的？如何制造？形制怎样？<br>13. 本村有哪几种车？（大车、手推车等）各有什么功能？有驮架、背篓吗？<br>14. 对应二十四节气，农业生产如何安排？有什么说法吗？二十四节气各节气、数伏、数九在农事上都有什么说道？<br>15. 农具、车辆、牲畜如何借用？有无搭伙使用的习惯？<br>16. 农业生产中有哪些禁忌？为什么会有这些禁忌？<br>17. 本村流行哪些农谚？（天气、节令、水肥、种收等）<br>18. 生产经验和技巧是如何传授和习得的？村中有哪些"把式"？ |

ⅱ. 林业生产习俗

调查林业生产习俗应该注意的问题：

山林所有权。山林的自然条件。掌握植树、管理、采伐等生产活动的全部情况，各种工具的使用和制作情况，以及砍柴烧炭等劳动的情况和工具情况。注意有关烧炭的传说故事。有关林业的信仰、仪式和禁忌等。林业还包括果木的栽培和其他特殊经济林（如橡胶等）的生产。

具体问题：

| |
|---|
| 1. 村里有山林、果园吗？树木的种植、砍伐、运输、使用有哪些习俗？<br>2. 果木有哪些品种？有什么特产水果和名产水果？培植果树和采摘水果都使用什么用具？怎样栽培？栽培的历史怎样？有什么信仰与禁忌？<br>3. 关于林业生产有什么传说、故事或谚语吗？ |

ⅲ. 狩猎习俗

调查狩猎习俗应该注意的问题：

猎物的种类。猎场的情况。狩猎的用具的制作和使用。狩猎的方法与技术。

个人劳动和共同劳动的情况。集体劳动的组织、分工和分配。猎物的处理方法。有关狩猎的信仰、仪式和禁忌。

具体问题：

1. 猎物的种类。各种猎物有无季节性？
2. 狩猎的时间、地点、办法。怎样判断时间和方法？狩猎的武器和用具（包括马、猎狗等）的种类和使用方法？
3. 集体狩猎怎么组织、分工和分配？
4. 猎物的处理、加工和保存的方法和工具。皮、肉、骨、角、毛等的处理和用途。
5. 武器和工具的制作者。材料和方法。非自制武器的来源。
6. 打猎能手的社会地位如何。
7. 儿童何时学习狩猎？
8. 有没有关于狩猎的信仰、仪式、禁忌和风俗习惯？具体是什么？

Ⅳ．桑蚕养殖习俗

调查桑蚕养殖应该注意的问题：

蚕的饲养过程、方法和用具。制丝的过程、方法和用具。养蚕的信仰、仪式和禁忌。有关养蚕的传说故事。

具体问题：

1. 蚕的种类。一年养几次？
2. 养蚕的地点和设备。
3. 养蚕的劳动全过程。（下蚕、喂蚕、采桑、大起、炙箔、养蛾等）各种工作在各地的称呼？
4. 茧子的处理加工（窖茧、缫丝）的方法？
5. 是否有关于养蚕的仪式、信仰、禁忌和传说故事？具体是什么？

Ⅴ．畜牧养殖生产习俗

调查畜牧业、养殖业应该注意的问题：

牧场的自然条件。牧业的所有制关系。牲畜的种类、放牧的方法、设施。有关牧业生活的风俗习惯以及信仰、仪式和禁忌。家庭饲养业也归入这一类，包括家畜、家禽的饲养和池塘养鱼等。

具体问题:

1. 牲畜的种类。牧场的地点和自然条件。季节变换的转移情况。
2. 放牧用具的种类和制作。牲畜有无烙印?
3. 牲畜的交配、繁殖的技术。放牧人员的分工。不同季节的不同劳动。有无集体劳动?集体劳动的分工和组织。
4. 牲畜的用途。(卖或作其他处理,如挤奶、食肉、收皮毛等)
5. 有关牧业的信仰、仪式、禁忌和风俗。
6. 牧主与牧民的传统关系。
7. 家畜、家禽(包括池塘养鱼)的种类。用途(奶、肉、蛋)。饲养的地点和设备。饲养的方法、买卖的市场。仪式与禁忌。主要从事饲养的人员。

vi. 染织习俗

调查染织习俗应该注意的问题:

个体劳动或共同劳动的情况。共同劳动的生产关系。纤维的种类、纺织的方法。工具的使用和制作。燃料的种类、原料,制作的方法和用具。妇女与染织劳动的关系。

具体问题:

1. 纤维的种类。(丝、麻、棉、毛等)
2. 纺线和织布的方法、技术和工具。用具的样式和制作。制作人和方法。
3. 染料的种类、原料、制法、催化剂。
4. 染色的方法技术和用具。
5. 布的用途。(卖或自用)

vii. 煤业民俗

调查煤业生产习俗应该注意的问题:

普查煤业生产习俗的重点是比较典型的传统采煤区,考察现代化机械开采之前,传统煤炭生产的组织、开采、运输、销售及相关传说、民间知识、信仰习俗。

具体问题:

1. 煤业窑址的历史沿革。有什么传说故事?
2. 窑工生活有什么习俗?
3. 传统手工开采过程及开采工具。
4. 是否有窑神信仰?有相关的显灵故事吗?什么时候祭窑神?有什么讲究?
5. 有什么窑规、禁忌、行话吗?
6. 有无历代窑铺实物道具及其他?
7. 与窑主、老把式、二把式相关的习俗有什么?

Ⅱ．商贸习俗

调查商贸习俗应该注意的问题：

商贸习俗包括交易的方式（实物交换、货币交换）。市场交易的情况，行商贩运的情况。市场除交易外的作用。（如各村的经济文化交流、社会活动、相婚活动等）因此要注意赶集人的来源范围和方位，即注意交易圈。

具体问题：

| | |
|---|---|
| 基本情况 | 1．本村和邻村有什么样的集市贸易？时间、地点、距离？传统赶集日有什么沿革？集市上都买卖什么生产生活物品？有专门的骡马市吗？<br>2．有半农半商的人家吗？有做大买卖的业户吗？有外出长途贩运的行商吗？<br>3．有外地商贩进村收货、卖货、换货吗？村里人进城买货、卖货的情况怎样？有以物易物的习俗吗？<br>4．本地有哪些主要商业街？<br>5．近百年来受社会变革、外来工商业的冲击，商业传统发生了怎样的变化？ |
| 商业种类 | 1．本区"坐商"有哪些？（如茶叶店、干果店、洋布店、鞋店、估衣铺等）分布在哪里？经营者来自什么地方？经营哪些商品？<br>2．本区有哪些老字号？经营历史怎样？是否还有分号？信誉如何？有什么相关的故事与传说？商品有什么特色？服务上有什么特点？（穿着打扮上、言谈举止等）幌子是怎样的？建筑、门匾和室内布局有怎样的特征？<br>3．本区还有哪些主要的店铺？与老字号相比，这些店铺内门面和布局有什么不同？商品货色如何？销售和服务上有什么特点？<br>4．菜摊、鱼肉摊、旧货摊等摊贩一般集中在哪里？出售哪些商品？<br>5．本区有哪些流动商贩？（如卖菜的、卖鲜果的、卖食品的、卖玩具的、卖膏药的、收破烂的等）主要来自什么地方？经营什么商品？是否受到坐商或当地街坊的限制、歧视？ |
| 交易习惯 | 1．本区有哪些集市？按商品分有哪些？（粮油市、花市、鸟市、杂货市等）按开市时间分有哪些？（早市、夜市等）各在什么地方？有什么特点？<br>2．店铺每天营业的时间怎样？开门时间随着季节的变化有什么不同？年关歇业、新年开业有什么特别的讲究？ |

续表

| | |
|---|---|
| 交易习惯 | 3. 不同种类的商品来源、进货渠道怎样？货物各有什么特色？这些货物需要进行怎样的再加工？<br>4. 店铺是怎样推销自己的商品的？在讨价还价时有什么特殊的手势、暗语？相邻店铺和同类商品店铺之间的关系怎样？新店铺开张时有什么仪式？一般都用什么方法吸引顾客？<br>5. 老字号平常是怎样经营的？是否提供上门服务？有什么招揽顾客的特殊方法？<br>6. 小贩走街串巷叫卖时，其外表有什么特征？最吸引人的是什么？有什么特别的声音标志？（如卖豆腐）他们出现的时间早晚怎样？有什么规律？每天有固定的行走路线吗？他们对街坊的生活产生了怎样的影响？街坊对他们有何看法？ |
| 商业组织 | 1. 店铺在什么地方？有多少店员？这些人从哪里来？性别构成情况怎样？<br>2. 店铺是什么时候创办的？创办人是谁？独资还是合资？股东有什么样的组织形式？招聘、辞退的规矩有哪些？资金收入、支出的管理如何？<br>3. 店铺里有哪几种人？（掌柜、账房、雇员、学徒等）分工、职责怎样？工钱多少？相互之间如何称呼？<br>4. 在店里学徒，有什么条件？多长时间出徒？学徒一般在店里做些什么？学徒之间有差别吗？<br>5. 从事同行业的店铺之间联系多吗？有同行业的商会或行会吗？叫什么名字？<br>6. 商会或行会主要做哪些事？怎样议事？如何解决行内纠纷？会长如何产生？<br>7. 小贩是否有自己的组织？<br>8. 本行业有祖师爷吗？在哪里供奉？一般在什么时候烧香？祭拜过程怎样？祖师爷的来历有什么说法？有专门供祖师爷的庙吗？有专门的庙会吗？在什么时候？ |
| 从业人员生活 | 1. 掌柜、账房、雇员、学徒等人的收入怎样？生活水平与社会地位如何？与哪些人通婚？社会交往情况怎样？有没有特殊规定？<br>2. 从业人员有血缘、亲缘或地缘关系吗？有无拜师仪式？师徒之间、学徒之间的关系如何？ |

续表

| | |
|---|---|
| 从业人员生活 | 3.店铺内特殊技艺如何习得和传授？有什么口诀吗？<br>4.雇员或学徒每天的作息时间怎样？一日三餐吃什么？一年中哪些时候放假？学徒从什么时候有收入？在特殊场合或节日有无特别的待遇？<br>5.雇员或学徒一般住在哪里？没有顾客的时候都做些什么？<br>6.本行业有什么节日？如何过？<br>7.本行业有哪些行规、禁忌、行话？ |

**消费习俗**

Ⅰ.服饰习俗

调查服饰习俗应该注意的问题：

服装的调查要注意区别各种不同的情况。如根据职业（农、工、商、渔、猎等）、社会地位、年龄、性别、季节、各种仪式和节日、外出和居家、劳动和休息等不同场合的服装的不同情况。并且还要特别注意一些特殊的场合，比如在田间农时活动（插秧、收获、除草等）时所穿的特殊的服装。这些特殊情况往往和信仰等问题相联系。

服装还包括一些装饰性的服饰、头饰和首饰、发型等。要注意随着年龄、身份的改变，服装、发型的变化情况，这种变化往往与人生仪礼有着密切的关系。

此外，还包括衣服的用料、制作与洗涤。

具体问题：

1.一年四季，男女老幼日常是怎样穿着打扮的？（包括男女发式、女人化妆、常服和劳动服、内衣和外衣）

2.春夏秋冬四季分别穿戴哪些单、夹、棉、皮衣服鞋帽？如何称呼？

3.春夏秋冬四季的单、夹、棉、皮衣服鞋帽都有哪些？有什么特点？

4.干农活、放牲口、做家务的劳作衣服鞋帽都有哪些？

5.有哪些礼仪节日服装和装束？（包括衣服、鞋帽在质料、色彩、工艺等方面与常服的差别）春节、庙会等一些特殊的时间和场合如何穿着打扮？

6.不同地位的人，着装有什么不同？

7.家里的衣服、鞋、帽由谁制作？制作程序各是怎样的？（包括小虎头帽、兜肚、围嘴、护襟、马甲等的制作）村里有专业裁缝吗？

8.各种衣服鞋帽的质地、样式、色彩有什么特点？还有会做刺绣、枕顶、兜肚、香包、鞋垫、荷包、剪纸、挂件、虎头帽、虎头鞋的人吗？

9.妇女绣花有哪些手艺？（如衣服领、袖、襟、下摆、裤脚、裙边的多种花边，背心、

续表

| |
|---|
| 坎肩、童帽、女鞋上的花鸟虫鱼刺绣等) |
| 10. 工作、休闲、居家时穿衣打扮有什么不同？ |
| 11. 男女主要发式有哪些？ |
| 12. 有文身习俗吗？具体情况怎样？ |
| 13. 女性在不同年龄不同场合如何化妆？发式有哪些变化？ |
| 14. 近百年来人们的服饰有什么变化？（旗袍、马褂等）您家里还有老式的穿戴用品吗？ |

Ⅱ．饮食习俗

调查饮食习俗应该注意的问题：

饮食的调查应以一般的传统习惯的情况为基准。一些新的饮食习惯（如西餐等）一般不包括在内。调查时要注意区别各种不同的情况。如由于日常、待客、节日、婚、丧、各种仪式、农忙、农闲等场合的不同，饮食和食具的不同情况。

还要注意进食时的座位情况，座位的安排往往涉及人的社会与家庭的身份和地位。

饮食的材料（大米、白面、豆子、小米、肉、蔬菜、甘薯等）和加工方式（煮、烧、烤、蒸、炒等）。干腌食品（用干、渍、腌等方法制作的用于保存的食品）、酿造品（酒、茶等）和调味品（酱油、醋等）的种类材料、制作方法和用途。

具体问题：

| |
|---|
| 1. 过去一天吃几顿饭？当代一天吃几顿饭？变化的原因？农忙农闲有无不同？有季节性两餐的习俗吗？ |
| 2. 不同季节和农忙农闲都吃什么饭菜？早午晚三餐常吃什么、喝什么？（包括主食副食搭配、米食面食搭配、干稀搭配及用餐时间等习俗） |
| 3. 一年四季都有哪些不同的小吃？这些食品有何工艺特点及相关风俗？是购买还是自制？如何制作？来历有什么说法？ |
| 4. 本地有什么特殊风味饮食？本村饮食用料和当地土特产有什么关系？制作食品的技术、方法都有哪些？（蒸、煮、煎、烤、炸、烙、腌菜、干菜等的制作方法） |
| 5. 家中一般使用什么餐具、炊具？制作食品的大小工具都有些什么？ |
| 6. 一年中主要节日的饮食有什么不同？特定节日（如端午节、寒食节）的食品有哪些？ |

续表

> 7. 红白事、家中来客等不同宴席有哪些饮宴习俗？宴席规模大小？吃哪些菜肴？数量多少？有哪些特殊菜肴？每桌规定多少人？酒宴中对主客的不同规定有哪些？
> 8. 村里饮宴、会餐怎样操持？有什么方式？有无正餐外的土制特色小食品？如何制作？
> 9. 本村人常用的调料与嗜好酸、咸、甜、辣等。
> 10. 做饭时厨房里有哪些禁忌？日常和宴饮时餐桌上的座次分别有什么讲究？吃饭时有哪些禁忌？
> 11. 本区水资源丰富吗？水井分布情况怎样？有哪些用水的习俗？

Ⅲ．居住习俗

调查居住习俗应该注意的问题：

记录住宅的各个部分（卧室、厨房、火塘、仓库、厕所、劳动的、供神祭祖的场所、院落等）的名称和利用情况。并且要注意，由于家庭成员的年龄、身份的变化，房间使用的变化情况，这种变化往往与人生仪礼有关系。

记录住宅建造的时间。建筑、修缮时村子集体带工的情况。还要调查建筑、修缮的工程技术和有关的仪式。住宅的结构要用图纸表示。

具体问题：

> 1. 本区的住房有什么样式？是土窑洞吗？是砖石接口子窑吗？
> 2. 本区选择住房有什么讲究？（如风水、采光、安全、卫生、防寒等）请不请风水先生看向、定位、确定地址？程序怎样？（如奠基、破土、打夯、起墙、上梁、钉椽、盖顶等）都有什么仪式？唱不唱上梁歌？镇宅物有哪些？
> 3. 邻里建房时，在高低和距离上有什么忌讳？
> 4. 建房使用什么材料？出自什么地方？
> 5. 工匠是哪里人？村民之间怎样帮工？备料、备工（自建？邻里帮工？花钱请工？包工包料？）的方式及过程。
> 6. 民居房屋建筑有什么样式和风格？建筑物有什么木雕、砖雕、石雕和彩绘之类的装饰艺术？
> 7. 迁入新居有什么讲究和仪式？亲友和邻居怎样祝贺乔迁之喜？

续表

8. 本村家户、宅院有几种格局？有哪些种类的院落？（三合院、四合院、二进院、三进院等）门楼、照壁、正房、厢房等建筑物在什么位置？各有什么功用？外形有什么特点？有何装饰？
9. 室内各种家具和器皿的陈设是什么样式？防寒、通风、采光条件怎样？
10. 院内种植什么花草树木？有什么讲究？
11. 不同辈分亲属的居室分配、寝卧规模和方式有什么不同？
12. 租房、换房、买房、卖房都有什么规矩？
13. 在什么地方贴年画、剪纸？有无火炕、灶台？在什么位置？炕围在什么位置？陈设什么家具和器皿？家中还有老式器具吗？室内有何装饰？
14. 大门的朝向怎样？门神是什么样的？大门口有门徽吗？什么形状？
15. 家里供奉什么神？供奉的各类家神位于什么地方？

**人生礼俗**

调查人生礼俗应该注意的问题：

人生仪礼就是一个人从生到死的各个阶段所举行的仪式。根据阶段的不同，人的行为必然发生变化，这种变化与社会生活有着密切的关系。人生仪礼的各个阶段包括诞生、养育、冠礼（成年礼）、婚礼、丧礼等。在调查中，要区别男女的不同。

具体问题：

| | |
|---|---|
| 生育习俗 | 1. 本地有什么求子的习俗？（如送瓜、拴娃娃、求送子娘娘、摸石头等） |
| | 2. 在妇女怀孕期间，有催生的习俗吗？孕妇的服饰、饮食有什么讲究和要求？怀孕期间孕妇的语言和行为禁忌？信不信保胎神？服不服保胎药？头胎和多胎有何不同？ |
| | 3. 产妇分娩时有什么习俗惯例？产房设施有什么禁忌习俗？在何处生产、谁接生？信不信金花娘娘等保产神？产房有哪些禁忌？有没有饮食禁忌、其他语言行为禁忌？新生儿"落草"时怎样处理？ |
| | 4. 婴儿诞生后怎样进行"报喜"？生小孩后有哪些"忌门"习俗？ |
| | 5. 产妇"下奶"有什么习俗？如何帮助产妇"下奶"？产妇"下炕"有什么讲究？小孩姥姥家来人"伺候月子"吗？现代医院建立后，分娩习俗有哪些变化？ |
| | 6. 生小孩的三朝（洗三）仪式怎么做？都有什么器具？亲友都送什么礼物？ |
| | 7. 小儿满月都怎么过？亲友都送什么礼？有"剃头"和"出行"风俗吗？ |

续表

| | |
|---|---|
| 生育习俗 | 8. 小孩过百日举行什么仪式？有什么特殊的服饰？有挂"套颈馍""长命锁"的习俗吗？有吃"百家饭"、穿"百家衣"的习俗吗？<br>9. 产妇有回娘家"离窝"的老规矩吗？<br>10. 为小孩消灾祛病都有哪些习俗？（招魂、"送娘娘"等）<br>11. 大户人家小儿周岁有庆贺社火活动吗？小儿取名有什么说道？由谁来取名？常用的奶名和大名都有哪些叫法？<br>12. 有取乳名、取大号、取外号、拜干亲、撞干亲、拜石婆婆、挂长命锁、脱毛衫、穿鸳鸯裤等保佑婴幼儿健康成长的习俗吗？有什么言语、行为禁忌？<br>13. 成年礼在什么时候举行？有开锁等仪式吗？<br>14. 青少年男女有什么成年仪式习俗？本村有北方通行的12岁过大生日举行开锁仪式的古俗成年礼吗？由什么人主持仪式？进行什么占卜吗？举办大型还愿或庆贺活动吗？ |
| 婚姻习俗 | 1. 本村有哪些婚姻类型？（包括自愿婚、包办婚、童养婚、表亲婚、招赘婚、买卖婚及为死人做冥婚等各种类型）<br>2. 有"媒人保亲""合婚"（"开八字"）"相亲"等程序吗？订婚程序怎样？都有什么仪式？"换龙凤帖""过大礼"吗？吃"定亲饭"吗？<br>3. 双方如何相互赠礼？女方准备什么嫁妆？亲友"添箱"吗？<br>4. 男方送给女方什么聘礼？定亲后有择吉日习俗吗？<br>5. 迎娶的日期如何确定？男方给女方送"催妆"礼吗？如何迎亲？（置喜房、发轿、上下轿、鼓乐等）迎娶路线怎样？<br>6. 婚礼仪式程序有哪些？（新人入门、撒谷豆、拜花堂、坐帐、入洞房、闹洞房、听房等）<br>7. 送亲迎亲、婚礼拜堂、婚宴、洞房花烛都有哪些习俗规范和禁忌？<br>8. 婚礼以后，有拜祖宗、分大小、会亲、回门等习俗吗？<br>9. 有哪些离婚、再婚和说媒议婚等习俗？对妇女有什么规定？<br>10. 村内有哪些婚俗文物可以作证？（包括男女婚礼新装、过礼的礼盒、拜匣、陪嫁礼单、合婚的庚帖、结婚证书、婚礼宴席菜单、宾客随礼礼单、喜帐、喜帘、盖头等）<br>11. 有无典妻、招夫养夫、转婚、童养婚、等郎婚、赘婚、冥婚（亡男亡女相婚）、娶殇婚（女死男娶）、嫁殇婚（男死女嫁）等特殊婚俗？ |

续表

| | |
|---|---|
| 寿诞习俗 | 1. 儿童怎么过生日？过到几岁？有什么人来庆贺？成人过生日吗？<br>2. 对老人有没有什么专门的称呼、问候语？<br>3. 一般在什么年龄上开始庆寿？之后哪些年龄不能庆寿？如何庆寿？<br>4. 儿女一般给父母送什么礼物？有什么讲究？<br>5. 还有其他尊老、敬老习俗吗？<br>6. 通行哪些办寿习俗和拜寿礼仪？有专门操办拜寿的传人吗？寿堂是怎样布置的？摆什么寿宴？<br>7. 亲友都有哪些拜寿、贺寿的传统贺礼实物？（如寿桃、寿面、寿联、寿幛、寿屏等）<br>8. 每逢本命年寿诞有扎红、穿红的习俗吗？<br>9. 给老人过寿时有为老人做"寿材"做"寿衣"的习俗吗？ |
| 丧葬习俗 | 1. 本村实行哪种葬式？是土葬吗？<br>2. 什么时候准备棺木、寿衣？<br>3. 人临死前如何准备后事？（请总管、阴阳先生、礼生、乐班、厨师，做孝服等）<br>4. 初丧有哪些仪式程序？（烧纸、穿寿衣、净尸整容、设灵堂、停丧等）<br>5. 有挂"寿门纸"的习俗吗？怎样向亲友报丧？择坟穴有什么说法？<br>6. 停灵期间，祭奠仪式过程怎样？亲友如何吊丧施礼？亲属人等穿孝、戴孝有什么规定？<br>7. 何时入殓？如何守灵、哭丧？<br>8. 棺木的制作、彩绘和民俗装饰都有哪些？<br>9. 孝子挂孝、守灵、祭灵的风俗有哪些？<br>10. 什么时间出殡？怎么进行？（出堂、起杠、路祭等）出殡队伍的先后顺序怎样？出殡路线怎样？<br>11. 出殡的司仪有哪些说道？送葬途中亲友是怎样设路祭的？灵柩出村后有什么规矩？<br>12. 灵柩入墓穴后进行哪些仪式？<br>13. 有哪些葬后的祭奠亡人仪式？（如烧七或做七、过七、烧周年、守孝等）<br>14. 有主持操办丧葬事宜的民俗传人吗？祖坟茔地有什么葬式？<br>15. 有哪些合葬、迁坟习俗禁忌？有无家族的茔地？什么样的亡人不能进入家族茔地？ |

续表

| | |
|---|---|
| 丧葬习俗 | 16. 出殡后的活动。有无丧期？丧期的时间？家人与亲属在丧期中的活动和禁忌？关于死后世界有何信仰？死者的灵魂何时回来？死后是否能够再生转世？需要多长时间？不同社会地位的人的丧礼的区别？<br>17. 怎样选择墓地？何人选择？葬的方式(火葬、土葬、天葬、悬棺等)及其起源和传说。有无若干年后再葬的仪式？棺内陪葬的东西。陪葬品的用途。出殡的仪式内容，主持人和参加人各自的工作。丧礼中村中如何帮助？如何招待帮助的人？丧礼中有无音乐和舞蹈？何人举行？丧礼的用具和种类名称、样式、何人制作。有无墓碑？墓碑的样式？墓地是私人的还是公共的？儿童、青年人、老年人、男子与妇女的丧礼有何不同？有关丧礼的禁忌。 |

## 岁时节令

调查岁时节令应该注意的问题：

岁时风俗就是与生产活动、民间信仰有关的节日活动。有的节日活动以家庭为单位，有的节日是集体性活动，后者也要从集体和家庭两方面进行调查。岁时风俗由于地区、民族、历法等方面的不同而各有差异。但也有各民族都举行的节日活动(如端午、春节等)。要全面调查各种节日(包括各民族自己的和从汉族传来的以及全国范围的)的起源及变迁。

具体问题：

| | |
|---|---|
| | 1. 村中日常生活中使用什么历法？(如公历、农历、回历、藏历、傣历等)<br>2. 村民在日常对话中使用什么计时？(如"八点钟""一个小时""太阳偏西的时候""月亮出山的时候""三星对门的时候""一袋烟的工夫""一顿饭的时辰"等) |
| 春节 | 1. 春节什么时候开始？节期多长？过春节(过大年)都有哪些习俗活动？<br>2. 准备过年是从"过腊八"开始吗？本村做腊八粥的习俗和祭祀仪式有哪些？腊八粥如何制作？相互馈赠吗？喝腊八粥有什么讲究？<br>3. 什么时候过小年？祭灶神有哪些活动？有什么特殊饮食？<br>4. 有"扫年"或"扫尘"的习俗活动吗？谁扫？有什么讲究？<br>5. 什么时候准备、购买年货？哪些东西是必须准备的？为什么？<br>6. 还要做哪些"忙年"的准备？有没有叙述这一过程的歌谣？ |

续表

| | |
|---|---|
| 春节 | 7. 大年三十的祭祖、接神、辞岁、守岁、吃年夜饭等都有什么习俗？有什么禁忌吗？<br>8. 拜年有什么讲究？拜哪些人？拜访顺序如何？<br>9. 从大年初一到初五都有什么活动？初七"人日节"有什么礼仪？<br>10. 初八到元宵节之前还有什么活动？ |
| 元宵节 | 1. 元宵节吃元宵吗？是自己制作的还是买的？元宵还有别的称呼吗？<br>2. 村里有闹元宵的社火活动吗？在什么地方举行？谁来组织灯会？<br>3. 从哪天开始？哪天最热闹？灯会资金如何筹集、管理、使用？灯会上有什么活动？<br>4. 有无逛灯习俗？有无旱船、高跷等社火道具制作传统？<br>5. 这些活动由哪些人组织？有哪些人参加？怎样分工？<br>6. 元宵节唱戏吗？唱什么戏？戏班从哪儿来？还有哪些表演性节目？<br>7. 要敬拜神灵（上庙、走百病等）吗？<br>8. 当地龙灯、旱船等地方特色社火道具有制作艺人吗？<br>9. 除吃元宵、观灯、看戏，还有别的习俗吗？<br>10. 添仓节（正月二十小添仓、正月二十五大添仓）举行什么仪式和活动？ |
| 二月二 | 1. 二月二当地有什么讲究？<br>2. 有无春饼等特殊饮食？<br>3. 儿童"剃龙头"吗？妇女忌讳做针线活吗？<br>4. 接姑奶奶回娘家吗？<br>5. 做哪些"引龙"的活动？ |
| 清明节 | 1. 怎样祭祖、扫墓？<br>2. 去郊外踏青吗？放风筝吗？有戴柳习俗吗？<br>3. 有特殊的饮食吗？<br>4. 有相关的传说吗？ |
| 端午节 | 1. 端午节怎么过？<br>2. 有什么传说？<br>3. 有戴香包、插艾蒿、挂柳条、吃粽子等习俗吗？<br>4. 为祛病避邪，小孩子有什么特别穿戴？ |

续表

| | |
|---|---|
| 中秋节 | 1. 中秋节"拜月"有什么特殊习俗？祭品有哪些？有什么样的仪式？<br>2. 如何赏月、拜月？<br>3. 饮食怎样？有什么讲究？<br>4. 有什么相关传说？ |
| 其他节日 | 1. 五月十三、六月六、七夕、七月十五、重阳、寒衣、冬至等节日，在饮食、仪式、走亲访友等方面有哪些习俗？<br>2. 关于这些节日有哪些传说、故事？<br>3. 有哪些特定的节日饮食？信仰和禁忌？<br>4. 村中是否还有自己的节日？ |

## 民间信俗

调查民间信仰应该注意的问题：

信仰包括民间信仰、迷信、巫术和宗教（佛教、道教、伊斯兰教、天主教、喇嘛教等）。调查信仰对象的名称、性质、种类。要搜集该民族、该地区的全部信仰对象的情况。是家族的还是集团的。是偶像还是自然物，或无实在形态的。记录关于信仰的传说。圣地与寺庙的地点、名称、建于何时。图腾信仰的情况。信仰活动的时间、地点、活动内容，特别的仪仗和用具。职业信仰者（宗教徒）的活动和生活情况。信仰集团的活动情况。信仰的社会功能。信仰与社会的关系。

具体问题：

| | |
|---|---|
| 信仰习俗 | 1. 村里有哪些寺庙？供哪些神灵？（如观音菩萨、文昌帝君、真武大帝、关帝、魁星等）有神像吗？有哪些传说故事？<br>2. 各家院里屋里都供奉哪些神仙？（如天地爷、土地爷、山神、财神、门神、灶神、二郎神、姜太公、福、禄、寿、喜诸神及其他）有神牌、神龛吗？是木雕、砖雕的吗？<br>3. 各行各业供有哪些行业神和祖师爷？<br>4. 各家供奉祖先吗？有哪些祭祀活动？谁主持？谁参加？有什么供品？<br>5. 村民还信哪些精灵？（如狐、黄鼬、蛇等）<br>6. 信哪些鬼怪？有哪些驱邪的做法？<br>7. 有阴阳先生和巫女、神汉吗？他们都怎样做巫行术？常用哪些看相算卦的书？ |

续表

| | | |
|---|---|---|
| 信仰习俗 | | 8. 村民都有哪些禁忌习俗？村民有哪些看相、算命、求签、看风水的习俗？<br>9. 村内外有庙会吗？上庙会的人有多少？<br>10. 有哪些烧香拜神(佛)许愿还愿的习俗？为求什么事许什么愿？<br>11. 庙会上唱还愿戏吗？有什么仪式？上庙会带香纸、供品和钱物吗？<br>12. 四月初八有祭拜"佛诞日"的习俗吗？<br>13. 天旱有祭龙王习俗吗？有哪些求雨仪式？<br>14. 有供奉"二十八宿"各路星君的吗？<br>15. 有供奉其他当地神灵的吗？<br>16. 是否有请神解答疑难的占卜和神谕、神判等活动？<br>17. 上述宗教人员有哪些土著名称和含义？他们是专业的还是业余的？是世袭的或是只有某一群体的成员才能担任？他们如何得到训练？<br>18. 他们是一个人还是一群人？是否已经形成一个祭祀等级？是否有特殊标记或装饰？<br>19. 有关他们的传说以及不同于常人的生活方式及应遵守的禁忌。<br>20. 社区的仪式经常在哪里进行？是村落的中心广场，还是专供祭祀的地点和建筑，如神祠、庙宇之类？ |
| 庙会习俗 | 基本情况 | 1. 当地有哪些庙宇？供奉哪些神灵？有神诞日吗？庙宇在村落内外的什么位置？什么时候修建的？有庙碑吗？关于这些庙宇有什么传说、故事？<br>2. 这些庙宇有庙会吗？会期如何？哪天是正日子？如何确定？规模大小？有什么庙会传说？村里人常去哪些庙会？<br>3. 庙会期间,主要是给哪个或哪些神灵烧香？其他还有什么神？这些神之间有什么关系？<br>4. 这些神成神或成仙有什么说法吗？有没有关于这些神灵验的故事？<br>5. 庙会期间,各种活动场所在庙的内外怎样分布？有什么特别的原因？<br>6. 村落中的庙宇有专人管理吗？哪个香火旺？这些庙宇之间有何关系？在什么情况下人们去庙里烧香？<br>7. 近百年来,这些庙会有哪些变化？ |

| | | 续表 |
|---|---|---|
| 庙会习俗 | 组织与日程 | 1. 庙内是否有和尚、尼姑、道士等人员？从哪里来的？出家的原因是什么？相互之间如何称呼？关系怎样？有结婚成家的吗？生活来源是什么？有庙产吗？平常有哪些活动？他们参与哪些村落生活？庙会期间他们主要做什么？<br>2. 在庙会期间，有没有巫婆、神汉？有管抽签的、解签的、讲善事的吗？他们从哪里来？男的多还是女的多？他们的年龄怎样？他们和庙里的和尚等有什么关系？<br>3. 庙会组织的人员构成和分工怎样？一般有多少人？他们的年龄、性别、文化程度及其在家庭中的地位如何？<br>4. 会首是如何产生的？通常需要具备哪些条件？会首在庙会组织中出钱、出物、出力大约多少？与会中的其他人有什么不同？<br>5. 庙会资金如何筹集、管理和使用？<br>6. 该庙会组织中是否有他们自己专门供奉的神灵？如有，对其有无特别的祭拜仪式？平常是怎样保管或供奉的？<br>7. 该庙会组织与其他庙会组织的关系怎样？与庙中的神职人员及神媒(如巫婆、神汉等)的关系怎样？<br>8. 庙会组织是怎样召集其成员的？何时召开筹备会议？怎样分工？<br>9. 庙会向外发会启吗？形式、内容怎样？如何散发？<br>10. 哪些香会前来赶会？是文会还是武会？庙会期间，它们主要有哪些活动？<br>11. 一般香客的年龄、性别情况怎样？主要从哪里来？赶会原因是什么？如何许愿还愿？带回什么吉祥物品？除庙会外，平常在什么情况下去庙里烧香？<br>12. 全村的人都参加本村庙会吗？有外村人来赶会吗？主要是哪些人？(性别、年龄、与本村人有无亲属关系)<br>13. 庙会请神、迎神、送神等仪式过程怎样？<br>14. 庙会上有哪些花会表演？<br>15. 庙会期间有哪些禁忌，如忌荤等？<br>16. 乞丐参加该庙会吗？他们怎样参加？庙会中的其他人怎样看待这些乞丐？ |

**传统医药**

调查传统医药应注意的问题：

传统医药包括各种医药知识与相关社会民俗，如疾病认知方法，诊疗方法，方剂的制作，当地特有的自然资源，医事民俗，医药文献，相关的传说等。

具体问题：

1. 村里过去和现在流行什么疾病？常见小病都有哪些？
2. 当地人对疾病和发病有哪些说法？怎样医治？（如用中药、西药、扎针、拔罐、按摩、跳神、符咒、叫魂、扶箕等）
3. 村民找土法治病吗？有哪些偏方、土方？有与之相关的传说故事吗？
4. 有巫医吗？常用什么方法治病？
5. 村里常用当地哪些土产的草药？村民有专门在山野采草药的吗？
6. 妇女和小孩易患哪些疾病？怎样预防？怎样医治？有无避孕方法？怎么控制生育？
7. 有没有治疗疑难病症的医生？他们的医术是怎么学来的？对他们有哪些称呼？（先生、大夫、医生、郎中）
8. 人们习惯在什么情况下找江湖郎中、巫医看病？看些什么病？怎样看？
9. 有无预防、免疫措施？（如沐浴节、洗脚大会）火疗方怎么进行？
10. 看病吃药有哪些禁忌？有哪些相关的谚语？
11. 居民怎样保护水源的清洁？
12. 采用什么方法贮存食物、保鲜？食品防腐用什么特别的方法？本区的冰窖分布怎样？
13. 如何处理粪便、垃圾？
14. 居民有哪些个人卫生习俗？居民有何健身习俗？（习武、练功等）
15. 本区的医院、诊所、药房分布怎样？分别经历了哪些变化？

# 非物质文化遗产

『名录申报指南』

# 项目评审标准与要求

**一、评审标准**

《国家级非物质文化遗产代表作申报评定暂行办法》(简称"办法")"国家级非物质文化遗产代表作"的评定标准有6条：

1. 具有展现中华民族文化创造力的杰出价值。(价值)

2. 扎根于相关社区的文化传统，世代相传，具有鲜明的地方特色。(特色)

3. 具有促进中华民族文化认同、增强社会凝聚力、增进民族团结和社会稳定的作用，是文化交流的重要纽带。(影响)

4. 出色地运用传统工艺和技能，体现出高超的水平。(大师、绝活)

5. 具有见证中华民族活的文化传统的独特价值。(活态)

6. 对维系中华民族的文化传承具有重要意义，同时因社会变革或缺乏保护措施而面临消失的危险。(濒危)

**二、申报程序**

公民、企事业单位、社会组织向所在区域文化行政部门提出非物质文化遗产代表作项目的申请，由受理的文化行政部门逐级上报。

申报主体为非申报项目传承人(团体)的，申报主体应获得申报项目传承人(团体)的授权。

省级文化行政部门对本行政区域内的非物质文化遗产代表作申报项目进行汇总、筛选，经同级人民政府核定后，向部际联席会议办公室提出申报。

中央直属单位可直接向部际联席会议办公室提出申报。

**三、申报材料**

1. 申请报告：提出本省或本单位申报国家级非物质文化遗产代表作项目名单。对申报项目名称、申报者、申报目的和意义进行简要说明，同时附省级人民政府或主管部门意见。

2. 项目申报书：基本信息、项目说明、项目论证、项目管理、保护计划、省级专家论证意见、省级行政主管部门审核意见。

3. 其他有助于说明申报项目的必要材料。录像资料、证明材料、授权书，以及其他有关资料。

# 申报文本

申报材料是专家评审及认定的重要依据,申报材料的编写要力求表达准确,内容充实,科学、规范。

**一、关于封面的填写**

1."项目代码":仍然沿用国家级非物质文化遗产项目申报的代码。分别是:民间文学(Ⅰ),传统音乐(Ⅱ),传统舞蹈(Ⅲ),传统戏剧(Ⅳ),曲艺(Ⅴ),传统体育、游艺与杂技(Ⅵ),传统美术(Ⅶ),传统技艺(Ⅷ),传统医药(Ⅸ),民俗(Ⅹ)。括号中为罗马字母,只填写代码即可。

2."项目类别":对应项目代码的分类方法:即分为民间文学,传统音乐,传统舞蹈,传统戏剧,曲艺,传统体育、游艺与杂技,传统美术,传统技艺,传统医药,民俗十大类。"项目类别"和"项目代码"要相一致。

3."保护单位":应填写具体承担该项目保护与传承工作的单位。并应具备以下三个基本条件:(1)有该项目代表性传承人或者相对完整的资料;(2)有实施该项目保护计划的能力;(3)有开展传承、展示活动的场所和条件。同时要看项目保护单位是否能履行以下职责:(1)全面收集该项目的实物、资料,并登记、整理、建档;(2)为该项目的传承及相关活动提供必要条件;(3)有效保护该项目相关的文化场所;(4)积极开展该项目的展示活动。只有具备以上条件并能积极履行其职责的单位才可以作为保护单位申请项目。非物质文化遗产项目的名称和保护单位不得擅自变更。

4."主管部门":申报省级非物质文化遗产项目要填写市级文化行政主管部门。

6.封面内容填写格式:为仿宋_GB2312、三号字体,日期为仿宋_GB2312、小二号字体。

**二、关于目录的填写**

由于在以前的申报过程中发现一些项目的文本内容写得非常丰富,有些内容无法一下翻到查阅,所以申报书要专门设计统一的目录页。各申报项目应根据实际情况,将具体页码编号填写在相对应的内容后,目录标注的页码应与内文页脚一致。内文页脚格式为 Times New Roman、小五号字体、居中。

### 三、关于项目简介的填写

项目简介是整个申报文本的总结和概括,也是整个文本的精华,要力求做到文字简练,叙述清楚,准确无误。使得专家看到项目简介就可以对这个项目有一个大体的了解及认定。

"项目简介"应包括以下内容:1.申报项目名称。2.该项目所属类别。3.该项目的地理位置、历史沿革、形成、发展、演变的几个阶段。4.该项目主要的代表性传承人。5.该项目的价值、功能、意义,主要指学术价值、历史价值、文化价值、科学价值等。6.该项目产生的影响。7.该项目的现状,是否处于濒危状态,濒危程度如何,是否采取过相应的保护措施等相关情况(字数500~600字)。

### 四、关于基本信息的填写

1."项目名称":一个好的项目名称首先应该可以准确表达出三个内容:所属地区、主要内容或特征以及所属分类。

2."属地":为项目保护单位所在地区。

3."保护单位":应填写具体承担该项目保护与传承工作的保护单位(具体要求详见封面中关于"保护单位"的填写说明)。"法人"栏目中,应填写保护单位的法人代表。"通讯地址""邮编""电话""传真""电子信箱"栏目中,须填写保护单位的相关讯息。特别需要强调的是政府部门、文化行政部门尽量避免。

4."所在区域及其地理环境":主要包括该项目发生地的基本情况,可填写其地理位置、气候、物产、相关重要传说、区域的行政归属、经济生产生活发展水平等,以及关于该项目的重要文献资料和形成该项目的相关背景等。

### 五、关于项目说明的填写

1."分布区域":包括该项目所在的中心区域、辐射区域、影响的区域等。

2."历史渊源":主要对形成该项目的历史原因、历史沿革、形成、发展、演变以及现在的发展状况等几个阶段进行详细介绍(可参考不同版本的县志、市志或者相关具有权威性的书籍等),要有翔实的历史依据,不能出现"据说""大概"等词句。

3."基本内容":是对这个项目"是什么"的回答,所以文字非常重要,要不惜文字去介绍,可以用说明文的写作方式去介绍。包括:(1)该项目的表现形式有哪些;(2)该项目的表现内容有哪些;(3)构成该项目的要素(活动要素、工艺过程等);(4)表现风格如何,有哪些艺术表现方法;(5)用途,在什么时间、什么场合、什么环境开展活动(或者存在于什么时间、什么场合、什么环境);(6)该项目在该类别乃至人类生活中有哪些作用;(7)该项目对同类型事象的影响或受哪些同类事象影响等相关情况介绍。因为类别的不同,侧重点也应有所不同,"民间文学"类应侧重写相关传说或故事的主要情节；"表演艺术"类应侧重写表演的过程、内容、唱腔曲调、行当角色、伴奏乐器等；"传统手工技艺"类应侧重写清楚每一个环节、每一个细节、每一个流程(具体可附图表说明,更具有权威性)；"民俗"类要写清楚相关活动的举行时间、过程、内容、仪式、参与人员、禁忌等。

4."相关制品及其作品"：包括如下内容：①该项目传承中所用工具、器具有哪些种类,名称是什么,用途是什么。②使用哪些生产材料、原料。③该项目传承中遗迹、遗址、固定活动场所。④该项目传承中有哪几类制品、作品,每类制品、作品包括哪些内容。⑤每个历史时期有哪些代表性或经典的或获奖的制品、作品。并附图片说明。

5."传承谱系"：要写项目清晰的传承脉络。最少要有百年以上的历史、五代以上的传承关系,最好能够写清楚代别、姓名、性别、年代、传承关系等。非物质文化遗产传承的特点是口传心授,有师徒传承、家族传承和集体传承三种类型。

一般而言,像"表演艺术"和"传统手工技艺"其传承人多为"单个的自然人"或者"群体的集合人",而"民间文学"和"民俗"其传承人更多地体现为"群体的集合人"即集体传承,有些是一些村落,有些是一个团体、一个班社或者一个作坊。要有大量的文字去说明,因为这样的传承大多是有民间信仰所支撑的,没有信仰就无法传承。另外有些项目的传承不是单一的,比如说"山西老陈醋传统酿造技艺"就属于集体传承和师徒传承的结合,由醋坊到醋厂到集团有限公司,每一步的传承都离不开全体的酿醋工人,同时,不同年代的大师傅在师徒传承方面也有着同样重要的作用。

6."代表性传承人"：2007年在国家级申报文本的表格中,比2006年第一次申报表格增加了"代表性传承人"一栏。非物质文化遗产的传承是以人为载体的,加强对非物质文化遗产项目代表性传承人的保护是非物质文化遗产保护的关键环节。

非物质文化遗产项目代表性传承人应当符合以下条件：①完整掌握该项目或者其特殊技能；②具有该项目公认的代表性、权威性与影响力；③积极开展传承活动,培养后继人才。在认定传承人时,要从实际出发,实事求是。

表格中要写清楚代表性传承人的姓名、性别、年龄、传承代别、从事这项工作的时间、主要技艺特征、是否有特殊称号等。而且一定是健在的、代别最高的、又有传承能力的。

一个项目代表性传承人的认定还要看他是否能履行传承义务,丧失传承能力、无法履行传承义务的,应当按照程序另行认定该项目代表性传承人；怠于履行传义务的,取消其代表性传承人的资格。

**六、关于项目论证的填写**

1."主要特征":项目的主要特征可以有艺术特征、工艺特征、文化特征等。要注意把握项目本身独有的、典型的、区别于其他项目的本质特征进行论述。

2."重要价值":主要通过对项目的科学研究价值、文化价值、历史价值、艺术价值进行介绍和阐述,如有工艺价值、实践价值、人文价值、社会价值、经济价值、学术价值、实用价值等也可介绍,但注意不要牵强附会。

3."濒危状况":描述该事物目前所处的发展现状,比如由于人们审美观念的转变、市场需求的变化、原材料的缺失,或者随着老艺人的相继去世,有些项目发展艰难,急需进行抢救保护等情况说明。

**七、关于项目保护单位的填写**

1.国家级非物质文化遗产代表性项目保护单位应具备以下条件:

(1)有该项目代表性传承人和相对完整的资料;

(2)有完善的组织机构,并有专人负责该项目保护工作;

(3)有编制并实施该项目保护计划的能力;

(4)有开展传承、传播的场所和条件。

2.国家级非物质文化遗产代表性项目保护单位应当履行以下职责:

(1)按照文化主管部门组织制定的非物质文化遗产代表性项目保护规划,制定项目保护计划和年度实施方案,落实保护措施;

(2)全面收集该项目的实物、资料,并登记、整理、建档;

(3)积极开展该项目的传承传播活动,密切联系该项目的代表性传承人并为其开展传承活动提供支持,及时掌握代表性传承人的身体、生活状况和授徒、传艺情况并提供必要的服务与保障;

(4)有效保护该项目所依存的文化场所;

(5)积极开展非物质文化遗产代表性项目保护传承的理论与实践研究;

(6)按照保护计划和年度实施方案,科学规范使用专项资金,确保专款专用;

(7)定期向当地人民政府文化主管部门报告项目保护实施情况及保护资金使用情况,并接受监督。

**八、关于项目管理的填写**

1."已采取的保护措施":包括已经采取的法律法规、政策以及其他各种保护措施和实施方案。

2."资金投入情况":包括"已采取的保护措施"中提到的相关保护措施和实施

方案的投入资金情况。

**九、关于保护计划的填写**

1."保护内容"：应包括确认、建档、保存、保护、传承、传播、研究等。

建档：通过搜集、记录、分类、编目等方式，为申报项目建立完整的档案；

保存：用文字、录音、录像、数字化多媒体等手段，对保护对象进行真实、全面、系统的记录，进行音配像，并积极搜集有关实物资料，选定有关机构妥善保存并合理利用；

保护：采取切实可行的具体措施，以保证该项非物质文化遗产及其智力成果得到保存、传承和发展，保护该项目的传承人（团体）对其世代相传的文化表现形式和文化空间所享有的权益，尤其要防止对非物质文化遗产的误解、歪曲或滥用；

传承：通过社会教育、学校教育和传承人的授徒等途径，使该项非物质文化遗产的传承后继有人，能够继续作为活的文化传统在相关社区尤其是青少年当中得到继承和发扬；

传播：利用节日活动、展览、观摩、培训、专业性研讨等形式，通过大众传媒和互联网的宣传，加深公众对该项目的了解和认识，促进社会共享。

2."五年计划"：申报只是一种手段，保护才是真正的目的，我们在做申报工作的同时就是保护计划的开始。没有保护计划就谈不上申报，申报也不可能成功。所以须提出切实可行的五年保护计划，并承诺采取相应的具体措施，进行切实保护。这些措施要根据以上"保护内容"的相关内容进行分解。五年计划要每年都做，要不厌其烦地把它写上去，普查、出版、老艺人的补助、培训班、展览都可以写。因为这些都是长期、连续的、不间断的工作。我们以民间美术和传统手工技艺为例，老艺人的生活补助可以直接列入文本，以当地的平均工资为准；老艺人举办培训班、带徒弟的费用，具有意义的文化的传承、培训费也是可以申请的；关于这个项目直接的或间接的材料、实物资料购买费；具有代表性的老艺人的作品收购；办展览也是传承的一个方面，每年或每两年在本地区或其他地区做一个展览进行宣传；出版老艺人的作品集和资料集（口述历史）录音、录像等。要注意基础性建设不在经费申请范围，比如建设博物馆的土木工程建设、购买汽车等是不能够申请经费的。

3."保障措施"：制定出台相关的保护规章制度，以及培养传承人的相关措施，为保证完成以上保护计划所必需的政策支持等。

4."经费预算及其依据说明"：要提出总的资金预算，并对其每个方面进行资金依据说明。这个说明应该是总的五年中的每一项费用的说明。应该有地方配套资金，说明当地对保护项目的重视。

5."备注":凡在各项栏目中没有纳入的其他重要内容,可在"备注"一栏中填写。

### 九、专家委员会论证意见

要填写专家委员会提出的,对该项目的重要特征的论述以及同意申报的意见。参与项目论证专家名单,要详细填写论证专家的姓名、性别、年龄、单位、专业、职称、联系电话及亲笔签名。在专家的选择上要注意行业的广泛性。参与论证的专家不得少于5人,相关专业的不少于3人,职称要求副高(含副高)以上。

### 十、文化行政部门审核意见

由文化行政部门填写同意申报的意见,并要加盖公章。

### 十一、项目申报的其他资料

包括项目地域分布图1幅,相关资料(历史渊源、基本内容)的图片,相关器具及作品图片,传承活动场景及传承人图片等若干幅,每幅图片要附上必要的文字说明。

### 十二、证明材料(格式如下)

证明材料

安徽省文化厅:

根据文化厅《关于申报第二批省级非物质文化遗产名录项目有关事项的通知》(文办发〔2008〕1号)的要求,(单位名称或个人)同意"××(项目名称)"申报省级非物质文化遗产名录项目。

授权者:

年　月　日

### 十三、授权书(格式如下)

授权书

安徽省文化厅:

根据文化厅《关于申报第二批省级非物质文化遗产名录项目有关事项的通知》(文办发〔2008〕1号)的要求,(单位名称)同意各级非物质文化遗产保护机构使用"××(项目名称)"申报材料进行宣传和推广。

保护单位:

年　月　日

附件 1                                          项目代码：_____

# 国家级非物质文化遗产代表性项目申报书

　　　　项目类别：_____

　　　　项目名称：_____

　　　　保护单位：_____

　　　　省级或中央主管部门：_____

中华人民共和国文化部印制
年　　月　　日

# 注 意 事 项

**注意事项**

（一）封面及表格中"项目类别""项目代码"按以下标准填写：

民间文学（Ⅰ），传统音乐（Ⅱ），传统舞蹈（Ⅲ），传统戏剧（Ⅳ），曲艺（Ⅴ），传统体育、游艺与杂技（Ⅵ），传统美术（Ⅶ），传统技艺（Ⅷ），传统医药（Ⅸ），民俗（Ⅹ）。

（二）此申报书可在文化部政府门户网站（www.mcprc.gov.cn）下载，表格各项栏目以仿宋GB_2312小四号字填写，不得扩展。

（三）表格一律用电脑填写，准确无误，不得弄虚作假或复制。凡填写内容不实、有虚假成分者，一经发现，取消其申报资格。

## 一、项目简介

包括项目的基本情况、地理位置、历史沿革、主要价值和影响（字数 600~800 字）
文字简练，叙述清楚，准确无误

## 二、项目基本信息

| 项目类别 | | 项目名称 | |
|---|---|---|---|
| 申报地区 | (具体到县\区) | 涉及民族 | (如涉及多个民族,填写主要民族) |
| 所在区域及其地理环境 | 着重于介绍与项目密切相关的地理环境特点。突出申报地区地域的优越性。(780字) | | |
| 分布区域 | (基本信息应有具体的省、市、县(区)概念)<br>从古到今的影响与辐射范围(300字) | | |
| 历史渊源 | (项目传承历史应至少追溯至百年)<br>起源与发展。<br>起源要言之有据,要有可查的文献。<br>要注重叙述流变中的丰富发展与影响。(330字) | | |

续表

| | |
|---|---|
| 基本内容 | （包括项目基本情况和具体表现形态等）<br>分结构、分工序叙述项目的具体表现形态。简明扼要，突出价值和特色。<br>（300字） |
| 主要特征 | 紧扣基本内容，提炼出项目特色。（330字）<br>以民间文学、民俗等为例，可有集体性、混元性、共生性、变异性、传承性等等。<br>以手工艺为例，可从原料特征、工艺特征、产品特征三方面叙述。 |
| 重要价值 | 历史价值、文化价值、民俗价值、艺术价值、工艺价值、科学价值……（根据项目特点，对号入座）(330字) |

续表

| | |
|---|---|
| 存续状况 | 实事求是。分析原因要有针对性。(300字) |
| 相关制品及其作品 | 从古到今保存的代表性作品。(240字) |
| 传承谱系 | (填写项目清晰的传承脉络并延续至当代主要传承人)<br>要代际清晰,绵延百年,上溯三代以上。<br>有流派的,要分流派标出谱系表。 |

续表

| | |
|---|---|
| 主要传承人(群体) | (填写该项目当代主要传承人或传承群体,如人员、群体较多可只填写代表性传承人)<br>当代的、现存的传承人与传承群体(330字) |
| 代表性图片一 | (反映项目价值和特点的1000万像素以上6寸数码彩色照片,包括体现价值、技能、技艺的工作照及代表性作品、产品或剧(节)目照片)<br><br>(贴照片处)<br><br>著作权人及手机号:<br>照片说明(时间、地点、相关人员、画面内容): |
| 代表性图片二 | (反映项目价值和特点的1000万像素以上6寸数码彩色照片,包括体现价值、技能、技艺的工作照及代表性作品、产品或剧(节)目照片)<br><br>(贴照片处)<br><br>著作权人及手机号:<br>照片说明(时间、地点、相关人员、画面内容): |

续表

| | |
|---|---|
| 代表性图片三 | （反映项目价值和特点的 1000 万像素以上 6 寸数码彩色照片，包括体现价值、技能、技艺的工作照及代表性作品、产品或剧（节）目照片）<br><br>（贴照片处）<br><br><br>著作权人及手机号：<br>照片说明（时间、地点、相关人员、画面内容）： |
| 代表性图片四 | （反映项目价值和特点的 1000 万像素以上 6 寸数码彩色照片，包括体现价值、技能、技艺的工作照及代表性作品、产品或剧（节）目照片）<br><br>（贴照片处）<br><br><br>著作权人及手机号：<br>照片说明（时间、地点、相关人员、画面内容）： |
| 代表性图片五 | （反映项目价值和特点的 500 万像素以上 6 寸数码彩色照片，包括体现价值、技能、技艺的工作照及代表性作品、产品或剧（节）目照片）<br><br>（贴照片处）<br><br><br>著作权人及手机号：<br>照片说明（时间、地点、相关人员、画面内容）： |

续表

| | |
|---|---|
| 代表性图片六 | (反映项目价值和特点的500万像素以上6寸数码彩色照片,包括体现价值、技能、技艺的工作照及代表性作品、产品或剧(节)目照片)<br><br>(贴照片处)<br><br><br>著作权人及手机号:<br>照片说明(时间、地点、相关人员、画面内容): |
| 代表性图片七 | (反映项目价值和特点的500万像素以上6寸数码彩色照片,包括体现价值、技能、技艺的工作照及代表性作品、产品或剧(节)目照片)<br><br>(贴照片处)<br><br><br>著作权人及手机号:<br>照片说明(时间、地点、相关人员、画面内容): |
| 代表性图片八 | (反映项目价值和特点的500万像素以上6寸数码彩色照片,包括体现价值、技能、技艺的工作照及代表性作品、产品或剧(节)目照片)<br><br>(贴照片处)<br><br><br>著作权人及手机号:<br>照片说明(时间、地点、相关人员、画面内容): |

续表

| | | |
|---|---|---|
| 代表性图片九 | (反映项目价值和特点的500万像素以上6寸数码彩色照片,包括体现价值、技能、技艺的工作照及代表性作品、产品或剧(节)目照片)<br><br>(贴照片处)<br><br><br>著作权人及手机号:<br>照片说明(时间、地点、相关人员、画面内容): | |
| 代表性图片十 | (反映项目价值和特点的500万像素以上6寸数码彩色照片,包括体现价值、技能、技艺的工作照及代表性作品、产品或剧(节)目照片)<br><br>(贴照片处)<br><br><br>著作权人及手机号:<br>照片说明(时间、地点、相关人员、画面内容): | |

### 三、项目保护单位

| 建议保护单位 | | 法定代表人或负责人 | |
|---|---|---|---|
| 法人类型<br>(在对应○插入"●") | ○企业法人　○社会团体法人　○事业单位法人　○其他 | | |
| 通讯地址 | | 邮　编 | |
| 保护工作专门负责人 | | 职　务 | |
| 电　话 | (固定电话/移动电话) | 电子邮箱 | |
| 法人证书或组织机构证明 | (请粘贴复印件) | | |

续表

| | |
|---|---|
| 保护单位有能力承担保护职责的说明 | 有哪些县、市、省级代表性传承人（姓名、级别）； 有多少项目代表性资料、实物； 有哪些人员专职从事项目保护工作； 有多大规模的场所用以开展传承传播活动； 有多少自有资金可以支持传承传播活动。 （660字） |
| 保护单位承诺 | 我单位承诺： 　我单位申请作为国家级非物质文化遗产代表性项目保护单位，承诺如实填报所有申报材料，自愿根据有关法律法规的规定承担保护单位职责并同意文化部无偿使用申报材料进行宣传、推广。 　　　　　　　　　　　　　　　　　盖章： 　　　　　　　　　　　　　　　　　年　月　日 |

续表

| | |
|---|---|
| 传承人（群体）同意申报及参与保护工作声明书 | 　　我们作为该非物质文化遗产项目主要传承人（群体），同意申报国家级非物质文化遗产代表性项目，并同意（建议保护单位名称）作为项目保护单位。愿意共同参与该项目的申报与保护工作。<br>　　签字或盖章（个人请签名并填写单位或住址；单位、群体请盖章）：<br><br><br><br><br><br>　　　　　　　　　　　　　　　　　　　　　　　　　年　月　日 |

## 四、项目保护计划

| | |
|---|---|
| 已采取的保护措施与实现的保护成效 | 包括已经采取的法律法规、政策以及其他各种保护措施和实施方案(450字)<br>本栏主要介绍申报名录以来所作的努力,宜从以下几个方面来写:<br>• 1.参加国家举办的调演、展览活动;<br>• 2.各级政府制定的法律法规和条例;<br>• 3.各地方出台的措施和所作的努力;<br>• 4.展览、表演活动;<br>• 5.学术研究(包括出版、媒体);<br>• 6.普及推广。 |
| 五年保护计划主要内容 | 包括确认、建档、保存、保护、传承、传播、研究等内容——宏观、方向性描述<br><br>既要有静态保护,也要有动态保护。(450字) |
| 保护内容 | 具体描述,以手工艺为例,可以从原料基地方面、工艺工序方面、传承人方面叙述保护内容(150字) |

续表

| | 时　间 | 保护措施 | 预期目标 |
|---|---|---|---|
| 五年计划 | | 50字 | 50字 |
| | | 50字 | 50字 |
| | | 50字 | 50字 |
| | | 50字 | 50字 |
| | | 50字 | 50字 |
| 保障措施 | 经费、政策、人员（180字） | | |

续表

| | 经费预算(万元) | 依据说明 | 资金来源(万元) | | |
|---|---|---|---|---|---|
| | | | 自筹 | 地方补助 | 报审请中央补助 |
| 经费预算及其依据说明 | | | | | |
| | | | | | |
| | | | | | |
| | | | | | |
| 备注 | (如有在各栏目中未纳入的其他重要内容,请在此处填写)<br>(270字) | | | | |

## 五、省级专家评审委员会论证意见

| 省级专家评审委员会评议意见 | （省级专家评审委员会对该项目价值、代表性、保护单位资质与能力、保护计划的科学性与可行性的有针对性的描述,是否建议推荐申报国家级非物质文化遗产代表性项目名录;中央直属单位推荐的项目应由中央直属单位组织专家进行论证并填写论证意见） <br><br><br><br><br><br><br><br> 专家组组长签字 <br><br> 年　月　日 |
|---|---|

| 省级专家评审委员会名单 | 姓名 | 年龄 | 专业 | 职称 | 单位 | 联系电话 | 签字 |
|---|---|---|---|---|---|---|---|
| | | | | | | | |
| | | | | | | | |
| | | | | | | | |
| | | | | | | | |
| | | | | | | | |
| | | | | | | | |
| | | | | | | | |

注：参与项目论证的专家人数不少于5人。

**六、省级文化主管部门(中央直属单位主管部门)审核意见**

(省级文化主管部门或中央直属单位主管部门对该项目保护单位代表性及能力、保护计划的科学性与可行性、相关传承人(群体)参与的广泛性及是否建议推荐申报国家级非物质文化遗产代表性项目名录的意见)

签章：

年　月　日

# 代表性图片

一、基本要求

1000万像素以上6寸数码照片10张(附文字说明、摄影者或版权所有者的姓名,及其未经压缩的电子版本)。

二、相关类别项目所需图片内容的具体要求

(1)民间文学:口述实践过程、特定文化场所等。

(2)传统舞蹈:实践者舞蹈动态过程、舞蹈队形、舞蹈实践过程中的特定道具等。

(3)传统音乐:演唱、演奏等实践过程、场景、特定乐器等。

(4)传统戏剧:表演实践过程、传统剧目剧照、特技、实践过程中使用的特定道具、面具、剧装、乐器等。

(5)曲艺类项:说、演、弹、唱等实践过程,实践过程中使用的特定道具和乐器等。

(6)传统美术:创作流程、代表性作品,创作过程中使用的特殊原料、工具、实践过程中特殊技艺流程等。

(7)传统技艺:工艺流程、代表性成品,生产实践过程中使用的特殊原料、工具等。

(8)传统体育、游艺与杂技:实践过程、特定场所、实践过程中特技和特殊道具等。

(9)传统医药:诊疗实践过程、制药原料及工艺流程等。

(10)民俗:仪式过程、实践过程中特定文化场所、信俗对象(如妈祖信俗中的妈祖像、关公信俗中的关公像)、仪式组织实施特定人物(如司仪)等。

# 申报录像片

一、技术要求

制式:DVD 格式。

长度:5~10 分钟。

文件类型:应是专为申报书制作的原版录像,而不是任何现成的录像资料(如风光旅游宣传片之类)。

画外音及字幕:配有普通话解说词,并配以汉文字幕。

录像片制作:摄制、编辑要保证质量,尽量避免过多使用变焦、距离过近或过远,摄制、剪辑技术过差,音量饱和等。

二、内容要求

第一部分:概述(1~3 分钟)

概括说明申报项目的显著特征,及其社会和自然环境。(是什么)

第二部分:杰出价值(2~3 分钟)

阐释申报项目对相关区域和中华民族文化所具有的历史、文化、科学价值,以及申报理由。(好在哪里)

第三部分:濒危状况(1~2 分钟)

说明申报项目的濒危状况及其原因。(为什么要保护)

第四部分:保护计划(1~2 分钟)

简明扼要地展示保护计划的主要内容和具体步骤。(怎么保护)

三、制作要求

录像片最直观、信息量最大,特别是传统表演艺术、传统技艺类;时间不能超过 10 分钟,以 5~7 分钟为好。要在有限时间内把项目最关键的内容与环节、最重要的特征与价值介绍清楚并达到技术要求。注意刻录质量。专家讲话、领导讲话不要太多。要把项目本体最精彩的内容展现出来。要抓住非物质文化遗产的特点,将具有人文价值的、核心的、记忆的东西、主要传承人掌握的技艺展现出来,让这些展现出来的主体能打动人。申报片要用说明式的方式,以形象化的手段将非物质文化遗产名录项目展现出来。要去掉学术化、历史化、政府化、宏大化,做出来的申报片要具有本真性。

**四、各类别项目申报片的具体要求**

在制作申报片时,类别与类别之间、项目与项目之间,既有共性也有个性,既有共同点,也有不同点,应根据不同类别、不同项目来进行具体操作。下面对非物质文化遗产各个类别进行简单的分述,以便我们掌握它们各个类别的特点供大家在制作申报片时参考。

民间文学

民间文学又称"口头文学",主要是靠口传心授而世代传承,这是民间文学最重要也是最基本的特点。在做民间文学申报片时,要注意全面性、代表性和真实性。要注意民间文学在民间流传的历史脉络和流传区域的变化。在做申报片时,要注意传承人与听众的互动关系,要把传说与故事的活态存续状况记录下来。

传统音乐

传统音乐即民间音乐,主要指由各民族人民所创造、流传在民间的、未经专业音乐工作者加工的各种音乐品种。既包括如声乐、器物等有形的物质因素,也包括传承人的审美观、实践观、价值观等无形的精神因素。在做申报片时,要忠实记录民间音乐演唱或演奏的原始面貌,以及有关当事人的解说,其中包括与之相关的历史故事和神话、传说等等。

传统舞蹈

传统舞蹈即民间舞蹈,它是在人民群众中广泛流传,具有鲜明的民族风格和地方特色的传统舞蹈形式。要有悠久的历史,至今还能活态地传承,表演形态要有比较强的典范性,要有文化艺术价值,做申报片时,该项目要有一段有特点的比较完整的舞蹈呈现出来。

传统戏剧

戏剧是我国各地、各族人民共同创造的、反映我国广大人民群众思想感情和审美品格的优秀传统文化。民族和地域文化的差异,形成了千姿百态的艺术风格。在做传统戏剧申报片时,要注意该项目的特点和风格,包括唱、念、做、打及声腔的特点和各种表演特技。

曲　艺

曲艺是以口头语言进行的"说唱"的表演艺术,品种繁多。丰富多彩的曲艺文化遗产,历史悠久、传流深厚、流布广泛、价值独特,不仅是各族民众十分重要的精神生活养料,而且是各民族历史文化的特殊传承载体。曲艺申报片的制作要注意项目本身的特点及传承人的表演特点,以及使用的特殊道具等。

传统体育、游艺与杂技

民间游艺是指流传于各民族大众生活中的嬉戏娱乐活动,俗称"玩耍"。传统体育与竞技是活跃在各民族民间的传统体育、技巧的比赛活动。游艺、传统体育与竞技在民间生活习俗中,五花八门,样式繁多,许多游戏规则和竞赛规则也都十分复杂多样,因而对它们进行分类也较为困难。一般分为民间游戏、传统体育与竞技。做这类申报片,着重点要放在其历史渊源、民众普及性及技巧性、趣味性的介绍。

传统美术(民间美术)

民间美术是劳动者为适应生活的需要和审美要求,运用集体的智慧,以手工的方式就地取材生产制造的具有观赏价值的实用工艺品。不同民族和地区的民间美术,由于社会风尚、历史环境、地理位置、审美观点的差异而各具特色,并有着明显的地域性和相应的传承性。做申报片时,注意体现地域文化赋予民间美术的特色内涵以及其独特的艺术表现形式,多展示有影响、有特色的艺术作品。

传统技艺(传统手工技艺)

传统手工技艺,指手工业的技术与工艺,它和社会生产、日常生活有紧密的联系。在制作申报片时,对该技艺所用的原材料、工艺流程、技法、工具、设备要一一呈现,传承人在制作时的一些细部特征也应通过镜头反映出来。

传统医药

传统医药是我国非物质文化遗产保护的重要内容,它蕴含了中华各民族特有的价值观念、思维方式、想象力和文化意识,在其传承发展的历史长河中,形成了特有的认知思想、诊疗方法、用药技术等,具有系统性、完整性、高度文献化以及广泛传播的鲜明特征。传统医药的存在与发展形态多种多样,中医学以及部分民族医药因其较早地形成了系统理论与技术,脱离了口耳相传的传承方式,人们通过读书、师承学习即可掌握。但尚有一部分在民间流传的经验与技术,以口述的方式世代传承。在做这类申报片时,要多展示传统医药的历史渊源、影响力、功效以及有绝技的传承人。

民　俗

民俗是指民众带有强烈地域色彩的生活方式(或生活模式),它的特性概括地说是具有历史性(历史性又包括传承性、稳定性、变异性)、民族性、地方性和流变性,要有真实、活态的民俗内容和特点。在制作民俗申报片时,注意拍摄的季节,因民俗活动往往场景比较宏大,拍摄时注意画面的完整及美感,应避免无关人员进入画面。

# 非物质文化遗产

『传承人申报指南』

# 传承人评定标准与要求

一、评审标准

1. 熟练掌握并承续某项国家级非物质文化遗产项目,在该领域内具有代表性和较大影响;

2. 在该项非物质文化遗产的传承中具有核心作用,积极开展传承活动,培养后继人才;

3. 已入选省级非物质文化遗产项目代表性传承人;

4. 德艺双馨,爱国敬业。

二、申报程序

(一)符合条件的个人可以向户籍所在地县级以上文化行政部门提出国家级非物质文化遗产项目代表性传承人申请,并提供申报材料。

(二)国家级非物质文化遗产项目保护单位可以向所在地县级以上文化行政部门推荐该项目代表性传承人,但应当征得被推荐人的同意,并提供推荐材料。

项目保护单位属省级行政部门直属单位的,经其主管部门审核同意后,可以将推荐材料报送省(区、市)文化厅(局)。

(三)市、县级文化行政部门接到申请材料或推荐材料后,应当组织专家进行审核并逐级上报。各省(区、市)文化厅(局)收到上述材料后,应当组织省级非物质文化遗产专家评审委员会进行评审,结合该项目在本行政区域内的分布情况,提出推荐名单和审核意见,连同原始申报材料及专家评审意见一并报送文化部。

(四)项目保护单位属中央各部门直属单位的,经其主管的中央部门审核同意后,可以将推荐材料直接报送文化部。

三、申报材料

(一)推荐意见:各省(区、市)文化厅(局)提出本省(区、市)的国家级非物质文化遗产项目代表性传承人的推荐名单和推荐意见;

(二)推荐表:包括申请人或被推荐人的基本情况,包括年龄、性别、民族、文化程度、职业、工作单位等;个人简历;传承谱系;学习与实践经历;技艺特点;个人成就;授徒传艺情况;参与社会公益性活动情况;为该项目保护传承所作的贡献;持有该项目相关实物、资料的情况;反映申请人或被推荐人技艺特点的照片;身份证明复印件;履行传承义务的承诺;申请及授权书;项目保护单位意见;当地文化行政部门意见;省级专家评审委员会评议意见及参评专家名单;省级文化行政部门意见等(见附件);

(三)体现申请人或被推荐人技艺水平的音像资料(5分钟之内,DVD格式);

(四)其他材料:体现有关申请人或被推荐人成就的证明复印件等方面材料;其他有助于说明申请人或被推荐人代表性的文字、图片或音像资料等。

# 申报文本

**一、封面填写**

1. "项目类别"及"项目编号及名称":按已公布的国家级非物质文化遗产名录项目类别、编号及名称正确填写。项目类别分别为:民间文学,传统音乐,传统舞蹈,传统戏剧,曲艺,传统体育、游艺与杂技,传统美术,传统技艺,传统医药,民俗。项目编号及名称如:山西省乡宁县的"云丘山中和节"应填写为"Ⅹ－122 中和节(云丘山中和节)"。

2. "传承人姓名":要填写身份证上的真实姓名,不要写艺名和笔名。

3. "保护单位":按已公布的国家级非物质文化遗产名录项目的保护单位填写。

4. 封面内容填写格式:为仿宋_GB2312、三号字体,日期为仿宋_GB2312、小二号字体。

**二、信息填写**

1. "职称职务""荣誉称号":填写传承人的职称级别、具体职务和曾获得的荣誉称号,如"民间工艺大师"等,如没有,可不填。

2. "个人简历":简要填写传承人的工作、学习情况。个人年表的形式,简明扼要。如:

＊＊＊,1976～1986 年在怀远读小学、初中。1986 年入怀远县花鼓灯培训班学习。1987 年被招入怀远农民花鼓灯艺术团。1991 年被招入"华润花鼓灯艺术团"(原"圣泉花鼓灯艺术团")。2010 年,被蚌埠市人民政府命名为市级非物质文化遗产项目代表性传承人。2011 年元月,被安徽省人民政府确定为第三批省级非物质文化遗产项目(花鼓灯)代表性传承人。

3. "传承谱系":填写项目清晰的传承脉络,注意承前启后。如:

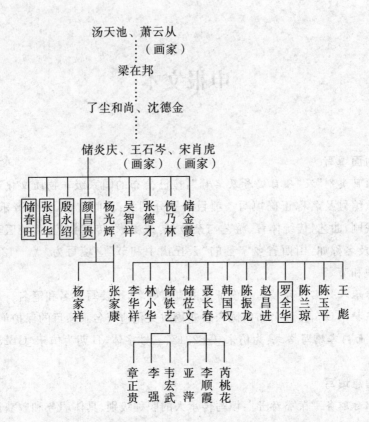

4. "学习与实践经历"：应填写传承人与该项非物质文化遗产相关的学艺及实践经历情况，主题突出，不要滋蔓。如：

1960年随父学艺；

1990年任铁画研究所副所长，从事产品研究与开发，开发的新产品镀金铁画至今仍深受市场的青睐；

1992年随国家科协主办的"中国敦煌古代科学技术展览会"代表团赴台湾作铁画现场表演，轰动整个宝岛；

1994年，北京人民大会堂安徽厅修改工程，参与集体创作19×4.2米巨幅铁画"黄山天下奇"，并作出重要贡献(被评为先进个人)。同年任芜湖市镜湖区政协委员；

1998年当选为第九届全国人大代表，任芜湖市工艺美术集团公司副总经理；

2001年芜湖市工艺美术集团改制，创立储氏铁画工艺厂；

2001年储氏铁画工艺厂的瓷盘被评为中国旅游商品博览交易会特别推荐旅游商品。几年来创作精品铁画"鸡趣图""蕙兰幽香""群马图""咏莲图""女娲补天"等；

2002年创作安徽省政府驻深圳办事处接待大厅(改造)精品大型内壁铁画"晨曦"；

2002年接受北京人民大会堂"迎客松"修复任务(画体重200公斤)，获得了人民大会堂领导的一致好评(有证书)；

2003年研制一批"宠物狗"瓷盘铁画出口美国芝加哥；

2009年5月，经专家评审，受人民大会堂管理局委托，由书法家张志和老师创作和供稿，率弟子奋战一百天制作巨幅铁画书法《中华颂》(18×3.7米)，陈列于人民大会堂中央金色大厅迎接新中国60华诞；

2010年6月参加上海世博会以"盛世徽韵"为主题的安徽活动周；

2011年率其亲传弟子修复安徽省博物馆国家一级文物明、清代铁画，历时一周。

5."技艺特点"：应填写传承人在该项目领域里独特的技艺表现形式等。如：

在多年的艺术实践中，＊＊＊不但出色地继承了怀远一带传统的花鼓灯锣鼓演奏技法和锣鼓点子，而且不断摸索、不断总结，并加以发挥和创造。他能够根据不同的场合、不同气氛，采取不同的技巧，从而使锣鼓节奏既富于变化而又不单调，达到很高的艺术造诣。他善于演奏伴奏锣鼓(灯场鼓)，技巧娴熟，气氛热烈，节奏鲜明，灵活多变、活泼风趣，感染力强。如他在演奏"小拐弯"这个锣鼓点子时，他的手上就有三种打法，而且能产生不同的艺术效果。在演奏中能随着情绪的变化即兴创作，他时而"绕锤""转锤"，时而扬手顿足，时而重锤高亢激昂，时而轻锤婉转低回，脚下还踏着各种各样的步法。无论是哪个流派，无论是民间艺人还是专业舞蹈演员，他都能配合得默契自如，衬托得尽善尽美。

6."个人成就"：应填写传承人所获得的奖励、表彰及成果。主要搜集与传承项目相关的成果与成就。如：

＊＊＊，1985年，其作品《新安览胜》《大佛砚》在人民大会堂展出，被胡子昂、胡厥文先生誉为国宝。1988年在上海虹口公园(鲁迅纪念馆)举办个展。1990年在大连工人文化官举办个展，同年赴韩国作艺术交流。2004年在上海科技礼堂举办个展。2006年在山西太原晋宝斋举办个展。2009年在河南洛阳艺术馆举办个展。先后被中央电视台1套、7套、湖南卫视、天津卫视、凤凰卫视，及省内各大电台等媒体宣传报道，近年出版了《台北陶沙集〈天衡序〉》方见尘砚雕精品集》《见尘艺术专集》等，其作品在《江苏画刊》《安徽美术时空》《美术世界》《名人与艺术》《大家艺术》《艺术收藏》发表。2010年被全国促进传统文化发展工作委员会授予"中华

传统特级工艺大师"称号;2010年参与起草歙砚省级地方标准并作为该标准顾问,该标准于2011年4月发布实施;在研究、交流学习的过程中鼓励支持凌红军、王宏俊二位学生搜集、整理出版了歙砚专著《歙砚新考》《四宝精粹》,并主编《中国歙砚》杂志;应邀赴北京、上海、杭州等地进行文化交流,传授传统工艺、弘扬国粹;不断师古、师今、师造化与实践积累经验、精心雕刻、传承技艺;在全国各地进行交流、研讨等活动,形成了自己独特的"歙工"创新技法。

7."授徒传艺情况":填写授徒时间、人数以及阶段性教学成果。如:

1984年创办歙砚传承、传习基地"歙砚研究所",任所长并带有学员127人;1998年在安徽行知学校担任总监及名誉院长,培养出大批砚雕艺术人才;尤其是1999年开办黄山见尘艺术发展中心担任艺术总监以来,授徒百余人,其中有国家级传承人、文房四宝制砚大师郑寒,以及张硕、刘明学、姜和平等一批知名砚雕家,现有学员600多人;就本人的技艺影响而论,所授学徒及学生覆盖全国各地砚种,有江西婺源砚、四川苴却砚、淮南紫金砚、东北松花砚等。

8."参与社会公益性活动情况":填写配合项目保护、宣传所作的一些讲座、展演、展示。如:

(1)1995年以来不间断地在全国各地举行方见尘艺术个人展览展示及歙砚宣传活动;

(2)2006年自筹资金组织协会并带头捐献歙砚作品10方,为残疾人事业出点力;

(3)2009年拿出部分资金为歙砚协会建立专业网站及"歙砚之乡"广告牌的投入等;

(4)2008年至今长期为安徽行知学校学生开讲座授课;

(5)2011年赴北戴河参加历代名砚展及高峰论坛。

9."持有该项目的相关实物、资料情况":收藏该项目的历史文献、实物、代表性作品等。如:

(1)搜集的国内外歙砚古籍复印件

(2)收藏的歙砚相关书籍《歙砚新考》《四宝精粹》《中国歙砚》杂志等

(3)省级歙砚地方标准

(4)搜集的1963年歙砚恢复生产、开采记录的历史档案资料

(5)收藏的古砚有:东汉五足砚、宋代云龙双足砚、宋代荷形砚、雍正三足瓷海砚、乾隆台形砚、乾隆四足赏欣砚、乾隆铁梨木添笔砚、乾隆四足叶形砚等

10."为该项目保护传承所作的其他贡献":捐资办传习所、专题博物馆、编撰相

关书籍、搜集相关文献实物等等。如无相关内容,可不填。

**三、项目保护单位意见、当地文化主管部门意见、省级文化主管部门审核意见**

由文化行政部门填写同意申报的意见,并要加盖公章。

**四、专家评审委员会评议意见**

应填写专家具体评审意见(要对传承人的技艺特征和艺术成就有所论述)。专家组组长签名(签名不得复印)。

**五、专家评审委员会名单**

应填写专家"姓名""性别""年龄""专业""职称"等个人信息。在专家的选择上要注意行业的广泛性。参与论证的专家不得少于5人,相关专业的不少于3人,职称要求副高(含副高)以上。

附件 1：

# 第四批国家级非物质文化遗产
# 项目代表性传承人推荐表

项目类别：＿＿＿＿＿＿＿＿＿＿＿＿＿＿＿＿

项目编号及名称：＿＿＿＿＿＿＿＿＿＿＿＿＿

传承人姓名：＿＿＿＿＿＿＿＿＿＿＿＿＿＿＿

保护单位：＿＿＿＿＿＿＿＿＿＿＿＿＿＿＿＿

省、自治区、直辖市：＿＿＿＿＿＿＿＿＿＿＿

中华人民共和国文化部印制

二〇一一年七月

# 注意事项及填表说明

## 一、注意事项

（一）封面中"项目类别"及"项目编号及名称"按已公布的国家级非物质文化遗产名录项目类别、编号及名称正确填写。

项目类别分别为：民间文学，传统音乐，传统舞蹈，传统戏剧，曲艺，传统体育、游艺与杂技，传统美术，传统技艺，传统医药，民俗。项目编号及名称如：山西省乡宁县的"云丘山中和节"应填写为"Ⅹ—122 中和节(云丘山中和节)"。

（二）表格除签字外，一律用电脑填写，内容应准确、完整、真实，不得弄虚作假。签字、盖章不得复印、打印。

## 二、填表说明

（一）"荣誉称号"栏目中，填写传承人曾获得的荣誉称号，如"民间工艺大师"等，如没有，可不填。

（二）"个人简历"栏目中，简要填写传承人的工作、学习情况。"传承谱系"栏目中，填写项目清晰的传承脉络。

（三）"学习与实践经历"栏目中，应填写传承人与该项非物质文化遗产相关的学艺及实践经历情况。

（四）"技艺特点"栏目中，应填写传承人在该项目领域里独特的技艺表现形式等。

（五）"个人成就"栏目中，应填写传承人所获得的奖励、表彰及成果。

（六）"为该项目保护传承所作的其他贡献"栏目中，如无相关内容，可不填。

（七）在"项目保护单位意见""当地文化主管部门意见""省级文化主管部门审核意见"栏目中，须明确表示"同意推荐"并加盖公章。

（八）在"省级专家评审委员会评议意见"栏目中应填写专家评审意见；在"省级专家评审委员会名单"栏目中应填写省级专家"姓名""性别""年龄""专业""职称"等个人信息。

| 姓　名 | | 性　别 | | |
|---|---|---|---|---|
| 出生年月 | | 民　族 | | 2寸彩照 |
| 文化程度 | | 职　业 | | |
| 职务职称 | | 荣誉称号 | | |
| 确定为省级代表性传承人的时间 | | | 年　　月　　日 | |
| 工作单位 | | 联系电话 | | |
| 邮　编 | | 电子信箱 | | |
| 通讯地址 | | | | |
| 个人简历 | | | | |
| 传承谱系 | | | | |
| 学习与实践经历 | | | | |

| | |
|---|---|
| 技艺特点 | |
| 个人成就 | |
| 授徒传艺情况 | |
| 参与社会公益性活动情况（展演、宣传、讲座等） | |

| | |
|---|---|
| 持有该项目的相关实物、资料情况 | |
| 为该项目保护传承所作的其他贡献 | |
| 照片一 | (反映申请人或被推荐人技艺特点的500万像素(1000万像素)以上6寸数码彩色照片,包括体现技能、技艺的工作照及代表性作品或剧(节)目照片)<br><br><br>(贴照片处)<br><br><br><br>著作权人及手机号:<br>照片说明: |

| | |
|---|---|
| 照片二 | (贴照片处)<br><br>著作权人及手机号：<br>照片说明： |
| 照片三 | (贴照片处)<br><br>著作权人及手机号：<br>照片说明： |
| 照片四 | (贴照片处)<br><br>著作权人及手机号：<br>照片说明： |

| | |
|---|---|
| 照片五 | （贴照片处）<br><br>著作权人及手机号：<br>照片说明： |
| 申请人或被推荐人身份证复印件 | （二代身份证应复印正反两面并粘贴）<br><br>（贴身份证复印件处） |
| 本人申请及授权书 | 本人申请（同意推荐）作为国家级非物质文化遗产项目代表性传承人，积极履行传承义务，并同意文化部无偿使用申报材料进行宣传、推广。<br><br><br>签字（盖章）<br><br>年　月　日 |

| | |
|---|---|
| 项目保护单位意见 | （盖章）<br><br>年　月　日 |
| 当地文化主管部门意见 | （盖章）<br><br>年　月　日 |
| 省级专家评审委员会评议意见 | 专家组组长（签字）<br><br>年　月　日 |

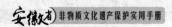

| | 姓名 | 性别 | 年龄 | 专业 | 职称 | 单位 | 联系电话 | 签字 |
|---|---|---|---|---|---|---|---|---|
| 省级专家评审委员会名单 | | | | | | | | |
| | | | | | | | | |
| | | | | | | | | |
| | | | | | | | | |
| | | | | | | | | |
| | | | | | | | | |
| | | | | | | | | |
| | | | | | | | | |
| | | | | | | | | |

| 省级文化主管部门意见 | <br><br><br><br><br><br>（盖章）<br><br>　年　月　日 |
|---|---|

附件2：

_____省（自治区、直辖市）第四批国家级非物质文化遗产项目代表性传承人推荐名单

| 序号 | 项目编码 | 项目名称 | 入选国家级项目批次 | 申报地区或单位 | 代表性传承人 | | | | | | 备注 |
|---|---|---|---|---|---|---|---|---|---|---|---|
| | | | | | 姓名 | 性别 | 民族 | 出生年月 | 职务（职称） | 从艺年限 | |
| 1 | | | | | | | | | | | |
| 2 | | | | | | | | | | | |
| 3 | | | | | | | | | | | |
| 4 | | | | | | | | | | | |
| 5 | | | | | | | | | | | |

注：1. 如为国家级非物质文化遗产项目代表性传承人去世或丧失传承能力重新推荐的，请在备注中予以说明。

2. 此表可扩展。

# 代表性图片

一、基本要求

1000万像素以上6寸数码照片(附文字说明、摄影者或版权所有者的姓名,及其未经压缩的电子版本)。

二、各类别项目传承人提交图片的具体要求

(1)民间文学类项目传承人提交的照片内容应主要表现传承人传承、传授遗产的实践过程;

(2)传统音乐、传统舞蹈、传统戏剧、曲艺、传统体育、游艺与杂技类项目传承人提交的图片内容应主要表现传承人传承、传授遗产的实践过程或表演的过程;

(3)传统美术、传统技艺、传统医药类项目传承人提交的图片内容应主要表现传承人传承、传授遗产的实践过程或工艺制作过程;

(4)民俗类项目传承人提交的图片内容应主要表现传承人传承、传授遗产的实践过程或参加民俗活动过程。

# 申报视频

**一、技术要求**

制式：DVD格式。

长度：5分钟以内。

文件类型：应是专为传承人申报制作的原版录像，而不是任何现成的录像资料（如专题片之类）。

画外音及字幕：配有普通话解说词，并配以汉文字幕。

录像片制作：摄制、编辑要保证质量，尽量避免过多使用变焦、距离过近或过远，摄制、剪辑技术过差，音量饱和等。

**二、内容要求**

第一部分：传承人简介（1分钟）

围绕申报人的传承项目，对传承人作简要介绍，突出其代表性。

第二部分：传承谱系与技艺展示（3分钟）

说明申报人学艺过程，简要说清技艺传承的来龙去脉。展示申请人或被推荐人高超的技艺水平与独特表现形式。

第三部分：成就、影响及从事的传承活动（1分钟）

说明传承人的艺术成就及社会影响力以及正在开展的传承活动。

**三、制作要求**

传承人申报视频重点在于展示传承人技艺，所以要在有限时间内把最关键的内容与环节、最重要的技艺特征介绍清楚并达到技术要求。专家讲话、领导讲话不要太多。抓住非物质文化遗产的特点，将具有人文价值的、核心的、记忆的东西、主要传承人掌握的技艺展现出来，让这些展现出来的主体打动人。申报片要用说明式的方式，以形象化的手段将非物质文化遗产名录项目展现出来。要去掉学术化、历史化、政府化、宏大化，做出来的申报片要具有本真性。

**四、各类别项目申报片的具体要求**

在制作申报片时，应根据不同类别、不同项目来进行具体操作。下面对非物质文化遗产各个类别进行简单的分述，供大家在制作申报片时参考。

民间文学

民间文学又称"口头文学",主要靠口传心授而世代传承,这是民间文学最重要也是最基本的特点。在做申报片时,注意展示传承人说故事的技艺及其与听众的互动关系。

传统音乐

传统音乐即民间音乐,主要指由各族人民所创造、流传在民间的、未经专业音乐工作者加工的各种音乐品种。既包括如声乐、器物等有形的物质因素,也包括传承人的审美观、实践观、价值观等无形的精神因素。在做申报片时,要多展示传统民歌小调的表演片段,忌将传承人包装成晚会歌手进行展示。

传统舞蹈

传统舞蹈即民间舞蹈,是在人民群众中广泛流传,具有鲜明的民族风格和地方特色的传统舞蹈形式。有悠久的历史,至今还能活态地传承,传承人表演形态要有比较强的典范性,做申报片时,要将传承人所掌握的经典舞蹈片段进行集中展示、解说。

传统戏剧

戏剧是我国各地、各族人民共同创造的、反映我国广大人民群众思想感情和审美品格的优秀传统文化。由于民族和地域文化的差异,形成了千姿百态的艺术风格。在做申报片时,要注意传承人的特点和风格,展示其唱、念、做、打及声腔的特点和表演特技。

曲艺

曲艺是以口头语言进行的"说唱"的表演艺术,品种繁多。丰富多彩的曲艺文化遗产,历史悠久、传流深厚、流布广泛、价值独特,不仅是各族民众十分重要的精神生活养料,而且是各民族历史文化的特殊传承载体。做申报片时,要展示传承人的语言特色与表演形式的风格。

传统体育、游艺与杂技

民间游艺是指流传于各民族大众生活中的嬉戏娱乐活动,俗称"玩耍"。传统体育与竞技是活跃在各民族民间的传统体育、技巧的比赛活动。游艺、传统体育与竞技在民间生活习俗中,五花八门,样式繁多,许多游戏规则和竞赛规则也都十分复杂多样,因而对它们进行分类也较为困难。一般分为民间游戏、传统体育与竞技。做申报片,要注重其高超技巧性的展示。

传统美术(民间美术)

民间美术是劳动者为适应生活的需要和审美要求,运用集体的智慧,以手工的方式就地取材生产制造的具有观赏价值的实用工艺品。

民间美术是民族文化的重要组成部分,蕴含着民族的心理素质和精神素质。不同民族和地区的民间美术,由于社会风尚、历史环境、地理位置、审美观点的差异而各具特色,并有着明显的地域性和相应的传承性。做申报片时,多展示体现传承人技艺水平和独特风格的艺术作品。

传统技艺(传统手工技艺)

传统手工技艺,指手工业的技术与工艺,它和社会生产、日常生活有紧密的联系。在制作申报片时,要展示传承人或民间艺人在制作作品时的一些细部特征,体现大师风范与技艺上的绝活。

传统医药

传统医药是我国非物质文化遗产保护的重要内容,蕴含了中华各民族特有的价值观念、思维方式、想象力和文化意识,在其传承发展的历史长河中,形成了特有的认知思想、诊疗方法、用药技术等,具有系统性、完整性、高度文献化以及广泛传播的鲜明特征。传统医药的存在与发展形态多种多样,中医学以及部分民族医药因其较早地形成了系统理论与技术,脱离了口耳相传的传承方式,人们通过读书、师承学习即可掌握。但尚有一部分在民间流传的经验与技术,以口述的方式世代传承。掌握中医对生命与疾病的认知思维方法者日渐稀少,中医传统诊疗方法与技术日益淡化,中药传统炮制技术面临流失的危险,现代化制剂正在取代传统制剂方法,特别是民间、民族医药的传承,面临濒危的境地。在做这类申报片时,要多展示传承人在诊疗手法与炮制中药技术上的绝技与绝活。

民俗

民俗是指民众的生活方式(或生活模式),它的特性概括地说是具有历史性(历史性又包括传承性、稳定性、变异性)、民族性、地方性和流变性,要有真实、活态的民俗内容和特点。在制作申报片时,因民俗活动是群体活动,场景宏大,人物众多,所以拍摄时要注意画面重点,要体现该传承人在民俗活动中的灵魂作用。

# 安徽省非物质文化遗产保护工作『大事记』

# 安徽省非物质文化遗产保护工作大事记

• 2004年4月,文化部办公厅下发《文化部办公厅关于公布中国民族民间文化保护工程第二批试点的通知》(办社图发〔2004〕18号),我省花鼓灯入选。这是我省第一个入选中国民族民间文化保护工程的试点项目,标志着我省民族民间文化保护工程工作正式启动。

• 2004年5月,省文化厅、省财政厅联合下发《关于实施中国民族民间文化保护工程的通知》(皖文社〔2004〕154号),向全省发出实施民族民间文化保护的号召。

• 2005年7月1日,省政府下发《安徽省人民政府办公厅转发国务院办公厅关于加强我国非物质文化遗产保护工作意见的通知》(皖政办〔2005〕35号),建立由省文化厅、省发改委、省教育厅、省民委、省财政厅、省建设厅、省旅游局和省文物局等单位负责人组成的"安徽省非物质文化遗产保护工作联席会议制度",加强对我省非物质文化遗产保护工作的组织领导。

• 2005年8月5日,省文化厅下发《关于成立安徽省非物质文化遗产保护工作专家委员会的通知》(皖文社文〔2005〕241号),成立安徽省非物质文化遗产保护工作专家委员会。

• 2005年8月23日,安徽省非物质文化遗产保护工作联席会议首次召开。

• 2006年3月,省文化厅成立普查工作领导小组,制定了为期两年的普查计划,并通知到全省17个市,提出"先易后难""先单项后综合""以点带面"的工作方针,普查工作全面启动。

• 2006年5月20日,安徽省19项非物质文化遗产项目入选首批国家级非物质文化遗产代表作名录。

• 2006年10月,安徽省首批102项省级非物质文化遗产代表作名录建立。

• 2007年2月14日,安徽省非物质文化遗产保护中心在安徽省文化馆挂牌,标志着我省非遗工作专门机构成立。

• 2007年5月21日,安徽省命名殷光兰等30人为安徽省非物质文化遗产项目代表性传承人。

- 2007年6月,安徽省首届非物质文化遗产展览与展演在安徽省博物馆举行,为期1个月。
- 2007年6月5日,安徽省8名代表性传承人入选首批国家级非遗传承人名单。
- 2007年,省文化厅编制《徽州文化生态保护实验区规划纲要》,制定了《徽州文化生态保护实验区项目实施方案》,启动徽州文化生态保护区申报工作。
- 2008年初,安徽省非物质文化遗产保护中心启动首次全省非遗普查督导工作。
- 2008年1月26日,安徽省22名代表性传承人入选第二批国家级非遗传承人名单。至此,安徽省共30名代表性传承人入选国家级非遗传承人名单。
- 2008年1月,文化部正式批准同意"徽州文化生态保护实验区"设立。这是我国第二个国家级文化生态保护实验区。文化部副部长周和平授牌,省长王三运接牌,省政协主席杨多良、省委宣传部长臧世凯、副省长谢广祥出席。
- 2008年2月,安徽省28项非物质文化遗产项目入选第二批国家级非遗名录。
- 2008年6月7日,安徽省23项非物质文化遗产项目入选第二批国家级非物质文化遗产代表作名录;5项目入选第一批国家级非物质文化遗产扩展项目名录。至此,安徽省共有47项非物质文化遗产项目入选国家级非物质文化遗产代表作名录。
- 2008年6月,《安徽省首批非物质文化遗产名录图典》出版发行。
- 2008年8月,安徽省文化厅正式启动《徽州文化生态保护实验区总体规划》编制工作。
- 2008年10月,中国非物质文化遗产保护中心、安徽省文化厅和黄山市政府联合主办徽州文化生态保护区高峰论坛,并出版《徽州文化生态保护论文集》。
- 2008年9~12月,安徽省第二批省级非遗名录建立,共计100项,评出首批(两个批次)省级代表性传承人计153人。
- 2008年底,安徽省非遗四级保护名录体系全面建成。
- 2009年2月,由文化部主办的中国非遗传统技艺大展,我省组织徽墨、歙砚、万安罗盘制作技艺等徽州非物质文化遗产项目进京参展,反响强烈。
- 2009年4月28日,安徽省文化厅公布歙县老胡开文墨厂等10家单位为"徽州文化生态保护实验区非物质文化遗产传习基地"。
- 2009年5月18日,文化部主办,安徽省文化厅、黄山市政府承办的文化生态保护区建设研讨会在黄山市召开,总结、交流文化生态保护实验区建设经验,探讨文化生态保护的规律和方式方法,进一步明确文化生态保护区建设的工作思路和具体措施。

• 2009年5月26日,安徽省22名非遗代表性传承人入选第三批国家级非物质文化遗产项目代表性传承人名单。至此,安徽省共53名代表性传承人入选国家级非物质文化遗产项目代表性传承人名单。

• 2009年6月,召开全省非遗普查总结验收现场工作会议,对非遗普查工作进行阶段性总结和交流,进一步细化了目标任务,全面推广试点经验,扎实做好普查总结验收工作。

• 2009年6月1日,第二届中国成都国际非物质文化遗产节,我省的花鼓灯巡游表演、徽州文化生态保护实验区展览、黄梅戏经典剧目《女驸马》展演获得巨大成功。

• 2009年7月,省编委会批准省文化厅设立非物质文化遗产处。

• 2009年7~9月,组织开展第三批国家级非物质文化遗产名录申报工作。

• 2009年9月,全省非物质文化遗产普查工作全面结束,形成一系列普查成果。

• 2009年9月12日,《徽州文化生态保护的创新与实践》研究报告,在文化部创新奖的评审中,荣登榜首,获创新奖唯一特等奖。

• 2009年10月,宣纸制作技艺、传统木结构营造技艺入选联合国教科文组织"人类非物质文化遗产代表作名录"。

• 2009年11月7日,在滁州市举办以"花鼓敲天下"为主题的安徽花鼓灯会大巡游。大巡游以不同流派的花鼓灯为龙头,荟萃了傩舞、肘阁抬阁、寿州锣鼓等国家级、省级非物质文化遗产,集中展示了我省丰富多彩的非遗保护成果。

• 2009年12月,《安徽省第二批非物质文化遗产名录图典》出版发行。

• 2009年12月,《徽州文化生态保护实验区总体规划》完成全部编制工作,通过安徽省专家论证并上报文化部。

• 2010年1月,文化部督导组一行对安徽省普查成果进行验收,并赴合肥、安庆、黄山、蚌埠等地考察国家级名录保护情况,对安徽省非遗保护工作给予了高度评价。

• 2010年3~4月,开展第三批省级非物质文化遗产名录项目申报和评审工作。推荐81个项目(新入选项目76个,扩展项目5个)作为我省第三批省级非物质文化遗产拟公布名录报省政府审核批准。

• 2010年5月7日至9日,由省文化厅、铜陵市人民政府共同主办的首届安徽省民俗文化节隆重举行。民俗节以喜歌喜舞喜庆、民风民情民乐、绝活绝技绝伦、传统传承传神为理念,由开幕式十大民俗表演、百工百品、百戏百乐展示展演及民俗文化论坛等系列活动组成。

• 2010年6月17日,开展第三批省级非物质文化遗产名录项目代表性传承人申报工作,各市共申报代表性传承人330人,涵盖所有十大类非遗项目。

• 2010年6月23日至28日,上海世博会安徽活动周精彩上演,以"文房四宝、画里安徽"为主题的非物质文化遗产展示影响空前,宣纸制作技艺、徽墨制作技艺等10个国家级、省级非遗项目参加展示。

• 2010年7月19日,省政府印发《安徽省人民政府关于公布第三批省级非物质文化遗产名录和扩展项目名录的通知》(皖政〔2010〕72号),公布了我省第三批省级非遗名录,共计71项(新入选66项,扩展项目5个)。

• 2010年8月26日,安徽省文化厅与文化部文化科技司共同签署了国家文化创新工程项目合同书,进一步加强徽州文化生态保护实验区建设工程的合作。

• 2010年8月31日,我省对47个国家级非物质文化遗产名录项目和徽州文化生态保护实验区分别编制了《国家级非物质文化遗产名录项目"十二五"时期(2011—2015)保护规划书》和《国家级文化生态保护实验区"十二五"时期(2011—2015)保护规划书》,并上报文化部。

• 2010年9月29日至10月3日,由文化部非遗司、天津文化广播影视局主办的全国非物质文化遗产展示会在天津博物馆举办,我省宣纸制作技艺、徽州漆器髹饰技艺、徽州竹雕参展。

• 2010年10月15日至18日,由文化部、山东省人民政府主办,文化部非遗司、国家非遗保护中心、济南市人民政府、山东省文化厅共同承办的首届中国非物质文化遗产博览会在济南举办,我省徽墨制作技艺、歙砚制作技艺、徽州三雕、阜阳柳编等9个项目共10家企业参加,参展项目共收获博览会一金三银两铜优异成绩。

• 2010年10月15日,安徽省第九届艺术节在马鞍山市开幕,"历程——安徽省非物质文化遗产保护纪实展"采取图片、文字、表格等方式全面回顾了我省非物质文化遗产保护工作开展5年来的历程,集中展示宣传安徽省非物质文化遗产保护工作重要成就。

• 2010年12月14日,安徽省文化厅下发《关于开展安徽省首批非物质文化遗产传习基地评审的通知》(皖文非遗〔2010〕137号),开展首批省级非物质文化遗产传习基地评审工作。

• 2011年1月11日,安徽省文化厅下发《关于公布安徽省第三批省级非物质文化遗产项目代表性传承人的通知》(皖文非遗〔2011〕3号),向社会公布安徽省第三批省级非物质文化遗产项目代表性传承人,计180人。至此,我省共有省级非遗代表性传承人333人。

• 2011年1月20日,文化部和北京市人民政府主办的"我们的节日——百名非物质文化遗产项目代表性传承人迎春展示活动"在北京开幕,我省推荐宣纸制作技艺、宣笔制作技艺、徽墨制作技艺、歙砚制作技艺4个国家级非遗项目、5名国家级非遗代表性传承人参加展演。

• 2011年2月11日,安徽省文化厅下发《关于推荐第四批安徽省省级非物质文化遗产代表性传承人的通知》(皖文非遗〔2011〕12号),对无省级代表性传承人的省级非遗项目进行传承人认定。

• 2011年2月25日,《中华人民共和国非物质文化遗产法》在十一届全国人大常委会第19次会议上通过,2011年6月1日将正式施行,标志着非物质文化遗产保护正式纳入法制轨道。

• 2011年3月8日,在黄山市举办安徽省首个《中华人民共和国非物质文化遗产法》培训班,解读、宣传、学习相关法律内容。

• 2011年3月24日,安徽省人大召开非遗保护工作情况汇报会,专题听取我省非遗保护工作情况汇报。省人大常委会副主任朱维芳、省人大教科委主任宣林出席会议,省文化厅、省财政厅、省发改委、省经信委、省旅游局等5家单位负责人就本单位非遗保护工作开展情况作了专题汇报。

• 2011年3月31日至4月15日,由安徽省人大教科文卫工委组织,省文化厅、省财政厅、省旅游局、省非物质文化遗产保护中心成员组成的调研组,赴蚌埠、淮南、黄山、宣城等市开展非物质文化遗产保护专题调研。

• 2011年4月20日至23日,国家文化部、浙江省人民政府主办的2011中国(浙江)非物质文化遗产博览会在浙江义乌开幕。我省有宣纸制作技艺、徽墨制作技艺、歙砚制作技艺、界首彩陶烧制技艺等6个项目参加,其中歙砚作品"富春山居图"、界首彩陶作品"刀马人"分获特别演示奖,宣纸作品"'曹光华'牌2010·中国上海世博会纪念宣纸"获金奖。

• 2011年4月26日,文化部办公厅函发《关于同意实施〈徽州文化生态保护区总体规划〉(安徽、婺源)的复函》(办非遗函〔2011〕147号),批准通过我省《徽州文化生态保护实验区总体规划》,6月1日正式实施。《徽州文化生态保护区总体规划》正式获批实施,标志着保护区工作进入新的阶段,意义重大,影响深远。

• 2011年4月27日至28日,开展首批省级非物质文化遗产传习基地申报评审工作和第四批安徽省省级非物质文化遗产代表性传承人申报评审工作。

• 2011年5月23日,安徽省5个非物质文化遗产项目入选第三批国家级非物质文化遗产代表作名录;8项目入选国家级非物质文化遗产扩展项目名录。至此,安徽省共有60项非物质文化遗产项目入选国家级非物质文化遗产代表作名录。

• 2011年5月25日,省文化厅下发《关于公布安徽省首批非物质文化遗产传习基地的通知》(皖文非遗〔2011〕35号),命名五河县文化馆等32家单位为"安徽省非物质文化遗产传习基地"。

• 2011年5月25日,安徽省机构编制委员会下发皖编办〔2011〕122号文,同意单独设立省非物质文化遗产保护中心,中心为全额拨款事业单位,正处级建制,核定事业编制15名。其主要职责是承担我省非物质文化遗产保护有关具体工作。2011年7月29日,省文化厅党组下发皖文发〔2011〕16号文,任命黄先有为中心主任,2011年8月22日,省文化厅党组下发皖文发〔2011〕22号文,任命俞勇为中心副主任。

• 2011年5月29日至6月11日,第三届中国成都国际非物质文化遗产节在成都举行。省文化厅积极响应,经过精心策划和设计,挑选国家级非遗项目歙砚制作技艺、徽州三雕、界首彩陶烧制技艺、阜阳剪纸、望江挑花、黄山毛峰制作技艺、太平猴魁制作技艺等9个项目精彩亮相安徽馆。历时14天的非遗节,安徽馆非遗特色商品展示展销成果显著,销量喜人。经组委会评选,安徽省非物质文化遗产产品展销活动获"太阳神鸟"银奖。

• 2011年6月3日上午,由省政府新闻办、省文化厅共同组织的《徽州文化生态保护区总体规划》(以下简称《规划》)获批新闻发布会在省人大会议中心召开。省委宣传部副部长、省政府新闻办主任张宗良、省文化厅厅长杨果、省文化厅副厅长唐跃、黄山市人民政府副市长叶长荫、黄山市文化委主任王恒来、宣城市文广新局局长沈筱华及《人民日报》等30多家媒体参会。

• 2011年6月7日,省文化厅下发《关于公布安徽省第四批省级非物质文化遗产项目代表性传承人的通知》(皖文〔2011〕10号),公布了葛士静等76人为安徽省第四批省级非物质文化遗产项目代表性传承人,至此,我省共评审认定了409人为省级非遗项目代表性传承人。

• 2011年6月9日,以"文化遗产与美好生活"为主题的安徽省第六个中国文化遗产日活动在六安市皖西博物馆广场启动。安徽省政府副省长谢广祥、安徽省政协副主席赵韩出席启动仪式,谢广祥宣布活动正式启动。省领导和省文化遗产保护领导小组成员单位负责同志一起观看了六安市非遗节目表演,参观了皖西博物馆基本陈列和战国墓出土文物,并与非遗传承人和文物工作者进行座谈。

• 2011年6月13日至15日,安徽省非物质文化遗产培训班在新世纪大厦举办,各市文化局分管负责人、非遗(社文)科长、非遗保护中心主任约60人参会。会议邀请了文化部专家、省非遗保护专家授课指导,培训课程包括《中华人民共和国非物质文化遗产法》解读、我国非遗保护宏观政策分析、非遗项目及传承人保护策略研究及非物质文化遗产项目申报文本的制作等。

• 2011年6月22日,省人大常委会听取和审议省政府关于全省非物质文化遗产保护情况的报告,受省政府委托,省文化厅厅长杨果向常委会汇报了全省非遗保护工作开展情况。省人大常委会高度评价了近年来我省非遗保护工作的突出成就,并对今后保护工作提出了意见和建议。

• 2011年8月21日至25日,国家级文化生态保护区建设现场交流会议在青海省黄南藏族自治州召开。安徽省文化厅副厅长唐跃、黄山市副市长叶长荫一行参加了会议。会上,文化部副部长王文章重点推荐了徽州文化生态保护区的规划并予以肯定。

• 2011年8月25日至26日,副省长谢广祥一行在省文化厅厅长杨果陪同下调研徽州文化生态保护区建设工作,调研组视察了黄山区、绩溪、歙县等地,并在黄山市召开座谈会。在听取省文化厅、黄山市政府、宣城市政府的汇报后,谢省长对徽州文化生态保护区建设的初期工作予以肯定,指出,保护区工作任重道远,希望大家提高认识,集中力量,突出重点,做好实施方案,稳步扎实地推进徽州文化生态保护区建设。

• 2011年9月至10月,安徽省非遗保护中心完成了第四批国家级非遗项目代表性传承人材料的收集、整理、录入、修订、完善、评审和推荐申报工作。经省级专家评委会评审,共推荐76位省级传承人上报文化部。

• 2011年9月至11月,安徽省非遗保护中心应国家非遗保护中心的要求,为编撰《国家级非物质文化项目图典》和《国家级传承人图典》,根据最新发布的图片技术参数,面向全省征集文字图片资料,并着手启动抢救记录工程。

• 2011年9月至12月,省非遗保护中心陆续到16市走访调研,进行工作对接,梳理今后非遗保护工作思路。

• 2011年10月31日,安徽省绩溪胡开文墨业有限公司和中国宣纸集团两家单位被命名为"第一批国家级非物质文化遗产生产性保护示范基地"。

• 2011年11月15日,省文化厅厅长杨果、副厅长唐跃一行到省非遗保护中心进行慰问并召开了座谈会。杨厅长一行对中心运行以来的工作予以肯定,并就中心下一步的工作任务提出了要求。杨厅长希望非遗保护中心能在各项工作上勇于创新,争当一流。

• 2011年12月8日至10日,省文化厅厅长杨果一行赴浙江宁波参加全国非物质文化遗产保护工作会议。会上,杨厅长作了关于徽州文化生态保护区经验交流发言,好评如潮。

• 2012年1月,省非遗保护中心联合省图书馆数字加工部进行的非物质文化遗产项目抢救性记录工程正式启动,1月27日至2月6日,工作组深入池州与淮南凤台,对池州傩戏和火老虎两个国家级项目进行影像采录,就项目的历史渊源、基本内容、存续现状、传承状况进行了全面采录,并和相关传承人展开对话与访谈。

• 2012年2月3日至2月15日,由文化部等16家部委办联合主办的"中国非物质文化遗产生产性保护成果大展"在北京农展馆成功举办。安徽参展了8个项目:万安罗盘制作技艺、徽墨制作技艺、宣纸制作技艺、纸笺加工技艺、歙砚制作技艺、芜湖铁画锻制技艺、徽州三雕。徽州竹木雕作为非遗保护园中靓丽的奇葩,充分展示了安徽非遗生产性保护的成果,展现了安徽非遗项目的灿烂风采,给广大观众留下非常深刻的印象,受到了党和国家领导人的肯定。

• 2012年5月25日至28日,文化部国家非物质文化遗产保护工作专家委员会委员王安奎、刘文峰与非遗司保护处副处长吴亚鹏一行三人在省文化厅副厅长唐跃一行的陪同下对安徽部分国家级非遗项目保护进行了督查。督查组先后听取了省徽京剧院、省黄梅戏剧院、青阳县文化局、岳西县文化局的工作汇报,对花鼓灯、二夹弦、徽州三雕、徽派盆景等项目进行了实地考察,召开了座谈会,会见了传承人,针对保护经费的使用情况调阅了相关材料。文化部督查组对安徽国家级非遗项目保护工作予以肯定,同时也对存在的问题提出了改进要求。

• 2012年3月至8月,安徽省非遗保护中心全面组织征集项目采录文本,截至8月下旬,共完成31项采录文本的撰写并组织相关专家进行了文本论证。

• 2012年6月6日,由中国非物质文化遗产保护中心主办的"中华非物质文化遗产传承人薪传奖"颁奖仪式在京举行,安徽省徽墨制作技艺传承人汪培坤获奖。

• 2012年8月30日至9月4日,中国文化部非遗司和中国非物质文化遗产保护中心在山西太原召开"非物质文化遗产生产性保护"工作会议,安徽省文化厅非遗处与安徽省非遗保护中心代表参会并作发言。

• 2012年9月6日至10日,第二届中国非物质文化遗产博览会在山东省枣庄市台儿庄古城举行。全国各地700余个非遗项目参加了本届非博会。安徽省参展项目宣笔制作技艺、徽墨制作技艺、宣纸制作技艺、歙砚制作技艺、徽州雕刻、界首彩陶烧制技艺、桑皮纸制作技艺、祁门红茶制作技艺、霍邱柳编等以精湛的传统技艺、深厚的文化底蕴、独特的人文魅力深深吸引了观众，受到广大观众的普遍欢迎和赞誉。安徽省非遗保护中心荣获博览会组织奖。

• 2012年9月11日至15日九华山庙会期间，安徽省非遗保护中心采录工作组驻扎九华山，分成几个采摄小组，同期采录九华山庙会的各寺庙的法事活动与民俗表演，并随机采访上山的信徒与香客，基本梳理了九华山庙会的发展脉络与存续现状。

• 2012年10月16日至19日，中国文化部非遗司在江西婺源召开"国家级项目与国家级传承人管理办法"研讨班，省非遗保护中心主任黄先有赴会并参与研讨。

• 2012年10月17日至11月17日，安徽省非遗保护中心采录工作组辗转于六安市霍邱县、舒城县与安庆市桐城市、岳西县、宿松县、望江县对大别山民歌、霍邱柳编、舒席、桐城歌、岳西高腔、文南词、望江挑花等7个项目进行紧张有序的采录。

• 2012年11月7日至11日，由中国文化部与安徽省人民政府主办，中国非遗保护中心、安徽省文化厅和黄山市人民政府承办的首届中国（黄山）非遗传统技艺大展在安徽省黄山市举办。文化部党组成员、副部长董伟，安徽省人大常委会副主任朱维芳、副省长谢广祥等，与来自全国31个省区市的非遗传承人出席开幕式。本次大展是我国首次在国家级文化生态保护区（徽州文化生态保护区）内举办大型展览，大展共邀请到31个省区市的237个非遗项目、225名代表性传承人参展。大展还举办了黄山论坛，邀请一批国内著名专家就当前非遗保护的成就、经验、迫切需要解决的问题和工作难点进行深入研讨。此次大展集中展示近年来我国非遗保护的丰硕成果，全面总结其经验和做法，对营造全社会共同保护非物质文化遗产氛围、促进非遗保护工作深入开展有着重要意义。

• 2012年11月23日至24日，由省文化厅、省人力资源与社会保障厅主办，省非遗保护中心承办的安徽省"非遗保护与发展"高级研修班在合肥成功举办。国家非遗保护工作专家委员会副主任委员周小璞、省文化厅副厅长唐跃出席，研修班特别邀请了国内、省内著名的非遗保护专家学者进行专题授课。全省16个市和宿松、广德两县以及省非遗保护中心共60余名非遗保护工作人员参加了研修班。

• 2012年12月20日，安徽省22名代表性传承人入选第四批国家级非遗项目代表性传承人名单。至此，安徽省共75名代表性传承人入选国家级非遗项目代表性传承人名单。

- 2013年1月,安徽省被中国非遗保护中心确定为首批国家非遗数字化保护试点省份。2013年度,安徽省华佗五禽戏、凤阳花鼓、池州傩戏等3个国家级非遗项目列入国家非遗数字化保护试点项目。

- 2013年1月9日至15日,由中国艺术研究院、中国非物质文化遗产保护中心与宝马公司主办的"2012BMW中国文化之旅"成果展在北京成功举办。安徽省有9项非遗项目参加展览展示,是参展项目最多的省份。

- 2013年2月,省非遗保护中心出版了首届中国(黄山)非物质文化遗产传统技艺大展画册《手艺的节日》,总结大展的成功经验,珍藏大展的美好记忆。

- 2013年3月13日,安徽省选送的国家级非遗项目淮南凤台花鼓灯参加第四届中原古韵——中国(淮阳)非物质文化遗产展演。

- 2013年5月17日至20日,中国国际文化产业博览交易会在深圳隆重举行,安徽省组织歙砚制作技艺、万安罗盘制作技艺、祁门红茶制作技艺、徽州三雕、徽州竹雕等十余个非遗项目参加了本次文博会。

- 2013年5月23日至6月2日,由湖北、湖南、江西、安徽四省文化厅联合主办,四省非遗保护中心承办的第一届湘赣鄂皖非物质文化遗产联展在武汉市举行。省非遗保护中心组织宣笔制作技艺、徽墨制作技艺、歙砚制作技艺、徽州木雕等10个非遗项目联合展览展示。

- 2013年6月,省非遗保护中心编著的《安徽省非物质文化遗产保护手册》由安徽教育出版社正式出版。该书是一本涵盖非遗基本知识和安徽省非遗保护各项工作成果的普及性读本和工具书。

- 2013年6月6日,由中国非物质文化遗产保护中心主办的"第二届中华非物质文化遗产传承人薪传奖"颁奖仪式在京举行,安徽省石春彩(花鼓灯)、邢春荣(宣纸制作技艺)、蒯正华(徽州三雕)三位传承人获奖。

- 2013年6月8日至10日,由安徽省文化厅、安庆市人民政府主办,省文物局、省非遗保护中心、太湖县人民政府等承办的第八个中国文化遗产日主场城市活动在安庆市太湖县五千年文博园隆重举行。省非遗保护中心举办了非遗展览展示活动,来省内14个市的38个非遗项目进行了展览展示。

- 2013年6月15日至23日,由文化部、四川省人民政府、中国联合国教科文组织全国委员会、联合国教科文组织主办的第四届中国成都国际非物质文化遗产节在四川成都举办。安徽省徽墨制作技艺、宣纸制作技艺、歙砚制作技艺等3个生产性保护代表性非遗项目参加了展示展览。

- 2013年10月11日至15日,由省非遗保护中心、省广播电视台农村广播、肥东县文广新局等主办的肥东县首届民间文艺广场演出周活动成功举行,活动进行了非遗综艺专场、戏曲专场、曲艺专场、民间音乐专场、民间舞蹈专场演出。

• 2013年10月,《中国非物质文化遗产保护黄山论坛论文集》由安徽教育出版社正式出版。该论文集全面收集了黄山论坛的理论成果,为安徽省非遗保护提供理论指导。

• 2013年11月5日至8日,由黄山市文化委员会、歙县人民政府、省非遗保护中心联合举办的徽州文化生态保护区首届"和氏璧"杯非遗(歙砚)技能大赛成功举行,此次大赛汇集了婺源及黄山市参赛选手近70人。

• 2013年11月20日至22日,由省文化厅主办、省非遗保护中心承办的全省非遗生产性保护培训班在黄山市成功举办。培训班主要围绕生产性保护的现状和存在的问题、对策以及第四批国家级非遗项目的申报等进行了深入的探讨和讲解。

• 2013年度,省非遗保护中心继续与省图书馆合作开展非遗项目及传承人抢救性采录工作,本年度共完成29个国家级非物质文化遗产项目的采录任务,国家级非物质文化遗产项目采录工作全面完成。

• 2014年3月,安徽省文化厅印发《关于开展第二批省级非物质文化遗产传习基地(所)评审工作的通知》(皖文非遗〔2014〕13号),启动我省第二批省级非遗传习基地(所)申报工作。

• 2014年3月28日至4月9日,由安徽省非遗保护中心主办的"民族记忆文明载体——皖北非遗邀请展"在合肥市裕丰花市展览中心开展,展览以入选国家级、省级非遗文化保护名录的阜阳剪纸、灵璧钟馗画、凤阳凤画的作品为主,共展出作品160余幅。

• 2014年5月16日,黄山徽州竹艺轩雕刻有限公司被命名为"第二批国家级非物质文化遗产生产性保护示范基地"。

• 2014年5月28日至31日,皖北阜阳、蚌埠、淮南、淮北四市非遗巧艺珍品联展在省图书馆成功举行。展览集中展示了皖北四市29个具有代表性的国家级、省级、市级非遗项目及1000余件非遗经典性作品,联展还在阜阳、蚌埠、淮南、淮北四市分别进行巡回展览。

• 2014年,安徽省阜阳剪纸、程大位珠算、岳西高腔、砀山唢呐等4个国家级非物质文化遗产项目列入第二批国家非遗数字化保护试点项目。

• 2014年6月,省非遗保护中心组织相关专家编写的《安徽非遗乡土读本·皖北卷》正式出版发行,其是我省首部面向青少年、非遗传承人、非遗工作者的非遗知识普及读本。

• 2014年6月6日,由中国非物质文化遗产保护中心主办的"第三届中华非物质文化遗产传承人薪传奖"颁奖仪式在京举行,安徽省徽剧项目传承人李龙斌获奖。

• 2014年6月12日,在第9个文化遗产日活动中,安徽省文化厅举办了"黟县百工展",展览黟县传统手工技艺珍品,并现场演示技艺。

• 2014年7月,安徽省文化厅印发了《关于推荐安徽省第五批省级非物质文化遗产项目代表性传承人的通知》(皖文非遗〔2014〕286号),启动第五批省级非物质文化遗产项目代表性传承人申报评审工作。

• 安徽省非遗保护中心举办了"迎驾杯"安徽省非物质文化遗产摄影大赛,并在第9个文化遗产日活动期间举办了"迎驾杯"安徽非遗摄影展。大赛通过摄影家的独特视角,对我省非物质文化遗产的保护情况进行全方位、多角度的记录和展示。大赛共征集到1500余幅非遗摄影作品,摄影展共展出入选摄影作品80幅。入选摄影作品还通过举办全省巡回展览、制作画册等形式开展宣传,并进行评奖。

• 2014年8月21日,安徽省十二届人大常委会第十三次会议通过了省文化厅组织起草的《安徽省非物质文化遗产条例》,自2014年10月1日起施行。《安徽省非遗条例》的出台,开创了安徽依法保护非遗新阶段。

• 2014年9月30日至10月3日,由安徽省非遗保护中心、合肥裕丰物业投资有限公司联合主办的"文心雅韵——安徽非遗文房四宝专题展"在合肥市裕丰花市展览中心举办。展览以安徽笔、墨、纸、砚相关项目为展示主体,共选调省内8个市15个非遗项目25家参展单位参加展览,全方位展示我省优秀非遗传承人及其采用传统题材创作的手工作品,并邀请部分传承人在活动现场举行文房四宝知识讲座。

• 2014年,我省先后组织非遗项目参加了中国非物质文化遗产年俗文化展示周、中华巧艺——中国(深圳)非遗百项技艺联展、第三届中国非物质文化遗产博览会、第六届中国(浙江)非遗博览会等展会。

• 2014年11月,国务院下发国发〔2014〕59号文件《关于公布第四批国家级非物质文化遗产代表性项目名录的通知》,公布了第四批国家级非遗代表性项目名录项目名单,我省老子传说等12个非遗项目入选。分别为民间文学2项:孔雀东南飞传说、老子传说;传统美术1项:刻铜(杜氏刻铜);传统技艺1项:豆腐传统制作技艺;扩展项目8项,其中传统音乐1项:唢呐艺术(临县大唢呐、灵璧菠林喇叭);传统舞蹈2项:龙舞(手龙舞)、傩舞(跳五猖);传统戏剧1项:四平调;传统美术1项:竹刻(徽州竹雕);传统技艺1项:毛笔制作技艺(徽笔制作技艺);传统医药1

项:中医诊法(西园喉科);民俗1项:祭祖习俗(徽州祠祭)。

· 2014年,由安徽省文化厅与中央新闻纪录电影制片厂联合摄制的安徽非遗系列电视纪录片《徽之韵》开机拍摄,《文房四宝》(上、下)分别于11月11日、12日在中央十套连续播出,引起社会普遍关注。

· 2014年,安徽省非遗保护中心扎实推进濒危项目抢救工程,完成30个省级非遗项目采录工作任务,并初步建立非遗数据库。

· 2015年1月14日,我省国家级非物质文化遗产项目徽州漆器髹饰技艺在武汉参加了由文化部非遗司主办的全国漆艺传承与创新展示交流活动。

· 2015年3月11日,省非遗保护中心举办第二批非遗数字化试点工作培训班。

· 2015年3月,安徽省文化厅公布第二批安徽省非物质文化遗产传习基地(所),54家单位入选,其中35家单位为第二批安徽省非物质文化遗产传习基地,19家单位为安徽省非物质文化遗产传习所。

· 2015年3月,安徽省文化厅公布第五批省级非物质文化遗产项目代表性传承人,167人入选。至此,安徽省共有国家级非物质文化遗产项目代表性传承人75人,省级传承人576人,市级传承人1526人,县级传承人3257人。

· 2015年4月,启动60岁以上国家级非物质文化遗产项目代表性传承人口述史记录工程。运用数字化手段,按照科学规范的采录计划,对传承人进行全方位采录,建立濒危传承人档案。

· 2015年4月,《安徽非物质文化遗产乡土读本·皖中卷》正式出版。"安徽非物质文化遗产乡土读本"是安徽省非物质文化遗产编辑出版工程重要内容,是安徽省编辑出版的首部面向青少年的非物质文化遗产知识普及读本,也是开展非物质文化遗产进校园活动的一种有益尝试。

· 2015年4月6日至16日,我省国家级非遗项目徽州竹雕应邀参加了第33届中国洛阳牡丹文化节2015丝绸之路非遗嘉年华活动。

· 2015年4月10日,由省非遗保护中心和淮南、淮北、宿州、阜阳四市文化广电新闻出版局主办,四市的非物质文化遗产保护中心承办的皖北四市首届戏曲票友展演在阜阳市颍上县成功举办。

· 2015年,继续与文化部信息共享工程安徽分中心合作,开展省级非遗项目的采录工作。目前,已经完成了9项省级非遗项目的采录工作的拍摄任务。

· 2015年,完成了首批3个国家非遗数字化保护试点项目华佗五禽戏、凤阳花鼓、池州傩戏的资料著录、审核及上传工作。

• 2015 年,我省国家级非遗项目阜阳剪纸、程大位珠算、岳西高腔、砀山唢呐列入第二批国家非遗数字化保护试点项目。

• 2015 年 6 月 13 日至 15 日,由云南省文化厅、云南省文物局主办的"中华技艺.百县百艺"第五届全国非遗联展在昆明市官渡古镇举办。我省宣笔制作技艺、歙砚制作技艺、徽州漆器髹饰技艺、徽州竹雕、界首彩陶烧制技艺、宣纸制作技艺等 6 个国家级非遗项目应邀参加展览,受到当地民众的普遍欢迎。

• 2015 年 7 月 11 日至 14 日,由中国非遗保护中心主办、安徽省非遗保护中心承办的国家级非物质文化遗产项目代表性传承人抢救性记录工作规范培训班在合肥市成功举办。

• 2015 年 8 月 14 日至 18 日,由安徽、贵州非遗保护中心主办,阜阳市非遗保护中心承办的安徽贵州非物质文化遗产项目交流活动在贵州非物质文化遗产博览馆成功举办。

• 2015 年 9 月 11 日至 20 日,我省徽州竹雕、徽州木雕项目应邀参加了第五届中国(成都)国际非遗节,深受观众好评。

• 2015 年 9 月 14 日至 18 日,由中国非遗保护中心主办、省非遗保护中心承办的"非物质文化遗产数字化采集专题培训班(民间文学,传统戏剧,传统体育、游艺与杂技类)"在合肥成功举办。

• 2015 年 9 月 18 日至 21 日,由省非遗保护中心、合肥裕丰物业投资有限公司联合主办的"裕丰花市杯"安徽非遗雕刻技艺大展成功举办。

• 2015 年 10 月 16 日至 18 日,由江西、安徽、湖北、湖南四省文化厅主办的第二届湘赣鄂皖非遗联展在江西省南昌市成功举办。

• 2015 年,整理编撰了《中国非物质文化遗产年鉴》安徽省资料。

• 2015 年,启动《安徽良风美俗丛书》的素材征集工作。

• 2015 年,启动了《徽州技艺》非遗专题片编辑出版工作。

• 2015 年 11 月,由省人民政府主办,省文化厅、黄山市人民政府承办的第二届中国非物质文化遗产传统技艺大展在黄山市歙县举行。本届大展由非遗传统技艺展、非遗保护讲习堂、非遗年度主题活动等内容组成。非遗传统技艺展以"笔墨纸砚之精神——文房用品精品展"为主题,来自全国的 100 多项具有较高历史文化价值的文房四宝非遗项目参展。

• 2015 年 11 月,由省文化厅主办,省非遗保护中心、池州市文广新局承办的全省非遗保护工作人员业务培训班在池州市举办,全省各市、省直管县、县(区)非遗保护中心负责人、业务骨干等参加了此次培训。

- 2015年12月,省文化厅开展第五批国家级非物质文化遗产代表性项目、代表性传承人申报工作,按照《文化部办公厅关于推荐第四批代表性传承人的通知》要求,经过专家评审、公示,拟推荐55人。

- 2016年,继续与文化部信息共享工程安徽分中心合作,开展省级非遗项目的采录工作,完成了12项省级非遗项目的采录工作。

- 2016年4月,文化部评估组对我省徽州文化生态保护实验区建设工作开展评估,充分肯定了徽州文化生态保护实验区的工作,也结合评估会议交流的情况,对徽州文化生态保护实验区下一步工作提出了建议。

- 2016年5月,由文化部和教育部主办,省文化厅、省教育厅与中国科学技术大学联合承办的"非遗进科大——首届中国手工纸传承人群研修班"在合肥开班,8个省市的20余名传统手工纸制作技艺传承领军人物参加了此次研习培训。本届研修班是文化部、教育部联合启动的"中国非物质文化遗产传承人群研修培训计划"重要实施项目之一。

- 2016年5月,《安徽非物质文化遗产乡土读本·皖南卷》正式出版。至此,"安徽非物质文化遗产乡土读本"皖北卷、皖中卷、皖南卷已全部出版完成。

- 2016年6月11日,由安徽省文化厅、黄山市人民政府主办,省文物局、省非遗保护中心、黄山市文化委等承办的第11个文化遗产日安徽省主场活动在黄山市黟县西递村成功举办。

- 2016年6月21日至23日,省非遗保护中心组织当涂民歌项目参加江苏省举办的第三届"巴城杯"长三角民歌赛,取得优异成绩。

- 2016年7月,安徽省文化厅在全省开展《中华人民共和国非物质文化遗产法》贯彻落实情况检查工作。省文化厅参照文化部做法开展自查与抽查,市级文化行政管理部门按照检查重点,制定本地区的自查方案,对本地区贯彻落实情况进行自查,并逐条对照检查内容报送自查报告。

- 2016年9月1日至23日,由省非遗保护中心、省戏剧家协会、亳州文化旅游局等单位联合主办的亳州首届安徽梆剧、曲艺汇演及精品剧目展演在亳州市成功举办。

- 2016年9月,由省文化厅主办,黄山市文化委员会承办的全省非遗业务工作专题培训班在黄山市举办,各市、省直管县文化行政管理部门非遗工作分管领导、非遗科长、非遗中心主任等参加了此次培训,培训内容主要为非遗项目的申报和后续管理保护、非遗资助项目申报和后续监管、项目和传承人管理等内容。

- 2016年9月21日至25日,文化部、山东省政府主办的第四届中国非遗博览会在山东省济南市举办。博览会以"非遗走进现代生活"为主题,围绕传统工艺,全面展示近年来我国在非遗保护领域取得的新成果,推动非遗融入现代生活。

• 2016年10月,非遗法贯彻落实情况专家评估组对安徽省非遗法贯彻落实情况开展了实地评估工作,本次评估工作对于督促各方切实履行非物质文化遗产保护法律责任,掌握依法保护非物质文化遗产的现状,总结有效做法和经验,发现和解决存在的突出问题有重要意义。

• 2016年10月21日至23日,上海市非遗保护中心、张江镇政府等主办的2016年"张江杯"长三角民歌交流展演在浦东新区张江镇举办,我省组织大别山民歌、贵池民歌项目参加展演并获奖。

• 2016年11月4日至8日,由黄山市人社局、省职业技能鉴定中心、省非遗保护中心、省传统工艺美术保护和发展促进会联合主办的安徽黄山雕刻类职业技能邀请赛在黄山市成功举办。

• 2016年11月11日至14日,陕西省韩城市政府主办的"司马迁杯"第三届锣鼓大赛暨"伟力远大杯"鼓王争霸赛在韩城市举办。我省寿州锣鼓、十番锣鼓项目参加了大赛。

• 2016年11月下旬,黄山市文化委、歙县人民政府、省非遗保护中心联合主办的第三届"和氏璧杯"非遗(歙砚)技能大赛在歙县成功举办。

• 2016年,完成整理编撰《中国非物质文化遗产年鉴》安徽省资料。对2012、2013、2014年度安徽省非遗保护工作进行全面梳理、总结,编撰成《中国非物质文化遗产年鉴》安徽省资料上报国家非遗保护中心。

• 2016年,完成了《徽州技艺》非遗专题片编辑出版工作,对皖南地区17项传统技艺类国家级非遗项目整理出版专题片,进行全面的宣传展示。

• 2016年11月,安徽省文化厅公布安徽省非物质文化遗产教育传习基地名单,30家学校入选。非遗教育传习基地的建立,能够发挥各类学校普及教育与研究创新优势,引领青少年学生传承非遗,弘扬优秀传统文化,同时为非遗项目代表性传承人提供更广阔的传承平台。

• 2016年11月,由文化部、教育部主办,中国科学技术大学承办的第二届中国手工纸非遗人群研修班,于中国科学技术大学先进技术研究院顺利开班。本届研修班主题为"可视化技术在中国手工造纸行业中的应用",8个省市的20名研修学员参加了为期30天的研修培训。

• 2016年11月,故宫博物院驻安徽黄山徽州传统工艺工作站建站座谈会在故宫博物院举行。会议宣布故宫博物院驻安徽黄山市徽派传统工艺工作站正式成立,并明确了工作站设立的目的、定位、具体目标、合作框架、工作任务、原则及支持措施等,会后形成会议纪要。

• 2016年11月22日至25日,由省非遗保护中心主办的全省非遗业务工作专题培训班在宣城市成功举办。

• 2016年11月,由安徽省非物质文化遗产保护中心主办,宣城市非物质文化遗产保护中心承办的全省业务工作专题培训班在宣城市举办,全省各市、省直管县、县(区)非遗保护中心负责人、业务骨干等近150人参加了此次培训,培训班采用主题讲解与代表发言相结合,集中授课与实践考察相结合的方式,形式活泼,成效明显。

• 2016年12月,安徽省文化厅开展全省非遗保护专项资金绩效评价工作,由非遗处牵头,省纪委派驻省文化厅纪检组、厅财务处共同参与,按照市、县(区)相关项目单位自查与省级重点评价相结合的原则,采取现场抽查、实地调研、查阅资料等方式,对2014~2016年度国家、省非遗保护专项资金支持的相关单位及市、县(区)文化行政管理部门的资金使用情况进行绩效评价。

• 2017年1月,故宫博物院驻安徽黄山市徽派传统工艺工作站、故宫学院(徽州)、故宫博物院博士后工作站(徽州)揭牌仪式在安徽省黄山市举行。该工作站的合作框架为故宫博物院与黄山市政府建立合作机制,文化部、省文化厅提供支持搭建平台型工作站,同时吸收各方力量参与。

• 2017年9月,第三届中国(黄山)技艺大展在黄山举办。本届非遗大展创新运作方式与展示方式,注重传统技艺与现代科技融合、精品展示与观众体验结合、物质文化与非物质文化契合,倡导传统工艺走进现代生活、现代设计走进传统工艺,推动非物质文化遗产永续传承与现代生活和谐共生,促进文化资源向文化品牌的整合转化。

• 2017年10月,安徽省第一批国家级传承人记录工程验收会议召开,第一批抢救性记录工作涉及传统戏剧类传承人5人、传统美术类传承人2人、传统医药类传承人2人、传统舞蹈类传承人1人。采集到的口述文字稿96万余字,视频素材300多小时,音频素材142小时,图片万余张,此外还搜集整理了大量相关影、音、图片、出版物等文献、实物资料。专家认为本批记录工作工作流程规范、收集资料比较完整,学术质量方面达到合格要求,技术质量上完全符合要求。

• 2017年11月,安徽省公布第五批省级非物质文化遗产项目名录,135个项目入选第五批省级非遗代表性项目名单,其中新入选项目123项,扩展项目12项。至此,安徽省共有省级非物质文化遗产项目478项。

附录

## 中国入选人类口头与非物质文化遗产代表作名录

目前,我国入选人类非物质文化遗产代表作名录的项目有31项,入选急需保护的非物质文化遗产名录的项目有7项,入选优秀实践名册的项目1项,合计39项。

**列入人类非物质文化遗产代表作名录的项目(共31项)**

| 序号 | 项目名称 | 入选时间 |
| --- | --- | --- |
| 1 | 昆曲 | 2001年5月 |
| 2 | 古琴艺术 | 2003年11月 |
| 3 | 新疆维吾尔族木卡姆艺术 | 2005年11月 |
| 4 | 蒙古族长调名歌 | 2005年11月 |
| 5 | 中国篆刻 | 2009年9月 |
| 6 | 中国雕版印刷技艺 | 2009年9月 |
| 7 | 中国书法 | 2009年9月 |
| 8 | 中国剪纸 | 2009年9月 |
| 9 | 中国传统木结构营造技艺 | 2009年9月 |
| 10 | 南京云锦织造技艺 | 2009年9月 |
| 11 | 端午节 | 2009年9月 |
| 12 | 中国朝鲜族农乐舞 | 2009年9月 |
| 13 | 妈祖信俗 | 2009年9月 |
| 14 | 蒙古族呼麦歌唱艺术 | 2009年9月 |
| 15 | 南音 | 2009年9月 |
| 16 | 热贡艺术 | 2009年9月 |
| 17 | 中国传统桑蚕丝织技艺 | 2009年9月 |
| 18 | 龙泉青瓷传统烧制技艺 | 2009年9月 |
| 19 | 宣纸传统制作技艺 | 2009年9月 |
| 20 | 西安鼓乐 | 2009年9月 |
| 21 | 粤剧 | 2009年9月 |
| 22 | 花儿 | 2009年9月 |

续表

| 序号 | 项目名称 | 入选时间 |
| --- | --- | --- |
| 23 | 玛纳斯 | 2009年9月 |
| 24 | 格萨(斯)尔 | 2009年9月 |
| 25 | 侗族大歌 | 2009年9月 |
| 26 | 藏戏 | 2009年9月 |
| 27 | 中医针灸 | 2010年11月 |
| 28 | 京剧 | 2010年11月 |
| 29 | 中国皮影戏 | 2010年11月 |
| 30 | 中国珠算——运用算盘进行数学计算的知识与实践 | 2013年12月 |
| 31 | 二十四节气——中国人通过观察太阳周年运动而形成的时间知识体系及其实践 | 2016年11月 |

**列入急需保护的非物质文化遗产名录的项目(共7项)**

| 序号 | 项目名称 | 入选时间 |
| --- | --- | --- |
| 1 | 羌年 | 2009年10月 |
| 2 | 黎族传统纺染织绣技艺 | 2009年10月 |
| 3 | 中国木拱桥传统营造技艺 | 2009年10月 |
| 4 | 麦西热甫 | 2010年11月 |
| 5 | 中国水密隔舱福船制造技艺 | 2010年11月 |
| 6 | 中国活字印刷术 | 2010年11月 |
| 7 | 赫哲族伊玛堪 | 2011年11月 |

**列入优秀实践名册的项目(共1项)**

| 序号 | 项目名称 | 入选时间 |
| --- | --- | --- |
| 1 | 福建木偶戏后继人才培养计划 | 2012年12月 |

注:《实施〈保护非物质文化遗产公约〉的业务指南》(以下简称《业务指南》)于2008年6月在《保护非物质文化遗产公约》(以下简称《公约》)缔约国大会第二届会议上通过。《业务指南》第57条规定,根据《公约》第八章过渡条款第三十一条第一款,在缔约国大会通过《业务指南》后,委员会应自动将《公约》生效前宣布为人类口头和非物质遗产代表作的所有项目纳入人类非物质文化遗产代表作名录。故上表前4个项目于2008年由人类口头和非物质遗产代表作转入人类非物质文化遗产代表作名录。

安徽省国家级、省级非遗项目及传承人等分布情况一览表

| 序号 | 地区或单位 | 国家级项目 | 国家级传承人 | 省级项目 | 省级传承人 | 省级传习基地 | 省级传习所 | 省级教育传习基地 |
|---|---|---|---|---|---|---|---|---|
| 1 | 合肥市 | 3 | 4 | 33 | 15 | 5 | 1 | 2 |
| 2 | 淮北市 | 1 | 1 | 13 | 8 | 0 | 0 | 0 |
| 3 | 亳州市 | 3 | 1 | 19 | 26 | 2 | 3 | 0 |
| 4 | 宿州市 | 8 | 5 | 32 | 49 | 2 | 0 | 1 |
| 5 | 蚌埠市 | 3 | 6 | 20 | 34 | 5 | 1 | 5 |
| 6 | 阜阳市 | 9 | 6 | 38 | 48 | 5 | 2 | 2 |
| 7 | 淮南市 | 4 | 4 | 18 | 28 | 2 | 0 | 1 |
| 8 | 滁州市 | 2 | 1 | 23 | 19 | 1 | 0 | 2 |
| 9 | 六安市 | 6 | 2 | 33 | 34 | 3 | 1 | 0 |
| 10 | 马鞍山市 | 2 | 0 | 23 | 17 | 2 | 0 | 1 |
| 11 | 芜湖市 | 2 | 2 | 24 | 13 | 1 | 1 | 2 |
| 12 | 宣城市 | 6 | 6 | 60 | 61 | 6 | 3 | 3 |
| 13 | 铜陵市 | 0 | 0 | 6 | 4 | 1 | 0 | 0 |
| 14 | 池州市 | 4 | 3 | 28 | 24 | 0 | 3 | 1 |
| 15 | 安庆市 | 9 | 4 | 33 | 32 | 6 | 0 | 5 |
| 16 | 黄山市 | 22 | 20 | 88 | 145 | 23 | 4 | 5 |
| 17 | 广德县 | 0 | 0 | 8 | 1 | 1 | 0 | 0 |
| 18 | 宿松县 | 1 | 1 | 8 | 5 | 0 | 0 | 0 |
| 19 | 省黄梅戏剧院 | 1 | 2 | 0 | 7 | 1 | 0 | 0 |
| 20 | 省徽京剧院 | 1 | 4 | 0 | 3 | 1 | 0 | 0 |
| 21 | 省歌舞剧院 | 0 | 1 | 0 | 0 | 0 | 0 | 0 |
| 22 | 安徽博物馆 | 0 | 0 | 0 | 3 | 0 | 0 | 0 |
| 合计 | | 87 | 73 | 507 | 576 | 67 | 19 | 30 |

安徽省非遗名录、传承人和传习教育基地分布情况一览表

| 序号 | 类别 | 国家级项目 | 国家级传承人 | 省级项目 | 省级传承人 | 省级传习基地 | 省级传习所 | 省级教育传习基地 |
| --- | --- | --- | --- | --- | --- | --- | --- | --- |
| 1 | 民间文学 | 3 | 0 | 28 | 13 | 0 | 0 | 1 |
| 2 | 传统音乐 | 9 | 1 | 40 | 50 | 2 | 3 | 4 |
| 3 | 传统舞蹈 | 7 | 10 | 56 | 67 | 6 | 4 | 5 |
| 4 | 传统戏剧 | 17 | 29 | 38 | 93 | 13 | 6 | 8 |
| 5 | 曲艺 | 2 | 1 | 30 | 32 | 1 | 1 | 2 |
| 6 | 传统体育、游艺与杂技 | 2 | 2 | 21 | 22 | 2 | 0 | 1 |
| 7 | 传统美术 | 9 | 7 | 53 | 76 | 10 | 1 | 4 |
| 8 | 传统技艺 | 15 | 20 | 135 | 156 | 29 | 1 | 5 |
| 9 | 传统医药 | 2 | 2 | 17 | 14 | 0 | 1 | 0 |
| 10 | 民俗 | 6 | 3 | 60 | 53 | 4 | 2 | 1 |
| 合计 | | 72 | 75 | 478 | 576 | 67 | 19 | 30* |

\* 黄山职业技术学院是徽州三雕、漆器髹饰两个项目的教育传习基地,在类别统计时分作两个,在属地统计时只作一个,所以合计数字为30。

**安徽省国家级非遗项目一览表**

| 项目类别 | 序号 | 国家统一编号 | 项目名称 | 申报地区或单位 | 发布批次 | 备注 |
|---|---|---|---|---|---|---|
| 一、民间文学 | 1 | Ⅰ-79 | 桐城歌 | 安庆市桐城市 | 二 | |
| | 2 | Ⅰ-130 | 孔雀东南飞传说 | 安庆市怀宁县、潜山县 | 四 | |
| | 3 | Ⅰ-131 | 老子传说 | 亳州市涡阳县 | 四 | |
| 二、传统音乐 | 4 | Ⅱ-5 | 当涂民歌 | 马鞍山市当涂县 | 一 | |
| | 5 | Ⅱ-6 | 巢湖民歌 | 合肥市(原巢湖市) | 一 | |
| | 6 | Ⅱ-37 | 唢呐艺术(砀山唢呐) | 宿州市砀山县 | 三(扩) | |
| | 7 | Ⅱ-37 | 唢呐艺术(灵璧菠林喇叭) | 宿州市灵璧县 | 四(扩) | |
| | 8 | Ⅱ-76 | 五河民歌 | 蚌埠市五河县 | 二 | |
| | 9 | Ⅱ-77 | 大别山民歌 | 六安市 | 二 | |
| | 10 | Ⅱ-78 | 徽州民歌 | 黄山市 | 二 | |
| | 11 | Ⅱ-139 | 道教音乐(齐云山道场音乐) | 黄山市休宁县 | 二 | |
| | 12 | Ⅱ-140 | 凤阳民歌 | 滁州市 | 三 | |
| 三、传统舞蹈 | 13 | Ⅲ-4 | 龙舞(手龙舞) | 宣城市绩溪县 | 四(扩) | |
| | 14 | Ⅲ-6 | 花鼓灯 | 蚌埠市、淮南市凤台县、阜阳市颍上县 | 一 | |
| | 15 | Ⅲ-7 | 傩舞(祁门傩舞) | 黄山市祁门县 | 二(扩) | |
| | 16 | Ⅲ-7 | 傩舞(跳五猖) | 宣城市郎溪县 | 四(扩) | |
| | 17 | Ⅲ-45 | 灯舞(东至花灯舞) | 池州市东至县 | 二 | |
| | 18 | Ⅲ-45 | 灯舞(无为鱼灯) | 芜湖市(原巢湖市)无为县 | 三(扩) | |
| | 19 | Ⅲ-48 | 火老虎 | 淮南市凤台县 | 二 | |

续表

| | | | | | |
|---|---|---|---|---|---|
| 四、传统戏剧 | 20 | Ⅳ－6 | 青阳腔 | 池州市青阳县 | 一 |
| | 21 | Ⅳ－7 | 高腔（岳西高腔） | 安庆市岳西县 | 一 |
| | 22 | Ⅳ－29 | 徽剧 | 安徽省徽京剧院、黄山市 | 一 |
| | 23 | Ⅳ－50 | 四平调 | 宿州市砀山县 | 四（扩） |
| | 24 | Ⅳ－57 | 庐剧 | 合肥市、六安市 | 一 |
| | 25 | Ⅳ－57 | 庐剧（东路庐剧） | 马鞍山市（原巢湖市）和县 | 三（扩） |
| | 26 | Ⅳ－60 | 黄梅戏 | 安庆市 | 一 |
| | 27 | Ⅳ－60 | 黄梅戏 | 安徽省黄梅戏剧院 | 三（扩） |
| | 28 | Ⅳ－62 | 泗州戏 | 宿州市、蚌埠市 | 一 |
| | 29 | Ⅳ－87 | 目连戏（徽州目连戏） | 黄山市祁门县 | 一 |
| | 30 | Ⅳ－89 | 傩戏（池州傩戏） | 池州市 | 一 |
| | 31 | Ⅳ－97 | 坠子戏 | 宿州市 | 二 |
| | 32 | Ⅳ－111 | 文南词 | 安庆市宿松县 | 二 |
| | 33 | Ⅳ－112 | 花鼓戏 | 宿州市、淮北市、宣城市 | 二 |
| | 34 | Ⅳ－113 | 二夹弦 | 亳州市 | 二 |
| | 35 | Ⅳ－143 | 嗨子戏 | 阜阳市阜南县 | 三 |
| | 36 | Ⅳ－155 | 淮北梆子戏 | 宿州市、阜阳市 | 三 |
| 五、曲艺 | 37 | Ⅴ－36 | 凤阳花鼓 | 滁州市凤阳县 | 一 |
| | 38 | Ⅴ－105 | 渔鼓道情 | 宿州市萧县 | 三 |
| 六、传统体育、游艺与杂技 | 39 | Ⅵ－51 | 马戏（埇桥马戏） | 宿州市埇桥区 | 二 |
| | 40 | Ⅵ－63 | 华佗五禽戏 | 亳州市 | 三 |
| 七、传统美术 | 41 | Ⅶ－37 | 徽州三雕 | 黄山市 | 一 |
| | 42 | Ⅶ－94 | 盆景技艺（徽派盆景技艺） | 黄山市歙县 | 二 |
| | 43 | Ⅶ－16 | 剪纸（阜阳剪纸） | 阜阳市 | 二（扩） |
| | 44 | Ⅶ－46 | 竹刻（徽州竹雕） | 黄山市徽州区 | 四（扩） |
| | 45 | Ⅶ－120 | 刻铜（杜氏刻铜） | 阜阳市 | 四 |
| | 46 | Ⅶ－25 | 挑花（望江挑花） | 安庆市望江县 | 二（扩） |
| | 47 | Ⅶ－51 | 竹编（舒席） | 六安市舒城县 | 二（扩） |
| | 48 | Ⅶ－55 | 柳编（黄岗柳编） | 阜阳市阜南县 | 三（扩） |
| | 49 | Ⅶ－55 | 柳编（霍邱柳编） | 六安市霍邱县 | 三（扩） |

续表

| | 50 | Ⅷ－2 | 界首彩陶烧制技艺 | 阜阳市界首市 | 一 | |
| --- | --- | --- | --- | --- | --- | --- |
| | 51 | Ⅷ－39 | 芜湖铁画锻制技艺 | 芜湖市 | 一 | |
| | 52 | Ⅷ－49 | 万安罗盘制作技艺 | 黄山市休宁县 | 一 | |
| | 53 | Ⅷ－65 | 宣纸制作技艺 | 宣城市泾县 | 一 | |
| | 54 | Ⅷ－73 | 徽墨制作技艺 | 宣城市绩溪县、黄山市歙县、屯溪区 | 一 | |
| | 55 | Ⅷ－74 | 歙砚制作技艺 | 黄山市歙县 | 一 | |
| | 56 | Ⅷ－127 | 漆器髹饰技艺（徽州漆器髹饰技艺） | 黄山市屯溪区 | 二 | |
| 八、传统技艺 | 57 | Ⅷ－129 | 纸笺加工技艺 | 巢湖市 | 二 | |
| | 58 | Ⅷ－130 | 宣笔制作技艺 | 宣城市 | 二 | |
| | 59 | Ⅷ－148 | 绿茶制作技艺（黄山毛峰、太平猴魁、六安瓜片） | 黄山市徽州区、黄山区、六安市裕安区 | 二 | |
| | 60 | Ⅷ－149 | 红茶制作技艺（祁门红茶制作技艺） | 黄山市祁门县 | 二 | |
| | 61 | Ⅷ－178 | 徽派传统民居建筑营造技艺 | 黄山市 | 二 | |
| | 62 | Ⅷ－70 | 桑皮纸制作技艺 | 安庆市潜山县、岳西县 | 二（扩） | |
| | 63 | Ⅷ－200 | 毛笔制作技艺（徽笔制作技艺） | 黄山市屯溪区 | 四（扩） | |
| | 64 | Ⅷ－232 | 豆腐传统制作技艺 | 淮南市、寿县 | 四 | |
| 九、传统医药 | 65 | Ⅸ－2 | 中医诊法（张一帖内科疗法） | 黄山市 | 三（扩） | |
| | 66 | Ⅸ－2 | 中医诊法（西园喉科） | 黄山市歙县 | 四（扩） | |
| 十、民俗 | 67 | Ⅹ－81 | 灯会（肥东洋蛇灯） | 合肥市肥东县 | 二 | |
| | 68 | Ⅹ－87 | 抬阁（肘阁抬阁） | 六安市寿县、阜阳市临泉县 | 二 | |
| | 69 | Ⅹ－102 | 界首书会 | 阜阳市界首市 | 二 | |
| | 70 | Ⅹ－119 | 珠算（程大位珠算法） | 黄山市屯溪区 | 二 | |
| | 71 | Ⅹ－84 | 庙会（九华山庙会） | 池州市九华山风景区 | 三（扩） | |
| | 72 | Ⅹ－90 | 祭祖习俗（徽州祠祭） | 黄山市祁门县 | 四（扩） | |

## 安徽省国家级非遗项目代表性传承人一览表

| 序号 | 姓名 | 性别 | 出生年月 | 申报地区或单位 | 项目名称 | 批次 |
|---|---|---|---|---|---|---|
| 一、民间文学(共3人,第一批0人,第二批0人,第三批0人,第四批0人,第五批3人) | | | | | | |
| 1 | 查月华 | 女 | 1950.12 | 安徽省桐城市 | 桐城歌 | 第五批 |
| 2 | 李智海 | 男 | 1938.2 | 安徽省怀宁县 | 孔雀东南飞传说 | 第五批 |
| 3 | 胡智 | 男 | 1938.9 | 安徽省涡阳县 | 老子传说 | 第五批 |
| 二、传统音乐(共8人,其中第一批0人,第二批1人,第三批0人,第四批0人,第五批7人) | | | | | | |
| 4 | 刘赤诚 | 男 | 1938.12 | 安徽省歌舞剧院 | 古琴艺术 | 第二批 |
| 5 | 陶小妹 | 女 | 1971.8 | 安徽省马鞍山市 | 当涂民歌 | 第五批 |
| 6 | 李家莲 | 女 | 1954.12 | 安徽省巢湖市 | 巢湖民歌 | 第五批 |
| 7 | 蒋法杰 | 男 | 1948.10 | 安徽省宿州市 | 唢呐艺术(砀山唢呐) | 第五批 |
| 8 | 余述凡 | 男 | 1960.7 | 安徽省六安市 | 大别山民歌 | 第五批 |
| 9 | 操明花 | 女 | 1962.12 | 安徽省黄山市 | 徽州民歌 | 第五批 |
| 10 | 詹和平 | 男 | 1974.10 | 安徽省休宁县 | 道教音乐(齐云山道场音乐) | 第五批 |
| 11 | 欧家玲 | 女 | 1938.8 | 安徽省滁州市 | 凤阳民歌 | 第五批 |
| 三、传统舞蹈(共20人,其中第一批0人,第二批4人,第三批4人,第四批2人,第五批10人) | | | | | | |
| 12 | 冯国佩 | 男 | 1914.9 | 安徽省蚌埠市 | 花鼓灯(蚌埠花鼓灯) | 第二批 |
| 13 | 郑九如 | 男 | 1920.5 | 安徽省蚌埠市 | 花鼓灯(蚌埠花鼓灯) | 第二批 |
| 14 | 杨在先 | 男 | 1921 | 安徽省蚌埠市 | 花鼓灯(蚌埠花鼓灯) | 第三批 |
| 15 | 陈玉华 | 女 | 1947.7 | 安徽颍上县 | 花鼓灯(蚌埠花鼓灯) | 第五批 |
| 16 | 冯国好 | 男 | 1946.12 | 安徽省蚌埠市 | 花鼓灯(蚌埠花鼓灯) | 第五批 |
| 17 | 梅连社 | 男 | 1968.3 | 安徽省蚌埠市 | 花鼓灯(蚌埠花鼓灯) | 第五批 |
| 18 | 金明 | 男 | 1954.4 | 安徽省蚌埠市 | 花鼓灯(蚌埠花鼓灯) | 第五批 |
| 19 | 娄楼 | 女 | 1945.11 | 安徽省蚌埠市 | 花鼓灯(蚌埠花鼓灯) | 第五批 |
| 20 | 张士根 | 男 | 1943.10 | 淮南市凤台县 | 花鼓灯(凤台花鼓灯) | 第三批 |
| 21 | 邓虹 | 女 | 1944.10 | 淮南市凤台县 | 花鼓灯(凤台花鼓灯) | 第三批 |
| 22 | 陈敬芝 | 男 | 1919.8 | 淮南市凤台县 | 花鼓灯(凤台花鼓灯) | 第二批 |
| 23 | 王传先 | 男 | 1923 | 阜阳市颍上县 | 花鼓灯(颍上花鼓灯) | 第二批 |
| 24 | 石春彩 | 男 | 1949.12 | 安徽省蚌埠市 | 花鼓灯 | 第三批 |
| 25 | 孙永超 | 男 | 1923.10 | 淮南市凤台县 | 火老虎 | 第三批 |
| 26 | 汪宣智 | 男 | 1932.8 | 黄山市祁门县 | 傩舞(祁门傩舞) | 第四批 |
| 27 | 汪顺庆 | 男 | 1939.12 | 安徽省祁门县 | 傩舞(祁门傩舞) | 第五批 |
| 28 | 曹武根 | 男 | 1940.11 | 安徽省绩溪县 | 龙舞(手龙舞) | 第五批 |

续表

| 29 | 周国平 | 男 | 1962.10 | 安徽省郎溪县 | 傩舞（跳五猖） | 第五批 |
| --- | --- | --- | --- | --- | --- | --- |
| 30 | 黄杰海 | 男 | 1963.2 | 安徽省东至县 | 灯舞（东至花灯舞） | 第五批 |
| 31 | 任俊堂 | 男 | 1943.7 | 安徽省无为县 | 灯舞（无为鱼灯） | 第五批 |
| 四、传统戏剧（共37人，其中第一批0人，第二批17人，第三批8人，第四批4人，第五批8人） | | | | | | |
| 32 | 汪正科 | 男 | 1931.7 | 池州市青阳县 | 青阳腔 | 第二批 |
| 33 | 蒋小送 | 男 | 1935.6 | 安庆市岳西县 | 高腔（岳西高腔） | 第二批 |
| 34 | 王琦福 | 男 | 1935.1 | | | 第二批 |
| 35 | 章其祥 | 男 | 1944.9 | 安徽省徽京剧院 | 徽剧 | 第二批 |
| 36 | 李龙斌 | 男 | 1956.2 | | | 第二批 |
| 37 | 谷化民 | 男 | 1945.7 | | | 第三批 |
| 38 | 王丹红 | 女 | 1972.10 | | | 第四批 |
| 39 | 丁玉兰 | 女 | 1929.9 | 合肥市 | 庐剧 | 第三批 |
| 40 | 孙邦栋 | 男 | 1929.8 | | | 第三批 |
| 41 | 黄 冰 | 男 | 1959.1 | 合肥市 | 庐剧 | 第二批 |
| 42 | 武克英 | 男 | 1941.2 | 六安市 | | 第二批 |
| 43 | 武道芳 | 女 | 1942.6 | 安徽省和县 | | 第五批 |
| 44 | 韩再芬 | 女 | 1968.2 | 安庆市 | 黄梅戏 | 第二批 |
| 45 | 赵媛媛 | 女 | 1966.10 | | | 第二批 |
| 46 | 黄新德 | 男 | 1947.8 | 安徽省黄梅戏剧院 | | 第二批 |
| 47 | 吴亚玲 | 女 | 1961.10 | | | 第四批 |
| 48 | 陈若梅 | 女 | 1964.5 | 宿州市 | | 第二批 |
| 49 | 李宝琴 | 女 | 1933.2 | | 泗州戏 | 第二批 |
| 50 | 鹿士彬 | 男 | 1938.9 | 蚌埠市 | | 第二批 |
| 51 | 周 斌 | 男 | 1962.8 | | | 第五批 |
| 52 | 陶万侠 | 女 | 1964.7 | 宿州市 | | 第五批 |
| 53 | 余杞敏 | 女 | 1962.12 | 安庆市宿松县 | 文南词 | 第四批 |
| 54 | 张晓东 | 女 | 1959.11 | 宿州市 | 淮北梆子戏 | 第四批 |
| 55 | 王永兰 | 女 | 1963.11 | 安徽省阜阳市 | | 第五批 |
| 56 | 王长松 | 男 | 1956.8 | 黄山市 | 目连戏（徽州目连戏） | 第二批 |
| 57 | 叶养滋 | 男 | 1939.4 | | | 第二批 |
| 58 | 王秋来 | 男 | 1939.7 | 安徽省祁门县 | | 第五批 |
| 59 | 刘臣瑜 | 男 | 1930.10 | 池州市贵池区 | 傩戏（池州傩戏） | 第二批 |

305

续表

| 60 | 姚家伟 | 男 | 1965.8 | 池州市贵池区 | 傩戏（池州傩戏） | 第二批 |
| --- | --- | --- | --- | --- | --- | --- |
| 61 | 唐茂华 | 男 | 1946.3 | 安徽省池州市 | | 第五批 |
| 62 | 周钦全 | 男 | 1925.9 | 淮北市 | 淮北花鼓戏 | 第三批 |
| 63 | 吕金玲 | 女 | 1951.5 | 宿州市 | | 第三批 |
| 64 | 周玉玲 | 女 | 1969.12 | 淮北市 | | 第五批 |
| 65 | 迟秀云 | 女 | 1937.9 | 宣城市 | 皖南花鼓戏 | 第三批 |
| 66 | 杨玉屏 | 女 | 1955.4 | | | 第三批 |
| 67 | 朱月梅 | 女 | 1939.4 | 宿州市 | 坠子戏 | 第二批 |
| 68 | 付红伟 | 女 | 1967.2 | 安徽亳州市 | 二夹弦 | 第五批 |

五、曲艺（共1人，其中第一批0人，第二批1人，第三批0人，第四批0人，第五批0人）

| 69 | 孙凤城 | 女 | 1951.9 | 滁州市凤阳县 | 凤阳花鼓 | 第二批 |
| --- | --- | --- | --- | --- | --- | --- |

六、传统体育、游艺与杂技（共2人，其中第一批0人，第二批0人，第三批0人，第四批2人，第五批0人）

| 70 | 李正丙 | 男 | 1956.12 | 宿州市埇桥区 | 马戏（埇桥马戏） | 第四批 |
| --- | --- | --- | --- | --- | --- | --- |
| 71 | 董文焕 | 男 | 1920.10 | 亳州市 | 华佗五禽戏 | 第四批 |

七、传统美术（共14人，其中第一批2人，第二批0人，第三批1人，第四批4人，第五批7人）

| 72 | 方新中 | 男 | 1949.10 | 黄山市 | 徽州三雕（砖雕） | 第一批 |
| --- | --- | --- | --- | --- | --- | --- |
| 73 | 吴正辉 | 男 | 1966.7 | | | 第五批 |
| 74 | 冯有进 | 男 | 1953.5 | 黄山市 | 徽州三雕（石雕） | 第一批 |
| 75 | 王金生 | 男 | 1928.7 | | | 第三批 |
| 76 | 蒯正华 | 男 | 1962.4 | 黄山市 | 徽州三雕（木雕） | 第四批 |
| 77 | 曹永盛 | 男 | 1969.9 | | | 第四批 |
| 78 | 程兴红 | 男 | 1971.8 | 阜阳市 | 剪纸（阜阳剪纸） | 第四批 |
| 79 | 王文忠 | 男 | 1962.4 | 阜阳市阜南县 | 柳编（黄岗柳编） | 第四批 |
| 80 | 王世福 | 男 | 1954.2 | 安庆市望江县 | 挑花（望江挑花） | 第五批 |
| 81 | 洪建华 | 男 | 1971.2 | 黄山市徽州区 | 竹刻（徽州竹雕） | 第五批 |
| 82 | 苏成军 | 男 | 1969.5 | 安徽省舒城县 | 竹编（舒席） | 第五批 |
| 83 | 潘同利 | 男 | 1961.8 | 安徽省霍邱县 | 柳编（霍邱柳编） | 第五批 |
| 84 | 洪观清 | 男 | 1944.5 | 安徽省歙县 | 盆景技艺（徽派盆景技艺） | 第五批 |

续表

| 85 | 杜平 | 男 | 1960.5 | 安徽省阜阳市 | 刻铜（杜氏刻铜） | 第五批 |
|---|---|---|---|---|---|---|
| 八、传统技艺(共28人,其中第一批6人,第二批0人,第三批7人,第四批7人,第五批8人) | | | | | | |
| 86 | 王京胜 | 男 | 1944.9 | 阜阳市界首市 | 界首彩陶烧制技艺 | 第一批 |
| 87 | 卢群山 | 男 | 1950.3 | | | 第一批 |
| 88 | 杨光辉 | 男 | 1932.9 | 芜湖市 | 芜湖铁画锻制技艺 | 第一批 |
| 89 | 储金霞 | 女 | 1945.11 | | | 第四批 |
| 90 | 邢春荣 | 男 | 1954.5 | 宣城市泾县 | 宣纸制作技艺 | 第一批 |
| 91 | 曹光华 | 男 | 1954.9 | | | 第五批 |
| 92 | 周美洪 | 男 | 1957.6 | 黄山市歙县 | 徽墨制作技艺 | 第一批 |
| 93 | 曹阶铭 | 男 | 1954.12 | | | 第一批 |
| 94 | 汪爱军 | 男 | 1965.2 | 宣城市绩溪县 | | 第三批 |
| 95 | 汪培坤 | 男 | 1950.4 | 黄山市屯溪区 | | 第五批 |
| 96 | 郑寒 | 男 | 1963.6 | 黄山市 | 歙砚制作技艺 | 第三批 |
| 97 | 王祖伟 | 男 | 1964.11 | 黄山市歙县 | | 第四批 |
| 98 | 蔡永江 | 男 | 1969.10 | | | 第五批 |
| 99 | 吴水森 | 男 | 1949.6 | 黄山市休宁县 | 万安罗盘制作技艺 | 第三批 |
| 100 | 甘而可 | 男 | 1955.3 | 黄山市屯溪区 | 徽州漆器髹饰技艺 | 第三批 |
| 101 | 张苏 | 男 | 1942.12 | 宣城市宣州区 | 宣笔制作技艺 | 第三批 |
| 102 | 张文年 | 男 | 1968.2 | 宣城市 | | 第四批 |
| 103 | 佘征军 | 男 | 1962.4 | | | 第五批 |
| 104 | 王柏林 | 男 | 1965.10 | 安庆市岳西县 | 桑皮纸制作技艺 | 第三批 |
| 105 | 刘同烟 | 男 | 1964.11 | 安庆市潜山县 | | 第四批 |
| 106 | 谢四十 | 男 | 1956.10 | 黄山市徽州区 | 绿茶制作技艺（黄山毛峰） | 第三批 |
| 107 | 储昭伟 | 男 | 1966.11 | 六安市裕安区 | 绿茶制作技艺（六安瓜片） | 第四批 |
| 108 | 方继凡 | 男 | 1965.1 | 黄山市黄山区 | 绿茶制作技艺（太平猴魁） | 第四批 |

续表

| 109 | 胡公敏 | 男 | 1957.12 | 黄山市 | 徽派传统民居建筑营造技艺 | 第四批 |
| --- | --- | --- | --- | --- | --- | --- |
| 110 | 刘靖 | 男 | 1972.12 | 安徽省巢湖市 | 纸笺加工技艺 | 第五批 |
| 111 | 王昶 | 男 | 1966.1 | 安徽省祁门县 | 红茶制作技艺（祁门红茶制作技艺） | 第五批 |
| 112 | 杨文 | 男 | 1969.10 | 安徽省黄山市屯溪区 | 毛笔制作技艺（徽笔制作技艺） | 第五批 |
| 113 | 杨舜天 | 男 | 1947.2 | 安徽省淮南市 | 豆腐传统制作技艺 | 第五批 |
| 九、传统医药(共3人，其中第一批、第二批、第三批均0人，第四批2人，第五批1人) | | | | | | |
| 114 | 李济仁 | 男 | 1931.1 | 黄山市 | 中医诊法（张一帖内科疗法） | 第四批 |
| 115 | 张舜华 | 女 | 1934.1 | | | 第四批 |
| 116 | 郑铎 | 男 | 1936.10 | 安徽省歙县 | 中医诊法（西园喉科） | 第五批 |
| 十、民俗(共5人，其中第一批、第二批均为0人，第三批2人，第四批1人，第五批2人) | | | | | | |
| 117 | 邵传富 | 男 | 1946.2 | 合肥市肥东县 | 灯会(肥东洋蛇灯) | 第三批 |
| 118 | 刘文昌 | 男 | 1951.8 | 阜阳市临泉县 | 抬阁(芯子、铁枝、飘色)(肘阁抬阁) | 第三批 |
| 119 | 汪素秋 | 女 | 1979.10 | 黄山市屯溪区 | 珠算(程大位珠算法) | 第四批 |
| 120 | 陈敦和 | 男 | 1943.3 | 安徽省祁门县 | 祭祖习俗（徽州祠祭） | 第五批 |
| 121 | 吴守琳 | 男 | 1937.10 | 六安市寿县人 | 肘阁·抬阁 | 第五批 |

## 安徽省省级非遗项目一览表

(共 5 批计 478 项,按省人民政府公布顺序排列)

| 序号 | 编号 | 项目名称 | 申报地区或单位 | 备注 |
|---|---|---|---|---|
| 一、民间文学(计 28 项:第一批 6 项,第二批 3 项,第三批 10 项,第四批 4 项,第五批 5 项) | | | | |
| 1 | Ⅰ—1 | 鞭打芦花 | 宿州市萧县 | 第一批省级 |
| 2 | Ⅰ—2 | 孔雀东南飞传说 | 安庆市潜山县、怀宁县 | 第一批省级 |
| 3 | Ⅰ—3 | 桐城歌 | 安庆市桐城市 | 第一批省级 |
| 4 | Ⅰ—4 | 六尺巷传说 | 安庆市桐城市 | 第一批省级 |
| 5 | Ⅰ—5 | 徽州民谣 | 黄山市 | 第一批省级 |
| 6 | Ⅰ—5 | 徽州民谣(绩溪民歌民谣) | 宣城市绩溪县 | 第二批省级扩展项目 |
| 7 | Ⅰ—6 | 徽州楹联匾额 | 黄山市 | 第一批省级 |
| 8 | Ⅰ—7 | 老子传说故事 | 亳州市涡阳县 | 第二批省级 |
| 9 | Ⅰ—8 | 涂山大禹传说 | 蚌埠市怀远县 | 第二批省级 |
| 10 | Ⅰ—9 | 小孤山传说 | 安庆市宿松县 | 第三批省级 |
| 11 | Ⅰ—10 | 管仲的传说 | 阜阳市颍上县 | 第三批省级 |
| 12 | Ⅰ—11 | 包公故事 | 合肥市 | 第三批省级 |
| 13 | Ⅰ—12 | 刘铭传故事 | 合肥市肥西县 | 第三批省级 |
| 14 | Ⅰ—13 | 捻军歌谣 | 亳州市涡阳县 | 第三批省级 |
| 15 | Ⅰ—14 | 伍子胥过昭关的传说 | 马鞍山市含山县 | 第三批省级 |
| 16 | Ⅰ—15 | 梁山伯与祝英台的传说 | 六安市舒城县 | 第三批省级 |
| 17 | Ⅰ—16 | 皇藏峪的传说 | 宿州市萧县 | 第三批省级 |
| 18 | Ⅰ—17 | 垓下民间传说 | 蚌埠市固镇县、宿州市灵璧县 | 第三批省级 |
| 19 | Ⅰ—18 | 安丰塘的传说 | 淮南市寿县 | 第三批省级 |
| 20 | Ⅰ—19 | 庄子传说 | 亳州市蒙城县 | 第四批省级 |
| 21 | Ⅰ—20 | 蒙城歌谣 | 亳州市蒙城县 | 第四批省级 |
| 22 | Ⅰ—21 | 张孝祥与镜湖的故事 | 芜湖市镜湖区 | 第四批省级 |
| 23 | Ⅰ—22 | 九井沟传说 | 安庆市宿松县 | 第四批省级 |
| 24 | Ⅰ—23 | 陈抟传说 | 亳州市 | 第五批省级 |

续表

| 25 | Ⅰ—24 | 祠山张勃传说 | 广德县 | 第五批省级 |
|---|---|---|---|---|
| 26 | Ⅰ—25 | 有巢氏传说 | 巢湖市(现属合肥市) | 第五批省级 |
| 27 | Ⅰ—26 | 柳下惠传说 | 亳州市利辛县 | 第五批省级 |
| 28 | Ⅰ—27 | 二乔传说 | 安庆市潜山县 | 第五批省级 |

二、传统音乐(计40项：第一批14项,第二批8项,第三批4项,第四批6项,第五批8项)

| 29 | Ⅱ—1 | 五河民歌 | 蚌埠市五河县 | 第一批省级 |
|---|---|---|---|---|
| 30 | Ⅱ—2 | 皖西大别山民歌 | 六安市 | 第一批省级 |
| 31 | Ⅱ—3 | 寿州锣鼓 | 淮南市寿县 | 第一批省级 |
| 32 | Ⅱ—4 | 金寨古碑丝弦锣鼓 | 六安市金寨县 | 第一批省级 |
| 33 | Ⅱ—5 | 繁昌民歌 | 芜湖市繁昌县 | 第一批省级 |
| 34 | Ⅱ—6 | 铜陵牛歌 | 铜陵市义安区 | 第一批省级 |
| 35 | Ⅱ—7 | 贵池民歌 | 池州市贵池区 | 第一批省级 |
| 36 | Ⅱ—8 | 石台唱曲 | 池州市石台县 | 第一批省级 |
| 37 | Ⅱ—9 | 九华山佛教音乐 | 池州市九华山风景区 | 第一批省级 |
| 38 | Ⅱ—10 | 潜山弹腔 | 安庆市潜山县 | 第一批省级 |
| 39 | Ⅱ—11 | 徽州民歌 | 黄山市 | 第一批省级 |
| 40 | Ⅱ—12 | 齐云山道教音乐 | 黄山市休宁县 | 第一批省级 |
| 41 | Ⅱ—13 | 当涂民歌 | 马鞍山市当涂县 | 第一批省级 |
| 42 | Ⅱ—14 | 巢湖民歌 | 巢湖市(现属合肥市) | 第一批省级 |
| 43 | Ⅱ—15 | 砀山唢呐 | 宿州市砀山县 | 第二批省级 |
| 44 | Ⅱ—16 | 淮河锣鼓 | 阜阳市颍上县 | 第二批省级 |
| 45 | Ⅱ—17 | 谢郢锣鼓 | 淮南市凤台县 | 第二批省级 |
| 46 | Ⅱ—18 | 丰收锣鼓 | 滁州市明光市 | 第二批省级 |
| 47 | Ⅱ—19 | 凤阳民歌 | 滁州市凤阳县 | 第二批省级 |
| 48 | Ⅱ—20 | 思帝乡锣鼓 | 六安市金寨县 | 第二批省级 |
| 49 | Ⅱ—21 | 无为民歌 | 芜湖市无为县 | 第二批省级 |
| 50 | Ⅱ—22 | 断丝弦锣鼓 | 安庆市宿松县 | 第二批省级 |
| 51 | Ⅱ—23 | 凉亭锣鼓 | 滁州市定远县 | 第三批省级 |
| 52 | Ⅱ—24 | 灵璧菠林喇叭 | 宿州市灵璧县 | 第三批省级 |

续表

| | | | | |
|---|---|---|---|---|
| 53 | Ⅱ—25 | 云梯畲族民歌 | 宣城市宁国市 | 第三批省级 |
| 54 | Ⅱ—26 | 大小锣鼓 | 宣城市郎溪县 | 第三批省级 |
| 55 | Ⅱ—27 | 全椒民歌 | 滁州市全椒县 | 第四批省级 |
| 56 | Ⅱ—28 | 六安灯歌 | 六安市金安区 | 第四批省级 |
| 57 | Ⅱ—29 | 和县民歌 | 马鞍山市和县 | 第四批省级 |
| 58 | Ⅱ—30 | 美溪唢呐 | 黄山市黟县 | 第四批省级 |
| 59 | Ⅱ—31 | 广德民歌 | 宣城市广德县 | 第四批省级 |
| 60 | Ⅱ—32 | 宿松民歌 | 安庆市宿松县 | 第四批省级 |
| 61 | Ⅱ—33 | 九华民歌 | 池州市九华山风景区、青阳县 | 第五批省级 |
| 62 | Ⅱ—34 | 石台民歌 | 池州市石台县 | 第五批省级 |
| 63 | Ⅱ—35 | 官港民歌 | 池州市东至县 | 第五批省级 |
| 64 | Ⅱ—36 | 临涣唢呐 | 淮北市濉溪县 | 第五批省级 |
| 65 | Ⅱ—37 | 夏派唢呐 | 淮北市濉溪县 | 第五批省级 |
| 66 | Ⅱ—38 | 坟台唢呐 | 阜阳市太和县 | 第五批省级 |
| 67 | Ⅱ—39 | 楼西回民锣鼓 | 滁州市凤阳县 | 第五批省级 |
| 68 | Ⅱ—40 | 杜村十番锣鼓 | 池州市青阳县 | 第五批省级 |

三、传统舞蹈(计57项：第一批11项,第二批18项,第三批9项,第四批1项,第五批18项)

| | | | | |
|---|---|---|---|---|
| 69 | Ⅲ—1 | 卫调花鼓 | 蚌埠市龙子湖区 | 第一批省级 |
| 70 | Ⅲ—1 | 卫调花鼓(凤阳花鼓戏) | 滁州市凤阳县 | 第二批省级扩展项目 |
| 71 | Ⅲ—2 | 临北狮子舞 | 蚌埠市五河县 | 第一批省级 |
| 72 | Ⅲ—3 | 火老虎 | 淮南市凤台县 | 第一批省级 |
| 73 | Ⅲ—4 | 秧歌灯 | 滁州市来安县 | 第一批省级 |
| 74 | Ⅲ—5 | 肘阁抬阁 | 淮南市寿县、阜阳市临泉县 | 第一批省级 |
| 75 | Ⅲ—5 | 抬阁(肘阁、湖村抬阁、隆阜抬阁) | 阜阳市颍州区、宣城市绩溪县、黄山市屯溪区 | 第二批省级扩展项目 |
| 76 | Ⅲ—6 | 十兽灯 | 芜湖市南陵县 | 第一批省级 |
| 77 | Ⅲ—7 | 竹马灯 | 铜陵市义安区 | 第一批省级 |
| 78 | Ⅲ—8 | 东至花灯舞 | 池州市东至县 | 第一批省级 |

续表

| 79 | Ⅲ—9 | 黎阳仗鼓 | 黄山市屯溪区 | 第一批省级 |
| --- | --- | --- | --- | --- |
| 80 | Ⅲ—10 | 祁门傩舞 | 黄山市祁门县 | 第一批省级 |
| 81 | Ⅲ—11 | 花鼓灯 | 蚌埠市、淮南市凤台县、阜阳市颍上县 | 第一批省级 |
| 82 | Ⅲ—12 | 棒鼓舞 | 亳州市涡阳县 | 第二批省级 |
| 83 | Ⅲ—13 | 钱杆舞 | 蚌埠市五河县 | 第二批省级 |
| 84 | Ⅲ—14 | 旱船舞 | 蚌埠市五河县 | 第二批省级 |
| 85 | Ⅲ—15 | 太和狮子灯 | 阜阳市太和县 | 第二批省级 |
| 86 | Ⅲ—16 | 马戏灯 | 淮南市毛集区 | 第二批省级 |
| 87 | Ⅲ—17 | 手狮灯 | 滁州市来安县 | 第二批省级 |
| 88 | Ⅲ—17 | 手狮灯 | 滁州市全椒县 | 第五批省级扩展项目 |
| 89 | Ⅲ—18 | 采石跳和合 | 马鞍山市雨山区 | 第二批省级 |
| 90 | Ⅲ—19 | 无为鱼灯 | 芜湖市无为县 | 第二批省级 |
| 91 | Ⅲ—20 | 云舞 | 宣城市郎溪县 | 第二批省级 |
| 92 | Ⅲ—21 | 舞犭回 | 宣城市绩溪县 | 第二批省级 |
| 93 | Ⅲ—22 | 火狮舞 | 宣城市绩溪县 | 第二批省级 |
| 94 | Ⅲ—23 | 平安草龙灯 | 池州市东至县 | 第二批省级 |
| 95 | Ⅲ—24 | 十二月花神 | 安庆市潜山县 | 第二批省级 |
| 96 | Ⅲ—25 | 花梆舞 | 安庆市太湖县 | 第二批省级 |
| 97 | Ⅲ—26 | 徽州板凳龙 | 黄山市休宁县、黄山市徽州区 | 第二批省级 |
| 98 | Ⅲ—27 | 采茶扑蝶舞 | 黄山市祁门县 | 第二批省级 |
| 99 | Ⅲ—28 | 莲湘舞 | 安庆市望江县 | 第三批省级 |
| 100 | Ⅲ—28 | 莲湘舞（和县打莲湘） | 马鞍山市和县 | 第五批省级扩展项目 |
| 101 | Ⅲ—29 | 二龙戏蛛 | 滁州市定远县 | 第三批省级 |
| 102 | Ⅲ—30 | 流星赶月 | 滁州市明光市 | 第三批省级 |
| 103 | Ⅲ—31 | 抛头狮 | 合肥市蜀山区 | 第三批省级 |
| 104 | Ⅲ—32 | 采莲灯 | 淮南市潘集区 | 第三批省级 |
| 105 | Ⅲ—33 | 藤牌对马 | 淮南市田家庵区 | 第三批省级 |

续表

| 106 | Ⅲ—34 | 手龙舞 | 宣城市绩溪县 | 第三批省级 |
| --- | --- | --- | --- | --- |
| 107 | Ⅲ—35 | 火马舞 | 宣城市绩溪县 | 第三批省级 |
| 108 | Ⅲ—36 | 跳钟馗 | 黄山市徽州区 | 第三批省级 |
| 109 | Ⅲ—36 | 跳钟馗 | 黄山市歙县 | 第五批省级扩展项目 |
| 110 | Ⅲ—37 | 独杆轿 | 蚌埠市固镇县 | 第四批省级 |
| 111 | Ⅲ—38 | 休宁得胜鼓 | 黄山市休宁县 | 第五批省级 |
| 112 | Ⅲ—39 | 红灯舞 | 阜阳市阜南县 | 第五批省级 |
| 113 | Ⅲ—40 | 陡岗板龙灯 | 芜湖市无为县 | 第五批省级 |
| 114 | Ⅲ—41 | 朱桥板龙灯 | 宣城市宣州区 | 第五批省级 |
| 115 | Ⅲ—42 | 五河打铁舞 | 蚌埠市五河县 | 第五批省级 |
| 116 | Ⅲ—43 | 绩溪草龙舞 | 宣城市绩溪县 | 第五批省级 |
| 117 | Ⅲ—44 | 罗汉除柳 | 安庆市太湖县 | 第五批省级 |
| 118 | Ⅲ—45 | 黟县傩舞 | 黄山市黟县 | 第五批省级 |
| 119 | Ⅲ—46 | 八朵云 | 滁州市全椒县 | 第五批省级 |
| 120 | Ⅲ—47 | 雉山凤舞 | 黄山市黟县 | 第五批省级 |
| 121 | Ⅲ—48 | 赶黑驴 | 亳州市利辛县 | 第五批省级 |
| 122 | Ⅲ—49 | 火狮灯 | 宣城市广德县 | 第五批省级 |
| 123 | Ⅲ—50 | 西坞马灯 | 宣城市广德县 | 第五批省级 |
| 124 | Ⅲ—51 | 将兵摔跤 | 淮南市潘集区 | 第五批省级 |
| 125 | Ⅲ—52 | 三圣傩舞 | 马鞍山市当涂县 | 第五批省级 |

**四、传统戏剧**(37项：第一批20项，第二批8项，第三批3项，第四批1项，第五批5项)

| 126 | Ⅳ—1 | 淮北花鼓戏 | 宿州市埇桥区、淮北市 | 第一批省级 |
| --- | --- | --- | --- | --- |
| 127 | Ⅳ—2 | 亳州二夹弦 | 亳州市谯城区 | 第一批省级 |
| 128 | Ⅳ—3 | 坠子戏 | 宿州市 | 第一批省级 |
| 129 | Ⅳ—4 | 嗨子戏 | 阜阳市阜南县 | 第一批省级 |
| 130 | Ⅳ—5 | 推剧 | 淮南市凤台县、阜阳市颍上县 | 第一批省级 |
| 131 | Ⅳ—6 | 洪山戏 | 滁州市来安县 | 第一批省级 |
| 132 | Ⅳ—7 | 含弓戏 | 马鞍山市含山县 | 第一批省级 |

续表

| 133 | Ⅳ—8 | 梨簧戏 | 芜湖市 | 第一批省级 |
| --- | --- | --- | --- | --- |
| 134 | Ⅳ—9 | 南陵目连戏 | 芜湖市南陵县 | 第一批省级 |
| 135 | Ⅳ—10 | 皖南花鼓戏 | 宣城市 | 第一批省级 |
| 136 | Ⅳ—11 | 石台目连戏 | 池州市石台县 | 第一批省级 |
| 137 | Ⅳ—12 | 文南词 | 安庆市宿松县、池州市东至县 | 第一批省级 |
| 138 | Ⅳ—13 | 庐剧 | 合肥市、六安市 | 第一批省级 |
| 139 | Ⅳ—13 | 庐剧(东路庐剧) | 马鞍山市和县 | 第二批省级扩展项目 |
| 140 | Ⅳ—14 | 青阳腔 | 池州市青阳县 | 第一批省级 |
| 141 | Ⅳ—15 | 泗州戏 | 宿州市、蚌埠市 | 第一批省级 |
| 142 | Ⅳ—15 | 泗州戏(拉魂腔) | 亳州市利辛县 | 第三批省级扩展项目 |
| 143 | Ⅳ—15 | 泗州戏(淮北泗洲戏) | 淮北市濉溪县 | 第五批省级扩展项目 |
| 144 | Ⅳ—16 | 贵池傩戏 | 池州市 | 第一批省级 |
| 145 | Ⅳ—17 | 黄梅戏 | 安庆市 | 第一批省级 |
| 146 | Ⅳ—18 | 岳西高腔 | 安庆市岳西县 | 第一批省级 |
| 147 | Ⅳ—19 | 徽州目连戏 | 黄山市 | 第一批省级 |
| 148 | Ⅳ—20 | 徽剧 | 安徽省徽剧团、黄山市 | 第一批省级 |
| 149 | Ⅳ—20 | 徽剧(徽戏童子班) | 宣城市绩溪县 | 第二批省级扩展项目 |
| 150 | Ⅳ—21 | 淮北梆子戏 | 宿州市、阜阳市 | 第二批省级 |
| 151 | Ⅳ—21 | 淮北梆子戏 | 亳州市谯城区 | 第四批省级扩展项目 |
| 152 | Ⅳ—22 | 灵璧皮影戏 | 宿州市灵璧县 | 第二批省级 |
| 153 | Ⅳ—23 | 余家皮影戏 | 蚌埠市禹会区 | 第二批省级 |
| 154 | Ⅳ—24 | 皖南皮影戏 | 宣城市宣州区 | 第二批省级 |
| 155 | Ⅳ—25 | 鸡公调 | 池州市东至县 | 第二批省级 |
| 156 | Ⅳ—26 | 曲子戏 | 安庆市太湖县 | 第二批省级 |

续表

| 157 | Ⅳ—27 | 木偶戏 | 安庆市潜山县 | 第三批省级 |
|---|---|---|---|---|
| 158 | Ⅳ—28 | 砀山四平调 | 宿州市砀山县 | 第三批省级 |
| 159 | Ⅳ—29 | 皖北曲剧 | 阜阳市 | 第五批省级 |
| 160 | Ⅳ—30 | 马派皮影戏 | 合肥市庐阳区 | 第五批省级 |
| 161 | Ⅳ—31 | 梅街目连戏 | 池州市贵池区 | 第五批省级 |
| 162 | Ⅳ—32 | 泗县瑶剧 | 宿州市泗县 | 第五批省级 |
| 五、曲艺(计30项:第一批6项,第二批12项,第三批4项,第四批3项,第五批5项) | | | | |
| 163 | Ⅴ—1 | 门歌 | 合肥市包河区 | 第一批省级 |
| 164 | Ⅴ—2 | 淮北大鼓 | 淮北市濉溪县 | 第一批省级 |
| 165 | Ⅴ—2 | 淮北大鼓 | 亳州市利辛县 | 第二批省级扩展项目 |
| 166 | Ⅴ—2 | 淮北大鼓 | 亳州市蒙城县 | 第四批省级扩展项目 |
| 167 | Ⅴ—3 | 清音 | 阜阳市太和县 | 第一批省级 |
| 168 | Ⅴ—3 | 清音戏 | 亳州市利辛县 | 第二批省级扩展项目 |
| 169 | Ⅴ—4 | 渔鼓 | 阜阳市界首市 | 第一批省级 |
| 170 | Ⅴ—5 | 锣鼓书 | 六安市金安区 | 第一批省级 |
| 171 | Ⅴ—6 | 凤阳花鼓 | 滁州市凤阳县 | 第一批省级 |
| 172 | Ⅴ—7 | 庐州大鼓 | 合肥市肥东县、肥西县 | 第二批省级 |
| 173 | Ⅴ—8 | 花腔渔鼓 | 宿州市萧县 | 第二批省级 |
| 174 | Ⅴ—9 | 萧县坠子 | 宿州市萧县 | 第二批省级 |
| 175 | Ⅴ—10 | 灵璧琴书 | 宿州市灵璧县 | 第二批省级 |
| 176 | Ⅴ—11 | 淮河琴书 | 蚌埠市、阜阳市阜南县 | 第二批省级 |
| 177 | Ⅴ—12 | 端公腔 | 蚌埠市怀远县 | 第二批省级 |
| 178 | Ⅴ—13 | 扁担戏 | 阜阳市界首市 | 第二批省级 |
| 179 | Ⅴ—13 | 扁担戏 | 亳州市利辛县 | 第五批省级扩展项目 |
| 180 | Ⅴ—14 | 端鼓 | 滁州市明光市 | 第二批省级 |

续表

| 181 | Ⅴ—15 | 白曲 | 滁州市来安县 | 第二批省级 |
| 182 | Ⅴ—16 | 小调胡琴书 | 六安市舒城县 | 第二批省级 |
| 183 | Ⅴ—17 | 酉华唱经锣鼓 | 池州市青阳县 | 第三批省级 |
| 184 | Ⅴ—18 | 四弦书 | 六安市霍山县 | 第三批省级 |
| 185 | Ⅴ—19 | 寿州大鼓 | 淮南市寿县 | 第三批省级 |
| 186 | Ⅴ—20 | 淮词 | 淮南市寿县 | 第三批省级 |
| 187 | Ⅴ—21 | 颍上大鼓书 | 阜阳市颍上县 | 第四批省级 |
| 188 | Ⅴ—22 | 岳西鼓书 | 安庆市岳西县 | 第四批省级 |
| 189 | Ⅴ—23 | 颍上琴书 | 阜阳市颍上县 | 第五批省级 |
| 190 | Ⅴ—24 | 灵璧大鼓 | 宿州市灵璧县 | 第五批省级 |
| 191 | Ⅴ—25 | 淮河大鼓 | 淮南市凤台县 | 第五批省级 |
| 192 | Ⅴ—26 | 程岭大鼓书 | 安庆市宿松县 | 第五批省级 |

六、传统体育、游艺与杂技(计15项：第一批2项，第二批3项，第三批6项，第四批4项)

| 193 | Ⅵ—1 | 华佗五禽戏 | 亳州市 | 第一批省级 |
| 194 | Ⅵ—2 | 民间杂技马戏 | 阜阳市临泉县、宿州市埇桥区 | 第一批省级 |
| 195 | Ⅵ—3 | 晰扬掌 | 亳州市 | 第二批省级 |
| 196 | Ⅵ—4 | 六洲棋 | 淮南市 | 第二批省级 |
| 197 | Ⅵ—4 | 六洲棋(六国棋) | 亳州市蒙城县 | 第五批省级扩展项目 |
| 198 | Ⅵ—5 | 叶村叠罗汉 | 黄山市歙县 | 第二批省级 |
| 199 | Ⅵ—6 | 东乡武术 | 安庆市枞阳县 | 第三批省级 |
| 200 | Ⅵ—7 | 永京拳 | 淮南市 | 第三批省级 |
| 201 | Ⅵ—8 | 游龙舟、抬五帝、跳旗 | 宣城市绩溪县 | 第三批省级 |
| 202 | Ⅵ—9 | 三阳打秋千 | 黄山市歙县 | 第三批省级 |
| 203 | Ⅵ—10 | 湖阳打水浒 | 马鞍山市当涂县 | 第三批省级 |
| 204 | Ⅵ—11 | 鮦城火叉、火鞭 | 阜阳市临泉县 | 第三批省级 |
| 205 | Ⅵ—12 | 陈抟老祖心意六合八法拳 | 亳州市 | 第四批省级 |
| 206 | Ⅵ—13 | 五音八卦拳 | 阜阳市阜南县 | 第四批省级 |
| 207 | Ⅵ—14 | 吴翼翚岳心意六合八法拳 | 淮南市 | 第四批省级 |

续表

| 208 | Ⅵ—15 | 徽州武术 | 黄山市 | 第四批省级 |
| --- | --- | --- | --- | --- |
| 209 | Ⅵ—16 | 蚌山心意六合拳 | 蚌埠市蚌山区 | 第五批省级 |
| 210 | Ⅵ—17 | 太和武当太极拳 | 阜阳市太和县 | 第五批省级 |
| 211 | Ⅵ—18 | 张氏大洪拳 | 合肥市瑶海区 | 第五批省级 |
| 212 | Ⅵ—19 | 新市滚龙 | 马鞍山市博望区 | 第五批省级 |
| 213 | Ⅵ—20 | 牛门洪拳 | 合肥市肥东县 | 第五批省级 |
| 214 | Ⅵ—21 | 韩氏阴阳双合拳 | 合肥市 | 第五批省级 |

七、传统美术(计54项：第一批10项，第二批12项，第三批5项，第四批8项、第五批19项)

| 215 | Ⅶ—1 | 火笔画 | 合肥市 | 第一批省级 |
| --- | --- | --- | --- | --- |
| 216 | Ⅶ—2 | 灵璧钟馗画 | 宿州市灵璧县 | 第一批省级 |
| 217 | Ⅶ—3 | 萧县农民画 | 宿州市萧县 | 第一批省级 |
| 218 | Ⅶ—4 | 民间剪纸 | 阜阳市 | 第一批省级 |
| 219 | Ⅶ—4 | 剪纸(亳州剪纸、萧县剪纸) | 亳州市谯城区、宿州市萧县 | 第二批省级扩展项目 |
| 220 | Ⅶ—4 | 剪纸(和县剪纸、皖南剪纸) | 马鞍山市和县、宣城市宣州区 | 第三批省级扩展项目 |
| 221 | Ⅶ—4 | 剪纸(徽州剪纸、张氏剪纸、庐阳剪纸) | 黄山市歙县、淮北市相山区、合肥市庐阳区 | 第五批省级扩展项目 |
| 222 | Ⅶ—5 | 凤画 | 滁州市凤阳县 | 第一批省级 |
| 223 | Ⅶ—6 | 青阳农民画 | 池州市青阳县 | 第一批省级 |
| 224 | Ⅶ—7 | 望江挑花 | 安庆市望江县 | 第一批省级 |
| 225 | Ⅶ—8 | 徽派版画 | 黄山市歙县 | 第一批省级 |
| 226 | Ⅶ—9 | 徽州篆刻 | 黄山市黟县 | 第一批省级 |
| 227 | Ⅶ—10 | 徽州三雕 | 黄山市 | 第一批省级 |
| 228 | Ⅶ—10 | 徽州三雕 | 宣城市绩溪县 | 第四批省级扩展项目 |
| 229 | Ⅷ—4 | 竹编(王河舒席、徽州竹编) | 安庆市潜山县、黄山市屯溪区 | 第二批省级扩展项目 |

续表

| | | | | |
|---|---|---|---|---|
| 230 | Ⅷ—4 | 竹编(徽州竹编) | 黄山市黄山区 | 第三批省级扩展项目 |
| 231 | Ⅶ—12 | 吴山铁字 | 合肥市长丰县 | 第二批省级 |
| 232 | Ⅶ—13 | 葫芦烙画 | 合肥市瑶海区 | 第二批省级 |
| 233 | Ⅶ—13 | 葫芦烙画(临泉葫芦烙画) | 阜阳市临泉县 | 第五批省级扩展项目 |
| 234 | Ⅶ—14 | 民间扎彩 | 合肥市包河区、马鞍山市含山县 | 第二批省级 |
| 235 | Ⅶ—15 | 萧县石刻 | 宿州市萧县 | 第二批省级 |
| 236 | Ⅶ—16 | 杨氏微雕 | 蚌埠市 | 第二批省级 |
| 237 | Ⅶ—17 | 天官画 | 滁州市天长市 | 第二批省级 |
| 238 | Ⅶ—18 | 羽毛画 | 马鞍山市和县 | 第二批省级 |
| 239 | Ⅶ—19 | 皖南木雕 | 宣城市宣州区 | 第二批省级 |
| 240 | Ⅶ—20 | 徽州根雕 | 黄山市 | 第二批省级 |
| 241 | Ⅶ—21 | 徽州竹雕 | 黄山市徽州区 | 第二批省级 |
| 242 | Ⅶ—22 | 砀山年画 | 宿州市砀山县 | 第三批省级 |
| 243 | Ⅶ—23 | 灵璧磬石雕刻 | 宿州市灵璧县 | 第三批省级 |
| 244 | Ⅶ—24 | 黟县彩绘壁画 | 黄山市黟县 | 第三批省级 |
| 245 | Ⅶ—25 | 庐州木雕 | 合肥市肥西县、合肥市包河区 | 第四批省级 |
| 246 | Ⅶ—26 | 淮北泥塑 | 淮北市濉溪县 | 第四批省级 |
| 247 | Ⅶ—27 | 殷派面塑 | 淮北市相山区 | 第四批省级 |
| 248 | Ⅶ—28 | 花山剪纸 | 马鞍山市 | 第四批省级 |
| 249 | Ⅶ—29 | 旌德漆画 | 宣城市旌德县 | 第四批省级 |
| 250 | Ⅶ—30 | 徽州墙头画 | 宣城市绩溪县 | 第四批省级 |
| 251 | Ⅶ—31 | 皖南根雕 | 宣城市广德县 | 第四批省级 |
| 252 | Ⅶ—32 | 徽州沉香雕刻 | 安徽省沉香博物馆 | 第五批省级 |
| 253 | Ⅶ—33 | 浅绛彩瓷画 | 蚌埠市 | 第五批省级 |
| 254 | Ⅶ—34 | 溪口堆木画 | 宣城市宣州区 | 第五批省级 |
| 255 | Ⅶ—35 | 庐州核雕 | 合肥市瑶海区 | 第五批省级 |

续表

| 256 | Ⅶ—36 | 皖南竹刻 | 宣城市广德县 | 第五批省级 |
|---|---|---|---|---|
| 257 | Ⅶ—37 | 巢湖树雕画 | 巢湖市（现属合肥市） | 第五批省级 |
| 258 | Ⅶ—38 | 杨氏面塑 | 亳州市利辛县 | 第五批省级 |
| 259 | Ⅶ—39 | 商派面塑 | 淮北市濉溪县 | 第五批省级 |
| 260 | Ⅶ—40 | 翁墩剪纸 | 六安市金安区 | 第五批省级 |
| 261 | Ⅶ—41 | 墨模雕刻 | 宣城市绩溪县 | 第五批省级 |
| 262 | Ⅶ—42 | 石弓石雕 | 亳州市涡阳县 | 第五批省级 |
| 263 | Ⅶ—43 | 高峰唐氏竹篮编织技艺 | 宣城市广德县 | 第五批省级 |
| 264 | Ⅶ—44 | 玉顺行玉雕 | 合肥市 | 第五批省级 |
| 265 | Ⅶ—45 | 庐州蛋雕 | 合肥市蜀山区 | 第五批省级 |
| 266 | Ⅶ—46 | 淮南紫金印 | 淮南市谢家集区 | 第五批省级 |
| 267 | Ⅶ—47 | 大别山盆景 | 六安市裕安区 | 第五批省级 |
| 268 | Ⅶ—48 | 临淮泥塑 | 六安市霍邱县 | 第五批省级 |

八、传统技艺（计135项：第一批21项，第二批20项，第三批17项，第四批34项，第五批43项）

| 269 | Ⅷ—1 | 宿州乐石砚制作技艺 | 宿州市 | 第一批省级 |
|---|---|---|---|---|
| 270 | Ⅷ—2 | 紫金砚制作技艺 | 淮南市、淮南市寿县 | 第一批省级 |
| 271 | Ⅷ—3 | 豆腐传统制作技艺 | 淮南市寿县、淮南市 | 第一批省级 |
| 272 | Ⅷ—4 | 竹编（舒席制作技艺） | 六安市舒城县 | 第一批省级 |
| 273 | Ⅷ—5 | 太平府铜壶技艺 | 马鞍山市当涂县 | 第一批省级 |
| 274 | Ⅷ—6 | 传统加工纸制作技艺 | 巢湖市（现属合肥市） | 第一批省级 |
| 275 | Ⅷ—7 | 无为剔墨纱灯技艺 | 芜湖市无为县 | 第一批省级 |
| 276 | Ⅷ—8 | 宣笔制作技艺 | 宣城市宣州区、泾县 | 第一批省级 |
| 277 | Ⅷ—9 | 石台油坊榨制技艺 | 池州市石台县 | 第一批省级 |
| 278 | Ⅷ—10 | 桑皮纸制作技艺 | 安庆市潜山县、岳西县 | 第一批省级 |
| 279 | Ⅷ—11 | 徽州漆器髹饰技艺 | 黄山市屯溪区 | 第一批省级 |
| 280 | Ⅷ—11 | 髹漆技艺 | 宣城市绩溪县 | 第四批省级扩展项目 |
| 281 | Ⅷ—12 | 徽州建筑技艺 | 黄山市 | 第一批省级 |
| 282 | Ⅷ—13 | 徽派盆景技艺 | 黄山市歙县 | 第一批省级 |

续表

| | | | | |
|---|---|---|---|---|
| 283 | Ⅷ—14 | 祁门红茶制作技艺 | 黄山市祁门县 | 第一批省级 |
| 284 | Ⅷ—14 | 红茶制作技艺<br>（葛公红茶制作技艺） | 池州市东至县 | 第二批省级<br>扩展项目 |
| 285 | Ⅷ—14 | 红茶制作技艺（池州祁红） | 池州市 | 第五批省级<br>扩展项目 |
| 286 | Ⅷ—15 | 绿茶制作技艺（黄山毛峰、太平猴魁、屯溪绿茶、松萝茶、六安瓜片、霍山黄芽） | 黄山市徽州区、黄山市黄山区、黄山市屯溪区、黄山市休宁县、六安市裕安区、六安市霍山县 | 第一批省级 |
| 287 | Ⅷ—15 | 绿茶制作技艺（岳西翠兰、舒城小兰花、涌溪火青） | 安庆市岳西县、六安市舒城县、宣城市泾县 | 第三批省级<br>扩展项目 |
| 288 | Ⅷ—15 | 绿茶制作技艺（桐城小花、金山时雨、瑞草魁、宿松香芽、塔泉云雾） | 安庆市桐城市、安庆市宿松县、宣城市绩溪县、宣城市郎溪县、宣城市宣州区 | 第五批省级<br>扩展项目 |
| 289 | Ⅷ—16 | 芜湖铁画锻制技艺 | 芜湖市 | 第一批省级 |
| 290 | Ⅷ—17 | 界首彩陶烧制技艺 | 阜阳市界首市 | 第一批省级 |
| 291 | Ⅷ—18 | 宣纸制作技艺 | 宣城市泾县 | 第一批省级 |
| 292 | Ⅷ—19 | 徽墨制作技艺 | 宣城市绩溪县、黄山市歙县、黄山市屯溪区 | 第一批省级 |
| 293 | Ⅷ—19 | 徽墨制作技艺<br>（古法油烟墨制作技艺） | 宣城市旌德县 | 第三批省级<br>扩展项目 |
| 294 | Ⅷ—20 | 歙砚制作技艺 | 黄山市歙县 | 第一批省级 |
| 295 | Ⅷ—21 | 万安罗盘制作技艺 | 黄山市休宁县 | 第一批省级 |
| 296 | Ⅷ—22 | 临涣酱培包瓜制作工艺 | 淮北市 | 第二批省级 |
| 297 | Ⅷ—23 | 千年古井贡酒酿造工艺 | 亳州市 | 第二批省级 |
| 298 | Ⅷ—24 | 符离集烧鸡制作技艺 | 宿州市埇桥区 | 第二批省级 |
| 299 | Ⅷ—25 | 临泉毛笔制作技艺 | 阜阳市临泉县 | 第二批省级 |
| 300 | Ⅷ—26 | 柳编<br>（黄岗柳编、霍邱柳编） | 阜阳市阜南县、六安市霍邱县 | 第二批省级 |
| 301 | Ⅷ—27 | 滁菊制作技艺 | 滁州市 | 第二批省级 |
| 302 | Ⅷ—28 | 大救驾制作工艺 | 淮南市寿县 | 第二批省级 |

续表

| 303 | Ⅷ—29 | 迎驾酒传统酿造技艺 | 六安市霍山县 | 第二批省级 |
|---|---|---|---|---|
| 304 | Ⅷ—30 | 博望打铁工艺 | 马鞍山市当涂县 | 第二批省级 |
| 305 | Ⅷ—31 | 传统钾明矾制作技艺 | 合肥市庐江县 | 第二批省级 |
| 306 | Ⅷ—32 | 宣酒纪氏古法酿造技艺 | 宣城市 | 第二批省级 |
| 307 | Ⅷ—33 | 铜陵白姜制作技艺 | 铜陵市 | 第二批省级 |
| 308 | Ⅷ—34 | 铸胎掐丝珐琅制作技艺 | 安庆市桐城市 | 第二批省级 |
| 309 | Ⅷ—34 | 铸胎掐丝珐琅制作技艺 | 安庆市宜秀区 | 第四批省级扩展项目 |
| 310 | Ⅷ—35 | 痘姆陶器手工制作技艺 | 安庆市潜山县 | 第二批省级 |
| 311 | Ⅷ—36 | 顶谷大方制作技艺 | 黄山市歙县 | 第二批省级 |
| 312 | Ⅷ—37 | 观音豆腐制作技艺 | 黄山市歙县 | 第二批省级 |
| 313 | Ⅷ—38 | 五城米酒酿制技艺 | 黄山市休宁县 | 第二批省级 |
| 314 | Ⅷ—39 | 五城豆腐干制作技艺 | 黄山市休宁县 | 第二批省级 |
| 315 | Ⅷ—40 | 皖南火腿腌制技艺（兰花火腿腌制技艺、汤口火腿腌制技艺） | 黄山市休宁县、黄山市黄山区 | 第二批省级 |
| 316 | Ⅷ—41 | 秋石制作技艺 | 安庆市桐城市 | 第三批省级 |
| 317 | Ⅷ—42 | 大九华水磨玉骨绢扇制作技艺 | 池州市青阳县 | 第三批省级 |
| 318 | Ⅷ—43 | 阜阳刺绣（细阳刺绣、界首刺绣） | 阜阳市太和县、阜阳市界首市 | 第三批省级 |
| 319 | Ⅷ—44 | 口子窖酒酿造技艺 | 淮北市 | 第三批省级 |
| 320 | Ⅷ—45 | 寿州窑陶瓷制作技艺 | 淮南市八公山区、大通区 | 第三批省级 |
| 321 | Ⅷ—46 | 泗县药物布鞋制作技艺 | 宿州市泗县 | 第三批省级 |
| 322 | Ⅷ—47 | 中国传统失蜡法 | 铜陵市 | 第三批省级 |
| 323 | Ⅷ—48 | 古南丰徽派本坊小缸酿造技艺 | 宣城市郎溪县 | 第三批省级 |
| 324 | Ⅷ—49 | 大王冲佛香制作技艺 | 芜湖市南陵县 | 第三批省级 |
| 325 | Ⅷ—50 | 耿福兴传统小吃制作技艺 | 芜湖市镜湖区 | 第三批省级 |

续表

| 326 | Ⅷ—51 | 徽笔制作技艺 | 黄山市屯溪区 | 第三批省级 |
|---|---|---|---|---|
| 327 | Ⅷ—52 | 利源手工制麻技艺 | 黄山市黟县 | 第三批省级 |
| 328 | Ⅷ—53 | 余香石笛制作技艺 | 黄山市黟县 | 第三批省级 |
| 329 | Ⅷ—54 | 杜氏刻铜 | 阜阳市 | 第三批省级 |
| 330 | Ⅷ—55 | 石斛炮制技艺 | 六安市霍山县 | 第三批省级 |
| 331 | Ⅷ—56 | 庐州吴氏船模制作技艺 | 合肥市蜀山区 | 第四批省级 |
| 332 | Ⅷ—57 | 三河羽扇制作技艺 | 合肥市肥西县 | 第四批省级 |
| 333 | Ⅷ—58 | 高炉家传统酿造技艺 | 亳州市涡阳县 | 第四批省级 |
| 334 | Ⅷ—59 | 卢家笙制作技艺 | 亳州市蒙城县 | 第四批省级 |
| 335 | Ⅷ—60 | 砀山毛笔制作技艺 | 宿州市砀山县 | 第四批省级 |
| 336 | Ⅷ—61 | 埇桥唢呐制作技艺 | 宿州市埇桥区 | 第四批省级 |
| 337 | Ⅷ—62 | 醉三秋酒传统酿造技艺 | 阜阳市 | 第四批省级 |
| 338 | Ⅷ—63 | 文王贡酒酿造技艺 | 阜阳市临泉县 | 第四批省级 |
| 339 | Ⅷ—64 | 运酒传统酿造技艺 | 马鞍山市含山县 | 第四批省级 |
| 340 | Ⅷ—65 | 无为板鸭制作技艺 | 芜湖市无为县 | 第四批省级 |
| 341 | Ⅷ—66 | 宁国龙窑制陶技艺 | 宣城市宁国市 | 第四批省级 |
| 342 | Ⅷ—67 | 水东蜜枣制作技艺 | 宣城市宣州区 | 第四批省级 |
| 343 | Ⅷ—68 | 花砖制作技艺 | 宣城市泾县 | 第四批省级 |
| 344 | Ⅷ—69 | 宣纸制品加工技艺 | 宣城市泾县 | 第四批省级 |
| 345 | Ⅷ—70 | 后山剪刀制作技艺 | 宣城市泾县 | 第四批省级 |
| 346 | Ⅷ—71 | 廊桥木梳制作技艺 | 宣城市泾县 | 第四批省级 |
| 347 | Ⅷ—72 | 皖南木榨油技艺 | 宣城市宣州区 | 第四批省级 |
| 348 | Ⅷ—72 | 皖南木榨油技艺 | 黄山市歙县、黄山市休宁县、芜湖市芜湖县 | 第五批省级扩展项目 |
| 349 | Ⅷ—73 | 铜陵凤丹制作技艺 | 铜陵市铜陵县 | 第四批省级 |
| 350 | Ⅷ—74 | 石台雾里青绿茶制作技艺 | 池州市石台县 | 第四批省级 |
| 351 | Ⅷ—75 | 胡玉美蚕豆辣酱制作技艺 | 安庆市 | 第四批省级 |
| 352 | Ⅷ—76 | 徽州楹联匾额传统制作技艺 | 黄山市黟县 | 第四批省级 |
| 353 | Ⅷ—77 | 徽州顶市酥制作技艺 | 黄山市屯溪区 | 第四批省级 |

续表

| | | | | |
|---|---|---|---|---|
| 354 | Ⅷ—78 | 徽作家具制作技艺 | 黄山市徽州区 | 第四批省级 |
| 355 | Ⅷ—79 | 太平曹氏纸制作技艺 | 黄山市黄山区 | 第四批省级 |
| 356 | Ⅷ—80 | 黄山玉雕刻技艺 | 黄山市黄山区 | 第四批省级 |
| 357 | Ⅷ—81 | 徽州手工瓷制作技艺 | 黄山市祁门县 | 第四批省级 |
| 358 | Ⅷ—82 | 安茶制作技艺 | 黄山市祁门县 | 第四批省级 |
| 359 | Ⅷ—83 | 吴鲁衡日晷制作技艺 | 黄山市休宁县 | 第四批省级 |
| 360 | Ⅷ—84 | 徽州烧饼制作技艺 | 黄山市 | 第四批省级 |
| 361 | Ⅷ—85 | 黄山贡菊(徽州贡菊)制作技艺 | 黄山市歙县 | 第四批省级 |
| 362 | Ⅷ—86 | 明德折扇制作技艺 | 宣城市广德县 | 第四批省级 |
| 363 | Ⅷ—87 | 青铜器修复技艺 | 安徽博物院 | 第四批省级 |
| 364 | Ⅷ—88 | 珠兰花茶制作技艺 | 黄山市歙县 | 第五批省级 |
| 365 | Ⅷ—89 | 黟县石墨茶制作技艺 | 黄山市黟县 | 第五批省级 |
| 366 | Ⅷ—90 | 金不换酒酿造技艺 | 亳州市 | 第五批省级 |
| 367 | Ⅷ—91 | 金裕皖酒酿造技艺 | 阜阳市界首市 | 第五批省级 |
| 368 | Ⅷ—92 | 彩曲原酒酿造技艺 | 亳州市谯城区 | 第五批省级 |
| 369 | Ⅷ—93 | 红曲酒酿造技艺 | 宣城市宁国市 | 第五批省级 |
| 370 | Ⅷ—94 | 季氏古籍修复技艺 | 安徽图书博物馆 | 第五批省级 |
| 371 | Ⅷ—95 | 陈氏锡包壶制作技艺 | 亳州市蒙城县 | 第五批省级 |
| 372 | Ⅷ—96 | 青阳生漆夹纻技艺 | 池州市青阳县 | 第五批省级 |
| 373 | Ⅷ—97 | 九华布鞋制作技艺 | 池州市青阳县 | 第五批省级 |
| 374 | Ⅷ—98 | 庐州土陶烧制技艺 | 合肥市蜀山区 | 第五批省级 |
| 375 | Ⅷ—99 | 徽州漆砂砚制作技艺 | 黄山市屯溪区 | 第五批省级 |
| 376 | Ⅷ—100 | 徽州古建砖瓦制作技艺 | 黄山市徽州区 | 第五批省级 |
| 377 | Ⅷ—101 | 叶集木榨油技艺 | 六安市叶集试验区 | 第五批省级 |
| 378 | Ⅷ—102 | 一品斋毛笔制作工艺 | 六安市金安区 | 第五批省级 |
| 379 | Ⅷ—103 | 砀山兰花印染技艺 | 宿州市砀山县 | 第五批省级 |
| 380 | Ⅷ—104 | 宣砚制作技艺 | 宣城市旌德县 | 第五批省级 |
| 381 | Ⅷ—105 | 益寿堂古法印泥制作技艺 | 宣城市绩溪县 | 第五批省级 |

续表

| 382 | Ⅷ—106 | 泾县油布伞制作技艺 | 宣城市泾县 | 第五批省级 |
| --- | --- | --- | --- | --- |
| 383 | Ⅷ—107 | 丫山藕糖传统制作技艺 | 芜湖市南陵县 | 第五批省级 |
| 384 | Ⅷ—108 | 琴鱼干制作技艺 | 宣城市泾县 | 第五批省级 |
| 385 | Ⅷ—109 | 涡阳苔干制作技艺 | 亳州市涡阳县 | 第五批省级 |
| 386 | Ⅷ—110 | 颍州枕头馍制作技艺 | 阜阳市颍州区 | 第五批省级 |
| 387 | Ⅷ—111 | 淮南牛肉汤制作技艺 | 淮南市 | 第五批省级 |
| 388 | Ⅷ—112 | 姚翠荣闷酱制作技艺 | 宣城市郎溪县 | 第五批省级 |
| 389 | Ⅷ—113 | 大红袍油纸伞制作技艺 | 六安市金安区 | 第五批省级 |
| 390 | Ⅷ—114 | 横望山米酒酿造技艺 | 马鞍山市博望区 | 第五批省级 |
| 391 | Ⅷ—115 | 正兴隆酱菜制作技艺 | 宣城市泾县 | 第五批省级 |
| 392 | Ⅷ—116 | 宣纸帘制作技艺 | 宣城市泾县 | 第五批省级 |
| 393 | Ⅷ—117 | 采石矶茶干制作技艺 | 马鞍山市雨山区 | 第五批省级 |
| 394 | Ⅷ—118 | 含山封扁鱼制作技艺 | 马鞍山市含山县 | 第五批省级 |
| 395 | Ⅷ—119 | 乌江霸王酥制作技艺 | 马鞍山市和县 | 第五批省级 |
| 396 | Ⅷ—120 | 阚疃大块板鸡制作技艺 | 亳州市利辛县 | 第五批省级 |
| 397 | Ⅷ—121 | 嵌字豆糖制作技艺 | 黄山市祁门县 | 第五批省级 |
| 398 | Ⅷ—122 | 甘露饼制作技艺 | 滁州市天长市 | 第五批省级 |
| 399 | Ⅷ—123 | 薛家油酥烧饼制作技艺 | 亳州市蒙城县 | 第五批省级 |
| 400 | Ⅷ—124 | 王魁知麻花制作技艺 | 亳州市谯城区 | 第五批省级 |
| 401 | Ⅷ—125 | 一闻香糕点制作技艺 | 亳州市 | 第五批省级 |
| 402 | Ⅷ—126 | 绩溪挞粿制作技艺 | 宣城市绩溪县 | 第五批省级 |
| 403 | Ⅷ—127 | 四季春传统小吃制作技艺 | 芜湖市镜湖区 | 第五批省级 |
| 九、传统医药(计17项:第一批1项,第二批2项,第三批0项,第四批4项、第五批10项) | | | | |
| 404 | Ⅸ—1 | 新安医学 | 黄山市 | 第一批省级 |
| 405 | Ⅸ—2 | 张一帖内科疗法 | 黄山市 | 第二批省级 |
| 406 | Ⅸ—3 | 西园喉科 | 黄山市歙县 | 第二批省级 |
| 407 | Ⅸ—4 | 砀山王集王氏接骨膏药 | 宿州市砀山县 | 第四批省级 |
| 408 | Ⅸ—5 | 戴氏正骨法 | 马鞍山市含山县 | 第四批省级 |
| 409 | Ⅸ—6 | 野鸡坞外科 | 黄山市 | 第四批省级 |

续表

| 410 | Ⅸ—7 | 祁门胡氏骨伤科 | 黄山市祁门县 | 第四批省级 |
| --- | --- | --- | --- | --- |
| 411 | Ⅸ—8 | 新安王氏医学 | 安徽中医药大学 | 第五批省级 |
| 412 | Ⅸ—9 | 祁门蛇伤治疗 | 黄山市祁门县 | 第五批省级 |
| 413 | Ⅸ—10 | 吴山铺伤科 | 黄山市歙县 | 第五批省级 |
| 414 | Ⅸ—11 | 余良卿鲫鱼膏药制作技艺 | 安庆市 | 第五批省级 |
| 415 | Ⅸ—12 | 张恒春中医药文化 | 芜湖市镜湖区 | 第五批省级 |
| 416 | Ⅸ—13 | 华佗夹脊穴灸法 | 亳州市 | 第五批省级 |
| 417 | Ⅸ—14 | 周氏梅花针灸 | 合肥市庐阳区 | 第五批省级 |
| 418 | Ⅸ—15 | 沛隆堂程氏内科 | 黄山市休宁县 | 第五批省级 |
| 419 | Ⅸ—16 | 怀宁中医骨伤 | 安庆市怀宁县、迎江区 | 第五批省级 |
| 420 | Ⅸ—17 | 潯衡钝斋医学 | 六安市霍山县 | 第五批省级 |
| 十、民俗(计58项：第一批11项，第二批14项，第三批13项，第四批5项，第五批15项) | | | | |
| 421 | Ⅹ—1 | 洋蛇灯 | 合肥市肥东县 | 第一批省级 |
| 422 | Ⅹ—2 | 涂山禹王庙会 | 蚌埠市怀远县 | 第一批省级 |
| 423 | Ⅹ—3 | 界首苗湖书会 | 阜阳市界首市 | 第一批省级 |
| 424 | Ⅹ—4 | 走太平 | 滁州市全椒县 | 第一批省级 |
| 425 | Ⅹ—5 | 霸王祠三月三庙会 | 马鞍山市和县 | 第一批省级 |
| 426 | Ⅹ—6 | 九华山庙会 | 池州市九华山风景区 | 第一批省级 |
| 427 | Ⅹ—7 | 跳五猖 | 宣城市郎溪县 | 第一批省级 |
| 428 | Ⅹ—8 | 徽菜 | 宣城市绩溪县、黄山市 | 第一批省级 |
| 429 | Ⅹ—9 | 程大位珠算法 | 黄山市 | 第一批省级 |
| 430 | Ⅹ—10 | 徽州祠祭 | 黄山市祁门县、黟县 | 第一批省级 |
| 431 | Ⅹ—11 | 轩辕车会 | 黄山市黄山区 | 第一批省级 |
| 432 | Ⅹ—12 | 九曲黄河阵 | 亳州市利辛县 | 第二批省级 |
| 433 | Ⅹ—13 | 大班会 | 亳州市谯城区 | 第二批省级 |
| 434 | Ⅹ—14 | 清明庙会 | 蚌埠市五河县 | 第二批省级 |
| 435 | Ⅹ—15 | 大黄庙会 | 阜阳市界首市 | 第二批省级 |
| 436 | Ⅹ—16 | 天长孝文化 | 滁州市天长市 | 第二批省级 |
| 437 | Ⅹ—17 | 琅琊山初九庙会 | 滁州市琅琊区 | 第二批省级 |

续表

| 438 | Ⅹ—18 | 四顶山庙会 | 六安市寿县 | 第二批省级 |
| --- | --- | --- | --- | --- |
| 439 | Ⅹ—19 | 繁昌县中分村徐姓祭祖习俗 | 芜湖市繁昌县 | 第二批省级 |
| 440 | Ⅹ—20 | 安苗节 | 宣城市绩溪县 | 第二批省级 |
| 441 | Ⅹ—21 | 赛琼碗 | 宣城市绩溪县 | 第二批省级 |
| 442 | Ⅹ—22 | 花车转阁 | 宣城市绩溪县 | 第二批省级 |
| 443 | Ⅹ—23 | 福主庙会 | 池州市东至县 | 第二批省级 |
| 444 | Ⅹ—24 | 上九庙会 | 黄山市徽州区 | 第二批省级 |
| 445 | Ⅹ—25 | 婆溪河灯 | 黄山市黄山区 | 第二批省级 |
| 446 | Ⅹ—26 | 王圩灯会 | 安庆市桐城市 | 第三批省级 |
| 447 | Ⅹ—27 | 畲族婚嫁习俗 | 宣城市宁国市 | 第三批省级 |
| 448 | Ⅹ—28 | 祭社 | 宣城市绩溪县 | 第三批省级 |
| 449 | Ⅹ—29 | 小马灯 | 宣城市郎溪县 | 第三批省级 |
| 450 | Ⅹ—30 | 八社神灯 | 芜湖市芜湖县 | 第三批省级 |
| 451 | Ⅹ—31 | 九连麒麟灯会 | 芜湖市繁昌县 | 第三批省级 |
| 452 | Ⅹ—32 | 广济寺庙会 | 芜湖市镜湖区 | 第三批省级 |
| 453 | Ⅹ—33 | 群龙朝神山 | 芜湖市繁昌县 | 第三批省级 |
| 454 | Ⅹ—34 | 齐云山道场表演 | 黄山市休宁县 | 第三批省级 |
| 455 | Ⅹ—35 | 五福神会 | 黄山市黄山区 | 第三批省级 |
| 456 | Ⅹ—36 | 邀大岭 | 六安市金安区 | 第三批省级 |
| 457 | Ⅹ—37 | 送春 | 芜湖市南陵县 | 第三批省级 |
| 458 | Ⅹ—38 | 紫蓬山庙会 | 合肥市肥西县 | 第三批省级 |
| 459 | Ⅹ—39 | 吴山庙会 | 合肥市长丰县 | 第四批省级 |
| 460 | Ⅹ—40 | 张家祠祭祀活动 | 阜阳市临泉县 | 第四批省级 |
| 461 | Ⅹ—41 | 降福会 | 宣城市 | 第四批省级 |
| 462 | Ⅹ—42 | 郭村周王会 | 黄山市黄山区 | 第四批省级 |
| 463 | Ⅹ—43 | 许岭灯会 | 安庆市宿松县 | 第四批省级 |
| 464 | Ⅹ—44 | 庄子祭祀大典 | 亳州市蒙城县 | 第五批省级 |
| 465 | Ⅹ—45 | 花园胡氏龙灯 | 安庆市 | 第五批省级 |
| 466 | Ⅹ—46 | 茅坦杜祭茅镰 | 池州市贵池区 | 第五批省级 |

续表

| 467 | Ⅹ—47 | 南谯二郎庙会 | 滁州市南谯区 | 第五批省级 |
| --- | --- | --- | --- | --- |
| 468 | Ⅹ—48 | 临涣茶饮习俗 | 淮北市濉溪县 | 第五批省级 |
| 469 | Ⅹ—49 | 鹊江龙舟赛 | 铜陵市郊区 | 第五批省级 |
| 470 | Ⅹ—50 | 许村大刀灯 | 黄山市歙县 | 第五批省级 |
| 471 | Ⅹ—51 | 九十殿庙会 | 芜湖市芜湖县 | 第五批省级 |
| 472 | Ⅹ—52 | 陆家湾老龙灯会 | 铜陵市枞阳县 | 第五批省级 |
| 473 | Ⅹ—53 | 灵璧古庙会 | 宿州市灵璧县 | 第五批省级 |
| 474 | Ⅹ—54 | 岳西灯会 | 安庆市岳西县 | 第五批省级 |
| 475 | Ⅹ—55 | 打棍求雨 | 宣城市旌德县 | 第五批省级 |
| 476 | Ⅹ—56 | 马氏社火 | 亳州市利辛县 | 第五批省级 |
| 477 | Ⅹ—57 | 游太阳 | 黄山市祁门县 | 第五批省级 |
| 478 | Ⅹ—58 | 萧县伏羊宴习俗 | 宿州市萧县 | 第五批省级 |

## 安徽省省级非遗项目代表性传承人一览表

（共 5 批计 576 人，按省文化厅公布顺序排列）

| 序号 | 姓名 | 性别 | 出生年月 | 申报地区或单位 | 项目名称 | 备注 |
|---|---|---|---|---|---|---|
| 一、民间文学 ||||||||
| （共 13 人，其中第一批 0 人，第二批 2 人，第三批 6 人，第四批 4 人，第五批 1 人） ||||||||
| 1 | 汪永言 | 男 | 1938.1 | 宿州市萧县 | 鞭打芦花 | 第二批 |
| 2 | 吴云芳 | 女 | 1951.12 | 安庆市桐城市 | 桐城歌 | 第二批 |
| 3 | 胡智 | 男 | 1938.9 | 亳州市涡阳县 | 老子传说故事 | 第三批 |
| 4 | 任锋 | 男 | 1935.2 | 亳州市涡阳县 | 捻军歌谣 | 第三批 |
| 5 | 王宝亮 | 男 | 1927.1 | 宿州市灵璧县 | 垓下民间传说 | 第三批 |
| 6 | 冯传礼 | 男 | 1941.12 | 阜阳市颍上县 | 管仲的传说 | 第三批 |
| 7 | 程联芳 | 女 | 1924.2 | 宣城市绩溪县 | 徽州民谣（绩溪民歌民谣） | 第三批 |
| 8 | 李智海 | 男 | 1938.2 | 安庆市怀宁县 | 孔雀东南飞 | 第三批 |
| 9 | 葛士静 | 男 | 1940.2 | 蚌埠市怀远县 | 涂山大禹传说 | 第四批 |
| 10 | 时泽雨 | 男 | 1939.3 | 马鞍山市含山县 | 伍子胥过韶关传说 | 第四批 |
| 11 | 李曙海 | 男 | 1952.12 | 安庆市宿松县 | 小孤山传说 | 第四批 |
| 12 | 胡时滨 | 男 | 1957.6 | 黄山市黟县 | 徽州楹联匾额 | 第四批 |
| 13 | 查月华 | 女 | 1950.12 | 安庆市桐城市 | 桐城歌 | 第五批 |
| 二、传统音乐 ||||||||
| （共 50 人，其中第一批 0 人，第二批 17 人，第三批 14 人，第四批 8 人，第五批 11 人） ||||||||
| 14 | 王芹 | 女 | 1974.8 | 蚌埠市五河县 | 五河民歌 | 第二批 |
| 15 | 薛胜友 | 男 | 1959.11 | 蚌埠市五河县 | 五河民歌 | 第二批 |
| 16 | 程泽林 | 男 | 1964.5 | 六安市 | 大别山民歌 | 第二批 |
| 17 | 余述凡 | 男 | 1960.7 | 六安市 | 大别山民歌 | 第二批 |
| 18 | 曹玉海 | 男 | 1939.5 | 淮南市寿县 | 寿州锣鼓 | 第二批 |
| 19 | 李善宗 | 男 | 1946.12 | 六安市金寨县 | 金寨古碑丝弦锣鼓 | 第二批 |
| 20 | 陶小妹 | 女 | 1971.8 | 马鞍山市 | 当涂民歌 | 第二批 |
| 21 | 夏贵常 | 男 | 1940.6 | 马鞍山市 | 当涂民歌 | 第二批 |
| 22 | 张善葆 | 男 | 1944.2 | 马鞍山市 | 当涂民歌 | 第二批 |
| 23 | 王爱玉 | 女 | 1944.4 | 马鞍山市 | 当涂民歌 | 第三批 |
| 24 | 陈月兰 | 女 | 1968.12 | 马鞍山市 | 当涂民歌 | 第三批 |

续表

| | | | | | | |
|---|---|---|---|---|---|---|
| 25 | 彭声扬 | 男 | 1948.7 | 巢湖市（现属合肥市） | 巢湖民歌 | 第二批 |
| 26 | 李家莲 | 女 | 1954.12 | | | 第三批 |
| 27 | 王小梅 | 女 | 1952.8 | 铜陵市铜陵县 | 铜陵牛歌 | 第二批 |
| 28 | 姜梦玉 | 女 | 1955.6 | 池州市贵池区 | 贵池民歌 | 第二批 |
| 29 | 姜秀珍 | 女 | 1935.10 | | | 第二批 |
| 30 | 刘正荣 | 女 | 1952.4 | | | 第三批 |
| 31 | 王兰香 | 女 | 1952.2 | 安庆市潜山县 | 潜山弹腔 | 第二批 |
| 32 | 许开学 | 男 | 1946.9 | | | 第二批 |
| 33 | 宋晓琴 | 女 | 1962.7 | | | 第三批 |
| 34 | 操明花 | 女 | 1962.12 | 黄山市 | 徽州民歌 | 第二批 |
| 35 | 凌志远 | 男 | 1947.3 | | | 第二批 |
| 36 | 蒋法杰 | 男 | 1948.10 | 宿州市砀山县 | 砀山唢呐 | 第三批 |
| 37 | 周本祥 | 男 | 1950.12 | 宿州市灵璧县 | 灵璧菠林喇叭 | 第三批 |
| 38 | 朱占用 | 男 | 1952.1 | 阜阳市颍上县 | 淮河锣鼓 | 第三批 |
| 39 | 罗西林 | 男 | 1954.7 | 淮南市寿县 | 寿州锣鼓 | 第三批 |
| 40 | 任定华 | 男 | 1946.7 | 六安市金寨县 | 思帝乡锣鼓 | 第三批 |
| 41 | 汪邦云 | 女 | 1945.8 | 芜湖市繁昌县 | 繁昌民歌 | 第三批 |
| 42 | 蓝开友 | 男 | 1941.12 | 宣城市宁国市 | 云梯畲族民歌 | 第三批 |
| 43 | 卢文海 | 男 | 1926.7 | 池州市石台县 | 石台唱曲 | 第三批 |
| 44 | 王有刚 | 男 | 1937.11 | | | 第三批 |
| 45 | 谢治康 | 男 | 1934.12 | 淮南市凤台县 | 谢郢锣鼓 | 第四批 |
| 46 | 程文林 | 男 | 1954.8 | 滁州市明光市 | 丰收锣鼓 | 第四批 |
| 47 | 欧家玲 | 女 | 1938.8 | 滁州市凤阳县 | 凤阳民歌 | 第四批 |
| 48 | 李教泰 | 男 | 1964.5 | 滁州市定远县 | 凉亭锣鼓 | 第四批 |
| 49 | 胡晓兰 | 女 | 1961.3 | 芜湖市无为县 | 无为民歌 | 第四批 |
| 50 | 吕桂宝 | 男 | 1952 | 宣城市 | 大小锣鼓 | 第四批 |
| 51 | 王景义 | 男 | 1953.8 | 安庆市宿松县 | 断丝弦锣鼓 | 第四批 |
| 52 | 詹和平 | 男 | 1974.10 | 黄山市休宁县 | 齐云山道场音乐 | 第四批 |
| 53 | 周维红 | 女 | 1967.12 | 蚌埠市五河县 | 五河民歌 | 第五批 |
| 54 | 丁骏龙 | 男 | 1965.1 | 淮南市寿县 | 寿州锣鼓 | 第五批 |
| 55 | 张 杰 | 男 | 1968.3 | 宿州市砀山县 | 砀山唢呐 | 第五批 |

续表

| | | | | | | |
|---|---|---|---|---|---|---|
| 56 | 王凤琴 | 女 | 1962.11 | 六安市金寨县 | 大别山民歌 | 第五批 |
| 57 | 汪家启 | 男 | 1948.9 | 六安市金寨县 | 大别山民歌 | 第五批 |
| 58 | 周亮 | 男 | 1941.6 | 宿州市灵璧县 | 灵璧菠林喇叭 | 第五批 |
| 59 | 茆帮霞 | 女 | 1954.12 | 滁州市全椒县 | 全椒民歌 | 第五批 |
| 60 | 汪心宏 | 女 | 1981.3 | 六安市金安区 | 六安灯歌 | 第五批 |
| 61 | 司国庆 | 男 | 1983.8 | 安庆市宿松县 | 宿松民歌 | 第五批 |
| 62 | 李齐国 | 男 | 1957.7 | 六安市金寨县 | 金寨古碑丝弦锣鼓 | 第五批 |
| 63 | 汪清和 | 男 | 1951.4 | 黄山市黟县 | 美溪唢呐 | 第五批 |

三、传统舞蹈

**(共67人,其中第一批9人,第二批8人,第三批23人,第四批18人,第五批9人)**

| | | | | | | |
|---|---|---|---|---|---|---|
| 64 | 杨在先 | 男 | 1921 | | | 第一批 |
| 65 | 常中山 | 男 | 1926 | | | 第一批 |
| 66 | 陈永兰 | 男 | 1929 | 蚌埠市 | | 第一批 |
| 67 | 常丽华 | 女 | 1939 | | | 第一批 |
| 68 | 冯国谋 | 男 | 1950.10 | | | 第一批 |
| 69 | 冯太新 | 男 | 1944.8 | | | 第三批 |
| 70 | 冯开皖 | 男 | 1965.11 | 蚌埠市禹会区 | | 第三批 |
| 71 | 冯国好 | 男 | 1946.12 | | | 第三批 |
| 72 | 梅其柱 | 男 | 1940.3 | | 花鼓灯 | 第三批 |
| 73 | 梅连社 | 男 | 1968.3 | | | 第三批 |
| 74 | 石春彩 | 男 | 1949.12 | 蚌埠市怀远县 | | 第三批 |
| 75 | 石春全 | 男 | 1947.5 | | | 第三批 |
| 76 | 常谦德 | 男 | 1937.2 | | | 第三批 |
| 77 | 陈敬芝 | 男 | 1919.8 | | | 第一批 |
| 78 | 王考千 | 男 | 1925.9 | | | 第一批 |
| 79 | 邓虹 | 女 | 1944.10 | | | 第一批 |
| 80 | 张士根 | 男 | 1943.10 | 淮南市凤台县 | | 第一批 |
| 81 | 王华丽 | 女 | 1971.11 | | | 第三批 |
| 82 | 岳颖 | 男 | 1981.8 | | | 第四批 |
| 83 | 梁侠 | 女 | 1957.1 | | | 第四批 |
| 84 | 李成云 | 女 | 1946.11 | 淮南市潘集区 | | 第四批 |
| 85 | 陈玉华 | 女 | 1947.7 | 阜阳市颍上县 | | 第三批 |

续表

| | | | | | | |
|---|---|---|---|---|---|---|
| 86 | 孙永超 | 男 | 1923.10 | | | 第二批 |
| 87 | 詹圣乐 | 男 | 1921.2 | 淮南市凤台县 | 火老虎 | 第三批 |
| 88 | 孙元多 | 男 | 1971.1 | | | 第三批 |
| 89 | 孙志剑 | 男 | 1983.3 | | | 第三批 |
| 90 | 李夕茹 | 女 | 1940.11 | 蚌埠市龙子湖区 | 卫调花鼓 | 第二批 |
| 91 | 顾祖元 | 男 | 1962.3 | 蚌埠市五河县 | 临北狮子舞 | 第二批 |
| 92 | 黄杰海 | 男 | 1963.2 | | | 第二批 |
| 93 | 李雨后 | 男 | 1954.2 | 池州市东至县 | 东至花灯舞 | 第二批 |
| 94 | 章银根 | 男 | 1967.7 | | | 第二批 |
| 95 | 汪顺庆 | 男 | 1939.12 | 黄山市祁门县 | 祁门傩舞 | 第二批 |
| 96 | 汪宣智 | 男 | 1932.8 | | | 第二批 |
| 97 | 何顺礼 | 男 | 1953.9 | 阜阳市临泉县 | 铜城火叉火鞭 | 第三批 |
| 98 | 连佩玖 | 男 | 1946.4 | 淮南市潘集区 | 采莲灯 | 第三批 |
| 99 | 柴 征 | 男 | 1956.3 | 马鞍山市 | 采石跳和合 | 第三批 |
| 100 | 邵千峰 | 男 | 1947.4 | | 舞狗 | 第三批 |
| 101 | 汪满根 | 男 | 1936.12 | 宣城市绩溪县 | 火马舞 | 第三批 |
| 102 | 胡正辉 | 男 | 1930.2 | | 火狮舞 | 第三批 |
| 103 | 韩可枝 | 女 | 1941.8 | 安庆市潜山县 | 十二月花神 | 第三批 |
| 104 | 何美华 | 女 | 1944.5 | 安庆市太湖县 | 花梆舞 | 第三批 |
| 105 | 许秀红 | 女 | 1953.5 | 安庆市望江县 | 莲湘舞 | 第三批 |
| 106 | 鲁敬之 | 男 | 1953.5 | | | 第三批 |
| 107 | 陈德荣 | 男 | 1944.2 | 合肥市蜀山区 | 抛头狮 | 第四批 |
| 108 | 刘振平 | 男 | 1956.7 | 亳州市涡阳县 | 棒鼓舞 | 第四批 |
| 109 | 欧明荣 | 男 | 1957.1 | 蚌埠市五河县 | 钱杆舞 | 第四批 |
| 110 | 陈广洲 | 男 | 1942.1 | | 旱船舞 | 第四批 |
| 111 | 王献兵 | 男 | 1944.2 | 淮南市毛集实验区 | 马戏灯 | 第四批 |
| 112 | 谭 建 | 男 | 1945 | 滁州市明光市 | 流星赶月 | 第四批 |
| 113 | 章思林 | 男 | 1948.8 | 滁州市来安县 | 秧歌灯 | 第四批 |
| 114 | 傅国先 | 男 | 1954.2 | | 手狮灯 | 第四批 |

续表

| | | | | | | |
|---|---|---|---|---|---|---|
| 115 | 张传英 | 女 | 1935 | 滁州市凤阳县 | 卫调花鼓（凤阳花鼓戏） | 第四批 |
| 116 | 王再善 | 男 | 1952.5 | 滁州市定远县 | 二龙戏蛛 | 第四批 |
| 117 | 任俊堂 | 男 | 1943.7 | 芜湖市无为县 | 无为鱼灯 | 第四批 |
| 118 | 吕美娟 | 女 | 1963.7 | 黄山市屯溪区 | 黎阳仗鼓 | 第四批 |
| 119 | 袁 立 | 男 | 1953.12 | 黄山市徽州区 | 跳钟馗 | 第四批 |
| 120 | 张光武 | 男 | 1970.10 | 黄山市休宁县 | 徽州板凳龙 | 第四批 |
| 121 | 倪赛华 | 女 | 1962.5 | 黄山市祁门县 | 采茶扑蝶舞 | 第四批 |
| 122 | 王德权 | 男 | 1960.4 | 池州市东至县 | 东至花灯舞（五猖太平灯） | 第五批 |
| 123 | 娄 楼 | 女 | 1945.11 | 蚌埠市蚌山区 | 花鼓灯 | 第五批 |
| 124 | 高小平 | 女 | 1945.8 | | | 第五批 |
| 125 | 金 明 | 男 | 1954.4 | | | 第五批 |
| 126 | 王若琴 | 女 | 1954 | | | 第五批 |
| 127 | 杨佃环 | 男 | 1947.3 | 阜阳市颍上县 | | 第五批 |
| 128 | 李 琴 | 女 | 1980.2 | 淮南市凤台县 | | 第五批 |
| 129 | 曹武根 | 男 | 1940.11 | 宣城市绩溪县 | 手龙舞 | 第五批 |
| 130 | 刘铭德 | 男 | 1943.1 | 黄山市歙县 | 跳钟馗 | 第五批 |

四、传统戏剧

（共93人，其中第一批0人，第二批31人，第三批27人，第四批6人，第五批29人）

| | | | | | | |
|---|---|---|---|---|---|---|
| 131 | 蒋建国 | 男 | 1962.10 | 安徽省黄梅戏剧院 | 黄梅戏 | 第二批 |
| 132 | 李 文 | 女 | 1967.9 | | | 第二批 |
| 133 | 马 兰 | 女 | 1962.4 | | | 第二批 |
| 134 | 吴亚玲 | 女 | 1961.10 | | | 第二批 |
| 135 | 周源源 | 女 | 1972.12 | | | 第三批 |
| 136 | 吕金玲 | 女 | 1951.5 | 宿州市埇桥区 | 淮北花鼓戏 | 第二批 |
| 137 | 牛正印 | 男 | 1924.1 | | | 第二批 |
| 138 | 周钦全 | 男 | 1925.9 | 淮北市 | | 第二批 |
| 139 | 付红伟 | 女 | 1967.2 | 亳州市谯城区 | 亳州二夹弦 | 第二批 |
| 140 | 孙大鹏 | 男 | 1942.8 | | | 第二批 |

续表

| | | | | | | |
|---|---|---|---|---|---|---|
| 141 | 丁玉兰 | 女 | 1929.9 | 合肥市 | 庐剧 | 第二批 |
| 142 | 孙邦栋 | 男 | 1929.8 | | | 第二批 |
| 143 | 王 林 | 男 | 1955.5 | 六安市 | | 第三批 |
| 144 | 武道芳 | 女 | 1942.6 | 马鞍山市和县 | | 第三批 |
| 145 | 李连民 | 男 | 1968.12 | 宿州市 | 坠子戏 | 第二批 |
| 146 | 张 莉 | 女 | 1969.11 | | | 第二批 |
| 147 | 朱月梅 | 女 | 1939.4 | | | 第二批 |
| 148 | 邢亚东 | 男 | 1958.4 | | | 第三批 |
| 149 | 李玉英 | 女 | 1946.1 | 阜阳市阜南县 | 嗨子戏 | 第二批 |
| 150 | 孙利霞 | 女 | 1944.4 | | | 第二批 |
| 151 | 谢学芳 | 女 | 1943.4 | | | 第二批 |
| 152 | 王德惠 | 男 | 1941.1 | 淮南市凤台县 | 推剧 | 第二批 |
| 153 | 岳文兰 | 女 | 1957.10 | | | 第二批 |
| 154 | 张 莉 | 女 | 1947.2 | | | 第三批 |
| 155 | 杨 敏 | 女 | 1936.11 | | | 第二批 |
| 156 | 曹树芝 | 男 | 1934.1 | 阜阳市颍上县 | | 第二批 |
| 157 | 马正德 | 男 | 1934.10 | 马鞍山市含山县 | 含弓戏 | 第二批 |
| 158 | 迟秀云 | 女 | 1937.9 | 宣城市 | 皖南花鼓戏 | 第二批 |
| 159 | 杨玉屏 | 女 | 1955.4 | | | 第二批 |
| 160 | 乔润满 | 男 | 1928.2 | | | 第二批 |
| 161 | 徐建华 | 男 | 1952.3 | | | 第二批 |
| 162 | 高荣生 | 男 | 1950.1 | 安庆市宿松县 | 文南词<br>（宿松文南词） | 第二批 |
| 163 | 余杞敏 | 女 | 1962.12 | | | 第二批 |
| 164 | 汪培善 | 男 | 1947.12 | 池州市东至县 | 文南词<br>（东至文南词） | 第二批 |
| 165 | 谷化民 | 男 | 1945.7 | 安徽省徽京剧院 | 徽剧 | 第二批 |
| 166 | 王丹红 | 女 | 1972.10 | | | 第三批 |
| 167 | 江贤琴 | 女 | 1966.8 | 黄山市 | | 第二批 |
| 168 | 汪亦平 | 女 | 1967.4 | | | 第二批 |
| 169 | 邵名钦 | 男 | 1948.6 | 宣城市绩溪县 | | 第三批 |
| 170 | 汪家宏 | 男 | 1945.10 | | | 第三批 |

续表

| | | | | | | |
|---|---|---|---|---|---|---|
| 171 | 陶万侠 | 女 | 1964.7 | 宿州市 | | 第三批 |
| 172 | 李书君 | 男 | 1966.12 | | | 第三批 |
| 173 | 苏 静 | 女 | 1975.2 | 蚌埠市 | 泗州戏 | 第三批 |
| 174 | 李芳芳 | 女 | 1975.7 | | | 第三批 |
| 175 | 周 斌 | 男 | 1962.8 | | | 第三批 |
| 176 | 陆为为 | 男 | 1975.5 | | | 第三批 |
| 177 | 张福兰 | 女 | 1938.1 | 宿州市 | 淮北梆子戏 | 第三批 |
| 178 | 张晓东 | 女 | 1959.11 | | | 第三批 |
| 179 | 李金桥 | 男 | 1959 | | | 第三批 |
| 180 | 蒋祥林 | 男 | 1962.4 | 阜阳市 | | 第三批 |
| 181 | 王永兰 | 女 | 1963.11 | | | 第三批 |
| 182 | 唐兆福 | 男 | 1932 | 宿州市灵璧县 | 灵璧皮影戏 | 第三批 |
| 183 | 尹成科 | 男 | 1966 | | | 第三批 |
| 184 | 何泽华 | 男 | 1968.1 | 宣城市宣州区 | 皖南皮影戏 | 第三批 |
| 185 | 唐德峰 | 男 | 1949.3 | 池州市石台县 | 石台目连戏 | 第三批 |
| 186 | 唐时才 | 男 | 1956.6 | | | 第三批 |
| 187 | 田书民 | 男 | 1961.6 | 安庆市太湖县 | 曲子戏 | 第三批 |
| 188 | 王秋来 | 男 | 1939.7 | 黄山市祁门县 | 徽州目连戏 | 第三批 |
| 189 | 谷秀芳 | 女 | 1962.6 | 亳州市利辛县 | 清音戏 | 第四批 |
| 190 | 葛仁先 | 男 | 1948.4 | 亳州市利辛县 | 拉魂腔 | 第四批 |
| 191 | 余家坤 | 男 | 1948.4 | 蚌埠市禹会区 | 余家皮影戏 | 第四批 |
| 192 | 吴德才 | 男 | 1973.12 | 滁州市来安县 | 洪山戏 | 第四批 |
| 193 | 顾红霞 | 女 | 1972.11 | | | 第四批 |
| 194 | 程泽君 | 女 | 1977.1 | 安庆市潜山县 | 木偶戏 | 第四批 |
| 195 | 唐茂华 | 男 | 1946.3 | 池州市 | 池州傩戏 | 第五批 |
| 196 | 曹其根 | 男 | 1963.8 | | | 第五批 |
| 197 | 代万青 | 男 | 1943.7 | 阜阳市阜南县 | 嗨子戏 | 第五批 |
| 198 | 马步峰 | 女 | 1968.4 | 阜阳市 | | 第五批 |
| 199 | 朱 琴 | 女 | 1944.2 | 宿州市 | 淮北梆子戏 | 第五批 |
| 200 | 营 辉 | 男 | 1972.11 | | | 第五批 |

续表

| 201 | 张　华 | 女 | 1971.7 | 淮北市 | 淮北花鼓戏 | 第五批 |
|---|---|---|---|---|---|---|
| 202 | 周玉玲 | 女 | 1969.12 | 淮北市 | 淮北花鼓戏 | 第五批 |
| 203 | 吴月玲 | 女 | 1944.6 | 宿州市埇桥区 | | 第五批 |
| 204 | 许自友 | 女 | 1936.12 | 安徽省黄梅戏剧院 | 黄梅戏 | 第五批 |
| 205 | 夏承平 | 男 | 1944.10 | | | 第五批 |
| 206 | 陈兆舜 | 男 | 1964.3 | 安庆市 | | 第五批 |
| 207 | 吴美莲 | 女 | 1979.9 | 安庆市迎江区 | | 第五批 |
| 208 | 汪静仙 | 女 | 1945.1 | 安徽省徽剧剧院 | 徽剧 | 第五批 |
| 209 | 汪鸿养 | 男 | 1943.10 | 黄山市歙县 | | 第五批 |
| 210 | 胡东海 | 男 | 1944.9 | 宣城市绩溪县 | 徽剧（徽戏童子班） | 第五批 |
| 211 | 宋　琼 | 女 | 1975.4 | 六安市 | 庐剧 | 第五批 |
| 212 | 白树龙 | 男 | 1983.8 | | | 第五批 |
| 213 | 王士龙 | 男 | 1940.10 | 芜湖市南陵县 | 南陵目连戏 | 第五批 |
| 214 | 孙淑兵 | 男 | 1969.1 | 蚌埠市 | | 第五批 |
| 215 | 代　兵 | 男 | 1984.9 | | 泗州戏 | 第五批 |
| 216 | 苏婉芹 | 女 | 1942 | 宿州市 | | 第五批 |
| 217 | 孙立海 | 男 | 1965.5 | | | 第五批 |
| 218 | 乐平顺 | 男 | 1962.7 | 宣城市宣州区 | 皖南皮影戏 | 第五批 |
| 219 | 乐平富 | 男 | 1964.9 | | | 第五批 |
| 220 | 张立峰 | 男 | 1942.11 | 宿州市 | 坠子戏 | 第五批 |
| 221 | 辛文亮 | 男 | 1963.12 | | | 第五批 |
| 222 | 吴亚莉 | 女 | 1969.2 | | | 第五批 |
| 223 | 王　芳 | 女 | 1972.2 | | | 第五批 |

五、曲艺

（共32人，其中第一批2人，第二批5人，第三批11人，第四批5人，第五批9人）

| 224 | 殷光兰 | 女 | 1935 | 合肥市 | 门歌 | 第一批 |
|---|---|---|---|---|---|---|
| 225 | 贾德云 | 男 | 1928 | | | 第一批 |
| 226 | 曹廷虎 | 男 | 1963.8 | 淮北市濉溪县 | 淮北大鼓 | 第二批 |
| 227 | 宋玉伦 | 男 | 1953.10 | 亳州市利辛县 | | 第三批 |
| 228 | 王学清 | 男 | 1943.3 | | | 第三批 |

续表

| 229 | 张洪奎 | 男 | 1943.11 | 阜阳市太和县 | 清 音 | 第二批 |
| --- | --- | --- | --- | --- | --- | --- |
| 230 | 苗清臣 | 男 | 1943.12 | 阜阳市界首市 | 渔 鼓 | 第二批 |
| 231 | 徐晓芳 | 女 | 1948.4 | 六安市金安区 | 锣鼓书 | 第二批 |
| 232 | 周 丽 | 女 | 1970.6 | | | 第二批 |
| 233 | 梁月银 | 男 | 1944.8 | 合肥市肥东县 | 庐州大鼓 | 第三批 |
| 234 | 窦常胜 | 男 | 1949 | 合肥市肥西县 | | 第三批 |
| 235 | 孟晓婷 | 女 | 1980.6 | 宿州市 | 渔鼓道情 | 第三批 |
| 236 | 高小眼 | 男 | 1946.2 | 宿州市灵璧县 | 灵璧琴书 | 第三批 |
| 237 | 陈凤英 | 女 | 1939 | 宿州市萧县 | 萧县坠子 | 第三批 |
| 238 | 朱允德 | 男 | 1951.9 | 阜阳市界首市 | 扁担戏 | 第三批 |
| 239 | 柴现修 | 男 | 1947.7 | 淮南市寿县 | 寿州大鼓 | 第三批 |
| 240 | 杨志强 | 男 | 1941.9 | | 淮词 | 第三批 |
| 241 | 吴华瑞 | 男 | 1947.8 | 池州市青阳县 | 西华唱经锣鼓 | 第三批 |
| 242 | 葛 松 | 男 | 1976.5 | 蚌埠市怀远县 | 端公腔 | 第四批 |
| 243 | 吴舜英 | 女 | 1944.4 | 蚌埠市 | 淮河琴书 | 第四批 |
| 244 | 徐秀山 | 男 | 1952.5 | 滁州市来安县 | 白曲 | 第四批 |
| 245 | 李奋勤 | 女 | 1968.2 | | | 第四批 |
| 246 | 陆中和 | 女 | 1943.12 | 滁州市凤阳县 | 凤阳花鼓 | 第四批 |
| 247 | 孟 影 | 女 | 1971.12 | 阜阳市阜南县 | 淮河琴书 | 第五批 |
| 248 | 曹洪海 | 男 | 1945.7 | | | 第五批 |
| 249 | 张志云 | 男 | 1951.5 | 亳州市蒙城县 | 淮北大鼓 | 第五批 |
| 250 | 张守良 | 男 | 1943.7 | 宿州市灵璧县 | 灵璧琴书 | 第五批 |
| 251 | 谷钦江 | 男 | 1951.9 | 亳州市利辛县 | 清音戏 | 第五批 |
| 252 | 刘召堂 | 男 | 1945.1 | 宿州市萧县 | 渔鼓道情 | 第五批 |
| 253 | 刘纯松 | 男 | 1953.5 | 安庆市岳西县 | 岳西鼓书 | 第五批 |
| 254 | 张金鹏 | 男 | 1946.4 | 阜阳市颍上县 | 颍上大鼓书 | 第五批 |
| 255 | 姚新文 | 男 | 1944.1 | | | 第五批 |

六、传统体育、游艺与杂技
（共22人，其中第一批0人，第二批6人，第三批3人，第四批4人，第五批9人）

| 256 | 董文焕 | 男 | 1920.10 | 亳州市 | 华佗五禽戏 | 第二批 |
| --- | --- | --- | --- | --- | --- | --- |
| 257 | 刘时荣 | 男 | 1925.4 | | | 第二批 |

续表

| 258 | 李正丙 | 男 | 1956.12 | 宿州市埇桥区 | | 第二批 |
|---|---|---|---|---|---|---|
| 259 | 杨恒君 | 男 | 1954.7 | | | 第二批 |
| 260 | 杨志远 | 男 | 1948.5 | | 民间杂技马戏 | 第三批 |
| 261 | 侯德山 | 男 | 1922.3 | 阜阳市临泉县 | | 第二批 |
| 262 | 尹燕春 | 男 | 1944.5 | | | 第二批 |
| 263 | 葛永志 | 男 | 1967.11 | 淮南市 | 永京拳 | 第三批 |
| 264 | 洪允文 | 男 | 1946.2 | 黄山市歙县 | 叶村叠罗汉 | 第三批 |
| 265 | 侯忠义 | 男 | 1957.9 | 阜阳市临泉县 | 临泉杂技马戏 | 第四批 |
| 266 | 祖贤民 | 男 | 1963.5 | 马鞍山市当涂县 | 湖阳打水浒 | 第四批 |
| 267 | 章根苗 | 男 | 1945.10 | 安庆市枞阳县 | 东乡武术 | 第四批 |
| 268 | 洪孝廉 | 男 | 1936.11 | 黄山市歙县 | 三阳打秋千 | 第四批 |
| 269 | 怀培元 | 男 | 1970.3 | | 陈抟老祖心意六合八法拳 | 第五批 |
| 270 | 陈 静 | 女 | 1973.12 | 亳州市 | 华佗五禽戏 | 第五批 |
| 271 | 周金钟 | 男 | 1963.1 | | | 第五批 |
| 272 | 蔡 涛 | 男 | 1970.6 | | 六洲棋 | 第五批 |
| 273 | 吴英华 | 男 | 1935.2 | 淮南市 | 吴翼翚华岳心意六合八法拳 | 第五批 |
| 274 | 马炬森 | 男 | 1955.5 | 阜阳市阜南县 | 五音八卦拳 | 第五批 |
| 275 | 颜 勇 | 男 | 1965.2 | 亳州市 | 晰扬掌 | 第五批 |
| 276 | 洪声齐 | 男 | 1969.12 | 黄山市歙县 | 叶村叠罗汉 | 第五批 |
| 277 | 张宗琪 | 男 | 1948.9 | 宣城市绩溪县 | 游龙舟、抬五帝、跳旗 | 第五批 |

七、传统美术

(共76人,其中第一批8人,第二批12人,第三批23人,第四批7人,第五批26人)

| 278 | 刘继成 | 男 | 1943 | 阜阳市 | 剪纸(阜阳剪纸) | 第一批 |
|---|---|---|---|---|---|---|
| 279 | 朱堃英 | 女 | 1922.2 | | | 第一批 |
| 280 | 王炳华 | 男 | 1950 | 亳州市谯城区 | 剪纸(亳州剪纸) | 第一批 |
| 281 | 戴 舫 | 女 | 1964.7 | | | 第三批 |
| 282 | 程兴红 | 男 | 1971.8 | 阜阳市 | 剪纸(阜阳剪纸) | 第三批 |
| 283 | 吴青平 | 女 | 1971.12 | | | 第三批 |
| 284 | 徐石生 | 男 | 1946.9 | 马鞍山市和县 | 剪纸(和县剪纸) | 第三批 |
| 285 | 彭 清 | 女 | 1983.5 | 宣城市宣州区 | 剪纸(皖南剪纸) | 第三批 |

续表

| | | | | | | |
|---|---|---|---|---|---|---|
| 286 | 孙淮滨 | 男 | 1932.2 | 宿州市 | 灵璧钟馗画 | 第一批 |
| 287 | 赵英汉 | 男 | 1941.7 | 宿州市灵璧县 | | 第三批 |
| 288 | 郑 正 | 男 | 1925 | 宿州市 | 萧县农民画 | 第一批 |
| 289 | 苏肇平 | 男 | 1948.3 | | 萧县石刻 | 第一批 |
| 290 | 洪建华 | 男 | 1971.2 | 黄山市 | 徽州竹刻 | 第一批 |
| 291 | 王金生 | 男 | 1928.7 | | 徽州三雕 | 第一批 |
| 292 | 刘 凯 | 男 | 1938.9 | 合肥市 | 火笔画 | 第二批 |
| 293 | 沈杨林 | 男 | 1963.1 | 池州市青阳县 | 青阳农民画 | 第二批 |
| 294 | 吴秀玉 | 女 | 1952.7 | | | 第二批 |
| 295 | 张平安 | 男 | 1940.3 | | | 第二批 |
| 296 | 帅根元 | 男 | 1930.6 | 安庆市望江县 | 望江挑花 | 第二批 |
| 297 | 王世福 | 男 | 1954.2 | | | 第二批 |
| 298 | 郑尧锦 | 男 | 1972.12 | 黄山市 | 徽州三雕(木雕) | 第二批 |
| 299 | 蒯正华 | 男 | 1962.4 | 黄山市屯溪区 | | 第三批 |
| 300 | 吴正辉 | 男 | 1966.7 | 黄山市歙县 | 徽州三雕(砖雕) | 第三批 |
| 301 | 吴林水 | 男 | 1957.8 | | | 第三批 |
| 302 | 丁 峰 | 男 | 1966.4 | 宣城市宣州区 | 皖南木雕 | 第三批 |
| 303 | 黄肇祖 | 男 | 1936.11 | 黄山市歙县 | 徽派版画 | 第二批 |
| 304 | 潘荣明 | 男 | 1968.9 | | | 第二批 |
| 305 | 董 建 | 男 | 1963.8 | 黄山市 | 徽州篆刻 | 第二批 |
| 306 | 胡小石 | 男 | 1970.9 | | | 第二批 |
| 307 | 蒋雨金 | 男 | 1954 | | | 第二批 |
| 308 | 吴河江 | 男 | 1966.2 | 宿州市灵璧县 | 灵璧磬石雕刻 | 第三批 |
| 309 | 杨其鹏 | 男 | 1952.1 | 蚌埠市 | 杨氏微雕 | 第三批 |
| 310 | 王文忠 | 男 | 1962.4 | 阜阳市阜南县 | 黄岗柳编 | 第三批 |
| 311 | 周昌发 | 男 | 1939.10 | 马鞍山市含山县 | 民间扎彩 | 第三批 |
| 312 | 田恒浩 | 男 | 1944.5 | 马鞍山市和县 | 羽毛画 | 第三批 |
| 313 | 黄美霞 | 女 | 1976.11 | 安庆市潜山县 | 王和舒席 | 第三批 |
| 314 | 陆 俊 | 男 | 1971 | 黄山市屯溪区 | 徽州根雕 | 第三批 |
| 315 | 曹德泉 | 男 | 1949.9 | | 徽州竹编 | 第三批 |

续表

| | | | | | | |
|---|---|---|---|---|---|---|
| 316 | 汪加林 | 男 | 1962.3 | | 徽州竹雕 | 第三批 |
| 317 | 郑再权 | 男 | 1950.10 | 黄山市歙县 | | 第三批 |
| 318 | 黄 勇 | 男 | 1971.5 | | 徽派版画 | 第三批 |
| 319 | 查德卿 | 男 | 1937.7 | 黄山市黟县 | 徽州彩绘壁画 | 第三批 |
| 320 | 胡晓耕 | 男 | 1960.4 | | | 第三批 |
| 321 | 郑小良 | 男 | 1960.6 | 合肥市瑶海区 | 葫芦烙画 | 第四批 |
| 322 | 陶仁志 | 男 | 1947.4 | 合肥市长丰县 | 吴山铁字 | 第四批 |
| 323 | 葛庭友 | 男 | 1968.9 | 阜阳市颍东区 | 阜阳剪纸 | 第四批 |
| 324 | 吴文军 | 男 | 1932.2 | 滁州市凤阳县 | 凤画 | 第四批 |
| 325 | 吴德椿 | 男 | 1941.2 | | | 第四批 |
| 326 | 朱 泓 | 男 | 1980.1 | 黄山市徽州区 | 徽州木雕 | 第四批 |
| 327 | 黎 坚 | 男 | 1957.1 | 黄山市歙县 | 徽派盆景技艺 | 第四批 |
| 328 | 范凤岭 | 男 | 1946.9 | 宿州市砀山县 | 砀山年画 | 第五批 |
| 329 | 涂维良 | 男 | 1937.8 | 滁州市凤阳县 | 凤 画 | 第五批 |
| 330 | 王金生 | 男 | 1959.7 | 滁州市凤阳县 | | 第五批 |
| 331 | 苑玉玲 | 女 | 1962.12 | 阜阳市太和县 | 阜阳刺绣 | 第五批 |
| 332 | 张学华 | 女 | 1967.3 | 马鞍山市 | 花山剪纸 | 第五批 |
| 333 | 李正卿 | 男 | 1937.10 | 淮北市濉溪县 | 淮北泥塑 | 第五批 |
| 334 | 孙传贵 | 男 | 1962.2 | 阜阳市阜南县 | 黄岗柳编 | 第五批 |
| 335 | 朱子荣 | 男 | 1952.12 | 宣城市绩溪县 | 徽州墙头画 | 第五批 |
| 336 | 胡善云 | 男 | 1962.7 | | 徽州三雕 | 第五批 |
| 337 | 朱 伟 | 男 | 1979.12 | 黄山市徽州区 | 徽州三雕(木雕) | 第五批 |
| 338 | 汪裕民 | 男 | 1962.5 | 黄山市休宁县 | 徽州三雕(石雕) | 第五批 |
| 339 | 方乐成 | 男 | 1957.8 | 黄山市歙县 | 徽州三雕(砖雕) | 第五批 |
| 340 | 王永强 | 男 | 1975.9 | 黄山市黟县 | | 第五批 |
| 341 | 俞日华 | 男 | 1945.3 | 黄山市屯溪区 | 徽州竹编 | 第五批 |
| 342 | 张红云 | 女 | 1970.12 | 黄山市徽州区 | | 第五批 |
| 343 | 汪 伟 | 男 | 1966.10 | 黄山市屯溪区 | 徽州竹雕 | 第五批 |
| 344 | 曹小明 | 男 | 1976.1 | 黄山市歙县 | | 第五批 |
| 345 | 周小勇 | 男 | 1977.12 | 黄山市屯溪区 | 徽州篆刻 | 第五批 |

续表

| | | | | | | |
|---|---|---|---|---|---|---|
| 346 | 潘同利 | 男 | 1961.8 | 六安市霍邱县 | 霍邱柳编 | 第五批 |
| 347 | 江延根 | 男 | 1932.10 | 宣城市旌德县 | 旌德漆画 | 第五批 |
| 348 | 尹友杰 | 男 | 1946.3 | 宿州市灵璧县 | 灵璧钟馗画 | 第五批 |
| 349 | 张参忠 | 男 | 1945 | 合肥市包河区 | 庐州木雕 | 第五批 |
| 350 | 许正强 | 男 | 1950.12 | 池州市青阳县 | 青阳农民画 | 第五批 |
| 351 | 靳朝晖 | 男 | 1968.8 | 广德县 | 皖南根雕 | 第五批 |
| 352 | 殷鋌葳 | 男 | 1972.9 | 淮北市相山区 | 殷派面塑 | 第五批 |
| 353 | 张少云 | 男 | 1967.6 | 六安市舒城县 | 竹编(舒席) | 第五批 |

## 八、传统技艺

(共156人,其中第一批11人,第二批27人,第三批45人,第四批19人,第五批54人)

| | | | | | | |
|---|---|---|---|---|---|---|
| 354 | 吴水森 | 男 | 1949.6 | 黄山市休宁县 | 万安罗盘制作技艺 | 第一批 |
| 355 | 卢群山 | 男 | 1950.3 | 阜阳市界首市 | 界首彩陶烧制技艺 | 第一批 |
| 356 | 王京胜 | 男 | 1944.9 | | | 第一批 |
| 357 | 卢 华 | 男 | 1962.11 | | | 第三批 |
| 358 | 郑 寒 | 男 | 1963.6 | 黄山市歙县 | 歙砚制作技艺 | 第一批 |
| 359 | 王祖伟 | 男 | 1964.11 | 黄山市屯溪区 | | 第二批 |
| 360 | 张 苏 | 男 | 1942.12 | 宣城市 | 宣笔制作技艺 | 第一批 |
| 361 | 张修尧 | 男 | 1952.7 | 阜阳市临泉县 | 临泉毛笔制作技艺 | 第三批 |
| 362 | 曹如章 | 男 | 1930.9 | | | 第三批 |
| 363 | 张文年 | 男 | 1968.2 | 宣城市宣州区 | 宣笔制作技艺 | 第三批 |
| 364 | 佘征军 | 男 | 1962.4 | 宣城市泾县 | | 第三批 |
| 365 | 周美洪 | 男 | 1957.6 | 黄山市歙县 | | 第一批 |
| 366 | 汪爱军 | 男 | 1965.2 | 宣城市绩溪县 | | 第二批 |
| 367 | 项德胜 | 男 | 1963.3 | 黄山市歙县 | 徽墨制作技艺 | 第二批 |
| 368 | 汪培坤 | 男 | 1950.4 | 黄山市屯溪区 | | 第三批 |
| 369 | 吴成林 | 男 | 1956.8 | 黄山市徽州区 | | 第三批 |
| 370 | 项胜利 | | 1969.1 | | | 第三批 |
| 371 | 方见尘 | 男 | 1948.8 | 黄山市歙县 | 歙砚制作技艺 | 第三批 |
| 372 | 程苏禄 | 男 | 1952.11 | | | 第三批 |
| 373 | 蔡永江 | 男 | 1969.10 | | | 第三批 |

续表

| | | | | | | |
|---|---|---|---|---|---|---|
| 374 | 汪春林 | 男 | 1961.1 | 宣城市旌德县 | 古法油烟墨制作技艺 | 第三批 |
| 375 | 詹运祥 | 男 | 1940.3 | 黄山市 | 罗盘制作 | 第一批 |
| 376 | 曹篁生 | 男 | 1969 | 黄山市 | 徽州木雕 | 第一批 |
| 377 | 李英 | 女 | 1968.4 | 宿州市 | 宿州乐石砚制作技艺 | 第一批 |
| 378 | 洪富根 | 男 | 1952 | 黄山市 | 装裱技艺 | 第一批 |
| 379 | 蒋劲华 | 男 | 1959 | | 撕纸艺术 | 第一批 |
| 380 | 甘而可 | 男 | 1955.3 | 黄山市屯溪区 | 漆器髹饰技艺（徽州漆器髹饰技艺） | 第二批 |
| 381 | 卢莉华 | 男 | 1965.7 | 阜阳市界首市 | 界首彩陶烧制技艺 | 第二批 |
| 382 | 戚良伯 | 男 | 1944.5 | 淮南市寿县 | 紫金砚雕刻技艺 | 第二批 |
| 383 | 李俊 | 男 | 1957.11 | 淮南市 | | 第二批 |
| 384 | 路福传 | 男 | 1972.6 | | | 第三批 |
| 385 | 苏成军 | 男 | 1969.5 | 六安市舒城县 | 舒席制作技艺 | 第二批 |
| 386 | 张恒兴 | 男 | 1944.1 | 马鞍山市当涂县 | 太平府铜壶技艺 | 第二批 |
| 387 | 刘靖 | 男 | 1972.12 | 巢湖市（现属合肥市） | 纸笺加工技艺 | 第二批 |
| 388 | 朱晓钟 | 男 | 1962.1 | 芜湖市无为县 | 无为剔墨纱灯制作技艺 | 第二批 |
| 389 | 孙双林 | 男 | 1967.9 | | | 第二批 |
| 390 | 汪息发 | 男 | 1971.10 | 宣城市泾县 | 宣纸制作技艺 | 第二批 |
| 391 | 朱建胜 | 男 | 1964.12 | | | 第二批 |
| 392 | 郑志香 | 女 | 1970.12 | | | 第二批 |
| 393 | 曹光华 | 男 | 1954.9 | | | 第三批 |
| 394 | 罗鸣 | 男 | 1972.8 | | | 第三批 |
| 395 | 周军祥 | 男 | 1955.8 | 池州市石台县 | 石台油坊榨制技艺 | 第二批 |
| 396 | 刘同烟 | 男 | 1964.11 | 安庆市潜山县 | 桑皮纸制作技艺 | 第二批 |
| 397 | 王柏林 | 男 | 1965.10 | 安庆市岳西县 | | 第二批 |
| 398 | 陈爱容 | 女 | 1966.9 | 安庆市潜山县 | | 第三批 |
| 399 | 刘绍成 | 男 | 1973.11 | | | 第三批 |
| 400 | 洪观清 | 男 | 1944.5 | 黄山市歙县 | 徽派盆景技艺 | 第二批 |

续表

| | | | | | | |
|---|---|---|---|---|---|---|
| 401 | 陆国富 | 男 | 1962.10 | 黄山市祁门县 | 祁门红茶制作技艺 | 第二批 |
| 402 | 闵宣文 | 男 | 1933.10 | | | 第二批 |
| 403 | 谢永忠 | 男 | 1952.4 | | | 第三批 |
| 404 | 王昶 | 男 | 1966.1 | | | 第三批 |
| 405 | 谢四十 | 男 | 1956.10 | 黄山市徽州区 | 绿茶制作技艺（黄山毛峰） | 第二批 |
| 406 | 谢一平 | 男 | 1962.10 | | | 第二批 |
| 407 | 王锋林 | 男 | 1978.10 | 黄山市黄山区 | 绿茶制作技艺（太平猴魁） | 第二批 |
| 408 | 郑中明 | 男 | 1959.11 | | | 第三批 |
| 409 | 方继凡 | 男 | 1965.1 | | | 第三批 |
| 410 | 储昭伟 | 男 | 1966.11 | 六安市 | 绿茶制作技艺（六安瓜片） | 第二批 |
| 411 | 程福寿 | 男 | 1963.6 | 黄山市 | 绿茶制作技艺（屯溪绿茶） | 第二批 |
| 412 | 衡永志 | 男 | 1956.1 | 六安市霍山县 | 绿茶制作技艺（霍山黄芽） | 第二批 |
| 413 | 程俊生 | 男 | 1964.8 | | | 第三批 |
| 414 | 石其华 | 男 | 1957.11 | 宣城市泾县 | 绿茶制作技艺（涌溪火青） | 第三批 |
| 415 | 王均奇 | 男 | 1962.8 | 黄山市歙县 | 绿茶制作技艺（顶谷大方） | 第三批 |
| 416 | 余承泽 | 男 | 1951.12 | 黄山市休宁县 | 绿茶制作技艺（松萝茶） | 第三批 |
| 417 | 张国强 | 男 | 1957.4 | 淮北市 | 口子窖酒酿造技艺 | 第三批 |
| 418 | 蒋化清 | 男 | 1958.6 | | 临涣包瓜传统技艺 | 第三批 |
| 419 | 刘金华 | 男 | 1950.10 | 宿州市埇桥区 | 符离集烧鸡制作技艺 | 第三批 |
| 420 | 刘兰英 | 女 | 1941.8 | 阜阳市界首市 | 界首刺绣技艺 | 第三批 |
| 421 | 杜平 | 男 | 1960.5 | 阜阳市颍东区 | 杜氏刻铜 | 第三批 |
| 422 | 杨舜天 | 男 | 1947.2 | 淮南市 | 豆腐传统制作技艺 | 第三批 |
| 423 | 沈德亮 | 男 | 1945.3 | 淮南市八公山区 | 寿州窑陶瓷制作技艺 | 第三批 |
| 424 | 崔怀伦 | 男 | 1956.10 | 淮南市大通区 | | 第三批 |
| 425 | 朱庆国 | 男 | 1973.10 | 六安市寿县 | 大救驾制作技艺 | 第三批 |
| 426 | 储金霞 | 女 | 1945.11 | 芜湖市 | 芜湖铁画锻制技艺 | 第三批 |
| 427 | 郑建新 | 男 | 1964.11 | 宣城市宣州区 | 宣酒纪氏古法酿造技艺 | 第三批 |
| 428 | 方根友 | 男 | 1963.8 | 安庆市桐城市 | 秋石制作技艺 | 第三批 |
| 429 | 王金林 | 男 | 1966.3 | | 铸胎掐丝珐琅工艺 | 第三批 |
| 430 | 奚建辉 | 男 | 1957.12 | 黄山市屯溪区 | 徽州漆器髹饰技艺 | 第三批 |

续表

| 431 | 吴兆光 | 男 | 1984.1 | 黄山市休宁县 | 万安罗盘制作技艺 | 第三批 |
|---|---|---|---|---|---|---|
| 432 | 洪光明 | 男 | 1966.5 | 黄山市休宁县 | 五城豆腐干制作技艺 | 第三批 |
| 433 | 叶冬华 | 女 | 1964.1 | | 皖南火腿制作技艺（兰花火腿） | 第三批 |
| 434 | 杨文 | 男 | 1969.10 | 黄山市屯溪区 | 徽笔制作技艺 | 第三批 |
| 435 | 方如金 | 男 | 1958.2 | 黄山市黟县 | 余香石笛制作技艺 | 第三批 |
| 436 | 余荫堂 | 男 | 1943.1 | | 利源手工制麻技艺 | 第三批 |
| 437 | 聂广荣 | 男 | 1933 | 亳州市 | 千年古井贡酒酿造技艺 | 第四批 |
| 438 | 龚建国 | 男 | 1959.9 | 滁州市 | 滁菊加工技艺 | 第四批 |
| 439 | 王立成 | 男 | 1968.7 | 滁州市天长市 | 天官画 | 第四批 |
| 440 | 项兴本 | 男 | 1965.3 | 六安市 | 迎驾酒传统酿造技艺 | 第四批 |
| 441 | 何云峙 | 男 | 1933 | 六安市霍山县 | 石斛泡制技艺 | 第四批 |
| 442 | 张贻海 | 男 | 1959.11 | 马鞍山市当涂县 | 博望打铁工艺 | 第四批 |
| 443 | 吴清海 | 男 | 1955.7 | 芜湖市 | 耿福兴传统小吃制作技艺 | 第四批 |
| 444 | 张振清 | 男 | 1957.3 | | | 第四批 |
| 445 | 王兴辉 | 男 | 1964.8 | 芜湖市南陵县 | 大王冲佛香制作技艺 | 第四批 |
| 446 | 潘跃国 | 男 | 1952.9 | 宣城市郎溪县 | 古南丰徽派本坊小缸黄酒酿造技艺 | 第四批 |
| 447 | 郑东平 | 男 | 1972 | 铜陵市 | 传统失蜡法 | 第四批 |
| 448 | 金如林 | 男 | 1981.9 | | 铜陵白姜制作技艺 | 第四批 |
| 449 | 江太平 | 男 | 1959 | 池州市青阳县 | 大九华水磨玉骨绢扇制作技艺 | 第四批 |
| 450 | 葛贤友 | 男 | 1968.11 | 安庆市潜山县 | 痘姆陶器制作技艺 | 第四批 |
| 451 | 范福安 | 男 | 1964.6 | 黄山市屯溪区 | 徽州漆器髹饰技艺 | 第四批 |
| 452 | 姚卡丹 | 男 | 1967.10 | 黄山市歙县 | 徽州建筑技艺 | 第四批 |
| 453 | 胡公敏 | 男 | 1957.12 | | | 第四批 |
| 454 | 吴季生 | 男 | 1974.12 | | 观音豆腐制作技艺 | 第四批 |
| 455 | 方幸福 | 男 | 1966.10 | 黄山市休宁县 | 五城米酒制作技艺 | 第四批 |
| 456 | 陈翠英 | 女 | 1952.8 | 阜阳市界首市 | 界首彩陶烧制技艺 | 第五批 |
| 457 | 张茜文 | 女 | 1985.9 | 阜阳市界首市 | 界首彩陶烧制技艺 | 第五批 |
| 458 | 储诚炎 | 男 | 1968.8 | 安庆市岳西县 | 桑皮纸制作技艺 | 第五批 |

续表

| | | | | | | |
|---|---|---|---|---|---|---|
| 459 | 俞均鹏 | 男 | 1978.2 | 黄山市屯溪区 | 徽州漆器髹饰技艺 | 第五批 |
| 460 | 章国华 | 男 | 1974.7 | | | 第五批 |
| 461 | 汪大俊 | 男 | 1963.1 | 宣城市绩溪县 | 髹漆技艺 | 第五批 |
| 462 | 洪定勇 | 男 | 1959.10 | 黄山市歙县 | 徽派盆景技艺 | 第五批 |
| 463 | 陶自富 | 男 | 1963.8 | 黄山市祁门县 | 祁门红茶制作技艺 | 第五批 |
| 464 | 朱奇志 | 男 | 1971.1 | | | 第五批 |
| 465 | 刘会根 | 男 | 1961.11 | 安庆市岳西县 | 绿茶制作技艺（岳西翠兰） | 第五批 |
| 466 | 汪智利 | 男 | 1967.1 | 黄山市歙县 | 绿茶制作技艺（黄山毛峰） | 第五批 |
| 467 | 李贤葆 | 男 | 1956.10 | 六安市舒城县 | 绿茶制作技艺（舒城小兰花） | 第五批 |
| 468 | 王光熙 | 男 | 1952.9 | 黄山市休宁县 | 绿茶制作技艺（松萝茶） | 第五批 |
| 469 | 程国胜 | 男 | 1972.8 | 黄山市屯溪区 | 徽墨制作技艺 | 第五批 |
| 470 | 黄子驹 | 男 | 1954.10 | 黄山市歙县 | | 第五批 |
| 471 | 朱岱 | 男 | 1968.12 | 黄山市屯溪区 | 歙砚制作技艺 | 第五批 |
| 472 | 方韶 | 男 | 1970.3 | | | 第五批 |
| 473 | 李红旗 | 男 | 1964.11 | | | 第五批 |
| 474 | 潘小萌 | 女 | 1968.7 | | | 第五批 |
| 475 | 胡秋生 | 男 | 1960.9 | 黄山市歙县 | | 第五批 |
| 476 | 江宝忠 | 男 | 1969.3 | | | 第五批 |
| 477 | 汪晓阳 | 男 | 1964.6 | 黄山市徽州区 | 徽派传统民居建筑营造技艺 | 第五批 |
| 478 | 曾胜春 | 男 | 1968.2 | 六安市裕安区 | 绿茶制作技艺（六安瓜片） | 第五批 |
| 479 | 李天华 | 男 | 1956.1 | 亳州市谯城区 | 千年古井贡酒酿造工艺 | 第五批 |
| 480 | 曹殿明 | 男 | 1967.2 | 阜阳市临泉县 | 临泉毛笔制作技艺 | 第五批 |
| 481 | 张永学 | 男 | 1970.11 | 黄山市休宁县 | 万安罗盘制作技艺 | 第五批 |
| 482 | 张贻敏 | 男 | 1968.8 | 马鞍山市博望区 | 博望打铁工艺 | 第五批 |
| 483 | 涂胜友 | 男 | 1960.12 | 安庆市潜山县 | 痘姆陶器制作技艺 | 第五批 |
| 484 | 吴美焕 | 男 | 1945.2 | 黄山市屯溪区 | 五城米酒酿制技艺 | 第五批 |
| 485 | 张家康 | 男 | 1949.8 | 芜湖市镜湖区 | 芜湖铁画锻制技艺 | 第五批 |
| 486 | 卢俊军 | 男 | 1966.3 | 亳州市蒙城县 | 卢家笙制作技艺 | 第五批 |
| 487 | 邵家干 | 男 | 1956.2 | 宿州市砀山县 | 砀山毛笔制作技艺 | 第五批 |
| 488 | 姬新民 | 男 | 1946.4 | 宿州市埇桥区 | 埇桥唢呐制作技艺 | 第五批 |

续表

| 489 | 杨红文 | 男 | 1970.1 | 阜阳市 | 醉三秋酒传统酿造技艺 | 第五批 |
|---|---|---|---|---|---|---|
| 490 | 顾云尚 | 男 | 1951.10 | 宣城市宁国市 | 宁国龙窑制陶技艺 | 第五批 |
| 491 | 纪建新 | 男 | 1969.4 | 宣城市泾县 | 花砖制作技艺 | 第五批 |
| 492 | 佘贤兵 | 男 | 1978.2 | | 宣纸制品加工技艺 | 第五批 |
| 493 | 俞宋桃 | 男 | 1966.2 | | 后山剪刀制作技艺 | 第五批 |
| 494 | 吴国华 | 女 | 1971.10 | | 榔桥木梳制作技艺 | 第五批 |
| 495 | 颜志勇 | 男 | 1974.11 | 安庆市 | 胡玉美蚕豆辣酱制作技艺 | 第五批 |
| 496 | 程积如 | 男 | 1931.1 | 黄山市屯溪区 | 徽州顶市酥制作技艺 | 第五批 |
| 497 | 吴振飞 | 男 | 1954.11 | 黄山市徽州区 | 徽作家具制作技艺 | 第五批 |
| 498 | 曹阳明 | 男 | 1963.5 | 黄山市黄山区 | 太平曹氏纸制作技艺 | 第五批 |
| 499 | 伍森严 | 男 | 1962.10 | 宣城市泾县 | 宣笔制作技艺 | 第五批 |
| 500 | 汪洲 | 男 | 1976.8 | 黄山市祁门县 | 徽州手工瓷制作技艺 | 第五批 |
| 501 | 吕志远 | 男 | 1967.4 | 黄山市屯溪区 | | 第五批 |
| 502 | 汪升平 | 男 | 1947.3 | 黄山市祁门县 | 安茶制作技艺 | 第五批 |
| 503 | 汪镇响 | 男 | 1950.6 | | | 第五批 |
| 504 | 吴兆光 | 男 | 1984.1 | 黄山市休宁县 | 吴鲁衡日晷制作技艺 | 第五批 |
| 505 | 宋新娥 | 女 | 1971.10 | 黄山市屯溪区 | 徽州烧饼制作技艺 | 第五批 |
| 506 | 金学刚 | 男 | 1944.8 | | | 第五批 |
| 507 | 靳鹏 | 男 | 1963.11 | 安徽博物院 | 青铜器修复技艺 | 第五批 |
| 508 | 曹心阳 | 男 | 1965.6 | | | 第五批 |
| 509 | 周军正 | 男 | 1958.11 | 池州市石台县 | 石台油坊榨制技艺 | 第五批 |

九、传统医药

(共14人,其中第一批0人,第二批5人,第三批2人,第四批0人,第五批7人)

| 510 | 曹恩溥 | 男 | 1950.5 | | | 第二批 |
|---|---|---|---|---|---|---|
| 511 | 方敏 | 男 | 1968.11 | | | 第二批 |
| 512 | 黄孝周 | 男 | 1943.9 | | 新安医学 | 第二批 |
| 513 | 汪寿鹏 | 男 | 1951.8 | 黄山市 | | 第二批 |
| 514 | 郑铎 | 男 | 1936.10 | | | 第二批 |
| 515 | 张舜华 | 女 | 1934.1 | | 张一帖内科疗法 | 第三批 |
| 516 | 李济仁 | 男 | 1931.1 | | 张一帖内科疗法 | 第三批 |
| 517 | 胡为俭 | 男 | 1957.10 | 黄山市屯溪区 | 新安医学 | 第五批 |

续表

| | | | | | | |
|---|---|---|---|---|---|---|
| 518 | 程建平 | 男 | 1955.10 | 黄山市歙县 | 新安医学（吴山铺伤科） | 第五批 |
| 519 | 程剑峰 | 男 | 1971.5 | 黄山市休宁县 | 新安医学 | 第五批 |
| 520 | 李 挺 | 男 | 1963.7 | 黄山市歙县 | 张一帖内科疗法 | 第五批 |
| 521 | 郑公望 | 男 | 1964.5 | | 西园喉科 | 第五批 |
| 522 | 王全社 | 男 | 1955.8 | 宿州市砀山县 | 砀山王集王氏接骨膏药 | 第五批 |
| 523 | 胡永久 | 男 | 1962.11 | 黄山市祁门县 | 祁门胡氏骨伤科 | 第五批 |

十、民俗

（共 53 人，其中第一批 0 人，第二批 10 人，第三批 26 人，第四批 5 人，第五批 12 人）

| | | | | | | |
|---|---|---|---|---|---|---|
| 524 | 邵传富 | 男 | 1946.2 | 合肥市肥东县 | 灯会（肥东洋蛇灯） | 第二批 |
| 525 | 刘文昌 | 男 | 1951.8 | 阜阳市临泉县 | 抬阁（芯子、铁枝、飘色）（肘阁抬阁） | 第二批 |
| 526 | 胡晓辉 | 男 | 1966.1 | 宣城市绩溪县 | 抬阁（湖村抬阁） | 第三批 |
| 527 | 章光前 | 男 | 1952.3 | | | 第三批 |
| 528 | 周道丰 | 男 | 1950.9 | 宣城市郎溪县 | 跳五猖 | 第二批 |
| 529 | 周荣全 | 男 | 1947.3 | | | 第三批 |
| 530 | 范金平 | 男 | 1960.1 | 宣城市绩溪县 | | 第二批 |
| 531 | 许启东 | 男 | 1965.4 | | | 第二批 |
| 532 | 王可喜 | 男 | 1946.8 | | 徽菜 | 第二批 |
| 533 | 汪志祥 | 男 | 1944.1 | 黄山市 | | 第二批 |
| 534 | 张旺和 | 男 | 1962.6 | | | 第二批 |
| 535 | 黄卫国 | 男 | 1972.12 | | | 第三批 |
| 536 | 张根东 | 男 | 1967.12 | | | 第三批 |
| 537 | 胡晖生 | 男 | 1937.11 | 黄山市黟县 | 徽州祠祭 | 第二批 |
| 538 | 项元林 | 男 | 1936 | 黄山市黄山区 | 轩辕车会 | 第二批 |
| 539 | 侯福圣 | 男 | 1947.7 | 亳州市利辛县 | 九曲黄河阵 | 第三批 |
| 540 | 蒋家华 | 男 | 1956.9 | | | 第三批 |
| 541 | 李德明 | 男 | 1957.2 | 阜阳市颍州区 | 颍州肘阁 | 第三批 |
| 542 | 李学仁 | 男 | 1938.10 | 六安市金安区 | 邀大岭 | 第三批 |
| 543 | 陈良亭 | 男 | 1938.10 | | | 第三批 |
| 544 | 吴守琳 | 男 | 1937.10 | 淮南市寿县 | 肘阁抬阁 | 第三批 |
| 545 | 俞时金 | 男 | 1944.5 | 芜湖市繁昌县 | 九连麒麟灯会 | 第三批 |

续表

| | | | | | | |
|---|---|---|---|---|---|---|
| 546 | 牧槐柱 | 男 | 1943.12 | 铜陵市铜陵县 | 竹马灯 | 第三批 |
| 547 | 王建康 | 男 | 1957.12 | 池州市东至县 | 福主庙会 | 第三批 |
| 548 | 方桂芳 | 男 | 1935.8 | | 平安草龙灯 | 第三批 |
| 549 | 王生应 | 男 | 1961 | 安庆市桐城市 | 王圩灯会 | 第三批 |
| 550 | 吕桂宝 | 男 | 1952 | 宣城市郎溪县 | 小马灯 | 第三批 |
| 551 | 雷金花 | 女 | 1945.4 | 宣城市宁国市 | 云梯畲族婚嫁习俗 | 第三批 |
| 552 | 章日如 | 男 | 1946.12 | 宣城市绩溪县 | 花车转阁 | 第三批 |
| 553 | 程光宪 | 男 | 1923.11 | 宣城市绩溪县 | 祭社 | 第三批 |
| 554 | 程家正 | 男 | 1958.9 | | | 第三批 |
| 555 | 邵之惠 | 男 | 1943.1 | 宣城市绩溪县 | 赛琼碗 | 第三批 |
| 556 | 张光顺 | 男 | 1970.8 | | | 第三批 |
| 557 | 汪素秋 | 女 | 1979.10 | 黄山市屯溪区 | 程大位珠算法 | 第三批 |
| 558 | 张均作 | 男 | 1938.6 | 黄山市黄山区 | 婆溪河灯 | 第三批 |
| 559 | 苏诚义 | 男 | 1945 | 黄山市黄山区 | 五福神会 | 第三批 |
| 560 | 李传友 | 男 | 1956 | 亳州市谯城区 | 大班会 | 第四批 |
| 561 | 丁玉祥 | 男 | 1949.11 | 阜阳市临泉县 | 肘阁抬阁 | 第四批 |
| 562 | 胡德双 | 男 | 1963.4 | 芜湖市芜湖县 | 八社神灯 | 第四批 |
| 563 | 王伟峰 | 男 | 1965.2 | 芜湖市南陵县 | 送春 | 第四批 |
| 564 | 詹志文 | 男 | 1968.3 | 黄山市休宁县 | 齐云山道场表演 | 第四批 |
| 565 | 陈敦和 | 男 | 1943.3 | 黄山市祁门县 | 徽州祠祭 | 第五批 |
| 566 | 朱军 | 男 | 1965.11 | 亳州市谯城区 | 亳州大班会 | 第五批 |
| 567 | 胡松太 | 男 | 1946.1 | 宣城市绩溪县 | 花车转阁 | 第五批 |
| 568 | 钱殊杰 | 男 | 1956.11 | 安庆市桐城市 | 王圩灯会 | 第五批 |
| 569 | 程维强 | 男 | 1965.11 | 宣城市绩溪县 | 北村祭社 | 第五批 |
| 570 | 张海敏 | 男 | 1953.4 | 阜阳市临泉县 | 抬阁（肘阁抬阁） | 第五批 |
| 571 | 葛桂荣 | 男 | 1949.9 | 宣城市郎溪县 | 降福会 | 第五批 |
| 572 | 林德龄 | 男 | 1928.5 | 黄山市黄山区 | 郭村周王会 | 第五批 |
| 573 | 周国平 | 男 | 1962.10 | 宣城市郎溪县 | 跳五猖 | 第五批 |
| 574 | 路任群 | 男 | 1965.3 | 黄山市屯溪区 | 徽菜 | 第五批 |
| 575 | 范宝芳 | 女 | 1979.1 | 黄山市屯溪区 | 程大位珠算法 | 第五批 |
| 576 | 黄静 | 女 | 1986.7 | | | 第五批 |

## 安徽省非遗传习基地一览表

（共 2 批 67 个）

| 序号 | 类别 | 基地名称 | 传习项目 | 所属地区 |
|---|---|---|---|---|
| 1 | 传统音乐 | 五河县文化馆 | 五河民歌 | 蚌埠市五河县 |
| 2 | （2） | 当涂县文化馆 | 当涂民歌 | 马鞍山市当涂县 |
| 3 | | 安徽艺术职业学院 | 花鼓灯 | 合肥市 |
| 4 | | 安徽省花鼓灯歌舞剧院 | 花鼓灯 | 蚌埠市 |
| 5 | 传统舞蹈 | 冯嘴子村花鼓灯生态保护村 | 花鼓灯 | 蚌埠市禹会区 |
| 6 | （6） | 安徽花鼓灯陈氏流派原始生态村 | 花鼓灯 | 淮南市凤台县 |
| 7 | | 安徽省花鼓灯艺术中专学校 | 花鼓灯 | 淮南市凤台县 |
| 8 | | 怀远县常坟镇花鼓灯培训中心 | 花鼓灯 | 蚌埠市 |
| 9 | | 安徽省黄梅戏剧院有限责任公司 | 黄梅戏 | 合肥市 |
| 10 | | 安徽省徽京剧院 | 徽剧 | 合肥市 |
| 11 | | 安徽艺术职业学院 | 传统戏剧综合传承 | 合肥市 |
| 12 | | 安徽省宿州市泗州戏剧团 | 泗州戏 | 宿州市 |
| 13 | | 安徽省绩溪县实验小学 | 徽剧 | 宣城市绩溪县 |
| 14 | 传统戏剧 | 安庆再芬黄梅艺术剧院 | 黄梅戏 | 安庆市 |
| 15 | （13） | 安徽黄梅戏艺术职业学院 | 黄梅戏 | 安庆市 |
| 16 | | 岳西高腔传承中心 | 岳西高腔 | 安庆市岳西县 |
| 17 | | 安徽省泗州戏剧院有限责任公司 | 泗州戏 | 蚌埠市 |
| 18 | | 合肥演艺有限责任公司 | 庐剧 | 合肥市 |
| 19 | | 六安市皖西演艺传媒集团有限公司 | 庐剧 | 六安市 |
| 20 | | 和县天门演艺有限公司 | 庐剧（东路庐剧） | 马鞍山市 |
| 21 | | 宿州市坠子剧团 | 坠子戏 | 宿州市 |
| 22 | 曲艺(1) | 凤阳县花鼓艺术团 | 凤阳花鼓 | 滁州市凤阳县 |
| 23 | 传统体育、游艺与杂技(2) | 亳州传统华佗五禽戏养生俱乐部 | 华佗五禽戏 | 亳州市 |
| 24 | | 亳州市传统华佗五禽戏俱乐部 | 华佗五禽戏 | 亳州市 |

续表

| 25 | | 休宁县德胜鲁班木工学校 | 徽州木雕 | 黄山市休宁县 |
|---|---|---|---|---|
| 26 | | 黄山市徽派雕刻研究所 | 徽州竹雕、木雕 | 黄山市徽州区 |
| 27 | | 黄山市竹溪堂徽雕艺术有限公司 | 徽州竹雕、木雕 | 黄山市徽州区 |
| 28 | | 阜阳开源剪纸艺术有限公司 | 阜阳剪纸 | 阜阳市 |
| 29 | 传统美术 | 安徽华宇工艺品集团有限公司 | 黄岗柳编 | 阜阳市 |
| 30 | （10） | 广德县朝晖文化艺术有限公司 | 皖南根雕 | 广德县 |
| 31 | | 黄山市归根堂文化艺术发展有限公司 | 徽州根雕 | 黄山市 |
| 32 | | 黄山徽州竹艺轩雕刻有限公司 | 徽州三雕（木雕） | 黄山市 |
| 33 | | 歙县正辉砖雕艺术研究所 | 徽州三雕（砖雕） | 黄山市 |
| 34 | | 舒城县城关镇苏成军舒席制造厂 | 竹编（舒席） | 六安市 |
| 35 | | 界首市彩陶研究所 | 界首彩陶烧制技艺 | 阜阳市界首市 |
| 36 | | 芜湖市储金霞铁画艺术有限公司 | 芜湖铁画锻制技艺 | 芜湖市 |
| 37 | | 安徽省宣州宣笔厂 | 宣笔制作技艺 | 宣城市宣州区 |
| 38 | | 中国宣纸集团公司 | 宣纸制作技艺 | 宣城市泾县 |
| 39 | | 绩溪胡开文墨业有限公司 | 徽墨制作技艺 | 宣城市绩溪县 |
| 40 | | 歙砚世家暨黄山市王祖伟砚雕艺术中心 | 歙砚制作技艺 | 黄山市屯溪区 |
| 41 | | 黄山市徽漆工艺有限公司 | 漆器髹饰技艺 | 黄山市 |
| 42 | 传统技艺 | 安徽省歙县工艺厂 | 徽墨制作技艺 | 黄山市歙县 |
| 43 | （29） | 安徽省行知中学 | 歙砚制作技艺 | 黄山市歙县 |
| 44 | | 万安吴鲁衡罗经老店有限公司 | 万安罗盘制作技艺 | 黄山市休宁县 |
| 45 | | 潜山县天柱陶瓷有限公司 | 痘姆陶器手工制作技艺 | 安庆市 |
| 46 | | 潜山县"星杰"桑皮纸有限公司 | 桑皮纸制作技艺 | 安庆市 |
| 47 | | 桐城市佛光铜质工艺品有限公司 | 铸胎掐丝珐琅制作技艺 | 安庆市 |
| 48 | | 界首市卢氏刻花彩陶有限公司 | 界首彩陶烧制技艺 | 阜阳市 |

续表

| 49 | | 安徽临潭笔庄有限公司 | 临泉毛笔制作技艺 | 阜阳市 |
|---|---|---|---|---|
| 50 | | 巢湖市掇英轩文房用品厂 | 纸笺加工技艺 | 合肥市 |
| 51 | | 安徽省祁门县祁红茶业有限公司 | 红茶制作技艺（祁门红茶制作技艺） | 黄山市 |
| 52 | | 安徽省祁门红茶发展有限公司 | 红茶制作技艺（祁门红茶制作技艺） | 黄山市 |
| 53 | | 安徽省黄山市屯溪胡开文墨厂 | 徽墨制作技艺 | 黄山市 |
| 54 | | 黄山市歙县徽韵工艺品厂（紫墨轩） | 徽墨制作技艺 | 黄山市 |
| 55 | | 黄山歙县牌坊群鲍家花园开发有限公司 | 徽派盆景制作技艺 | 黄山市 |
| 56 | | 黄山市而可漆艺工作室 | 徽州漆器髹饰技艺 | 黄山市 |
| 57 | | 黄山市黟县金星工艺有限公司 | 徽州楹联匾额制作技艺 | 黄山市 |
| 58 | | 黄山光明茶业有限公司 | 绿茶制作技艺（黄山毛峰） | 黄山市 |
| 59 | | 黄山市休宁科兴名优茶厂 | 绿茶制作技艺（松萝茶） | 黄山市 |
| 60 | | 黄山区猴坑茶业有限公司 | 绿茶制作技艺（太平猴魁） | 黄山市 |
| 61 | | 六安市裕安区龙凤山六安瓜片生产专业合作社 | 绿茶制作技艺（六安瓜片） | 六安市 |
| 62 | | 铜陵新九鼎铜文化产业有限公司 | 传统失蜡法铸铜技艺 | 铜陵市 |
| 63 | | 安徽泾县三兔宣笔有限公司 | 宣笔制作技艺 | 宣城市 |
| 64 | 民俗（4） | 安徽徽厨技师学院 | 徽菜 | 宣城市绩溪县 |
| 65 | | 屯溪区大位小学 | 程大位珠算法 | 黄山市屯溪区 |
| 66 | | 肥东县文化馆 | 肥东洋蛇灯 | 合肥市 |
| 67 | | 黄山区仙源镇综合文化站 | 轩辕车会 | 黄山市 |

## 安徽省省级非遗传习所一览表

（共19个）

| 序号 | 申报地区 | 申报单位名称 | 传习项目名称 |
| --- | --- | --- | --- |
| 1 | 蚌埠市 | 五河县临北回族乡狮子舞传习所 | 临北狮子舞 |
| 2 | 亳州市 | 亳州市谯城区文化馆 | 亳州剪纸 |
| 3 | 亳州市 | 亳州市谯城区双沟镇大班会传习基地 | 大班会 |
| 4 | 亳州市 | 亳州市谯城区梆剧团 | 二夹弦 |
| 5 | 池州市 | 池州傩传所 | 池州傩戏 |
| 6 | 池州市 | 贵池区贵池民歌传习所 | 贵池民歌 |
| 7 | 池州市 | 石台县牯牛降同乐班 | 石台目连戏 |
| 8 | 阜阳市 | 阜南县嗨子戏艺术传承培训学校 | 嗨子戏 |
| 9 | 阜阳市 | 颍上县鼓韵文化演艺有限公司 | 花鼓灯 |
| 10 | 合肥市 | 巢湖市苏湾镇中心学校 | 巢湖民歌 |
| 11 | 黄山市 | 黄山市徽剧艺术传习所 | 徽剧 |
| 12 | 黄山市 | 祁门县祁门傩学会 | 傩舞（祁门傩舞） |
| 13 | 黄山市 | 黄山市西园喉科药物研究所 | 西园喉科 |
| 14 | 黄山市 | 黄山市郑寒砚雕艺术中心 | 歙砚制作技艺 |
| 15 | 六安市 | 寿县楚风清空艺有限公司 | 抬阁（肘阁抬阁）、寿州锣鼓 |
| 16 | 芜湖市 | 繁昌县非物质文化遗产保护中心 | 繁昌民歌 |
| 17 | 宣城市 | 绩溪县伏岭镇复兴徽剧研习社 | 徽剧、舞狮 |
| 18 | 宣城市 | 安徽省郎溪县梅渚镇周家村五猖馆 | 跳五猖 |
| 19 | 宣城市 | 皖南皮影戏曲艺术团 | 皖南皮影戏 |

## 安徽省非遗教育传习基地名单

（共 30 个）

| 序号 | 所在地 | 申报单位名称 | 传习非遗项目名称 |
|---|---|---|---|
| 1 | 合肥市 | 安徽三联学院 | 阜阳剪纸 |
| 2 | 合肥市 | 巢湖市苏湾镇司集初中 | 巢湖民歌 |
| 3 | 宿州市 | 宿州学院 | 泗州戏 |
| 4 | 蚌埠市 | 怀远师范学校 | 花鼓灯 |
| 5 | 蚌埠市 | 蚌埠市花郢小学 | 花鼓灯 |
| 6 | 蚌埠市 | 蚌埠市新城区实验学校 | 花鼓灯 |
| 7 | 蚌埠市 | 五河县实验小学 | 五河民歌 |
| 8 | 蚌埠市 | 蚌埠市凤阳路第一小学 | 花鼓灯 |
| 9 | 阜阳市 | 阜阳科技工程学校 | 界首彩陶烧制技艺 |
| 10 | 阜阳市 | 阜阳市北京路第一小学 | 淮北梆子戏 |
| 11 | 淮南市 | 谢家集区李郢孜回民小学 | 永京拳 |
| 12 | 滁州市 | 滁州学院 | 凤阳花鼓 |
| 13 | 滁州市 | 安徽科技学院 | 凤阳花鼓 |
| 14 | 马鞍山市 | 当涂实验学校 | 当涂民歌 |
| 15 | 芜湖市 | 芜湖职业技术学院 | 芜湖铁画锻制技艺 |
| 16 | 芜湖市 | 安徽机电职业技术学院 | 芜湖铁画锻制技艺 |
| 17 | 宣城市 | 宣城市皖南花鼓戏艺术学校 | 皖南花鼓戏 |
| 18 | 宣城市 | 绩溪县伏岭镇中心小学 | 徽剧 |
| 19 | 宣城市 | 宣城市工业学校 | 宣纸制作技艺 |
| 20 | 池州市 | 池州学院 | 池州傩戏 |
| 21 | 安庆市 | 安庆师范学院 | 黄梅戏 |
| 22 | 安庆市 | 太湖县新城小学 | 花梆舞 |
| 23 | 安庆市 | 桐城师范高等专科学校 | 桐城歌 |
| 24 | 安庆市 | 岳西县田头乡田头中心学校 | 岳西高腔 |
| 25 | 安庆市 | 安庆皖江中等专业学校 | 望江挑花 |
| 26 | 黄山市 | 歙县新安小学 | 徽州民歌 |
| 27 | 黄山市 | 黄山市屯溪荷花池小学 | 徽剧 |
| 28 | 黄山市 | 黄山职业技术学院 | 徽州三雕、漆器髹饰技艺 |
| 29 | 黄山市 | 黄山区仙源中心学校 | 轩辕车会 |
| 30 | 黄山市 | 歙县深渡中心学校 | 徽派版画 |

**安徽省非遗馆一览表**

（共 26 个）

| 序号 | 市名 | 名称 | 性质 | 功能 | 备注 |
|---|---|---|---|---|---|
| 1 | 亳州市 | 古井酒文化博物馆 | 国有 | 展示古井贡酒酿造技艺历史沿革、技艺流程及相关图片、实物等 | 省级项目 |
| 2 | | 传统华佗五禽戏非遗馆 | 民营 | 展示五禽戏历史沿革、习练程式及相关图片、实物等 | 国家级项目 |
| 3 | 蚌埠市 | 中国花鼓灯博物馆 | 国有 | 展示花鼓灯历史沿革、流派特色、图片、文字、实物等 | 国家级项目 |
| 4 | 阜阳市 | 阜阳剪纸非遗馆 | 国有 | 展示剪纸作品、器具等 | 国家级项目 |
| 5 | | 界首彩陶博物馆 | 国有 | 展示彩陶实物、制作技艺等 | 国家级项目 |
| 6 | 芜湖市 | 芜湖铁画专题博物馆 | 民营 | 展示芜湖铁画锻制工艺流程、器具、实物 | 国家级项目 |
| 7 | | 中国宣纸博物馆 | 国有 | 展示宣纸制作技艺流程、实物等 | 国家级项目 |
| 8 | | 宣酒文化博物馆 | 民营 | 展示宣酒酿制技艺历史沿革、工艺流程、实物等 | 省级项目 |
| 9 | 宣城市 | 皖南皮影戏非遗馆 | 民营 | 展示皮影制作、表演器具、明清时期皮影 | 省级项目 |
| 10 | | 绩溪县三雕博物馆 | 国有 | 展示徽州三雕作品等 | 国家级项目 |
| 11 | | 绩溪胡开文徽墨展示馆 | 民营 | 进行徽墨制作技艺流程演示、展示徽墨产品等 | 国家级项目 |
| 12 | 安庆市 | 安徽中国黄梅戏博物馆 | 国有 | 展示黄梅戏图片、视频、实物等 | 国家级项目 |
| 13 | | 望江挑花非遗馆 | 民营 | 展示望江挑花工艺流程、实物等 | 国家级项目 |

353

续表

| | | | | | |
|---|---|---|---|---|---|
| 14 | 黄山市 | 中国徽州文化博物馆非遗园 | 国有 | 综合展示徽州文化、各种非遗实物等 | 综合展示 |
| 15 | | 屯溪胡开文非遗馆 | 民营 | 展示徽墨、歙砚、磨模等 | 国家级项目 |
| 16 | | 徽州三雕展示馆 | 国有 | 展示国家级非遗项目徽州三雕实物等 | 已并入中国徽州文化博物馆非遗园 |
| 17 | | 程大位珠算非遗馆 | 国有 | 展示程大位珠算技法、算盘等 | 国家级项目 |
| 18 | | 屯溪三百砚斋博物馆 | 民营 | 展示歙砚制作技艺、歙砚等 | 国家级项目 |
| 19 | | 黄山市谢裕大毛峰非遗馆 | 民营 | 展示黄山毛峰制作技艺历史沿革、工艺流程、实物等 | 国家级项目 |
| 20 | | 黄山市徽派雕刻研究所 | 民营 | 综合展示徽州竹雕、木雕工艺流程、实物 | 综合展示 |
| 21 | | 徽州竹艺轩竹木雕非遗馆 | 民营 | 综合展示徽州竹雕、木雕工艺流程、实物 | 综合展示 |
| 22 | | 徽州洪建华竹刻非遗馆 | 民营 | 展示徽州竹雕工艺流程、图片、实物等 | 国家级项目 |
| 23 | | 黄山市猴坑茶叶太平猴魁非遗馆 | 民营 | 展示太平猴魁制作技艺流程、实物等 | 国家级项目 |
| 24 | | 休宁万安吴鲁衡罗经老店非遗馆 | 民营 | 展示万安罗盘制作技艺、罗盘实物等 | 国家级项目 |
| 25 | | 休宁龙湾茶干非遗馆 | 民营 | 展示五城茶干制作技艺流程、实物等 | 省级项目 |
| 26 | | 祁门红茶非遗馆 | 国有 | 展示国家级非遗项目祁门红茶制作技艺流程、图片、实物等 | 国家级项目 |

## 安徽省民俗博物馆一览表

（共 15 个）

| 序号 | 市名 | 名称 | 性质 | 功能 |
| --- | --- | --- | --- | --- |
| 1 | 合肥市 | 合肥市民俗馆 | 国有 | 综合性展示合肥市非遗实物 |
| 2 | 亳州市 | 华佗健身文化俱乐部 | 民营 | 展示华佗五禽戏保护、传承、推广情况 |
| 3 | | 晰扬掌民俗博物馆 | 民营 | 展示晰扬掌保护、传承、推广情况 |
| 4 | 阜阳市 | 界首市民俗博物馆 | 国有 | 展示界首市民俗相关实物 |
| 5 | | 临泉县民俗博物馆 | 国有 | 展示临泉县相关民俗实物 |
| 6 | 淮南市 | 安徽省陈氏流派花鼓灯原始生态村 | 国有 | 展示展演陈氏流派花鼓灯 |
| 7 | | 淮河风情民俗博物馆 | 国有 | 展示淮河流域民俗相关实物 |
| 8 | 六安市 | 大别山民俗博物馆 | 民营 | 展示大别山地区民俗实物 |
| 9 | 宣城市 | 郎溪县民俗博物馆 | 民营 | 展示郎溪地区民俗实物 |
| 10 | | 郎溪定埠民俗文化村 | 国有 | 展示定埠村民俗文化 |
| 11 | | 郎溪周家村五猖馆 | 国有 | 展示跳五猖民俗文化 |
| 12 | | 宁国市畲族民俗博物馆 | 国有 | 展示畲族民俗文化 |
| 13 | 安庆市 | 岳西县民俗博物馆 | 国有 | 展示岳西地区民俗实物 |
| 14 | 黄山市 | 黄山市民俗博物馆 | 国有 | 展示黄山地区民俗文化 |
| 15 | | 黄山区民俗非遗展示馆 | 国有 | 展示黄山区民俗文化与非遗保护成果 |

## 安徽省市、县级非遗名录数目表

| 地区 | 市级数量 | 县级数量 | 备注 |
| --- | --- | --- | --- |
| 合肥市 | 106 | 199 | |
| 淮北市 | 47 | 70 | |
| 亳州市 | 82 | 137 | |
| 宿州市 | 53 | 620 | |
| 蚌埠市 | 52 | 145 | |
| 阜阳市 | 43 | 118 | |
| 淮南市 | 41 | 53 | |
| 滁州市 | 66 | 222 | |
| 六安市 | 34 | 146 | |
| 马鞍山市 | 55 | 115 | |
| 芜湖市 | 59 | 169 | |
| 宣城市 | 138 | 334 | |
| 铜陵市 | 22 | 52 | |
| 池州市 | 52 | 112 | |
| 安庆市 | 60 | 479 | |
| 黄山市 | 176 | 318 | |
| 宿松县 | | 51 | 省直管县 |
| 广德县 | | 61 | 省直管县 |
| | 1086 | 3401 | |

**备注**：各级名录数目数均包含已成为上级名录项目；相关统计截止时间为2017年2月28日。